U0797788

【汉译现代西方学术名著导读·政治哲学编】

丛书主编　阎孟伟　杨　谦

SHEHUI ZHEXUE WENTI YANJIU

社会哲学问题研究

阎孟伟　杨　谦　主编

广西人民出版社

图书在版编目（CIP）数据

社会哲学问题研究／阎孟伟，杨谦主编. —南宁：广西人民出版社，2018.1
（汉译现代西方学术名著导读／阎孟伟，杨谦主编. 政治哲学编）
ISBN 978-7-219-09206-4

Ⅰ.①社… Ⅱ.①阎… ②杨… Ⅲ.①社会哲学－著作－介绍－西方国家－现代 Ⅳ.①B0

中国版本图书馆CIP数据核字（2014）第275929号

总 策 划　温六零
项目统筹　白竹林　罗敏超
责任编辑　张聘梅
责任校对　梁小琪
装帧设计　李彦媛
印前制作　麦林书装

出版发行　广西人民出版社
社　　址　广西南宁市桂春路6号
邮　　编　530028
印　　刷　广西民族印刷包装集团有限公司
开　　本　787mm×1092mm　1/16
印　　张　20
字　　数　336千字
版　　次　2018年1月　第1版
印　　次　2018年1月　第1次印刷
书　　号　ISBN 978-7-219-09206-4
定　　价　40.00元

版权所有　翻印必究

《汉译现代西方学术名著导读·政治哲学编》

编委会成员

顾问 邢贲思 陈晏清

主任 阎孟伟 杨 谦

委员 李福岩 王桂艳 王作印 杨晓东
谢 魁 孟锐峰 李 萍

总 序

陈晏清

改革开放以来，中国社会经历了日新月异的深刻变化，不仅在经济发展中取得了令世人瞩目的成就，在文化建设上也取得了长足的进步，其中一个突出的表现是哲学社会科学领域里越来越多的学者本着开放包容的精神，源源不断地将国外有代表性的学术著作（包括理论著作）翻译到中国来，这对于帮助国人开阔视野、活跃思想、学会用世界的眼光观察和思考中国问题起到了十分重要的作用。这种开放包容的精神也充分体现了我们的制度自信和理论自信。摆在读者面前的这套“汉译现代西方学术名著导读”丛书就是在这样的精神鼓舞下编辑出版的。

这套丛书计 10 卷约 150 种，内容主要涉及国外的政治哲学和社会理论，涵盖了 20 世纪 20 年代以来西方马克思主义诸流派的代表性著作、法兰克福学派各个发展时期领军人物的代表作、西方当代自由主义理论的代表作、西方当代社会哲学和历史哲学的重要理论著作。每本著作的导读都包括作者简介、写作背景、中心思想、分章导读、意义与影响五个部分，最后附上原著摘录（从该著作中精选出来的一些重要章节）。读者通过阅读这套丛书可以全景式地了解当代西方政治哲学和社会理论中的主要思潮和流派，更有助于从事政治哲学和社会理论研究的学者以及高校学生开阔学术视野、把握学术前沿。由于这套丛书所选取的主要是政治哲学和社会哲学方面的著作，因而读者也可以从中了解到现代西方社会在其发展中所面对的诸多重大现实问题，如政治的合法性问题、国家与社会的关系问题、公平正义问题、权利与权力的关系问题、意识形态问题、文化发展问题、生态问题等，有助于人们深入地认识 20 世纪以来西方社会发展的基本状况。

在我国，就哲学学科来说，政治哲学是目前较为活跃的研究领域。社会政治哲学在我国的兴起，不是几个学者的心血来潮，而是适应了中国社会大变革的理论需要。我国由改革开放和社会主义市场经济推动的社会转型，是社会的整体性变革或结构性变迁，各种各样的社会问题会从社会生活的各个领域产生，新的问题层出不穷。对于这些问题的理论解决，急需社会哲学和政治哲学的专门研究。中国的社会哲学、政治哲学应当着重研究中国的问题，这是毫无疑义的。2017 年 9 月 29 日，习近平总书记在中共中央政治局就当代世界马克思主义思潮及其影响进行第四十三次集体学习时强调，发展 21 世纪马克思主义、当代中国马克思主义，必须立足中国、放眼世界，保持与时俱进的理论品格，深刻认识马克思主义的时代意义和现实意义，锲而不舍推进马克思主义中国化、时代化、大众化，使马克思主义放射出更加灿烂的真理光芒。……对国外马克思主义研究新成果，我们要密切关注和研究，有分析、有鉴别，既不能采取一概排斥的态度，也不能搞全盘照搬①。

在当今的时代条件下，中国的事情同世界的事情是紧密关联的，实际上中国的许多问题已经上升为世界问题，观察和思考中国问题也必须有世界眼光。因此，我们应当学习外国的先进理论和文化，广泛地阅读当今国外的社会哲学、政治哲学著作，研究外国学者在理论探索中的经验和教训、长处和短处，有些可以引以为鉴，有些可以有选择、有批判地汲取。这对于深化我们的思考，推进我们的社会哲学、政治哲学的研究，以至推进我国的社会转型和现代化建设，都是有重要的积极意义的。当然，这套学术名著导读丛书主要是对学术名著及其作者做出概要性的介绍和评述，

① 习近平在中共中央政治局第四十三次集体学习时强调：深刻认识马克思主义时代意义和现实意义 继续推进马克思主义中国化时代化大众化 [N]. 人民日报，2017-09-30 (1).

这些初步的、粗浅的介绍显然不能代替学者们的专门研究，“导读”的意义重在一个“导”字，它的作用只是把读者引进西方社会政治哲学的门槛，但这对于吸引和推动学界和社会各界关心社会政治哲学的研究是有重要作用的。

最后，我还想特别强调一点。这套丛书选择的著作者，除很少量的作者，例如早期西方马克思主义的代表人物外，大多数是资产阶级的思想家、著作家。他们是在资本主义的制度前提下说话，是在资产阶级统治的政治框架内说话，这是他们无法摆脱的阶级局限性。从总体上看，他们的政治哲学、社会理论著作表达的是当代资本主义的意识形态，是当代资产阶级的价值观念、社会理想和政治诉求。因为同处于市场经济的条件下，中国和西方会遇到一些共同的问题，但在对于问题实质的把握和解决问题的立场与方式上则是有原则性的区别的。这是我们在阅读西方社会政治哲学理论著作以及介绍这些著作的读物时，必须保持的最基本的辨别力或判断力。如果丧失了这种判断力，我们就会在意识形态的较量中丧失主动权，有的人甚至成为错误思想的俘虏。

2017 年 10 月

（陈晏清，1938 年出生，1962 年毕业于中国人民大学哲学系，1985 年晋升为教授，1986 年任博士生导师，1992 年起享受国务院颁发的政府特殊津贴，1985 年至 1997 年任南开大学哲学系主任，1995 年至 2000 年任南开大学人文学院院长，1997 年任南开大学社会哲学研究所所长，现任南开大学当代中国问题研究院学术委员会主任、中国辩证唯物主义研究会顾问、中国人学学会顾问、天津市哲学学会名誉会长。主要的研究领域是马克思主义哲学基础理论、社会哲学、政治哲学。独著或合著的著作主要有《论自觉的能动性》《辩证的历史决定论》《现代唯物主义导引》《陈晏清文集》等，主编有“社会哲学研究”丛书。2012 年获南开大学荣誉教授称号和特别贡献奖。）

目　录 CONTENTS

CONTENTS

一、《历史的观念》

[英] 柯林武德　著

何兆武，张文杰　译

商务印书馆，2009 年

【作者简介】

柯林武德（1889—1943），又译为“科林伍德”，英国杰出的考古学家、历史学家、哲学家、美学家和业余画家。1889 年生于英国兰开郡科尼斯顿，其父是英国一位著名的考古学家和艺术家。柯林武德生性聪慧且幼承庭训，四岁习拉丁文，六岁学希腊语。同时，广泛涉猎自然科学和人文科学书籍，对音乐、绘画、诗歌、散文、历史和哲学有独特的体认。1903 年柯林武德求学于拉格比公学，1908 年入牛津大学学习，1912 年被选为牛津大学导师，1912 年至 1941 年先后在剑桥大学、牛津大学任教。第一次世界大战期间曾服务于英国海军参谋部下属机构，负责情报分析工作。1927 年起任牛津大学罗马史讲座教师，成为继哈佛菲尔德之后的罗马不列颠史专家。1934 年入选为皇家学会会员，1935 年被任命为牛津大学温弗莱特形而上学哲学教授，至 1941 年退休。柯林武德在人文学科诸多领域都有较深的研究且著述颇丰，尤以其在历史哲学方面的思想而著称。由于他晚年健康状况极度恶化，自 1933 年起患上了严重的肺病，1940 年时大脑中微血管破裂使他一部分大脑不能工作，导致他的许多著述在有生之年未能刊行。即使在这种状况下，他也不辞劳苦地工作，并在病逝前几个月最困难的时期中奇迹般地完成了《新利维坦》一书，坚决反对和批评法西斯主义和纳粹党在欧洲发动战争。可惜直到 1943

年2月他在兰开郡病逝时也未能完成计划中包含其二十五年研究成果的著作《史学原理》。他是继克罗齐之后又一位分析的、批判的历史哲学之集大成者。其学术活动最初专注在纯哲学方面，后来又对历史学理论产生兴趣。在历史哲学上，他认为真正的历史学必须研究人类行动背后的思想，只有思想才构成历史的本质，因此他主张历史（人类的历史）就是思想史。历史研究也就是对过去思想的重演，而且“除了思想以外，任何别的东西都不可能有历史”。“一切历史都是思想史”命题的提出使他闻名于学界。他被誉为20世纪英语国家较有影响力的史学家之一。沃尔什称赞他是“历史哲学方面在语言上最为清晰而又最为深刻的作者之一”①。

柯林武德一生著作很多，除罗马统治时期的不列颠史和考古学的专著外，他的主要著作有：中译本《艺术原理》（1985年）、《柯林武德自传》（2005年）、《自然的观念》（2006年）、《历史的观念》（2007年）；英文版著作 *Religion and Philosophy*（1916年），*Speculum Mentis*（1924年），*An Essay on Philosophic Method*（1933年），*Roman Britain and the English Settlements*（1936年），*An Essay on Metaphysics*（1940年），*The New Leviathan*（1942年）等。

【写作背景】

19世纪随着自然科学的巨大成功，实证主义方法风靡一时，这对近代西方历史学的思想与研究方法都产生了影响，在历史学研究领域产生了用实证主义的方法研究历史的倾向，导致史学向自然科学看齐。柯林武德认识到近代科学和近代思想的发展出现了脱节的现象，面对这一现实，他认为应该进行一场革命来反对历史学领域的实证主义思潮，以此来提升历史学的地位。柯林武德在前人工作的基础上，主张清除实证主义对历史观念的冲击，他从历史本体论与历史认识论结合的高度试图建立一种人性的历史学，从哲学角度对历史学研究客体进行重新阐说，反对历史朝自然科学看齐，主张历史就是思想史。在哲学观点上，他既反对前一时期牛津学派的黑格尔主义的唯心主义，也反对当时方兴未艾的剑桥学派的逻辑实证主义。

为了清理20世纪以来的史学，从1936年起，他写了一系列有关历史哲学的文章，但他这方面重要遗文最后汇集为他的代表作《历史的观念》一书，在他去世后三年由友人诺克斯于1946年编辑出版。

① 沃尔什. 历史哲学导论［M］. 何兆武，张文杰，译. 桂林：广西师范大学出版社，2001：43.

【中心思想】

在本书中作者的中心思想是“一切历史都是思想史”。

作者首先回顾了近代欧洲历史观念形成的历程，接着对实证主义史学展开了彻底的批判，并阐明了自己对历史学的性质、内容和研究方法的看法。指出历史的过程是一个内在的思想过程，历史学家的任务就是深入历史事件内部寻求这一思想过程。要理解他的历史哲学，就要知道他的哲学观点。他的基本哲学观点是：“哲学是反思的。进行哲学思考的头脑，绝不是简单地思考一个对象而已；当它思考任何一个对象时，它同时总是思考着它自身对那个对象的思想。因此哲学也可以叫作第二级的思想，即对于思想的思想。”[①] 只有对这一点有透彻的了解，才能明白他“一切历史都是思想史”的确切含义。在他看来，研究历史就要研究历史人物及其历史事件背后所包含的思想，这就是他“一切历史都是思想史”的基本内涵。历史学家研究的过去并不是死掉的过去，而是仍然活在今天的过去，历史学家所研究的对象不是单纯的事件，而是一种过程。对于历史学家来说，历史不受自然界支配，历史思想终究是自律的。

【分章导读】

《历史的观念》是英国现代著名学者柯林武德的代表作之一。全书约 31.6 万字。由导论和五编构成，根据内容可分为三大部分：第一部分（导论），作者就本书要讨论的问题的基本概念做了基本论述；第二部分（第一至第四编），即自希腊罗马到 20 世纪的历史哲学思想；第三部分（第五编），是全书的核心部分，作者的历史哲学思想和几乎所有重要的观点都出自这里。在书中，作者批判了实证主义的历史思潮，力图将历史学与哲学联结起来。他通过对西方历史哲学史的梳理，提出了“一切历史都是思想史”的著名论题。

第一部分（导论） 作者论述了本书要讨论的问题的基本概念。导论作为全书的一个大纲为后面各章的内容奠定了总的基调，即紧紧围绕历史哲学和历史学两大问题展开探讨。

首先，作者阐述了历史哲学的概念，作者简要回顾了自 18 世纪伏尔泰提出历史哲学之后，“历史哲学”这一概念的发展演变历程。柯林武德认为伏尔

---

① 柯林武德. 历史的观念［M］. 何兆武，张文杰，译. 北京：商务印书馆，2009：28.

泰的历史哲学、黑格尔哲学与实证主义这三种有关历史哲学的看法都有各自的缺点，并不能代表真正意义上的历史哲学。柯林武德从哲学谈起，他指出哲学有反思的特点，反思即意味着指向过去，指向思考的对象本身，因此，哲学较之其他学科探讨的深度要更进一步。在他看来，虽然哲学探讨人类的思维，但又不能等同于心理学。

其次，作者从产生背景、发展趋势等诸多方面阐述了他对历史哲学的认识。他指出："对哲学家，需要注意的事实既不是过去本身（像是对历史学家那样），也不是历史学家关于过去本身的思想（像是对心理学家那样），而是这两者处于它们的相互关系之中。"① 柯林武德揭示了历史哲学产生的条件。他认为，历史哲学之所以成为一门特殊的研究课题是因为一些具有特殊困难的特殊问题开始日渐凸现出来，而在历史哲学出现之前，欧洲流行的数学、神学和科学这三种知识理论皆不能令人满意地解决这些特殊问题。问题越积越多，于是督促着学者们发明一种新的特殊的知识体系来解决这些问题。柯林武德从历史哲学的发展趋势方面做了相应的预期。历史哲学就必须对传统的哲学理论置之不理，与历史学相结合建立一种全新的知识体系。而这一种新哲学科学的建立，就会要修改所有旧哲学，柯林武德断言："它将产生一种新的哲学，那将是一种广义的历史哲学，也就是从历史观点所构思的一套完整的哲学。"② 概而言之，柯林武德并没有对其做一个明确的概念性质的总结。

再次，作者论述了历史学的性质、对象、研究方法和价值。他先指明了两类有资格研究历史学问题的人：一类是具有某种思想形式经验的历史学家。这里隐含着柯林武德主张的一个史学原则，即一切历史都是当代史，必须不断地更新现有的知识体系。柯林武德倡导用新眼光来看事实。另一类是还能反思经验的人。这就是说柯林武德要求历史学家要从哲学家的角度来考察历史问题。不过，柯林武德极端强调经验的重要性。关于历史学的定义、对象、研究方法和价值，作者认为历史学是一种研究或探讨，是一门科学，对象是"活动事迹"，即人类在过去的所作所为，它通过对证据的解释来开展研究，证据在这里是指那些个别就叫作文献的东西的总称。目的在于告诉人们"人是什么"，它的价值是为了人类的自我认识。其中，柯林武德在议论历史学价值时的那段话颇为精辟："首先，认识成其为一个人的是什么；第二，认识成

① 柯林武德. 历史的观念［M］. 何兆武，张文杰，译. 北京：商务印书馆，2009：29.

② 柯林武德. 历史的观念［M］. 何兆武，张文杰，译. 北京：商务印书馆，2009：34.

为你那种人的是什么；第三，认识成为你这个人而不是别的人的是什么。认识你自己就意味着认识你能做什么；而且既然没有谁在尝试之前就知道他能做什么，所以人能做什么的唯一线索就是人已经做过什么。因而历史学的价值就在于，它告诉我们人已经做过什么，因此就告诉我们人是什么。"① 这体现出历史学实际上是一门关于人的科学，目的在于探求人的本质。

最后，作者论述了本书的基本结构，即在梳理史学史的基础上详尽阐述了作者的核心观点。

另外，导论中还透露出三条信息。第一，柯林武德遵循"一切历史都是思想史"的史观，他在论述历史哲学时再三强调思想在历史研究中的重要地位。第二，柯林武德强调"一切历史都是当代史"的史观。在探讨研究历史学的人群的资格时，柯林武德反对过时的、陈旧的、教条主义的做法，要求人们用新眼光审视问题，体现出专注当代史的倾向。第三，柯林武德关于历史哲学的论述是一种有益的但不成熟的探索或尝试。在论及历史哲学时，他并未给历史哲学直接下定义，而是谈了一下自己对历史哲学的研究对象、产生条件及发展趋势的看法，这说明柯林武德对于历史哲学的研究是具有开拓性的。恰如柯林武德所言，他写作《历史的观念》一书的目的，就是试图解决他在关于历史哲学发展趋势中第一个阶段的问题，即建立一门独立的学科知识体系。

第二部分（第一至四编） 这部分是本书的主体，作者以历史为主线，以历史中的重要人物为纲讲述史学史。作者回顾了希腊罗马的历史编纂史，基督教的影响，从浪漫主义到实证主义的科学历史学的滥觞，梳理了各国科学历史学的发展状况，论述了各个史学史阶段发展的特征及主要代表人物的观点。作者根据本人对历史的理解对各个代表人物的观点给予评判，并试图证明自己的核心观点即"一切历史都是思想史"。这部分不是全书的重点，其目的只在于引出结论，而这些结论就在本书的导论和第五编中。

第一编　希腊罗马的历史编纂学 本编中，作者讨论了希腊罗马时期的历史编纂学的特点及发展轨迹。

从希腊化时期再到罗马编纂学，柯林武德在阐述的过程中不断地进行批判。概括起来，古希腊时期的思想具有追求永恒、可知论和乐观主义的特点。科学历史学是由希罗多德开创的。作者在导言中所列举的历史学的四个特点

① 柯林武德. 历史的观念［M］. 何兆武，张文杰，译. 北京：商务印书馆，2009：38.

早在希罗多德那里就已具有“科学的、人文主义的、自我显示的”这三个特征，希罗多德强调只有目击到的证据才能被称为史料。而修昔底德试图发现历史发展的规律来证明历史的普遍性。作者将希罗多德和修昔底德进行比较，认为希罗多德是历史学之父，而修昔底德则是心理历史学之父。希腊人认为“瞬息万变的事物之这一瞬时的感官知觉不可能成为科学或科学的基础”①，希腊思想具有反历史的倾向，而这和柯林武德的“一切历史都是思想史”是相悖的。总结起来，希腊的历史学方法具有以下三点局限性：第一，它不可避免地强加给它的使用者一种历史眼光的短浅性。第二，希腊历史学家的方法妨碍了它选择它的题材。第三，希腊的史学方法使得它不可能把各种特殊的历史集合成一种包罗万象的历史。

古希腊人实质主义的倾向完全被罗马人所继承，认为政治版图的扩大导致历史学的对象扩大。波里比乌斯综合了希罗多德和修昔底德的观点，提出历史既是普遍的又是特殊的，第一次把历史学设想成为具有普遍价值的思想形式，认为历史重复不可避免，同时把历史学当成一门实用学科。李维认为历史学的任务是通过描绘出人类的行为和风尚来获得人类的自我认识，历史应该道德化以警示后代。塔西佗继承了李维“历史道德性”的观点并收集了大量的文献资料，提出了将道德化进一步提升到心理式的“说教”和“人性永恒论”的观点。因此，柯林武德总结指出，希腊罗马的编纂学的优点在于其人文主义的特点，“它是以人在本质上是一个有理性的动物这一观念为基础的”②。柯林武德认为希腊罗马历史编纂学的主要缺点是“实质主义”，认为它是建立在一种形而上学体系的基础之上的“历史怀疑主义”而予以猛烈抨击。

第二编　基督教的影响　本编中，作者梳理了基督教思想从中世纪到启蒙运动时期对历史思想的影响。

中世纪的历史编纂学是处于中世纪基督教神学统治下的产物，是神的普世主义历史。社会宗教化影响历史学开始追求普世的历史和神格回归，历史分期的重要性开始凸显。基督教历史学扬弃了古希腊罗马历史学中特有的“人性的乐观主义观念”和有关实质的形而上学学说。

文艺复兴时期社会观念回归人文主义，使个人重新成为历史的主体。随后的17世纪，思想界的主要任务都集中在自然科学方面，近代哲学的奠基者

① 柯林武德. 历史的观念［M］. 何兆武，张文杰，译. 北京：商务印书馆，2009：53.
② 柯林武德. 历史的观念［M］. 何兆武，张文杰，译. 北京：商务印书馆，2009：79.

笛卡尔（又译“笛卡儿”）对于历史编纂学是持怀疑主义态度的，而柯林武德也逐一地反驳了笛卡尔的四个观点。从总体来说，笛卡尔学派在根本上是反历史的。

维柯作为反笛卡尔主义的代表人物，柯林武德总体上赞同他的观点。维柯抨击了笛卡尔派的知识论以及他关于没有任何其他知识是可能的这一含义。维柯意识到了历史变迁的包容性，认为某些历史时期有着一种“普遍特质”，“这些相似的时期倾向于以同样的次序重复出现”而且“这样的循环运动并不是历史通过固定阶段的周期运动的一个简单循环；它不是一个圆形而是一个螺旋”[①]，从这一点来看，维柯和柯林武德同样是赞成马克思的关于“历史是呈螺旋上升的”的观点。维柯的历史概念是一种可以更为广阔发展的历史知识的概念，他说明了获得确切可靠的历史知识的途径，这一点也深刻地影响到了柯林武德的历史重演理论。总结起来，维柯主要做了两件事：“第一，他充分使用了 17 世纪晚期历史学家在批判方法上所做出的进步，并且把这一进程推向一个更高的阶段……第二，他发挥了一些哲学原则，——它们隐含在他的历史著作里，——达到能够对笛卡尔主义的科学的和形而上学的哲学发动反攻的程度，他要求给知识论以一种更广阔的基础并批判了当时流行的哲学信条的狭隘性和抽象性。”[②] 接着由洛克、贝克莱和休谟发起了对笛卡尔主义的第二次攻击，他们用具体的经验积累反对永恒真理，提出不可认知论。柯林武德把随后的伏尔泰、孟德斯鸠等学者归类于启蒙运动的历史编纂学，他认为，这一派的学者在历史学研究的方法的改进上并没有什么进步，启蒙运动时代的历史观并不是真正的历史，他们的主要目的是为了反基督教。启蒙运动追求编纂学的启示性，而且达到了一种极端的程度。他们坚持人性不变论，认为历史总是从黑暗到光明，结果滑入了不可认知论的深渊，最后导致并没有把历史学提到高出于宣传的水平之上。

第三编　科学历史学的滥觞　从浪漫主义到实证主义，被作者视为是科学历史学滥觞的时期。这一编，作者梳理了赫德尔、康德、席勒、费希特、谢林、黑格尔、马克思等人的主要历史观点及其对科学历史学做出的贡献。作为浪漫主义的开创者，卢梭是启蒙运动的产儿。柯林武德虽反对他在政治领域内的乐观主义和乌托邦主义，但在历史领域认为他有“相当的革命性”。

---

① 柯林武德. 历史的观念［M］. 何兆武，张文杰，译. 北京：商务印书馆，2009：114.

② 柯林武德. 历史的观念［M］. 何兆武，张文杰，译. 北京：商务印书馆，2009：118.

作者认为赫德尔总的自然观是坦率的目的论的，其书中包含有丰富的宝贵思想，但思想的发展往往是松散的和草率的。在赫德尔留下的问题上柯林武德再次阐释自己的观点，即“人类的生活是一种历史性的生活，因为它是一种心灵的或精神的生活”①。柯林武德认为，康德在某种程度上表现出一种对反浪漫主义收敛的倾向，康德认为过去的历史是一种人类之非理性的景象，因此期待着一种理性生活的乌托邦世界。之后席勒和费希特作为康德追随者均不同程度地发展了康德的历史理论和观念。谢林认为可知的事物有两大领域，即自然和历史。谢林提出了他最重要的概念：“‘绝对’本身要在历史中实现它充分的和完美的存在。”② 历史哲学发展到黑格尔是一个巅峰，他的历史哲学是一种新型的历史学。黑格尔的方法是基于所有的历史都是思想史这一原则，他抛弃了康德的一切历史都是政治史。黑格尔的历史哲学有以下五个特点：第一，他拒绝通过自然来研究历史；第二，他认为一切历史都是思想的历史；第三，成为历史过程的泉源的那种力量乃理性；第四，历史过程在根本上便是一个逻辑过程；第五，他的历史并不是结束于未来而是结束于现在的这一学说。作者并将马克思和黑格尔的历史观念相比较，较之黑格尔以思想作为起点不同，马克思从自然出发阐述其历史观念。马克思的历史观点兼有黑格尔的“强点和弱点”：强点在于深入到事实背后的那些基础概念的逻辑结构里去；它的弱点在于选择了人类生活的一个方面，即经济方面。本编以对实证主义的总结结束，认为“历史的过程对于实证主义者来说，在性质上与自然的过程是一样的，而这就是为什么自然科学的方法可以应用于解释历史”③。

本编中作者主要侧重于从两个方面对实证主义史学进行批判：一方面作者认为实证主义将历史学与自然科学相类比是错误的，另一方面作者对于“事实＋规律”的实证主义史学也进行了批判。

第四编　科学历史学　本编中，作者分国别讨论了科学历史学。

英国的代表人物有布莱德雷、伯里、奥克肖特和汤因比。布莱德雷率先发动了反思与论争实证主义史学的得与失的攻势，认为“历史乃它自身的标准；它并不为了它的有效性而有赖于它自身以外的某种东西，它是思想的一种自律形式，它有着它自身的原则和它自身的方法。它的原则就是历史精神

① 柯林武德. 历史的观念［M］. 何兆武，张文杰，译. 北京：商务印书馆，2009：146.
② 柯林武德. 历史的观念［M］. 何兆武，张文杰，译. 北京：商务印书馆，2009：171.
③ 柯林武德. 历史的观念［M］. 何兆武，张文杰，译. 北京：商务印书馆，2009：191.

的规律，而不是别的；而历史精神则在历史探讨的工作中创造其自身”[①]。指出历史具有当代性和自律性。“布莱德雷的著作对以后英国哲学的影响，大体上是引导着它把这种错误当作是公理式的真理来接受，而且钻进了形成这一二难推论结局的第二个牛角尖。”[②] 布莱德雷之后的少数几个论述过历史学问题的其他英国哲学家都没有做出什么有价值的贡献。19 世纪晚期的英国历史学家受到了他们的思想环境的影响。汤因比总的历史观是自然主义的，他的“二难推论”阻碍了他看到无论任何历史过程都有的这一双重特征，即它同时既是创造性的又是破坏性的。

在德国，文德尔班提出历史学和科学是两种不同的东西，各有其自己的研究方法。历史学家要挣脱自然科学的束缚，但是文德尔班却没有意识到这是办不到的。齐美尔指出历史的事实是史学家通过文献与遗迹重新构造出来的，是一种主观的精神构造，是与自然的事实不同的。作者评价齐美尔的历史学著作的优点是充满着很好的观察，缺点是对于问题的系统研究价值不大。狄尔泰较之于同时代的其他历史学家的进步在于他提出了“历史学家使他的对象活在他的心中”的论点，试图借助于心理学来解决历史问题。迈耶理论的有价值的方面在于他关于历史兴趣的学说，而他的伟大的功绩在于他有效地批判了当时流行的实证主义社会学的伪历史。斯宾格勒将自然主义的原则贯穿到一切细节之中，他把历史称为文化的各个自给自足的个体单位之一一相继。

在法国，科学历史学的代表人物有拉韦松、拉希利埃、柏格森。在 19 世纪末和 20 世纪初，法国以历史的观念为指导思想对实证主义进行攻击。对自然科学的批判和对精神生活的阐述这两个主题经常反复出现。拉希利埃的中心论点是他认为知识本身就是自由的一种功能。柏格森对意识的分析为历史理论提供了一种有价值的贡献，他认为历史学是反思、传递和思想。近代法国的运动也陷入了和德国人一样的错误，因为他们最后都把心灵和自然混为一谈，而且未能区分历史的过程与自然的过程。

第四编以意大利历史学家克罗齐的历史哲学观念作为结尾。作者首先指出克罗齐相对于实证主义的一大进步是把历史和科学区分开来，他的早期的理论标志着对德国观点的一大进步。它们都抓住个别与普遍之间的区别，作

① 柯林武德. 历史的观念 [M]. 何兆武，张文杰，译. 北京：商务印书馆，2009：206.
② 柯林武德. 历史的观念 [M]. 何兆武，张文杰，译. 北京：商务印书馆，2009：209.

为解开历史学和科学之间的区别的一把钥匙。其次是从逻辑角度入手分析作为普遍判断的哲学和作为个别判断的历史学合二为一、不可分割。再次是介绍了克罗齐关于历史和自然的关系的观点，指出自然没有思想，自然只有影响历史时才会进入历史。克罗齐主张“一切历史都是当代史”，更加重视心灵的重要作用，这点和柯林武德不谋而合。这就为克罗齐的最后立场在于历史学的自律做好了铺垫，也为作者最终的结论“一切历史都是思想史”打好了基础。

第三部分 （第五编 后论） 这部分是作者的核心思想所在。作者首先展开对实证主义史学的批判，认为实证主义以自然科学的方法建立人性科学是失败的，作者认为人性在人类历史发展中承载精神实质，需要由历史学家来做人性科学的工作。接着以界定人类事件和自然事件的方式指出人类活动的特殊性在于其思想的内部性，这就引出了作者的核心观点“一切历史都是思想史”。为了佐证该观点和论证怎样达到这一历史，作者提出历史想象是结构性的，应该通过历史的思维来想象和重现历史。接下来作者论述了历史的想象依靠历史的证据，对于证据的推理不同产生的结果也有对错之分，批判了“剪刀加糨糊”式的和“鸽笼式”的实证主义历史学。要求历史学家“知其然”更要“知其所以然”。既然历史就是思想史，因此历史上就没有什么纯粹的事件，每一桩历史事件既是一种行为，又表现着行为者的思想。因此，史学所要发现的对象是事件中所表现的思想。史学研究的对象，确切说来，不外是人类思想活动的历史而已，一切历史研究的对象都必须通过思想来加以说明。史学研究的任务就在于发掘这些思想，历史学家必须在他自己的心灵中重温过去，因为他已掌握了其中的思想。除了思想之外，任何事物都不可能有历史。艺术中不存在着任何进步，道德、政治和法律都是如此。

【意义与影响】

柯林武德的《历史的观念》一书被认为是当代“最重要的历史启示”①。

第一，柯林武德的历史观念在很大程度上影响了当代西方历史哲学思潮的基本走向。柯林武德让历史学界认识到了对历史科学进行哲学的反思是重要且必要的。这种哲学反思的研究态度，对于后来的西方学者在历史研究上产生了深远的影响。他建构了一套与传统的历史哲学不同的理论体系，重新

① 刘昶. 人心中的历史［M］. 成都：四川人民出版社，1987：148.

界定历史学性质的做法推动 20 世纪西方史学飞速发展。

第二，柯林武德深化了对历史研究方法的思考，他的历史哲学理论有很强的方法论意义。中外史家在今后的学术研究中不可能回避这些方法：一是从哲学角度思考历史问题；二是从历史的整体角度去把握历史的观点以及历史学的“心灵的方法”；三是对于历史学家自律性的强调为历史研究提出了一种较高的标准；四是“重演论”的方法论意义不可低估，这是对史家普遍思维模式和学术实践的理论抽象和概括，开启了现代诠释学的理论先河。

第三，柯林武德努力确立历史学的独立性，使历史学更富有批判精神和科学性，提升了历史学的地位。他反驳了实证学派将史学自然科学化的理论，批判传统历史哲学过于注重历史材料的研究方法，是对实证主义历史学的反叛。“一切历史都是思想史”这一命题的提出对于过分迷恋史料而贬低哲学思辨的 19 世纪实证史学是一次有效的冲击。柯林武德的历史哲学对我国历史研究的现状有重要的意义，对于我们反思国内史学长期存在的客观主义倾向具有启迪意义，对开阔我国历史学研究的视野有一定的借鉴作用。

第四，需要指出的是，柯林武德的核心理念“一切历史都是思想史”是一种唯心主义历史观。他对历史科学与自然科学的划分过于绝对化，他夸大了心灵事实和自然事实之间的区别，没有看到自然和历史的联系，没有认识到自然是历史的物质基础，把历史思想提到了至高无上的地位，即既把它看作历史研究的起点，又把它视作衡量历史是否真实的标准。柯林武德的历史哲学由于带有浓厚的主观唯心色彩而具有很大的片面性。他把历史作为人类认识自我的唯一途径，对于史学功能和价值做了过高的评估。

总的说来，柯林武德的历史哲学思想是得失兼有的。其所得在于他批判了传统史学的弊端，并更深一步地认识到历史的思想性，他的历史哲学思想仍不乏真知灼见；其所失在于过分夸大思想的重要性，导致最终走向了主观唯心主义。

【原著摘录】

导论 P27－42

P28　哲学是反思的。进行哲学思考的头脑，绝不是简单地思考一个对象而已；当它思考任何一个对象时，它同时总是思考着它自身对那个对象的思想。因此哲学也可以叫作第二级的思想，即对于思想的思想。

P29　对哲学家，需要注意的事实既不是过去本身（像是对历史学家那样），也不是历史学家关于过去本身的思想（像是对心理学家那样），而是这两者处于它们的相互关系之中。

P29　哲学家必须思考历史学家的心灵。

P32－33　但是当它发生时，像是大体说来在19世纪所发生的那样，情况却是：流行的各种知识理论都指向科学的特殊问题，并继承了建立在数学和神学研究基础之上的传统，而在各个方面都在勃兴的这种新的历史技巧却没有被人顾及。所以就需要有一种特殊的探讨，它的任务应当是研究这一新问题或这一组新问题，即由有组织的和系统化的历史研究之存在而造成的哲学问题。这种新探讨就可以正当地要求历史哲学的称号，而这本书便是对于这种探讨的一项贡献。

第一编　希腊罗马的历史编纂学 P43－84

P43　准历史学的这两种形式，即神权历史学和神话，统治了整个近东直至希腊兴起为止。

P53　而对瞬息万变的事物之这一瞬时的感官知觉不可能成为科学或科学的基础，这一点乃希腊人的观点中最本质的东西。

P63　希腊的精神在其反历史的倾向上趋于僵化而束缚了它自己。

P72　对希腊化思想来说，自我意识已不再像它对希腊思想那样，是一种征服世界的力量了；它成了一个堡垒，为从一个敌对的而又难以对付的世界撤退下来，提供了一个安全的隐蔽所。

P73　因此像李维所叙述的罗马史，在罗马人的心目中就不是许多种可能的特殊历史中的一种，而就是普遍的历史，就是唯一真正的历史现实的历史，即普世的历史。

P78　希腊罗马历史编纂学作为一个整体，至少是紧紧掌握了以上《导言》中所列举的四个特征之一：它是人文主义的。它是人类历史的叙述，是人的事迹、人的目的、人的成功与失败的历史。

第二编　基督教的影响 P85－136

P95　中世纪历史编纂学的伟大任务就是要发现和阐明这种客观的或神的计划这一任务。

P97　上帝在中世纪的神学里并不是实质（实体），而是纯行动。

P99　中世纪结束时，欧洲思想的主要任务之一就是要对历史研究进行一番崭新的重行定向。

P105 这样，笛卡尔对历史学的态度就变得出奇地含混不清。就他的意向所及而论，他的著述倾向于对历史学的价值抱有怀疑；然而那种价值却是被想到了的，因为他想要指导人们脱离它而走向严格的科学。

P106 我称它为笛卡尔派历史编纂学，因为它像笛卡尔派哲学一样，是以系统的怀疑主义和彻底承认批判的原则为基础的。

P124 启蒙运动，是指18世纪初所特有的那种企图，亦即要使人类生活和思想的每一个部门都世俗化。它不单是对有组织的宗教权力，而且也是对宗教本身的一种反抗。

第三编 科学历史学的滥觞 P137－197

P140 这种浪漫主义者对于过去的同情，——可以（比如说）以帕尔西主教及其所收藏的中世纪英国民谣文学为例，——并未掩饰把过去同现在分割开来的那条鸿沟，而且实际上还假定了那条鸿沟存在，同时有意识地坚持今天的生活同过去的生活两者间的巨大的歧异。

P143 就我所知，赫德尔是第一个思想家，以系统的方式承认在不同人种之间存在着差别，而且承认人性并不是一致的而是分歧的。

P146 在他的身上真正值得瞩目的是，他把启蒙运动的观点和浪漫主义的观点结合在一起的那种方式，很像是在他的认识论中他把理性主义和经验主义结合起来那样。

P162 尽管席勒同意康德，但却有两点重要的区别：（ⅰ）康德把进步的目标置于一个未来的千年福王国，而席勒则把它置于现在，并且声称普遍历史的最终目的就是要表明现在……（ⅱ）康德把历史学的任务只限于政治演变的研究，而席勒却把艺术史、宗教史、经济史等都包括在历史学之内，在这里他又改进了他的先行者。

P163 费希特在把现在设想为历史发展的各条线索所汇聚的焦点时，是同意席勒而不同意康德的；因此对他来说，历史学家的基本任务就是要了解他自己所生活于其中的那个历史时期。

P170 谢林对康德和费希特的观念作出了更为体系化的发展，他的思想转移到了两条原则上：首先是，任何存在都是可知的这一观念，它就是合理性的体现，或者用他自己的语言来说，也就是“绝对”的表现；其次是，两项之间的关系这一观念，尽管两者是对立的，但在这方面却都是“绝对”的体现。

P184 马克思的历史观点兼有黑格尔的强点和弱点：它的强点在于深入

到事实背后的那些基础概念的逻辑结构里去；它的弱点在于选择了人类生活中的一个方面（在黑格尔是政治，在马克思是经济）作为其自身在这种意义上是充分合理的。

P187　马克思所做的事乃是要重申18世纪历史自然主义的基本原则，即历史事件都有自然的原因这一原则。

P189　实证主义可以定义为是为自然科学而服务的哲学，正如在中世纪，哲学是为神学而服务的一样。但是实证主义者有着他们自己的有关自然科学是什么的见解（是一种颇为浅薄的见解）。他们认为它包括两件事：首先是确定事实；其次是构成规律。事实是被感官知觉所直接确定的。规律是根据归纳法来概括这些事实而构成的。在这一影响之下就出现了一种新的历史编纂学，它可以称为实证主义的历史编纂学。

第四编　科学历史学 P198－289

P203－204　在这一论述的积极方面，布莱德雷绝对正确地主张着，历史知识绝不是单纯消极地接受证词，而是对证词的一种批判的解释；这种批判就蕴涵着一种标准，而这个标准就是历史学家带到他的解释工作中来的某种东西，也就是说，这个标准就是历史学家自身。

P204　我认为，他错误的地方就在于他关于历史学家的标准和他所运用那个标准的对象二者之间的关系的概念。

P211－212　19世纪的后期，进步的观念几乎变成了一种信条。这一概念是一种十足的形而上学，它得自进化的自然主义，并被时代的倾向所强加给了历史学。

P222　于是，历史就是经验作为一个整体，被设想为是过去事件的一个体系。奥克肖特从这种观点出发，对历史学思想的目标及其对象的特点发挥出一套光辉而深刻的论述。

P236　汤因比没有看到这一点，因为他的总的历史观归根到底乃是自然主义的；他把一个社会生命看作是一种自然生命而不是一种精神生命，根本上是某种纯属生物学的东西并且最好是根据生物学的类比来加以理解。

P240　文德尔班在他讨论科学和历史学之间的关系时，实际上所做的一切就是向历史学家们提出一种主张，要他们以他们自己的方式去做他们自己的工作而不要受到干扰；这代表着历史学家们要脱离在自然科学束缚之下的文明总体的那种分裂主义运动。

P243　因而李凯尔特达到了一个公式：实在作为一个整体，实际上就是历史。自然科学是一个由人类的理智所建立起来的概括和公式的网络：归根到底是一个随意的理智构造而并不符合任何的实在。

P265　这里拉希利埃的论证的中心之点乃是知识本身就是自由的一种功能这一观念；知识是可能的，只是因为精神的活动是绝对自发的。

P279　一切实在都是历史，而一切知识都是历史的知识。哲学仅仅是历史学之内的一个组成部分；它是那种思想——那种思想的具体的存在乃是个别的存在——之中的普遍的成分。

P280　对于克罗齐，自然科学根本就不是知识，而是行动。他在科学的概念和哲学的概念之间划出了一道鲜明的界限。哲学的概念是思想的功能，是普遍的和必然的；要确定它们，思想只消思考它自己。

第五编　后论 P290－457

P295－296　我将坚持的论题是，人性科学乃是想要理解心灵本身的一种虚假的企图，——是被与自然科学的类比所伪造出来的，——并且研究自然的正确道路是要靠那些叫作科学的方法，而研究心灵的正确道路则是要靠历史学的方法。

P302－303　历史的过程不是单纯事件的过程而是行动的过程，它有一个由思想的过程所构成的内在方面；而历史学家所要寻求的正是这些思想过程。一切历史都是思想史。

P304　一个自然过程是各种事件的过程，一个历史过程则是各种思想的过程。人被认为是历史过程的唯一主体，因为人被认为是在想（或者说充分地在想、而且是充分明确地在想）使自己的行动成为自己思想的表现的唯一动物。

P307　历史的知识是关于心灵在过去曾经做过什么事的知识，同时它也是在重做这件事；过去的永存性就活动在现在之中。因此，它的对象就不是一种单纯的对象，不是在认识它的那个心灵之外的某种东西；它是思想的一种活动，这种活动只有在认识者的心灵重演它并且在这样做之中认识它的时候，才能被人认识。对于历史学家来说，他所正在研究其历史的那些活动并不是要加以观看的景象，而是要通过他自己的心灵去生活的那些经验；它们是客观的，或者说是为他所认识的，仅仅因为它们也是主观的，或者说也是他自己的活动。

P319　所以，思想并不是历史过程的前提而它又反过来成为历史知识的前提。只有在历史过程，亦即思想过程之中，思想本身才存在；并且只有在这个过程被认识到是一个思想的过程时，它才是思想。

P326 无疑地，历史的思想在某种方式上很像知觉，两者都以某种个体事物作为自己的固有对象。

P327 历史学又以另一种方式而有似于科学：因为在二者之中，知识都是推论的或推理的。

P328 按照这种理论，历史学中最本质的东西就是记忆和权威。

P339 除了历史思想本身之外，并没有任何东西是可以用来证实它的结论的。

P346 它只不过发现了历史思想的第二维，即历史学的历史：亦即发现了历史学家本身以及形成了他可以运用的证据总体的那个此时此地，都是他正在研究的那个过程的一部分，他在那种过程中有他自己的地位，而且只有从他在目前这个时刻在其中所享有的那种观点才能观察它。

P350 因而历史学就是一种科学，但却是一种特殊的科学。它是一种科学，其任务乃是要研究为我们的观察所达不到的那些事情，而且是要从推理来研究这些事件；它根据的是另外某种为我们的观察所及的事物来论证它们，而这某种事物，历史学家就称之为他所感兴趣的那些事件的“证据”。

P356 当历史学家接受由另外的人对他所询问的某个问题给他提供的现成答案的时候，这个另外的人就被称为他的“权威”；而由这样的一个权威所做出的、并为历史学家所接受的陈述，就被称为“证词”。

P357 有一种历史学是完全依赖权威们的证词的。正像我已经说过的那样，它实际上根本就不是历史学，但是我们对它又没有别的名称。

P358 由摘录和拼凑各种不同权威们的证词而建立的历史学，我就称之为剪刀加糨糊的历史学。

P379 由此可见，科学历史学根本就不包括任何现行的陈述。把一种现成的陈述纳入自己的历史知识的整体之内的行动，对于一个科学的历史学家来说乃是一种不可能的行动。

P388 过去绝不是一件历史学家通过知觉就可以从经验上加以领会的给定事实。

P399 思想永远不可能是单纯的客体。要了解另一个人的思维活动，只有根据这同一个活动在一个人自己的心灵里可以重演这一假定，才是可能的。在这种意义上，要了解“某个人在思想（或者“已经思想”）什么”，就包括自己要思想它。拒绝这一结论，就意味着根本否认我们有任何权利来谈论思想行动（除了是在我们自己的心灵中所出现的那些）；并且还意味着接受我的心灵乃是唯一存在着的心灵这种学说。

P415　如果我们提出这一问题：对于什么东西才能有历史知识？答案就是：对于那种能够在历史学家的心灵里加以重演的东西。首先是，这必须是经验。对于那不是经验而只是经验的单纯对象的东西，就不可能有历史。因此，就没有而且也不可能有自然界的历史，——不论是科学家所知觉的还是所思想的自然界的历史。

P436－437　可以这样说，把一个历史的代理人的理性活动描述为是自由的，只是以一种转弯抹角的和伪装的方式在说，历史学乃是一种自律的科学。

P443　“进步的规律”这一概念，——即历史的进程是这样的被它所支配着，以至于人类活动前后相续的各种形式的每一种都显示出是对前一种的一次改进。

P455　哲学，只要它在其发展中的一个阶段解决了上一个阶段曾挫败过它的一些问题，而又不丧失其对已经成就了的解决方法的把握，就取得了进步。

P456　在这类的意义上和在这类的情形中，进步就是可能的。它是否在实际上已经出现，在何时、何地并以何种方式出现，则是历史思想所要回答的问题。但是还有另一件事是要历史思想来做的，那就是要创造这种进步本身。因为进步不仅仅是一件要由历史思维来发现的事实，而且还是只有通过历史思维才能完全出现的。

【参考文献】

[1] 柯林武德. 历史的观念 [M]. 何兆武，张文杰，译. 商务印书馆，2009.

[2] 贾海涛. 评柯林武德的《历史的观念》：兼谈历史观和历史研究的方法 [J]. 南京理工大学学报（社会科学版），1999，12（1）.

[3] 饶涛. 柯林武德的历史哲学及其启示 [J]. 山西师范大学学报（社会科学版），2013，40（1）.

[4] 罗东阳. 柯林武德历史哲学思想发展简论 [J]. 学习与探索，1989（3）.

[5] 王健.《历史的观念》要义新诠：柯林伍德的历史哲学二题 [J]. 洛

阳工学院学报（社会科学版），2000，18（4）.

［6］王立端. 科林武德历史观述评［J］. 三明师专学报，1995（2）.

［7］陈宇光. 柯林武德历史哲学研究透视［J］. 国际关系学院学报，2006（6）.

二、《历史决定论的贫困》

[英] 卡尔·波普 著
杜汝楫，邱仁宗 译
华夏出版社，1987 年

【作者简介】

卡尔·雷蒙德·波普（1902—1994），又译为“波普尔”，英籍科学哲学家，批判理性主义的创始人，当代西方最具影响力的哲学家之一。1902 年 7 月 28 日波普出生于奥地利的维也纳，父母都是犹太人。1918 年进入维也纳大学。1919 年学习了弗洛伊德的精神分析理论，1928 年获得哲学博士学位，1929 年获得教师资格证，1934 年出版了一本论述科学之逻辑基础的著作。随着纳粹反犹太主义的猖獗，波普先去了新西兰，任克里斯彻奇坎特伯雷大学学院讲师，二战后去往英国并加入了英国国籍，在伦敦经济学院任教，1949 年起担任该学院逻辑与科学方法论教授，直至 1969 年退休。由于在学术上的巨大成就，1965 年波普被英国皇室授予爵士称号，此外他还是英国科学院和美国艺术科学院的院士，他于 1994 年 9 月 17 日在伦敦去世。

作为一名处于欧洲工人运动大发展时代的思想家，青年时期的波普一度接受马克思主义思想，但他很快开始怀疑并最终走上了批判马克思主义的道路。波普作为 20 世纪批判极权主义的重要代表人物，同时作为一名科学哲学家，其理论上以其证伪主义的方法论为基础，在科学哲学方面，波普批判逻辑实证主义和归纳主义，认为证伪是理论发展的重要手段，并运用证伪主义的方法论，否认人们能够把握社会历史的发展规律，否认人们能够进行历史

"预言"的可能性，甚至认为"科学史也像人类思想史一样，只不过是一些靠不住的梦幻史、顽固不化史、错误史"。波普在一生中著作颇丰，其思想涉及科学方法论、科学哲学、社会科学哲学、政治哲学和逻辑学等，其主要作品（中译本）有《历史决定论的贫困》（1987 年）、《开放社会及其敌人》（1999 年）、《开放的宇宙》（1999 年）、《猜想与反驳：科学知识的增长》（2003 年）、《客观知识：一个进化论的研究》（2003 年）、《研究的逻辑》及该书的英译本《科学发现的逻辑》（2008 年）、《波普尔自传——无尽的探索》（2009 年）、《二十世纪的教训：卡尔·波普尔访谈演讲录》（2012 年）等。

【写作背景】

历史决定论的出现反映了人们积极认识和改造世界的努力，所谓历史决定论，就是承认历史发展具有必然性和规律性，认为人们能够正确认识和反映社会现实并进而归纳、总结社会历史发展的规律的理论。

近代以来，拉美特利提出"人是机器"的观点，维柯、圣西门、傅里叶等对历史发展有了进一步的认识，康德、黑格尔等人把历史的发展看作顺应理性的需要，黑格尔比较全面地思考了社会历史发展规律，并把历史发展归结为超历史的"绝对理性"。马克思主义作为历史决定论的重要代表思想，扬弃了以往机械唯物主义和唯心主义的历史发展观，提出了以实践为基础的辩证唯物主义历史观，为人们认识和改造世界提供了一个强大的思想武器。世界无产阶级运动的不断高涨以及随后众多社会主义国家的建立，体现了马克思主义的科学性和真理性。但是，一方面，由于对马克思主义教条化的理解甚至曲解，许多社会主义国家在社会主义建设中遇到了挫折与困难，以苏联为代表的社会主义国家逐渐形成了僵化的社会运行机制，并在继承和发展马克思主义的过程中偏离了马克思主义的科学性——如斯大林主义具有浓重的"经济决定论"的倾向，这些实践和理论问题的出现严重阻碍了社会主义运动的发展，也引发了身处不同国度中的理论家的批判和反思。在另一方面，一些国家的政治家运用历史决定论的某些观点宣扬独裁主义，为其独裁统治做辩护，这也在某种程度上为历史决定论招致了诟病。而在历史决定论发展的同时，与其平行甚至对立发展的历史非决定论思想也大行其道，并在一定历史时期内获得了资产阶级主流意识形态的支持，19 世纪末 20 世纪初的新康德主义以及随后的唯意志论哲学、生命哲学，20 世纪的存在主义、弗洛伊德主义等都具有历史非决定论的色彩。

波普作为20世纪西方社会中一个深具反思和批判精神的思想家，以往不同流派的历史哲学理论为其研究提供了思想基础，现实的经历尤其是残酷的战争厮杀，不同意识形态和社会制度影响下的人们所呈现出的思想观念和行为方式，为波普的理论研究提供了现实条件。波普力图不依赖于任何一家学说，并立足于在批判其他各家学说的基础上撰写该书，他在该书中提出了比较独特的观点和研究方法，尤其是他开辟的证伪主义的研究方法，为人们认识和实践提供了新的认识路径，也为我们反思理论和现实，推动理论和实践的发展提供了新材料和新方法。

【中心思想】

该书分为五大部分：历史的注解、序和导论，历史决定论的反自然主义学说，历史决定论的泛自然主义学说，对反自然主义学说的批评，对泛自然主义学说的批评。波普以其证伪主义为方法论，从抽象的理论和逻辑思维角度对历史决定论的特点、观点、研究方法、分类等方面进行了阐述和批判，从而力图论证历史决定论的荒谬性，进而否认社会历史发展的普遍规律性，否认人们能够正确认识和把握这种规律并用于指导人们的实践。

第一，历史决定论的反自然主义学说。自然科学的法则因为其客观性而被人们所承认，但是波普认为，对于历史决定论者而言，由于历史环境的不同以及社会生活的变动性，他们反对把自然科学中的某些方法运用于社会科学。波普对历史决定论者所持反自然主义观点的原因及其特征进行了剖析。“齐自然”以及“在类似的条件下会发生类似的事情”这两者是自然科学进行概括总结的重要依据，历史决定论者认为这个依据在社会学中是无用的，因为在社会中，存在的人是不断变化的，而且人自身具有能动性。历史决定论者认为社会是不断变化的，社会现象也由于有意识的人的存在而呈现出纷繁复杂的局势，他们否认了大规模社会学实验的可能性，提出在社会历史中的真正的重复是不可能的，社会科学对社会历史发展的预测由于上述种种因素的影响而具有不精确性。然而正是由于预测与预测结果具有重要的关联性，历史决定论的反自然主义论者认为人们可以利用预测，把预测与现实联系起来，进而影响现实，达到促进社会发展的目的。波普认为，整体主义是历史决定论者所持有的另一个重要观点，在这种观点的影响下，历史决定论者力图通过从整体如社会集团的角度而不是从个人角度出发来理解历史，通过对社会现象的直觉悟性，历史决定论者努力认识社会发展过程中某一事物的性质、意义以及历史发展的走向和原因。最后，波普总结了历史决定论的哲学依据以及哲学归宿，即本质主义（唯名主义）。

第二，历史决定论的泛自然主义学说。波普认为，虽然历史决定论基本上是反自然主义的，但是他也承认自然决定论者所坚持的某些东西与自然科学的一致性，比如历史决定论作为知识的分支，其目的是为了达到理论的和经验的知识等。但是，波普明确提出历史决定论的反自然主义倾向——历史决定论者关于历史规律和趋势的思想。波普认为，历史决定论者虽然强调预测的缺陷性，但是他们坚持社会学能够预测历史的发展，他们以“时间编年史”为依据，致力于寻求历史发展和变革的内在力量以及能够适用于整个人类社会的普遍的社会规律。波普把历史决定论看作是历史发展的理论，认为通过对历史的考察，历史决定论者力图“对社会结构变化所遵循的总趋势有一个总体的认识”①，同时把握这个过程的原因以及对引起这种变化的各种力量进行分析和认识。关于社会变革，波普认为历史决定论者的理论之间充斥自我矛盾，即人的能动性与历史必然性之间的矛盾。

第三，对反自然主义学说的批评。波普对历史决定论关于社会变革的途径及其包含的整体主义倾向进行了批判。他认为“渐进技术”同批判分析相结合是人们在理论研究和实践活动中取得成果的重要方法，他提出“渐进社会工程的任务是设计各种社会建构以及改造和运用已有的社会建构”②，社会建构只有很小部分是人们设计的结果，其大部分通常是“生长”出来。渐进工程师的目的就是不断通过调整，不断警惕和纠正错误，避免进行大规模的、复杂的变革，进而推动社会建构不断完善。波普认为与这种“渐进的修补”相反，“整体主义”或“乌托邦的工程”则力图从整体上来按照一个既定的计划或蓝图进行社会改造。但是由于整体主义缺乏对不可避免的意外情况的考虑和准备，因此在实践过程中会遇到“无计划的计划”的困境。为了达到社会改造的目的，整体主义者拒绝失败，并从舆论和政治上压制反对者，逐渐演变为利用各种手段“‘改造’人，使人适合于他的新社会”③ 的统治者甚至是独裁者。在理论上，波普认为整体不能成为科学研究的对象，也不能成为其他活动的对象，波普认为整体主义的计划没有科学依据，他肯定了实验的积极意义，认为以批判的态度来研究实验，总结实验的经验教训能够实现进

① 卡尔·波普. 历史决定论的贫困 [M]. 杜汝楫，邱仁宗，译. 北京：华夏出版社，1987：35.
② 卡尔·波普. 历史决定论的贫困 [M]. 杜汝楫，邱仁宗，译. 北京：华夏出版社，1987：50.
③ 卡尔·波普. 历史决定论的贫困 [M]. 杜汝楫，邱仁宗，译. 北京：华夏出版社，1987：55.

步和发展。

第四，对泛自然主义学说的批评。历史决定论的泛自然主义学说的一个观点就是通过对普遍规律的研究和把握来预测社会历史发展。波普一方面批判了社会学家不当地借用了自然科学的概念如社会运动中的“运动”，并进而否定了存在社会运动规律的可能性；另一方面波普承认社会变化具有一定的趋势，但是他认为“趋势”和“规律”是截然不同的，人们并不能依据趋势做出预测。波普认为趋势是可以被解释的，但是这种趋势的持续存在是依据一定原始条件的，历史决定论者如密尔等人正是忽略了趋势对原始条件的依赖性，因此他们把趋势和规律相混淆即把有条件的科学预测与无条件的预言相混淆。波普批驳了密尔等人关于社会学的归纳主义研究方法，认为演绎方法才是值得广泛采用和极具理论价值的。波普认为科学的问题是由人们需要某种解释而形成的。人们的众多理论在被证实之前是一种假说，假说具有实验或暂时的性质，人们通过对假说进行演绎和推断，进而进行解释、预测和检验，这就是证伪主义的方法论，经过这一系列阶段，人们能够发现理论的不足，促进理论的发展。最后，波普对自然科学和社会科学之间研究方法的异同进行分析，并对历史决定论关于进步的社会建构学说的一些不足进行了分析，提出“进化和进步的主要动力是可供选择的物质的多样性”① 的论断，反对整体主义的控制倾向，主张思想自由和政治民主。

【分章导读】

该书正文可以分为四大部分，除此之外还包括作者在正文之前所写的历史的注解、序和导论，全书约 10 万字。该书的一大特色就是正文的四大部分下面用不同的小标题，例如在第一部分——历史决定论的反自然主义学说中，作者用 1. 概括；2. 实验；3. 新颖性……10. 本质主义与唯名主义等标题进行了论述。

历史的注解、序和导论　在这三部分中，作者主要对自己写作本书的原因、目的、基本论点以及论证方法等进行了简单介绍。作者认为历史决定论是一种不会产生任何结果的方法，历史命运之说具有荒谬性，人们不能预测历史发展的进程。波普认为历史决定论是一种方法，并依据对物理学方法可利用性的态度，把历史决定论者分为反自然主义的和泛自然主义的。

---

① 卡尔·波普. 历史决定论的贫困［M］. 杜汝楫，邱仁宗，译. 北京：华夏出版社，1987：127.

Ⅰ. **历史决定论的反自然主义学说** 该部分包括“1. 概括”至“10. 本质主义与唯名主义”十个小标题的内容。波普认为，自然科学是以“物质世界受着在整个空间和时间之内不变的物质统一体的支配”为前提的，因此自然科学中存在着可重复的自然法则或自然规律。但是，历史决定论者认为由于社会生活中的规律受到历史、文化等方面影响而具有历史相对性，因此自然科学的很多方法都不能适用于社会学。波普对历史决定论者所持论断、论点和研究方法进行了阐述和研究。

波普认为，自然科学中的“概括及其成功的可能性在于普遍的齐自然(uniformity of nature)，在于观察到（也许不如说在于认定）在类似的条件下会发生类似的事情”[①]，这个原理具有普遍性。但是，历史决定论者反对把这种研究方法引入社会科学，他们认为社会中没有如自然科学中“概括”的前提条件，社会中的“齐一性”与自然科学中的“齐一性”是不同的，人的活动能够影响社会中的“齐一性”，“能动主义”就是这种历史决定论的代表者。

实验的方法是自然科学如物理学等进行研究的重要手段和方法，波普认为历史决定论者否认这种方法应用于社会科学的可行性。历史决定论者认为自然科学中实验的重要前提就是人工隔离，由于历史环境和条件是不断变化的，如果社会科学采用实验的方法，那么这种实验就会因为其与历史环境和条件的密切关系而具有不可“重复性”。因此，社会历史与自然历史一样都是不断发生变化和发展的，但是社会历史的每一次变化和发展都具有全新性质的意义，随着这种变化和发展必然产生新事物。波普进而提出，历史决定论者强调特定事物、特定事件的特定社会境况的重要性。社会现象的复杂性是历史决定论者的又一个重要论断，他们认为这种复杂性一方面由于社会中某些独特的人物的社会作用；另一方面因为社会生活是以个人的精神生活即心理为条件的自然现象，因此对社会现象的分析必须涉及心理学、生物学、化学、物理学等诸学科。历史决定论基于预测对被预测事件的影响，提出在社会科学发达的前提下，能够对社会现象做出精确的预报，波普力图从逻辑上反驳这种观点，提出由于预测结果会引起扰乱预测的行动，从而引起与预测结果相反的结果，最终导致对这个预测的否定和损害到预测的客观性。历史决定论者提出预测不仅受到历史条件的限制，而且还受到研究者的偏爱和兴趣的影响，因此提出社会生活的各种趋势、人们的立场和兴趣也是人们必须

① 卡尔·波普. 历史决定论的贫困［M］. 杜汝楫，邱仁宗，译. 北京：华夏出版社，1987：4－5.

关注的重点。

波普认为，许多历史决定论者认为应该从整体主义的角度进行社会学研究，不同的社会有不同的社会集团，而且这些社会集团都有自己的传统、建构和仪式，所谓整体主义的研究，就是必须研究集团的历史、传统和建构。

对社会集团的研究是历史决定论的重要方法论，这种方法论是在对社会现象的深入认识的基础上形成的，因此对意义和意旨的把握也是社会学研究的目的。波普把直觉悟性学说分成了三种不同的变式。第一种变式：通过对有关个人和社会集团的目的、利益和力量的考察来认识一个社会事件；第二种变式：进一步深入分析社会事件的"意义"和"重要性"，从而把握该事件作为部分对整体的影响；第三种变式：在前两种变式研究对象的基础上进一步分析某一事件所处历史时期中占主导地位的根本的客观历史趋势和倾向，以及该事件对历史进程的推动作用。

数量方法是自然科学如物理学的重要研究方法，但是历史决定论者反对把这种方法应用于社会学上，他们认为，虽然社会科学也进行因果解释，但是"由于没有任何已知的方法在数量上表达这些实体的性质，因而不可能表述为数量规律"①。因此，社会科学上的因果规律是"定性的"，而不是"定量的"和"数学的"。

波普对唯名主义和唯实主义进行了简单的介绍，并把唯实主义定义为本质主义，他认为历史决定论者是站在本质主义的立场的，并对其中的原因进行了分析。波普认为"强调社会事件的性质特性和强调直觉悟性而反对纯粹的描述，正是与本质主义有密切关系的态度"②，对"变化"重要性的强调是历史决定论者的重要观点，他们认为"凡变化必有变化之物。即使没有不变的事物，但我们说到变化时也必须得找出有什么东西在变化"③，社会学研究对象主要关注社会建构，这也增加了对变化认识的难度，为了给予变化以理性的描述，对本质的把握就成为本质主义的重要内容，对历史决定论而言，"本质可以被解释为该事物所固有的潜能（Potentialities）的总和或本源，而变化（或运动）则可能被解释为事物本质的隐蔽潜能的实现或表现"④。因此，

① 卡尔·波普. 历史决定论的贫困［M］. 杜汝楫，邱仁宗，译. 北京：华夏出版社，1987：20.

② 卡尔·波普. 历史决定论的贫困［M］. 杜汝楫，邱仁宗，译. 北京：华夏出版社，1987：23-24.

③ 卡尔·波普. 历史决定论的贫困［M］. 杜汝楫，邱仁宗，译. 北京：华夏出版社，1987：24.

④ 卡尔·波普. 历史决定论的贫困［M］. 杜汝楫，邱仁宗，译. 北京：华夏出版社，1987：25.

波普认为，在历史变化中把握事物的本质是历史决定论者考察和认识社会历史的一个重要手段。

Ⅱ. 历史决定论的泛自然主义学说 该部分包含了“11. 与天文学的比较——长期预报和大规模预报”至“18. 分析的结论”八个小标题的内容。波普在该部分主要是对历史决定论者持有的历史具有规律性和趋势性的观点进行分析和研究。

由于受到自然科学的影响，历史决定论者认为能够对社会历史的发展进行预测。但是波普认为这种预测只能是“大规模预测”或“大规模预报”，这种预测或预报有很大的缺陷性并因此缺乏准确性。如果说天文学观察的依据是天文记录，那么社会学的依据则是政治或社会事件的编年史，即人们通常所说的“历史”，这种社会学的目的是做出预报并在实践中检验这种预报的正确性。与天文学相比，历史决定论者也认为社会学有其内在的动力机制，他们认为社会学必须对引起社会变革和创造历史的力量进行研究和分析，不管这种力量是精神的或者是物质的。由于历史决定论者认为科学预报必须以规律为依据，因此社会变革的预报则只能以历史规律为根据，社会规律由于没有自然规律的“齐一性”，因此它们必然是一种决定不同历史过渡的规律。对这种历史发展规律的把握，使得历史决定论者眼中的社会学具有了预测未来历史发展的功能。波普把科学预测分为两种：一为预言，二为技术预测。前者的实际作用是警告，后者的实际作用则是建设性的，因为这种预测是工程的依据。波普把历史决定论者的理论描述为历史的理论，他们探求历史规律，这种历史规律是“过程、变化和发展的规律”，他们努力对社会结构变化所遵循的总趋势以及引起这种变化的原因、力量等进行总体上的把握，他们反对“技术的社会科学”并把社会技术（这种社会技术“寻求对社会建构的结构给予限制的各种规律，或寻求其他齐一性”[①]）看作乌托邦梦想，认为社会革命是由社会力量而不是合理的计划所引起的。

历史决定论者在关于社会变革和发展方面具有能动主义的倾向，历史决定论者认为人的兴趣和精力、人的梦想等都构成了社会发展的力量，但他们认为只有与历史的主流相适应的计划才是有效的。波普认为，为了给予人的社会活动提供理论基础，历史决定论者必然会把对历史的解释作为自己的重要工作。通过对过去历史的研究，历史决定论者认为社会是必然发生变化的，

---

① 卡尔·波普. 历史决定论的贫困［M]. 杜汝楫，邱仁宗，译. 北京：华夏出版社，1987：36.

人们的活动必须遵循这种历史变化的规律，而且人们无力改变即将到来的变化。最后，波普以马克思的观点为例，认为历史决定论内在地包含着矛盾——能动性和宿命论的矛盾结合，得出历史决定论只能解释社会发展并以种种方式促其实现，但历史决定论者的问题在于无人能改变社会发展。

关于分析的结论这一部分，波普对自己的观点进行了解释和说明。他并不认为自己在本文前面的一些话语是对历史决定论的批评。波普认为除却某些极端形式，许多历史决定论是鼓励能动性的，甚至一些历史决定论发展成为历史决定论的道德学说。波普从哲学史发展的角度评价了这一历史决定论的进步意义。

Ⅲ. 对反自然主义学说的批评 该部分包括“19. 批评的实际意义”至“26. 概括局限于时期吗?”八个小标题的内容。在该部分波普对历史决定论的反自然主义的学说尤其是整体主义进行剖析和反驳。

许多历史决定论者认为对社会学及其方法需要采取一种实际的态度，并希望把社会科学变成政治家的工具。波普对历史决定论的这种观点予以反对，并认为在这里，历史决定论是一种拙劣的方法。波普进而介绍了一些“成功的方法”即“渐进技术”（piecemeal technology），这种方法是渐进的修补和批判性分析相结合的，也是自然科学和社会科学中取得实际成果的主要方法。波普用“渐进的社会工程”来描述渐进技术结果的实际应用，他认为渐进工程师是为了设计、改造和运用社会建构。所谓社会建构，其包含着私人性质和公众性质的东西，而且在渐进的技术师或工程师看来，“只有少数的社会建构是人们有意识地设计出来的，而绝大多数的社会建构只是‘生长’出来的，是人类活动的未经设计的结果”[①]。在渐进工程师看来，社会建构具有功能性和工具性的意义，其充当着人们为了达到某些目的的手段，这种社会建构成功与否的关键在于人的创造性和知识。为了达到特定的目的，渐进工程师通常采取小规模的调整和改进，通过这样的做法总结经验教训：“仔细地把预想的结果同已取得的结果相比较，警惕改革中难免出现的不利后果；他将避免进行复杂的和大规模的改革。”[②] 而与渐进的社会工程相反，整体主义或乌托邦的社会工程则总是具有公众的性质。波普提出整体主义或乌托邦主义虽然反对渐进方法，但是在实践过程中却不可避免地采取渐进的方法，并认为虽

---

① 卡尔·波普. 历史决定论的贫困 [M]. 杜汝楫，邱仁宗，译. 北京：华夏出版社，1987：51.
② 卡尔·波普. 历史决定论的贫困 [M]. 杜汝楫，邱仁宗，译. 北京：华夏出版社，1987：52.

然他们的理论都是充满着计划的，但是由于其在实践中的不切实际性而成了“无计划的计划”。波普认为整体主义者与渐进主义者的另一个方法论的区别就是渐进工程师能够吸收容纳不同的观点，而整体主义者则在坚持彻底改造的原则下否认其他可能性。这也导致了整体主义者否定人的因素造成的不确定性，并意图用进行社会建构的手段来控制人的因素，进而形成按照计划包括人的改造在内的社会改造，最终背离了科学原则。

波普认为，历史决定论从技术的角度而言是整体主义的，他以密尔关于社会形态的描述为例，提出密尔的整体主义使得历史决定论不同于渐进技术，并使得历史决定论可能与整体主义或乌托邦的社会工程以某种形式结成联盟。这种结盟思想的代表人物就是柏拉图和马克思。波普进而对这种结盟的原因的两个方面进行了分析：一方面，结盟双方都具有整体主义倾向，他们不满足渐进修补和摸索前进，认为必须对社会进行激进的变革和全面的控制；另一方面，结盟双方都赞同计划的必要性。

对整体主义的批评是抨击历史决定论的关键性论点之一。波普认为人们对任何事物只能从某些方面而不可能从整体上进行认识和研究。历史决定论的整体主义者提出历史方法适合于研究总体意义上的整体，波普认为历史与其他学科一样，只能对对象的某一方面进行研究。波普认为整体主义的计划由于缺乏实践经验的检验而没有科学的依据。整体主义者认为“社会实验（假如有这样的事情的话），只有以整体主义的规律来进行才有价值”[①]。波普对这种观点进行了反驳，一方面，波普认为渐进实验是极为重要的，人们知识的获得不是一蹴而就的，其来自前科学偶然地所得或科学实验的结果，不论是前科学方法还是科学实验的方法，它们都是人们主动试图解决实际问题的结果，人们在这一过程中用批判的态度不断在总结错误教训中取得进步；另一方面，在整体上改造是整体主义的重要观点，这种整体主义的观点的弊端就是很难从重大的错误中吸取教训，波普从道德和技术上对这一论点进行了解释和说明。

历史决定论者认为实验的方法不能适用于社会科学，因为在社会科学领域中，完全相同的实验条件是不可能的。波普认为这种观点是对物理实验方法的误解。历史决定论者认为社会实验会受到社会条件可变性的制约，尤其是受到历史发展所引起变化的影响，波普认为人们正是在实验中认识到了许

---

① 卡尔·波普．历史决定论的贫困［M］．杜汝楫，邱仁宗，译．北京：华夏出版社，1987：67.

多预想不到的结果，通过对这些结果的总结，人们能够提高自己解释新遇到的社会条件的能力，因此，渐进实验是可行的。波普提出理论先于观察，也先于实验的主张，并对历史决定论者对概括有效性的局限性提出了质疑和反驳，他认为和自然科学一样，社会科学对历史规律的描述没有必要加以时代的限制。

Ⅳ. 对泛自然主义学说的批评 该部分包括"27. 有进化的规律吗？规律和趋势"至"33. 结论，历史决定论的感情吸引力"七个小标题的内容。波普认为，历史决定论的一个核心观点就是把社会科学的任务归结为揭示社会进化规律并以此预测社会的未来。历史决定论认为，社会发展具有阶段性的特征，这种观点深受近代自然科学尤其是进化论的影响。波普认为进化论只是一种"假说"而不是一条普遍的规律，这种假说也不适用于社会历史，因为社会历史是关于"个别事件或一些这样的事件"的进程，波普对关于社会历史符合进化规律思想的两个论点进行了反驳，提出历史是不可重复的，认为由于社会是"动态的"，持历史进化论观点的人"用静态系统的这些长期动态预测来证明非静态的社会系统的大规模历史预言的可能性，实属错误"①。波普承认趋势是存在的，但是趋势并不是规律，趋势并不意味着规律，由于事件的发展并不是单一规律或某几组规律促成的，而是受到环境等多重因素和规律的影响和作用，因此，波普认为孔德和密尔等人关于历史连续规律的观点站不住脚。

波普进一步对密尔等为代表的历史决定论者的观点进行了分析和反驳。波普认为，归纳法或逆演绎法是密尔等人说明规律时采取的重要方法，通过运用这样的方法，密尔等人力图对个别的或单独的特殊事件进行解释和对某种规律性或规律进行解释。波普认为，对特定事件必须从两种前提出发进行描述，即"某些普遍规律和我们可以称之为特定的原始条件（the specific initial conditions）的某些单称的或专指的命题"②。波普区分了对单个事件的因果解释和对普遍规律的因果解释的异同，认为为了达到对普遍规律所描述的规律性进行因果解释，必须首先对要加以解释的普遍规律成立的一切条件进行断定，由此，波普认为对普遍规律的规律性解释就成了从"一组更普遍的规律（已被检验和独立地被确认的规律）演绎出一个规律（它包含该规律

① 卡尔·波普. 历史决定论的贫困［M］. 杜汝楫，邱仁宗，译. 北京：华夏出版社，1987：89.
② 卡尔·波普. 历史决定论的贫困［M］. 杜汝楫，邱仁宗，译. 北京：华夏出版社，1987：97.

性能够被断定为真的那些条件）”[1]。波普认为这种对普遍规律的考察是演绎的性质的，并且依据这种方法在一定程度上能够实现对社会历史趋势的把握，波普肯定了趋势的存在，但是他认为历史决定论者对趋势采取了片面的态度，即历史决定论者认为趋势是无条件的，认为有“绝对的趋势”的存在，由于他们忽略了原始条件的存在，历史决定论者对未来历史趋势的把握成了“无条件的预言”。

波普对自然科学和社会科学在研究时所采取的方法和原则的异同进行了分析。波普认为，演绎的因果解释，预测和检验即假说的方法是理论自然科学和理论社会科学所采取的一致性的方法论。在科学中，人们以经验为基础，致力于解释、预测和检验，检验的结果就是淘汰错的假说，保留正确的假说。波普提出证伪主义的方法论，即在检验理论或假说的过程中，人们必须对理论采取批判证伪的态度和方法，这样才能促进理论的发展。与“方法论本质主义”相对应，波普提出“方法论个人主义”，这种学说推崇演绎的方法，即“把科学方法解释为演绎的、假说的，通过证伪来筛选的等等”[2]。他认为历史科学的特点在于其关注一定时期内的独特或特定的事件而不是力图实现对规律的把握。波普以此反驳了一些历史决定论者的观点。

波普认为，在社会学中，人们需要对一个问题即“空位”进行分析，并运用一些概念或东西来填补这一“空位”，历史决定论者力图用“政治形势以及科学和工业的进步等模式”[3] 来代替方法论个人主义的立场，因此，对“境况逻辑”进行分析成了人们研究历史的重要前提。波普认为历史发展是多种原因即原始条件作用的结果，由于原始条件是极其复杂的，而且许多时候人们对这些原始条件并不感兴趣，因此波普提出，人们在进行历史学科研究的时候必须把自己的兴趣考虑进去，即“写我们感兴趣的那种历史”，这种运用选择方法进行的研究可以看作是科学的假说，但是却不能被“检验”。波普认为历史决定论者所犯的一个错误就是把这种历史解释当作一种理论，并把这种理论作为自己进一步研究的基础和前提。

孔德和密尔等人把科学和工业的进步归结为“人性规律”，波普认为这种观点具有一定的缺陷，并提出“对进步条件采取建构的（Institutional）和技

---

① 卡尔·波普．历史决定论的贫困［M］．杜汝楫，邱仁宗，译．北京：华夏出版社，1987：99.
② 卡尔·波普．历史决定论的贫困［M］．杜汝楫，邱仁宗，译．北京：华夏出版社，1987：109.
③ 卡尔·波普．历史决定论的贫困［M］．杜汝楫，邱仁宗，译．北京：华夏出版社，1987：119.

术的分析”[①]。他把语言、写作等都看作是社会建构，认为科学的进步来自思想自由的结果，这种进步归根结底依赖于政治因素，尤其是在思想自由基础上的政治建构（即民主）。而且在这种社会建构中，人的因素依然是一个非理性的成分，波普反对把社会理论归结为心理学的研究，认为心理学并不是社会科学的基础，而且由于人的因素在社会生活中和社会建构中属于不确定和捉摸不定的因素，人们不能有意以科学的名义对人进行控制，认为整体主义的控制必然会导致思想上的不自由，从而阻碍了进步的动力——可供选择的物质的多样性。

最后，波普对历史决定论思想的实践效用进行了简单的分析和评价。波普提出历史决定论在西方具有悠久的历史，而在现代社会，许多人接受这种理论并深信当下的社会是一个革命的时代，在革命中人们能够感受到社会的变化，波普认为这种历史决定论者虽然渴望变化，但到不如说是他们害怕变化，因为他们认为变化是有规律的，世界史受到一个不变规律的支配。

【意义与影响】

第一，该书影响巨大，多次再版并有多种语种的译本。该书最初是以论文形式出现的，意大利文译本于1954年在意大利米兰出版，法文译本于1956年在法国巴黎出版，英文版于1957年在英国伦敦出版。该书在20世纪以批判马克思主义而在西方社会颇为流行，20世纪后期东欧剧变的发生更增强了西方自由主义社会对该书的推崇程度。

第二，作为一部以批判为主题的著作，波普在该书中彰显了其独特的批判能力和理论创新能力，其提出的证伪主义方法论体现了西方思想家在理论上的反思和进取精神，为人们认识和实践的发展提供了新的启迪和分析工具。在这一著作中，波普对自然科学和社会科学的关系以及二者所使用的方法进行了研究，认为19世纪至20世纪的历史决定论思想深受自然科学方法论的影响，并进而对历史决定论的特点、内容等方面进行了分析和批判，认为与自然科学相比，在社会科学领域中人们由于受到自身知识增长和环境变化的影响，不能总结社会历史的规律并对未来做出正确的预测和把握。他认为社会科学的发展需要一种自我反思和批判即证伪主义的方法，通过这种方法，人们寻找自身理论的不足和错误并加以改进，从而实现理论的进步。在实践

---

① 卡尔·波普. 历史决定论的贫困 [M]. 杜汝楫，邱仁宗，译. 北京：华夏出版社，1987：123.

上，波普反对历史决定论者对于社会发展所持的革命的、激进的观点和方法，认为社会发展是一个“渐进工程”，必须用渐进的方法不断推动社会的发展。波普的这种观点在一定程度上是对20世纪以苏联为代表的一些国家中逐渐走向僵化的马克思主义的回应：20世纪中后期，一方面，马克思主义在苏联等社会主义国家逐渐教条化和庸俗化；另一方面，为了维护资产阶级的意识形态而对马克思主义进行批判成了一些西方思想家的重要任务。与西方一些思想家赤裸裸地从意识形态角度批判、反对马克思主义相比，波普力图从逻辑上和方法论上对马克思主义的某些思想进行反驳。

第三，《历史决定论的贫困》一书存在明显的片面性和不足。波普不理解辩证唯物主义的方法论和本质，他对马克思主义进行了教条式和片面的理解，并认为马克思主义作为历史决定论的代表，具有宿命论的倾向。波普对历史决定论尤其是马克思主义的批判思想本质上是以唯心主义方法论为基础的，他认为理论先于观察，也先于实验而由人的需要产生。所以在阅读时应该注意批判其荒谬和偏颇的观点。

【原著摘录】

历史的注解

本书的基本论点是，历史命运之说纯属迷信，科学的或任何别的合理方法都不可能预测人类历史的进程。

序 P1－3

P1 我已证明，由于纯粹的逻辑理由，我们不可能预测历史的未来进程。

为了让读者知道这些最近成果，我拟在这里简单谈谈我对历史决定论的这个反驳。我的论证可以概括为如下五个论题：

（1）人类历史的进程受人类知识增长的强烈影响。（即使把我们的思想，包括我们的科学思想看作某种物质发展的副产品的那些人，也不得不承认这个前提的正确性。）

（2）我们不可能用合理的或科学的方法来预测我们的科学知识的增长。（这个论断可以由下面概述的理由给予逻辑的证明。）

（3）所以，我们不能预测人类历史的未来进程。

（4）这就是说，我们必须摈弃理论历史学的可能性，即摈弃与理论物理学相当的历史社会科学的可能性。没有一种科学的历史发展理论能作为预测历史的根据。

P1－2 （5）所以历史决定论方法的基本目的（见本书第11至16节）是错误的；历史决定论不能成立。

导论 P1－3

P1－2 根据他们对物理学方法可应用性的观点，我们可以把这些学派分为泛自然主义的或反自然主义的；如果他们赞成把物理学的方法应用于社会科学，则称他们为“泛自然主义的”或“肯定的”；如果他们反对这些方法的应用，则称他们为“反自然主义的”或“否定的”。

Ⅰ. 历史决定论的反自然主义学说 P4－26

P4 历史决定论强烈反对社会科学领域中的方法论自然主义，而声称物理学特有的某些方法不能应用于社会科学，因为社会学与物理学之间有着深刻的差异。

P6 历史决定论者反对这些议论，认为社会的齐一与自然科学齐一迥然不同。社会的齐一是随着不同的历史时期而改变的，而人的活动正是改变它们的力量。因为社会的齐一不是自然法则，而是人为的；而且虽然可以说它们依赖人类的本性，它们之所以如此，乃是因为人类的本性有力量改变它们，而且也许能控制它们。所以人类能够使事情变得更好些或更糟些；积极的改革不一定无效。

P8 历史是会重复的——但绝不是在同样的水平上；如果所说的事件具有历史重要性，如果这些事件对社会有着持久的影响，就更是如此。

P9 社会的新还有另一方面。我们已看到，每一特定的社会事件，社会生活中每一件事，在某种意义上都可以说是新的。它可以和其他事件归入一类；它可能在某些方面类似那些事件；但它在某一个十分明显的方面总是独特的。

P10－11 精确而详尽的社会事件日历这种观念是自相矛盾的；所以精确而详尽的科学的社会预测是不可能的。

P12 科学家的意见与社会生活之间的相互作用几乎不可避免地造成一种境况，在这种境况中，我们不仅必须考虑意见的真实性，而且必须考虑它们对未来发展的实际影响。

P13－14 人们说一个集团有它自己的历史，而它的结构在很大程度上又取决于它的历史……

P14 所有社会集团都有它们自己的传统、自己的建构（institutions）、自己的仪式。历史决定论声称，如果我们要理解和解释集团的现在，并且如果我们要理解也许还要预知集团未来的发展，我们就必须研究集团的历史，研究它的传统和建构。

P15　我们必须设法直觉地认识各种社会集团的历史，而这正是历史决定论的反自然主义观点的一部分。

P18　因此，我们看到，理解社会事件的意义的方法必须远远超越因果解释。它在性质上必定是整体主义的；其目的必定在于确定该事件在某一复杂结构之内——在某一整体之内所起的作用，该整体不仅包括当代的部分，而且包括时间前后相继的短期发展阶段。

P24　历史决定论强调变化的重要性。历史决定论者认为，凡变化必有变化之物。即使没有不变的事物，但我们说到变化时也必须得找出有什么东西在变化。这在物理学中是比较容易的，例如在力学中一切变化都是物体的运动，即物体的时空变化。而社会学主要是关心各种社会建构，从而遇到的困难较多，因为这些社会建构在它们已经发生变化之后是不那么容易识别的。在纯粹的描述意义上说，我们不可能把变化之前的一种社会建构和变化之后的那个建构看作同一个建构。从描述的观点来看，它可能是完全不同的。

Ⅱ. 历史决定论的泛自然主义学说 P27－42

P28　即使社会科学可以预测革命，这种预测也不可能是精确的；关于革命的细节及其发生时间，必定有不确定的范围。

P29　我们看到，大规模预测本身也许不是不能办到，并且社会科学如果真的能够做到长期预报的话，那么它们显然只能是我们所说的大规模预报。在另一方面，从我们对历史决定论的反自然主义学说的阐述中可以得出，社会科学的短期预报必定有很大的缺点。

P30　历史决定论的一个特点（与它否认实验方法的适用性密切相关）就是认为政治和社会的历史是社会学的唯一的经验来源。因此，历史决定论把社会学看作是一种理论的和经验的学科，它的经验根据不过是历史事实的编年史，它的目标是作出预报，最好是大规模预报。

P30　历史决定论的作者常常坚持说，社会学同样应该以社会动力学为根据，即以关于社会的（或历史的）力量决定社会运动的理论为根据。

P31－32　在物理学中，这样一种分析是通过判定相互作用的力，即通过动力学来完成的；历史决定论者声称社会学也应该这样做。它必须分析产生社会变革和创造人类历史的力量。我们从动力学中知道相互作用的力如何组成新的力；反之，通过把力分解为它们的分力，我们就能够洞察该事件发生的根本原因。同样，历史决定论要求承认历史力量的根本重要性，不管是精神力量还是物质力量，例如宗教观念或伦理观念，或经济利益。分析和分解这许许多多的冲突倾向和力量，并且深入到其根源，深入到普遍的动力和社会变革的规律——这是历史决定论所说的社会科学的任务。

P32 因此唯一普遍有效的社会规律就只能是把前后相继的时期联结起来的规律。它们必定是决定从一个时期过渡到另一时期的历史发展规律。这就是历史决定论者认为唯一真正的社会学规律是历史规律的本意。

P33 在历史决定论者看来，社会学是要解决预卜未来这个古老问题的；与其说是预卜个人的未来，不如说是预卜集团和人类的未来。

P35 按照历史决定论者的说法，社会学家必须设法对社会结构变化所遵循的总趋势有一个总体的认识。除此以外，他们还必须设法了解这个过程的原因以及引起变化的各种力量的作用。他们应该设法提出社会发展根本总趋势假说，使人们能够根据这些规律作出一些预言，从而能够适应即将到来的变化。

P38－39 历史的解释必定是历史决定论思想的中心工作；事实上它已经是如此。历史决定论者所有的思想和行动都是为了解释过去，以便预测未来。

P39 历史决定论的方法包含着一种极其类似的社会学理论——这种理论认为社会必然变化，只是沿着一条不变的预定道路并要经过不可避免的必然性所预先决定的各个阶段罢了。

Ⅲ. 对反自然主义学说的批评 P43－82

P45 “渐进的修补”（有时这样来称呼）和批判性分析相结合，不论在社会科学还是在自然科学中都是取得实际成果的主要方法。

P50 渐进社会工程的任务是设计各种社会建构以及改造和运用已有的社会建构。

P51 渐进的技术师或工程师认识到，只有少数的社会建构是人们有意识地设计出来的，而绝大多数的社会建构只是“生长”出来的，是人类活动的未经设计的结果。

P52 他将一步一步地走，仔细地把预想的结果同已取得的结果相比较，警惕改革中难免出现的不利后果；他将避免进行复杂的和大规模的改革，因为他不能分辨这种改革的原因和后果，也不知道他究竟在干什么。

P52－53 整体主义的或乌托邦的社会工程与渐进的社会工程相反，它绝不带有“私人的”性质，而总是具有“公众”的性质。它的目的在于按照一个确定的计划或蓝图来改造“整个社会”；它的目的在于“夺取关键地位”扩大“国家权力……直到国家变成几乎与社会一样”，它的目的还在于从这关键地位上控制那些影响着社会未来发展的历史力量，或者阻碍社会发展，或者预见其过程并使社会与之相适应。

P54 所以乌托邦的或整体主义的方法和渐进的方法之间的区别之一可以表述如下：渐进工程工程师可以在改革的范围中不抱成见地提出自己的问题，而整体主义者就不能做到这一点；因为他事先就一口咬定彻底改造是可能的和必然的。

P58 在历史决定论和乌托邦主义的联盟中，最有力的因素无疑在于它们都是整体主义的。

P69 对于渐进技术师或工程师来说，这些观点意味着：如果他希望在社会和政法的研究中采用科学方法，那么，最必要的是采取一种批判的态度，并且认识到做尝试和犯错误都是免不了的。他不仅必须学会预料到会出错，而且必须有意识地去寻找错误之所在。

P75 换句话说，关于各个历史时期之间的区别的学说，不会使社会试验成为不可能，而仅仅是一种设想的表述，即认为我们如果转入另一个时期，我们还会继续进行渐进的实验，只是会达到意料不到的或失望的结果。

Ⅳ. 对泛自然主义学说的批评 P83－129

P85 换句话说，所有的自然规律都是假说，但这个事实不应使我们忽视所有的假说并非都是规律，尤其不应该忽视历史假说向来不是全称命题，而只是关于某个个别事件或一些这样的事件的单称命题。

P86 很明显，任何规律，无论它是用任何方式提出来，在它被科学认真地认可之前，都必须由新的情况来检验。可是，如果我们永远只限于观察一个独一无二的过程，那我们就不能指望对普遍性的假说进行验证，不能指望发现科学所能接受的自然规律。对一个独一无二过程的观察不可能帮助我们预见它的未来发展。

P90 社会运动变化这个概念本身——把社会看作如同实际物体那样，可以作为一个整体沿着一定的道路、按着一定的方向运动的这种想法，纯属集体主义的胡思乱想。

P92－93 我们虽然可以认为，任何实际存在的现象连续都是按着自然规律进行的，但是我们必须看到，实际上，三个或三个以上有因果联系的具体事件的连续都不是按照任何一个自然规律来进行的。

P94 决定各个事件的这种“动态”系列连续发生的规律是不存在的。在另一方面，具有这种“动态”性质的趋势是可能存在的……

P95 我已力图表明，历史决定论者在被称为历史的那些事件连续中所看到的“方向”或“倾向”，并不是“规律”，而只是趋势。

P97 我认为，对某特定事件给予因果解释，就是从两种前提演绎出描述该事件的命题。这两种前提就是：某些普遍规律和我们可以称之为特定的原始条件（the specific initial conditions）的某些单称的或专指的命题……

P99 因此，对规律性的因果解释就是从一组更普遍的规律（已被检验和独立地被确认的规律）演绎出一个规律（它包含该规律性能够被断定为真的那些条件）。

P101 被解释的趋势是存在的，但它们的持续存在依赖于某些特定的原始条件的持续存在（这些原始条件有时又可以是趋势）。

P102 我们可以说，这就是历史决定论的主要错误。即它的“发展规律”其实是绝对趋势；这些趋势和规律一样并不依赖原始条件，而且不可抗拒地以一定方向把我们带到未来。他们是无条件预言的根据，而不是有条件的科学预测。

P106 如果我们的问题不是发现推断，而发现原始条件或某些普遍规律（或这二者）以便从它们推出已知的“推断”才是我们的问题，那么，我们就是寻求解释（已知的“推断”就成为我们的“被解释项”）。如果我们把规律和原始条件视为已知的（而不是要去发现的），利用它们只是为了演绎出推断，从而获得新的知识，那么，我们就是在试图作出预测。（在这种情况中，我们应用我们的科学成果。）如果我们认为其中一个前提（或者普遍规律或者原始条件）是有问题的，而把推断与经验的结果相比较，那么我们就涉及对有问题的前提的检验。

P114 我愿意维护被历史决定论攻击为陈旧的这个观点，即认为历史的特点在于它关注实际的独特的或特定的事件，而不关注规律或概括。

P119 我们需要在方法论个人主义的基础上研究各种社会建构（各种观念可以通过各种社会建构来传播和吸引人们），研究新传统如何产生以及传统如何起作用和被推翻。

P119 没有观点就没有历史；历史和自然科学一样必定是有选择的，否则历史就由一大堆不相干的乏味材料所塞满。

P123 科学，尤其是科学的进步，不是孤立的努力的结果，而是思想的自由竞争的结果。

P123 归根结底，进步在很大的程度上依赖于政治因素；依赖于保障思想自由的政治建构，即有赖于民主。

P127 要求对人性加以“科学的”控制的进化论者，没有认识到这个要求如何是自杀性的。进化和进步的主要动力是可供选择的物质的多样性。

P129 历史决定论者似乎因为丧失了一个不变的世界而希望获得补偿，从而倾向于相信变化是可以预见的，因为它受一个不变规律支配。

【参考文献】

［1］韩震. 西方历史哲学导论［M］. 北京：北京师范大学出版社，2008.

［2］谭扬芳. 波普尔历史哲学述评［M］. 合肥：安徽大学出版社，2007.

［3］张文杰. 历史的话语：现代西方历史哲学译文集［M］. 桂林：广西师范大学出版社，2002.

［4］卡尔·波普. 无尽的探索：思想自传［M］. 福州：福建人民出版社，1984.

［5］卡尔·波普. 客观知识：一个进化论的研究［M］. 上海：上海译文出版社，1987.

［6］陈晏清，阎孟伟. 历史规律·历史趋势·历史预见：评波普《历史决定论的贫困》［J］. 求是，2003（18）.

［7］许宏武，谭扬芳. 探析波普对历史决定论的批判［J］. 四川大学学报（哲学社会科学版），2004（5）.

［8］林艳梅. 历史规律外在于人吗?：评波普对历史决定论的诘难［J］. 北京大学学报（哲学社会科学版），2000（3）.

［9］梁中义. 评卡尔·波普的历史决定论［J］. 北京师范大学学报（社会科学版），1990（3）.

［10］罗亚玲. 从《历史决定论的贫困》看波普尔对马克思的批判［J］. 重庆社会科学，2001（1）.

三、《社会契约论》

[英] 迈克尔·莱斯诺夫等　著
刘训练，李丽红，张红梅　译
江苏人民出版社，2006 年

【作者简介】

迈克尔·莱斯诺夫，英国著名的契约论研究专家、英国格拉斯哥大学政治系教授。著有中译本《20 世纪的政治学家》（2001 年）、《社会契约论》（2006 年）等。

【写作背景】

现代民族国家等社会基本组织形式在一定意义上起源于西方，几个世纪以来，尤其是从 20 世纪至今的一百多年的时间里，人类社会各种运动迭起，许多民族和国家在迈向现代化过程中都不可避免地受到西方思想的影响，市场经济理论的扩散、法律观念的形成、平等自由思想的传播等都在一定意义上推动着人类社会整体的发展。思考与反思精神是人类文明进步的重要源泉，随着政治学科分支的发展，对根植于西方文明的契约思想进行研究，成为现实中政治、经济、社会等各方面发展的需要。

契约思想在西方社会源远流长，并且弥久常新，从古希腊雅典时期亚里士多德等人对于“城邦”与“国家”等政治制度的讨论，到中世纪时期曼尼戈德等人为了维护宗教神权而对契约理论的阐发，再到 17 世纪英国霍布斯、洛克等人在新时代来临时刻对社会契约理论的发展，直到 20 世纪罗尔斯等人进行新的理解，契约思想随着历史发展阶段的演变而呈现出不同的理论特色，虽然其间经历了休谟、黑格尔、马克思等思想家以及女权主义者的批评，但是，正是在这种批评和反思中，西方的契约理论在不断的进行传承与发展。“在最近的数十年里，长期以来一直被许多人认为是只能引起纯粹的历史研究兴趣的社会契约论，经历了一次壮观的再生。起初，这一现象仅仅出现在政治哲学和道德哲学领域，然而，它现在已经蔓延到实践政治层面。”① 在这一过程中，很少有人对社会契约理论的历史渊源和发展历程进行有效的梳理，理论体系的建立需要有必要的连接性和系统性，关于契约思想的介绍、总结和概括，成为政治学理论界研究的必要步骤以及现实政治发展的必然选择。

【中心思想】

在本书的结构上，作者分为两大部分：上编和下编。

在上编中，作者用历史分析的方法，对西方契约论思想进行了历史分期和阶段性划分，在每一历史分期中，作者力图通过代表性人物的思想来展现不同时代契约论思想的特色，而且作者对不同人契约论思想的评价也贯穿其中，从而形成如作者所言的“有必要综合地运用历史与分析，这就意味着，尽管本书接下来的部分是历史性的，但它在某种程度上也是由分析性的思考所组织的”②。如作者对霍布斯在《利维坦》中描述的社会契约思想进行了详细的分析和阐述，认为霍布斯一方面具有自我原创性，另一方面则继承了以往社会契约论思想家的理论和观点，而且，作者也指出了霍布斯理论在某些方面的不足和缺陷，如“服从主权者是从他（或她）的本性中推导出的一个必然结论”存在某种不足与缺陷。正是通过对不同历史人物的社会契约思想的阐述与分析，作者认为社会契约理论是一个历史性的主题，并提出了自己对契约论思想的理解。

下编为社会契约论文选。作者对戴维·里奇、欧内斯特·巴克、戴维·高蒂尔等人关于社会契约思想的著作进行了原著摘选。而这些摘选则体现了不同理论家从不同角度对社会契约的差异理解。

---

① 迈克尔·莱斯诺夫，等. 社会契约论［M］. 刘训练，李丽红，张红梅，译. 南京：江苏人民出版社，2006：1.

② 迈克尔·莱斯诺夫，等. 社会契约论［M］. 刘训练，李丽红，张红梅，译. 南京：江苏人民出版社，2006：11.

【分章导读】

本书约32万字。其中，上编分为八章，主要内容为莱斯诺夫对社会契约思想的历史考察和分析，下编是对西方一些学者的社会契约论文章的摘编。

上编　社会契约论［英］迈克尔·莱斯诺夫

第一章　导论　作者在这一章首先对写作目的以及方法进行了说明，并对契约的含义进行了界定和分析，莱斯诺夫对社会契约的特征以及政治权威的社会契约意义进行了事例论证和说明。

第二章　中世纪与文艺复兴时期　作者在这一章中通过对曼尼戈德提出的契约观念进行分析，提出了中世纪契约思想受到中世纪欧洲的政治实践尤其是封建制度和中世纪君主制两大因素的影响。莱斯诺夫认为随着14世纪政治状况的变化，奥地利的因格尔伯特提出了“原始契约”的概念，通过对比因格尔伯特和曼尼戈德的理论，他提出了值得关注的思想即契约论具有两面性，它既可以被用来支持政治权威，也可以被用来约束和限制政治权威。

关于前政治的人类，莱斯诺夫认为对前政治状态的人类——自然状态的人类的考察和思考在古希腊时候已经出现了，而对处于前政治状态的人类的描述，不同人们有着不同的见解。普罗泰戈拉认为前政治时代的人们散居地生活，而且彼此处于自杀性的、相互敌视的状态，因此美德和法律的出现成为必要。莱斯诺夫提出了关于人类行为的两种对立的自然观，一种是纵容不受约束的自我中心主义，另一种则规定了具有普遍约束力的道德规范。这两种自然观由于与自然法的密切联系而对社会契约论具有极为重要的意义。莱斯诺夫对早期基督教和斯多葛学派关于前政治时代的契约或法进行了考察。

莱斯诺夫进而论述了萨拉莫尼奥的契约思想，他认为，处于16世纪早期的萨拉莫尼奥已经在一定意义上摆脱了基督教思想的影响，萨拉莫尼奥以“罗马法”为基础，认为订立契约的双方不是人们和统治者，而是在单个公民之间发生的。

第三章　宗教改革与宗教战争时期　在这一章里，莱斯诺夫认为，宗教改革对契约论思想的发展起到了重大的推动作用，他对基尔克、高夫、巴克等人的思想进行了简单阐述，在此过程中对契约的分类，即分为政府契约和社会契约进行了评析。莱斯诺夫对宗教改革时期的契约思想进行了考察，他认为新教改革与政治权威之间的关系是复杂的，作者考察了加尔文派的新教徒在与世俗的统治权威做斗争中所产生的契约论，如对阿尔色修斯公共联合体的论述等，提出正是由于宗教改革中激进的新教徒为自己进行政治辩护，从而引发了人们对社会契约论高涨的热情。最后，莱斯诺夫论述了社会契约论与反宗教改革之间的关系。反宗教改革的主要群体是天主教同盟和耶稣教会，他认为反宗教改革的理论家也在运用契约论的思想来充实自己的理论武器库。

第四章　17 世纪英国的社会契约论　在这一章里，莱斯诺夫对 17 世纪英国契约论的思想，尤其是霍布斯和洛克的思想进行了阐释。

霍布斯的社会契约思想。霍布斯认为人在本质上是相似的，他们都是能行动和有激情的生物，欲望和嫌恶是人的两种激情，正是对这两种激情的追求，人们获得了快乐或痛苦。而且，由于人们对欲望实现手段——权力的追求，使得人与人之间形成一种竞争的关系，进而形成“一切人对一切人的战争”的政治困境，在这种状况下，自然法就成为人们的必要选择，自然法规定了利维坦即主权者与臣民之间的权利和义务，霍布斯对契约双方的关系进行了规定和限制。

洛克的社会契约思想。洛克的社会契约思想也是基于自然状态的，而他的自然状态理论和霍布斯不同，洛克认为，自然状态的人们处于一个和平、善意、相互帮助和共同生存的状态。而且自然法的存在对于自然状态的人们也是有效的，国家等政治权威的出现恰恰源于人们对自然法的违背，而政治权威的权力是有限的，归根结底，对生命、自由和财产权利的维护构成了洛克社会契约思想的基础和核心。最后，莱斯诺夫论述了 17 世纪契约论思想的对手——父权论的政府权威思想和社会契约论思想之间的关系和对比。

第五章　契约论的顶峰、批判与重构　莱斯诺夫在本章主要介绍了普芬道夫、卢梭、康德等人的契约论思想。

关于 17 世纪欧洲的契约论。作者对德国人塞缪尔·普芬道夫的思想进行了介绍和阐述，比较了普芬道夫和霍布斯契约思想的异同。莱斯诺夫随后通过《论人类不平等的起源和基础》和《社会契约论》两个文本中的思想来阐释卢梭的契约论思想。莱斯诺夫认为，卢梭也是从人在自然状态中是平等的这一前提出发对社会契约论进行阐述的。而且，卢梭把人类的历史看作是道德退化的历史，人的本质上无所谓好与坏、美德与邪恶，而且人与其他动物重要的不同就是人具有“自我完善的能力”，随着人的学习能力的加强，家庭逐渐建立，人开始拥有自己的财产。但是随着物质的进步，人类的文明开始堕落，政府就是人们对“可怕的战争状态”回应的结果，是一个普遍协议的结果，而且是富人为了维护自身的利益通过诡计造就的。莱斯诺夫认为卢梭很重视平等问题，并认为卢梭力图通过契约来约束政治权威，进而保障平等。

莱斯诺夫对社会契约论持批判态度的人们的观点进行了阐述和评价。首先，作者介绍了英国詹姆士国王的论证，然后又介绍了一个英国保皇主义者罗伯特·菲尔麦爵士的观点，最后着重介绍了休谟对契约论思想的批判。

关于康德的思想，莱斯诺夫认为，“在康德那里，社会契约第一次被清晰而明确地描述为一种规范性的理想，或者用康德的话说，一种‘理性观念’(idea of reason)，而不是一个历史事件”①。莱斯诺夫认为康德用社会契约来证明国家本身存在的合法性以及检验法律之正义性的一种手段，他认为康德的社会契约不仅是个假想的契约，而且是一个理想的契约。

第六章　为契约论辩护　在这一章里，莱斯诺夫对黑格尔及其拥护者的契约思想进行了介绍，他认为：“对黑格尔来说，契约的本质再清楚不过了：个人可以就属于他们自己财产的任何事物自由地订立契约；契约取决于个人意愿的一致，黑格尔把它称之为各方的‘共同意愿’(common will)。”② 莱斯诺夫对黑格尔关于国家权威的思想进行了阐述和评价，并把黑格尔的契约思想同霍布斯等人的思想进行了对比，并对麦克弗森以及叶甫格尼·帕舒卡尼斯、高蒂尔等人把社会契约思想当作一种意识形态进行了反驳。

第七章　当代的契约理论　在这一章里，莱斯诺夫对当代詹姆斯·布坎南、罗尔斯、诺齐克等人的契约思想进行了阐述和评价。

莱斯诺夫首先对布坎南等人的著作《同意的计算》《自由的限度》等书中的契约思想进行了论述，布坎南作为一个经济学家，他立足于经济学理论基础力图推导出一个集体选择，这个选择在某些方面类似于正统的市场经济理论。在布坎南那里，对政治制度的强调、宪政理论的起点、集体决策规则等，都体现了社会契约思想，但是这些理论中也包含着种种的不足，莱斯诺夫进而对布坎南《自由的限度》一书中关于财富分配思想中蕴含的契约思想进行了探讨。

莱斯诺夫认为罗尔斯契约论思想注重社会制度和社会结构的正义问题，并通过社会契约论推导出正义原则。原初状态的无知之幕是罗尔斯提出的重要概念，罗尔斯认为处于无知之幕的人不知道自己的地位、能力等，人与人

---

① 迈克尔·莱斯诺夫，等. 社会契约论［M］. 刘训练，李丽红，张红梅，译. 南京：江苏人民出版社，2006：101-102.

② 迈克尔·莱斯诺夫，等. 社会契约论［M］. 刘训练，李丽红，张红梅，译. 南京：江苏人民出版社，2006：110.

处于平等的地位，这样给予立法者以不偏不倚的公正性，而如何理性地处理好自身的个人利益与社会其他成员的利益即最优化的问题成为罗尔斯正义理论的一个重要问题。莱斯诺夫进而对罗尔斯的两个正义原则进行了探讨。莱斯诺夫围绕着三种对罗尔斯理论的批评——“（1）这一理论实际上根本就不是一个契约论；（2）契约在罗尔斯理论中的作用是多余的、次要的；（3）罗尔斯在处理他的契约论论据时，使用了一种臆断的、循环论证的方法（in an arbitrary and question-begging way）”[①]，进一步对罗尔斯的理论进行了维护和讨论。关于诺齐克的思想，莱斯诺夫认为诺齐克思想的特点是为最弱意义的国家进行辩护。最弱意义的国家就是对洛克提出的生命、自由、财产等自然权利进行保护的国家。

第八章　结论　莱斯诺夫提出社会契约有其自己的历史，社会契约论本身是一个历史性的主题。最后，作者对契约论发展的历程进行了总结，即从曼尼戈德的中世纪契约观念，到后来加尔文主义的与上帝之间的契约，再到霍布斯、洛克、卢梭和康德等人对社会契约思想的阐发，直到罗尔斯正义论思想中的社会契约思想，莱斯诺夫最终认为罗尔斯的原初状态和无知之幕思想的缺陷是社会契约论的一般性不足，他认为“从原则上说，十分有节制的契约论不仅仅适用于现代西方社会；它应该适用于任何一个承认需要正义解决个人利益之冲突的社会”[②]。

下编　社会契约论文选

社会契约论历史的贡献者［英］戴维·里奇　在这一章里，里奇认为，古希腊思想家苏格拉底、柏拉图、亚里士多德等人已经为社会契约论思想奠定了基础，柏拉图等人基于当时的历史条件和文化背景，具有一定的整体性倾向，亚里士多德认为国家并不仅仅是一个联盟。里奇对中世纪的社会契约思想进行了考察。在中世纪，人们主要围绕国王与人民的权利和义务进行争论，而且当时的很多人都倾向于运用罗马的“准契约”来思考问题。里奇进而探讨了十七八世纪洛克、胡克、康德和黑格尔等人的社会契约思想。洛克认为社会契约是人们为了比在一种自然状态中更好地维护自己的权力而形成的，这种契约发生于个人与个人之间，人民始终保留着“至高无上的权力”。

① 迈克尔·莱斯诺夫，等. 社会契约论［M］. 刘训练，李丽红，张红梅，译. 南京：江苏人民出版社，2006：151.

② 迈克尔·莱斯诺夫，等. 社会契约论［M］. 刘训练，李丽红，张红梅，译. 南京：江苏人民出版社，2006：171.

里奇认为“胡克是中世纪人民主权学说向洛克人民主权学说过渡的中介”①，胡克提出了同意或协议的因素，为社会契约提供了新的思考方式。

社会契约论·导论［英］欧内斯特·巴克　在这一章里，巴克认为，“社会契约论或许确实是机械的、法理的、先验的，但它依然表达了人类心灵始终坚守的两条最基本的价值或观念：其一是自由的价值，或者说，是意愿（will）而不是暴力（force）才是政府之基础的观念；其二是正义的价值，或者说，是权利（right）而不是权力（might）才是所有政治社会以及任何一种政治秩序之基础的观念”②。社会契约的思想在中世纪的发展有三大理论来源，即《圣经》的教义、罗马法理论和亚里士多德《政治学》的原则，而且自始至终都受到宗教现实和思想的影响。直到十七八世纪，霍布斯、斯宾诺莎、洛克、卢梭等人对社会契约思想做出了重大贡献，人们也迎来了社会契约论的黄金时代。巴克认为社会契约观念由两个观念构成：一个是政府契约观念，另一个是社会契约观念。

巴克对洛克在社会契约思想方面的贡献进行了概括和论述。巴克认为，洛克所处的时代条件及其个人实践经历造就了洛克的社会契约思想。洛克以自然状态为概念出发构建起政治哲学，认为自然状态下的人是以平等的单个体而存在的。但是由于自然状态存在缺陷，共同体由此产生。洛克用政治委托关系来阐述政府等政治共同体的由来，认为社会的结合是内部成员自愿服从的结果。

巴克对卢梭的社会契约论思想进行了阐述。《社会契约论》和《论人类不平等的起源和基础》是卢梭最著名的政治理论代表作，巴克对这两篇中卢梭思想与自然法学派以及个人主义的关系进行了评析，认为卢梭是一个既属于自然法学派又不属于自然法学派的矛盾性人物。卢梭肯定了国家出现的积极意义，认为由于原始状态是不稳定的、无法忍受的，因此国家成为人类摆脱这种自然状态的进步力量，卢梭反对父权制的国家理论，认为国家的唯一合理性基础就是合理的意志，并且这种国家旨在获得普遍善的公意。巴克认为卢梭的国家理论最终陷入了两难的悖论：卢梭反对代议制或议会式的民主，但是这种反对最终导致其反对民主自身。卢梭构建了一个独具特色的政治体制，在这样的体制下，每个人都把自身的一切权利转让给了共同体，这个共

---

① 迈克尔·莱斯诺夫，等. 社会契约论［M］. 刘训练，李丽红，张红梅，译. 南京：江苏人民出版社，2006：200.

② 迈克尔·莱斯诺夫，等. 社会契约论［M］. 刘训练，李丽红，张红梅，译. 南京：江苏人民出版社，2006：212.

同体就居于个人和国家之间，并且仅仅具有立法权，巴克最后对卢梭思想的几个逻辑难题进行了讨论。

巴克对社会契约论的批评者——休谟的思想进行了论述。巴克认为，休谟对契约的理解属于政府契约，即国王与人民之间的契约。休谟认为政府“发源”于人们的一致同意，但是否认现代社会的政府“存在”于人们的同意之中。最后，巴克肯定了社会契约论的历史贡献，认为社会契约论思想是一种推动历史进步的力量。

作为意识形态的社会契约［美］戴维·高蒂尔　高蒂尔对“意识形态”这一概念进行了界定和阐述。高蒂尔认为意识形态是自我意识深层结构的组成部分，契约论形成意识形态很大程度上是由霍布斯完成的，按照霍布斯的理论，人与人之间的关系都可以运用契约关系进行理解。契约论本身并不关注人与人之间、社会与其成员之间社会关系的原因，而是关注这些关系的“基本理据”。这种契约论的意识形态改变着人们的观念，影响着人们的实践活动。高蒂尔对契约主义的特征和一些观点进行了阐述。契约主义者认为，人的社会性是约定的而非本质的，人的社会性只是人类自然而本质之特征的间接的、理性化的表达，社会对于人而言是具有工具性的价值的东西。

高蒂尔对自然状态和社会的概念进行了定义，提出了“社会契约的理据”即协调、讨价还价和强制，并对三者进行了论述。协调、讨价还价是人们追求善（goods）过程中理性选择的结果。高蒂尔把善分为三种：理智的善（goods of intellect）、激情的善（goods of spirit）和欲望的善（goods of desire）。三种善导致了人与人之间合作或竞争的关系，而欲望的善，尤其是人生而具有的独占性造成了分配的问题。高蒂尔认为人的独占性思想与社会契约论是互相支撑的关系。

高蒂尔论证了契约论将合理性与个人利益的满足工具性地联系在了一起的思想。通过把霍布斯和斯多葛学派的理性概念进行对比，高蒂尔说明了契约论的合理性概念，认为构成社会契约论意识形态的那部分是个人主义的效用最大化。最后，高蒂尔得出“约定的社会、独占的人性以及效用最大化的合理性这三者共同构成了我们意识形态的核心”① 的结论。

高蒂尔力图解决契约论意识形态中存在的“不融贯”性——“效用最大

① 迈克尔·莱斯诺夫，等. 社会契约论［M］. 刘训练，李丽红，张红梅，译. 南京：江苏人民出版社，2006：272.

化的合理性概念减少了实现契约论社会的可能”的问题。独占性是人的重要特征，而这种特性导致人与人经常陷入冲突的境地，为了解决这种冲突，协调、讨价还价和强制成了契约论者的选择。高蒂尔认为“自然的理性”（natural reason）导致了人们之间敌对的关系，而“约定的理性”（conventional reason）则要求一个人在追求个人效用最大化的原则时遵循协议。

高蒂尔把契约性社会分为两个方面：市场和国家，并认为纯粹的效用最大化和有效的个人效用最大化是一致的。他进而认识到，契约主义已经体现在人们的自我意识中，从而对人们的思维方式和实践活动产生了重大的影响。他认为，在契约社会中，在契约论的强制力所不及的领域中，社会开始通过爱国主义和家庭情感等把人们纳入强制秩序之中，他对由此形成的契约主义的消极后果充满着忧虑。

社会契约论文选·导论 ［英］迈克尔·莱斯诺夫　社会契约思想源远流长，而且在经过霍布斯、洛克、卢梭以及罗尔斯等人的发展之后，社会契约论成为政治哲学的一个重要分支，对政治权威渊源、地位和作用等方面的解读成为社会契约论者的重要研究方向。无论是在理论上还是在实践的过程中，社会契约思想都受到人们不同程度的误解，莱斯诺夫对社会契约思想发展史上一些重要人物的思想进行了考察和分析。

莱斯诺夫认为，对政治权威的社会契约论的分析最初关注的是统治者与人民之间的关系。而且这种关注开始于宗教神权与世俗政权之间的权力争斗，曼尼戈德从统治者与人民之间的关系出发阐述了契约理论。曼尼戈德认为国王（或皇帝）是通过契约被任命的，国王与人民之间彼此存在着权利和义务的关系，曼尼戈德的契约论述表明了当时社会的政治权威观。萨拉莫尼奥第一次提出“原始契约”不是统治者与人民之间的契约，而是公民个人之间的契约。朱里·布鲁塔在《论反抗暴君的自由》一书中提出，社会中不但存在着国王与其臣民的契约，而且存在着上帝与人类之间的契约。

在社会契约论的“古典”阶段，阿尔色修斯提出，人类社会不仅存在着两种契约，即统治者与其统治的人民之间的契约以及人类与上帝之间的契约，而且还存在着一种“政治共同体本身——人民、共和国或国王——以及建立其基本法律的契约”[1]。这些思想家都倾向于运用契约为反抗者做辩护，而霍

① 迈克尔·莱斯诺夫，等. 社会契约论［M］. 刘训练，李丽红，张红梅，译. 南京：江苏人民出版社，2006：295.

布斯、普芬道夫则提出相反的理论，即运用社会契约思想为统治者辩护，得出反抗统治者在实践上是不正当的结论。

莱斯诺夫认为，社会契约的历史真实性问题是许多思想家需要解决的问题，他认为无论是霍布斯还是洛克都对这一问题有所关注。洛克明确否认了对社会契约历史真实性的怀疑，而霍布斯则从理论上力图论证原始契约存在于历史事实中。休谟对这一问题抱有怀疑的态度。卢梭关于原始契约的论证似乎说明了契约的历史真实性。

关于黑格尔主义与马克思主义对社会契约论的批评，莱斯诺夫认为黑格尔采取了比较极端的方式，即把契约局限于经济领域，否认运用契约来说明国家与个人之间的权利与义务的关系。马克思主义者把契约关系与资本主义本身相联系，并把它看作是一个资本主义的组成部分，莱斯诺夫引用马克思主义者帕舒卡尼斯的观点，认为社会契约是资产阶级为了维护其自身的利益而寻求的合法性依据。

在论及社会契约、社会正义与社会道德方面，莱斯诺夫首先对罗尔斯的契约理论进行了阐述和评析。罗尔斯在一定意义上发展了社会契约论，把以往社会契约思想家对国家和人民等的关注转移到以确保所有人的利益都得到正当保护的方式实现这一目的上。罗尔斯提出了“无知之幕”为其契约理论提供了基础。莱斯诺夫又对布坎南的契约理论进行了说明，他认为布坎南也关注到了利益冲突对基本社会善的分配问题，但是由于其理论中没有“无知之幕”这一理论基点做支撑，因此其理论具有一定的不足和缺陷。莱斯诺夫最后对高蒂尔的“比较利益的最大最小值”原则进行了考察。

最后，莱斯诺夫进行了结论性评论，他认为，如何确定道德义务与自我利益之间的关系，这是社会契约论一些关键问题的核心。在传统契约理论中，人们一般诉诸把范围限定在共同利益上，并假定人们共同分担能够促使这一共同利益的义务。罗尔斯则用无知之幕，力图设置一个公平的原初状态来解决二者的关系，而莱斯诺夫认为狄更斯的契约论更具有优越性，即设置了人们都能理性同意的原则。

社会契约论传统［加］威尔·吉姆利　吉姆利力图对契约论传统产生的来源以及如何产生的进行分析和研究。吉姆利认为，社会契约论产生于启蒙运动时期，当时随着人们对古老道德体系的质疑，人们开始寻求通过建立社会契约论来代替以往的体系。对统治者的政治义务以及被统治者为什么同意被统治的问题考察是早期契约论者研究的重点。这种政治契约主义由于自身的缺陷而走向衰微，但是它仍然为人们提供了经验。

人生而平等是古典契约论和当代契约论的共同观点，而当代契约论的平等观有两种形式：一种强调物质的自然平等，另一种强调道德地位的自然平等。吉姆利把持前一观点的人称为“霍布斯主义的契约论者”，把持后一种观点的人称为“康德主义的契约论者”。

霍布斯主义的契约论：作为互惠的道德（morality as mutual advantage），霍布斯主义的契约论者从个人利益出发，认为每个人都追求自身的利益，而为了不在这种追求利益的过程中导致人与人之间的冲突和伤害，约定称为了必要，“这些约定的内容将成为（订立契约时）讨价还价（bargaining）的主体——每个人都希望协议的结果能够最大限度地保护自己的利益，同时又尽可能地使自己少受限制”[①]。人并不是生而平等的，平等只有在人们权利大致平等的情况下才存在，人们所谓的道德限制是不存在的。

康德主义的契约论：作为平等的道德（morality as impartiality），吉姆利以罗尔斯的理论为对象，阐述了康德主义契约论的观点。罗尔斯认为，人本身就是目的，每个人都是同样重要的并有权要求得到平等的对待，罗尔斯认为只有在一个平等状态下形成的契约才能达到对每一个人的平等。罗尔斯以“无知之幕”为概念选择，对人们的契约生成进行了阐述。

社会契约论及其批评者 ［英］戴维·鲍彻、保罗·凯利 作者认为社会契约论传统具有多样性的特征，并把其分为道德契约论、公民契约论和宪政契约论三种类型。

作者认为格劳孔、约翰·哈桑尼、约翰·麦基、戴维·高蒂尔以及布坎南等是道德契约论的代表，他们力图通过不同方式在个人的合理自利中寻求道德原则的依据。关于公民契约论，作者认为，“公民契约论是这样一种形式的社会契约，无论是历史的还是假想的，其功能要么是为强制性政治权威的合法性辩护，要么就是不涉及其合法性而对权威施加的强制性约束进行批判”[②]。作者对格老（劳）秀斯、普芬道夫、卢梭、诺齐克、罗尔斯等人的公民契约理论进行了探讨。格老（劳）秀斯和普芬道夫认为社会契约产生的公民社会的目的是为了确保现在的道德权利和义务。诺齐克认为处于自然状态

---

① 迈克尔·莱斯诺夫，等. 社会契约论［M］. 刘训练，李丽红，张红梅，译. 南京：江苏人民出版社，2006：320.

② 迈克尔·莱斯诺夫，等. 社会契约论［M］. 刘训练，李丽红，张红梅，译. 南京：江苏人民出版社，2006：339.

下的人们出于保护自己的安全和利益的考虑，统一建立一个保护性机构，这个机构有强制实现自己意志的权利，并最终演化成国家机制，“超弱意义的国家”逐渐形成。对于卢梭和康德，作者认为他们都把社会契约看作人类状态的一种假想之物。作者认为对康德契约论重要继承和发展的代表是罗尔斯的《正义论》，罗尔斯运用社会契约来建构其公平和正义意义下的社会体制。

宪政契约论者主要是对统治者与被统治者之间的契约关系进行研究。他们一般认为作为整体的共同体与统治者之间的关系具有契约性，统治者的合法性也来源于对这种契约的遵守，统治者与共同体之间具有各自的权利和义务。这种理论在古希腊哲学家的思想中有所表现，在中世纪则演变为上帝与人、国王与臣民之间的协定，这也最终成为宗教改革时期以及后来反封建斗争中反抗者的旗帜，即通过宣称契约中权利和义务的规定来证明反抗的正当性。

作者对社会契约论者关于国家的起源、作用以及国家与公民之间的权利和义务的思想进行了阐述。古典契约论者认为，由于缺乏一个合法的权威而带来的不便和潜在的危机，政治共同体的存在具有了合理性，国家人格化成为重要特征。而随着国家权力的增大，一些契约论者力图把国家赋予一定的道德因素，从而使国家兼具政治实体与道德实体的功能。

作者认为，在社会契约论的发展过程中，反契约论者从另一种角度对契约论的发展起到了重要的推动作用，这种反契约论包括“父权主义和对自然平等的批评、休谟对政治义务的说明及其功利主义修正、黑格尔对契约论的批评及其在当代社群主义理论中的复兴，最后是女权主义对社会契约论的回应”①。

菲尔麦作为父权主义思想的代表者，他否认了契约论的起源问题，认为由于上帝赋予的天然权威，契约论是荒谬的。菲尔麦认为个人是属于上帝的，只有上帝才能将权力授予国王，他驳斥了关于人生而平等的契约论观念。而梅斯特尔则更加极端地认为契约论者是在挑战上帝的权威，并认为一个至高无上的权威是必要的，否则人类将会陷入野蛮、无序和混乱。

休谟并不否认政府起源的合法性依据，但是，他提出利益是维持政府权威持久性的原因。而功利主义代表人物边沁认为人们之所以服从政治权威，

---

① 迈克尔·莱斯诺夫，等. 社会契约论［M］. 刘训练，李丽红，张红梅，译. 南京：江苏人民出版社，2006：361.

并不是源于原始契约，而是由人们服从的习惯或结果导致的，只要统治者能够为被统治者谋取利益，那么服从的习惯依然会持续下去。

黑格尔认为，国家是根据理性建立的，个人没有权利选择国家，其一出生就生活在国家之中，个人的权利和义务都是由国家维系的，黑格尔把契约关系界定为一种临时性的关系。马克思认为契约论是资产阶级意识形态的表现。马克思认为人类的自然状态是变化发展的，而且由于资本主义发展的不平衡性，人们订立的契约缺乏道德的力量，马克思最终诉诸革命性的变革，认为只有革命的爆发，才能真正改变世界，克服异化、剥削和冲突，建立真正属于人的共产主义社会。

社群主义对契约论的批判包含三个主要成分，它们都根植于“黑格尔对社会契约论和康德道德哲学的批判：第一个是‘镶嵌主体’（embeddedness thesis）；第二个是社会或‘文化选择主体’（cultural options thesis）；第三个是对理想社会本质的明确说明”①。作者以桑德尔的理论为例对这三个方面进行了阐述。

作者认为随着女权主义政治思想的发展，女权主义者对契约论的反对也日益显著。女权主义者认为“现代政治思想的每一个术语都不是性别中立的，而是支持社会的性别结构和男性长久支配的”②，作者对一些女权主义者对契约论的反思和批评进行了简要分析。

【意义与影响】

第一，该书影响广泛。是麦克米伦出版公司“政治理论问题丛书”中的一种，该书中译本约 32 万字，第一版由江苏人民出版社于 2006 年出版，第二版由江苏人民出版社于 2012 年出版。

第二，该书作为对西方契约论思想发展历程的考察，为人们初步认识和进一步研究社会契约论思想奠定了基础。契约论思想作为西方政治文化的重要组成部分，其对西方封建社会尤其是资本主义社会各方面有着重大的影响。而且不同时代的契约论思想总是和其时代发展特色相联系，通过对契约论思想的研究，也能够使人们更多地了解西方政治、经济、文化等各方面的理论

---

① 迈克尔·莱斯诺夫，等. 社会契约论［M］. 刘训练，李丽红，张红梅，译. 南京：江苏人民出版社，2006：373.

② 迈克尔·莱斯诺夫，等. 社会契约论［M］. 刘训练，李丽红，张红梅，译. 南京：江苏人民出版社，2006：376.

和思维逻辑。本文对西方不同历史阶段的契约论思想进行了考察，尤其是运用历史分析方法，对契约论思想史上重要人物的核心思想进行了阐述，为人们提供了一个比较清晰的契约论思想发展轨迹。对社会契约思想发展史上的重要人物思想的考察，也为人们进一步研究提供了基础。该书在下编中摘录的关于社会契约论的文章，为人们考察国外契约论思想的研究现状提供了帮助。

第三，该书后半部分着重介绍了不同西方思想家关于社会契约论的文章，为我国社会的政治理论学科建设以及充实对西方理论观点的研究提供了材料，从而为建设社会主义和谐社会提供了理论研究视角和现实实践的思想基础。

【原著摘录】

上编　社会契约论［英］迈克尔·莱斯诺夫

第一章　导论 P1－12

P2　社会契约论是这样一种理论，在这一理论中，契约被用来证明政治权威的合法性，并/或用来对政治权威施加限制；换言之，在这一理论中，政治义务（political obligation）被当作一个契约性的义务来分析。

P5　存在三种类型的社会契约：人民及其统治者之间的双边契约、次级社会实体之间的多边契约以及个人之间的多边契约（卢梭的契约就属于第三种类型）。

P10　社会契约论可以从两个方面进行考查：历史的与分析的，这两种方法我都将采用。从历史的角度看，契约论经历了两个繁盛阶段：一个是从16世纪持续到18世纪，另一个就是当代的复兴。尽管这两个时期的理论之间存在着明显的连续性，但它们仍然有显著的不同，需要分别加以对待：从分析的角度看，有一些问题属于社会契约论本身，而另一些问题则是在这个或那个历史阶段更为突出。这些问题在本书合适的地方都将加以探讨——我的目标是以一种尽可能连贯的方式，交替与综合地运用历史和分析这两种方法。

第二章　中世纪与文艺复兴时期 P13－32

原始契约 P20－23

P21　最早的两位主要契约理论家之间的对比揭示了契约论的一个重要的、一般性的特征——它的两面性，即它既可以被用来支持政治权威，也可以被用来约束和限制政治权威。

前政治的人类 P23－29

P24　他们认为，法律作为契约的结果是约定的，而不是自然的，所以相对来说没有多少价值。

P25－26　我曾指出存在两种对立的关于人类行为的“自然”观：一种纵容不受约束的自我中心主义（unrestrained egoism），另一种则规定了具有普遍约束力的道德规范。这一基本的二重性一直延续了若干个世纪，并对社会契约论具有极为重要的意义。

萨拉莫尼奥 P29－32

P31－32　萨拉莫尼奥与智者们的差异还在于，他没有对约定和自然进行不恰当的对比，这在他看来充其量具有有限的或含混的合理性。信守承诺的义务同所有的道德义务一样，不是自然法的事，而是万民法的事。

第三章　宗教改革与宗教战争时期 P33－48

宗教改革时期 P35－46

P36　布坎南认为，在国王和人民之间存在着一个相互的契约：一方面，人民宣誓效忠于他们的国王；另一方面，“我们的国王也当着我们国内那些显要人物之面，宣誓他将公平、正义地执行法律”。无论谁违背了这一契约，就等于解除了对方的义务。

P42　在阿尔色修斯看来，君主或统治者（阿尔色修斯经常提到，在真正的共和政体中统治者就是“最高长官”）的权威是由一个盟约或契约所确立并受其限制的，这个盟约或契约是他与其当选时期的人民所订立的，它规定了人民服从君主统治的条件。

社会契约论与反宗教改革 P46－48

P47　巴斯克斯认为，国家的法律是公民之间的一个契约，但君主也要受它的约束。君主权威的基础在于王权法，人民（如果他们做出这样的选择的话）通过王权法有条件地将权威委托给他们的君主。

P47－48　人生来是自由的，并且，他们最初不受任何法律义务和政治义务的约束；但他们不久即陷于失序状态，于是为了寻求和平与正义，他们发现有必要建立政治权威。

第四章　17 世纪英国的社会契约论 P49－79

霍布斯 P53－68

P53　霍布斯的异于寻常之处在于，他的契约论是用来捍卫和支持统治者的权威——实际上是为一种（近乎）绝对的权威。

P58－59　人在本质上是权力的追求者，这就暗示了他们的政治困境，因为存在着凌驾于他人之上的权力这一权力形式，所以，人类生活可能沦为一场权力的角逐。而且，这种困境还会因为人类在其他方面的平等而大大得到加强，这就是肉体和精神上的平等。

P63　这里，霍布斯惊人的创造之处在于，他直接通过个人在自然状态中订立的契约，创造出一个合法的政治权威。这里不存在统治者与人民之间的契约，也不存在（像萨拉莫尼奥认为的那样）在权威产生之前出现的公民之间的契约。

洛克 P68－77

P69　洛克的社会契约论就是反专制的理论和为抵抗暴君辩护的理论。

P69　同霍布斯一样，洛克论证的核心也在于，自然状态与公民社会（也就是政治社会）以及国家——洛克在一个地方甚至称之为“强大的利维坦”（L，第 50 页）——之间的对比。

P70　洛克否认自然状态是一种战争状态。他说，自然状态的特征在于，人们共同生活在一起但缺乏一个凌驾于他们之上的“有权威的公共法官”；这样一种状态是（或至少应该是）一个“和平、善意、互相帮助和共同生存”的状态。

P72　按照洛克的观点，政治权威首要的任务是执行自然法，其次才是保护个人的自然权利和公共利益。

P74　简而言之，洛克的契约论是以个人的生命、自由和财产权利为名义，为抵制政治权威的权利进行辩护的理论。

P77　在洛克看来，同意虽然是政治义务的必要条件，但并不是它的充分条件。而且，正如我们已经看到的，政府要受自然法的约束，如果违背了自然法，它们可能会受到强烈的抵抗。

父权主义与社会契约论 P77－79

P78　按照保皇主义者罗伯特·菲尔麦爵士在其权威著作中所表述的观点，父权主义可以简要地概括如下：上帝不但赋予了人类的父亲亚当以父亲的权力，而且赋予了他对其后代的绝对的君主权力（两者实际上是一回事），所有的政治权威都属于这种类型。

第五章　契约论的顶峰、批判与重构 P80－107

17 世纪欧洲的契约论 P81－84

P82　普芬道夫的学说可以概括如下：他赞同霍布斯的政治结论，但放弃了霍布斯那些令人震惊而反感的论证；他缓和了霍布斯的直言不讳，并修正了他的错误。

卢梭 P84－93

P92－93 卢梭的理论有一个值得注意的特征——正是这一特征使他在众多以人们在自然状态的自由和平等为前提的契约理论家当中显得独树一帜，那就是：他希望在公民社会中既能维护人们的自由，也能维护人们的平等。他的理想宪法事实上确实维护了这种平等，所以，卢梭成为我们或许可以称之为“民主的”社会契约的重要的典型（虽然他自己是在另外一种意义上使用“民主”一词的）（R，第216—218页）。

P93 在卢梭看来，理想契约建立的是一个主权者，而不是一个政府。他认为政府是宪法的次要因素，它的任务就是执行主权者的意志。

对社会契约论的批判 P94－101

P97 在休谟看来，同意或契约仅仅是这种义务和权威的充分条件，但绝不是必要条件。

P100 这是一个被广泛认可的假设，即如果一个国家最初是通过合法的途径建立的，只要它继续保持这种形式，那么，它就仍然是合法的。

理想的与假想的契约：康德 P101－107

P101－102 在康德那里，社会契约第一次被清晰而明确地描述为一种规范性的理想，或者用康德的话说，一种“理性观念”（idea of reason），而不是一个历史事件。

P105 最终我们看到，康德的社会契约同卢梭的社会契约一样，不仅是一个假想的契约，而且也是一个理想的契约。

第六章 为契约论辩护 P108－133

黑格尔及其追随者 P110－116

P110 对黑格尔来说，契约的本质再清楚不过了：个人可以就属于他们自己财产的任何事物自由地订立契约；契约取决于个人意愿的一致，黑格尔把它称之为各方的“共同意愿”（common will）（HR，第57—59页）。

作为意识形态的社会契约论 P117－133

P119 事实上，在市场的运行机制中，契约是各个行为主体（agents）之间关系的中心模式。

P126 高蒂尔的主要论点是，这种契约论的意识形态对于一切社会秩序来说都具有破坏性——人们的实际动机越是与这种意识形态相吻合（实际情况正是如此），社会就越是容易崩溃，陷入“一团糟”（同上，第163页）。

第七章 当代的契约理论 P134－168

约翰·罗尔斯 P142－151

P142 根据罗尔斯的定义，社会正义要求社会的基本结构符合正义的原则（“关于正义的原则”，principles of justice），这一原则确保了“对社会合作之利益和负担的合理分配”以及对基本权利和义务的合理分配（RJ，第5页）。

P143 在原初状态中，所有人都拥有同样的权利。事实上这只是再次肯定了社会契约观念本身就已经暗含的东西——因为一个契约需要所有各方的同意。而一种更具实质性的平等也是必需的：立约者必须“在权力和能力上足够的平等……没有一个人能够支配他人”。

关于罗尔斯理论的讨论 P151－159

P155 罗尔斯的正义论是并且打算是为自由主义的个人主义辩护。

P156－157 罗尔斯的普遍正义原则仅仅是这样一种原则：在任何一个社会中，基本社会善应该平等地分配，除非一种不平等的分配有益于所有人。

诺齐克的理论 P159－162

P159－160 简单地说，诺齐克的计划就是要为最弱意义的国家（the minimal state）辩护。大致说来，最弱意义的国家就是除了强制保护洛克式的生命、自由、财产的自然权利之外，什么也不能做的国家。这一计划分为两个部分：一是对最弱意义国家的证明，二是对任何超最弱意义国家（more-than-minimal state）尤其是实施经济再分配之国家的反驳。

关于契约正义的结论 P162－168

P164 可以肯定的是，在一个重视经济安全的社会里，普通的个人（如果不绝对是每一个人的话）完全有理由宁愿选择某种最低水准的收入保障，而不是由完全不受限制的市场所进行的分配。

第八章 结论 P169－184

P169 不过，我希望有一点很清楚，即社会契约论有其真正的历史，或者（有些夸张地）说，它是一个真正的历史性主题。在这一主题的变化与发展过程中，有足够的连续性能够表明，它在演变中保持了同一性。

下编 社会契约论文选［英］欧内斯特·巴克等 P185－379

社会契约论历史的贡献者［英］戴维·里奇 P187－210

P190 公民社会是人们为避免痛苦而加入其中的联合体。

P196 按照洛克的观点，公民社会是为了某种特定的目的，亦即为了比在一种自然状态中更好地维护个人的权利而“组建”的。

P205 同霍布斯一样，卢梭断然否认统治者与人民之间存在任何契约。

P207 康德公开承认，契约观念是评判制度的标准，而不是对其形成方式的解释。

P208 休谟对契约论的批评中更有价值的部分在于，他指出了一种将效忠建立在承诺基础上的理论在逻辑上的不一致之处。

社会契约论·导论 ［英］欧内斯特·巴克 P211－247

P212 社会契约论或许确实是机械的、法理的、先验的，但它依然表达了人类心灵始终坚守的两条最基本的价值或观念：其一是自由的价值，或者说，是意愿（will）而不是暴力（force）才是政府之基础的观念；其二是正义的价值，或者说，是权利（right）而不是权力（might）才是所有政治社会以及任何一种政治秩序之基础的观念。

P216 政府契约论是这样一种理论：政府意义上的国家是建立在统治者与被统治者的一个契约之上的。

P226 针对自然状态的缺陷，洛克提出了三项补救措施，这三项补救措施是：执行、审判及立法的权力。

P237 卢梭拒绝将国家仅仅建立在意志的基础之上，他坚持认为国家必须建立在一种独特性质的意志之上，即旨在获得普遍善的公意。

P245 休谟关于政治义务的见解可以简要地概括如下："必须服从世俗的权力。这些权力确实是通过篡夺、暴力或者二者兼而有之得来的；但你仍然得顺从它们，原因很简单，那就是：如果不这样的话，社会就无法存在"。

作为意识形态的社会契约 ［美］戴维·高蒂尔 P248－284

P248 将社会关系视为契约关系的观念在我们的意识形态中居于核心地位。实际上，这个核心是由上述观念和如下两个相关的观念共同构成的：将人类行为视为独占的（appropriative）观念和将合理性（rationality）视为效用最大化的观念。

P264 我把善分为三种：理智的善（goods of intellect）、激情的善（goods of spirit）和欲望的善（goods of desire）。

P266 独占就是使之变成自己的。最完全、最严格的独占当然就是使之成为自身的一部分——由外部对象转变为自己的身体。

P271 构成社会契约论意识形态之一部分的，不仅仅是个人主义的、工具论的合理性概念，毋宁更准确地说是个人主义的效用最大化（utility-maximizing）概念。

P272　约定的社会、独占的人性以及效用最大化的合理性这三者共同构成了我们意识形态的核心。

P280　爱国主义和爱可以维护契约性市场社会的政治基础。

社会契约论文选·导论［英］迈克尔·莱斯诺夫 P285－314

P288　把政治权威与政治义务建立在契约之上，就是建立在一项协议（agreement）的基础之上，正是这一协议产生了这种权威与义务。

P291　关于统治者与人民之间关系的普遍理论：这是一个契约性的关系，它是对统治者权威的限制，是人民服从义务的根源。

社会契约论传统［加］威尔·吉姆利 P315－332

P319　当代的契约论有两种基本形式，虽然二者都接受了古典契约论中人生而（by nature）平等的观点，但它们对自然的平等却有着完全不同的看法：一种强调物质的自然平等（natural equality of physical power），这种平等使得人们接受社会约定可以相互受益，这些约定承认并保护彼此的利益和财产；另一种则强调道德地位的自然平等（natural equality of moral status），这种平等使得每一个人的利益都受到同等的或不偏不倚的对待。

P330　对当代理论家而言，同意只是一种确认公平或相互利益之要求的方法，而后者（公平或互惠）才是义务的真正基础。

社会契约论及其批评者［英］戴维·鲍彻、保罗·凯利 P333－379

P334　我们把社会契约论划分为三大类型：道德契约论、公民契约论和宪政契约论。

P339　公民契约论是这样一种形式的社会契约，无论是历史的还是假想的，其功能要么是为强制性政治权威的合法性辩护，要么就是不涉及其合法性而对权威施加的强制性约束进行批判。

P344－345　社会契约本身就是理性的需要，它不是对政治社会起源的说明，而是判断政治制度正义与否的理性标准。对康德而言，同意并不是政治义务的基础，因此，违反契约也不能成为反叛的理由。

P362　契约论存在诸多容易受责难的地方，比如历史的不准确性、不切实际以及逻辑上的漏洞等。

【参考文献】

［1］李风华. 当代社会契约论研究［M］. 广州：世界图书出版广东有限公司，2013.

［2］约翰·罗尔斯. 正义论［M］. 何怀宏，何包钢，廖申白，等译，北京：中国社会科学出版社，1988.

［3］蔡拓. 契约论研究［M］. 天津：南开大学出版社，1987.

［4］应奇，刘训练. 当代社会契约论［M］. 南京：江苏人民出版社，2007.

［5］揭梅. 宪法中契约观念的始源与演变［J］. 武汉大学学报（哲学社会科学版），2012（3）.

四、《历史的终结》

[美] 弗兰西斯·福山　著

吴万伟　译

远方出版社，1998 年

【作者简介】

弗兰西斯·福山（1952—　），日裔美籍学者，美国作家及政治经济学人，曾任美国国务院思想库（政策企划局）副局长，历任约翰霍普金斯大学外交政策研究所研究员、乔治·梅森大学公共政策研究所客座教授，现任霍普金斯大学保罗·尼采高级国际研究学院院长、政治学施瓦茨讲座教授。2007 年起兼任关西大学政策创造学部客座教授，是较有天赋和较独具匠心的社会学家之一。

福山 1952 年生于美国芝加哥，为第三代日本后裔，其母为京都大学经济学系创始人的千金。1970 年福山进入康奈尔大学学习，获得古代希腊与罗马语言文学学位。1975 年他从耶鲁大学比较文学系毕业，获得古典学硕士学位；同年，他进入哈佛大学肯尼迪政府管理学院学习，师从塞缪尔·P. 亨廷顿，并获得政治学博士学位。哈佛大学毕业后，福山曾从事政策研究工作，1979 年至 1980 年和 1983 年至 1989 年，他两度任职于兰德公司思想库，主要研究苏联外交政策和地区安全事务。1981 年至 1982 年及 1989 年，两次成为美国国务院政策研究室成员。1989 年，《国家利益》杂志发表了他的著名文章《历史的终结》，立刻引发了各种不同的回响，他也因该书扬名世界。此后，福山出版了四本书，每一本书都阐述了新的问题，并立即成为学术辩论的中心，引发了强烈的社会兴趣。在政治上，福山为新保守主义者。他自1997年起参与“美国新世纪专案”智囊团，并签署文件建议政府推翻伊拉克总统萨达姆；但他反对2003年的美伊战争，并认为新保守主义一味以武力方式推行美国价值的做法不妥。熔科学和政治理论于一炉，是福山的持色。最新著作《强国论》，提出了以建构国家体制来解决20世纪新议题的观点。

福山笔耕不辍，每隔二三年就有较具影响力的学术著作问世，涉及文化、社会、民主制度和外交政策等多个学术领域。主要作品有《历史的终结》（1998年）、《信任——社会道德与繁荣的创造》（1998年）、《大分裂：人类本性与社会秩序的重建》（2002年）、《后人类未来——基因工程的人类浩劫》（2002年）、《国家构建：21世纪的国家治理与世界秩序》（2007年）、《美国处在十字路口：民主、权力与新保守主义的遗产》（2008年）等。

【写作背景】

20世纪后半期，苏联解体和东欧剧变，社会主义遭受重大挫折。而随着科学技术迅猛发展，自由市场经济和自由民主的政治观念在全球得到传播和普及，西方民主制度先后在南欧、拉美、东亚、非洲、苏联和东欧地区确立。冷战结束以后，全球一体化的趋势不断加强，促使人们对历史规律的问题进行新的思考，形成了一股新的社会历史反思思潮。

针对这一思潮，福山1989年发表了《历史的终结》一文，该文继承了黑格尔的历史观，提出“自由民主的理念和制度在全球范围内的扩展和对人们意识形态的统治，表明历史已经走向了终结”这一观点，立即引起了轩然大波和广泛的讨论。此后，福山针对各方面的批评，以《历史的终结》一书，对重要的批评意见予以回应，并借鉴科耶夫、尼采、康德的理论，重提并进一步阐释了“历史的终结”的概念。在书中，福山对资本主义制度表示认同和赞扬，认为资本主义制度对先进国家而言是不可或缺的，马克思主义只能在第三世界推行，“除了自由民主制和资本主义，人类社会没有别的进化可能，这就是历史的终结”。其中，他对历史的现代化进程和历史终结时的现代性特征做了深入的探究，反映了当代西方保守主义思想的抬头与复兴。

【中心思想】

福山在《历史的终结》一书中，继承了黑格尔和科耶夫的历史终结思想，同时结合科技、经济与世界政治的新发展，形成了自己的“历史终结论”，即随着人类走进 20 世纪末，自由民主的理念和制度在全球范围内的扩展和对人们意识形态的统治，表明历史已经走向了终结。

福山以黑格尔的唯心主义历史观为主要理论根据，把历史看成是普遍的、有方向的、连贯的、终结的。《历史的终结》前两部分专门论述了“世界普遍史”，以及历史的方向性和一致性问题。福山从经济和自然科学的发展两方面说明了历史的普遍性，并详细阐述黑格尔的思想，以此说明自由民主制的必然性。他认为历史的方向性来源于科学的发展，但强调对历史的经济解释是不完全的，要理解人类为何要追求民主，就必须回到黑格尔的唯心主义历史观去。这种历史观的基础是“要求承认的斗争”，从而引出了第三部分的标题。

在第三部分中，福山强调经济和“承认”是历史终结论的两个理论支柱，并更加强调“为承认的斗争”是推动历史前进的动力。福山还将这种“被承认的需要”定义为除欲望、理性外，灵魂的第三部分——气魄，并进一步指出“气魄”对政治生活起关键的作用。

福山还试图从实践的角度论证自己的历史终结论。他认为自由民主制是否是历史的终结，归根结底是这种制度本身在实践中有没有优点的问题。在福山看来，共产主义是对自由主义极大的挑战。因为马克思曾论证说，自由主义社会存在着根本性的无法解决的矛盾，即资本与劳动的矛盾。这也就成为对自由主义的主要指责。对此，福山诡辩说，这个矛盾在当代西方社会已被解决，至少它已退居次要地位。因而福山断言，共产主义思想已经丧失生命力。

接下来第四部分，福山承接了“气魄”理论，从工作伦理入手，探讨了自由主义社会和宗教、民族主义的关系，并阐述了“后历史世界”的理论，指出自由国家的和平联盟是解决“历史世界”和“后历史世界”之间矛盾的公平、合理的方法。

在全书的最后部分即第五部分，福山着重探讨了“最后之人”的忧伤。他认为，自由民主制度遭到来自左翼和右翼两方面的批评，相比之下，右翼的批评更具说服力。福山针对尼采的“最后之人已经不再是人类”的观点，用几章的篇幅来回答尼采的批评。一方面，他看重尼采对“最后之人”的批评，但不认同尼采对自由民主的厌恶；另一方面，他为人类最后可能变成“最后之人”而忧伤，但不认为后历史的人会回到没有灵魂的动物状态。

【分章导读】

福山将全书分为五个部分，每个部分各自独立又相互联系，共同阐述了作者“历史终结”的命题。全书约30万字。

第一部分　世界历史的可能性　由第一章到第四章组成。福山在这部分探讨了世界历史的可能性。介绍了20世纪的悲观主义和19世纪的乐观主义，以及20世纪70年代自由革命的全球浪潮。结合葡萄牙卡塔诺独裁统治、西班牙弗朗哥将军独裁、希腊阿根廷的军部统治等的结束和被推翻，他提出了强国的弱点和政权的正当性问题。

第一章　二十世纪的悲观主义　在这一章，福山重点分析了“悲观主义”这一问题，指出进入20世纪以来，以“未来蕴含着新而又难以想象的灾祸：从狂信的独裁主义和血腥的大量屠杀，到现代消费主义所带来的生活庸俗化；而前所未有的灾难好像也正在等待着我们，从核冬天到地球温室化之类”[①] 为具体表现的“对未来进步的不确定性”构成了20世纪“悲观主义”的主要内容，与物质充盈、和平的前世纪的乐观主义形成鲜明对比。福山还将共产主义视为“极权主义”，并认为“悲观主义最鲜明的表现之一，乃在于大家几乎都相信坚固的共产主义——极权主义的永恒性，而且把它当作西方自由民主的代替品”[②]。福山通过分析右翼和左翼的兴衰，指出各种威权主义独裁政治已面临着深刻的危机，人类应该重新思考历史的悲观主义教训。

第二章　强国的弱点（Ⅰ）　福山在这一章以拉丁美洲、菲律宾、南非由独裁转向自由民主的进程为例，指出强国崩溃的决定性弱点在于正统性的失败。正统性是存在于人们主观认识中的相对概念，如果独裁政权失去正统性，常会因失政而刹那间被推翻。福山认为权力和意志比理性更受推崇；有权力和意志，才有担任支配者的资格。如果民主政权在经济问题与社会问题上丧失了权威，强有力的军事政权就会紧接其后而成立，但并没有足够的能力处理经济、社会问题。并指出古老的独裁政权大多数并非一夕之间即改辙为民主，这些政权常是自己无能与误算的牺牲者。民主程序有时会由精英分子运作，但未必能经常反映人民的意向与真正利益。

第三章　强国的弱点（Ⅱ）　这一章是第二章的延续，福山在这一章中采

---

① 弗兰西斯·福山. 历史的终结［M］. 吴万伟，译. 呼和浩特：远方出版社，1998：18.

② 弗兰西斯·福山. 历史的终结［M］. 吴万伟，译. 呼和浩特：远方出版社，1998：23.

用二战后西方的观点，将苏联和纳粹德国的统治视为极权主义，认为极权主义意图彻底破坏市民社会，并对极权主义的强权国家存在的危机进行了深刻的揭示。福山着重以苏联的解体为例，认为强权国家最基本的弱点在于经济问题，由于苏维埃体制的正统性跟它提供给人民物质生活水平的能力密切相关，因而它很难宽大地看待经济的失败。福山以反社会主义的西方政治观点，认为苏联解体显示了俄罗斯人政治的成熟，并认为这预示着俄罗斯走向了市场取向型经济和自由民主。总之，福山认为独裁的强权国家缺乏长期的正统性基础，也无力解决长期的经济与政治问题，只有自由民主是唯一具有广泛正统性的、一贯的意识形态。

第四章　自由革命的全球浪潮　福山在这一章认为，21 世纪自由民主制主要遭遇到两大挑战，即右翼法西斯主义和左翼共产主义。

福山对右翼法西斯主义的垮台做了深刻分析，认为像希特勒那样的独裁政权是靠权威而不是靠权力来统治的，维持右翼专制政权的基础主要依靠对广大民众的强权，这种对一小部分人拥有权威，而依靠权力统治大多数民众的政权，其政权的合法性基础不具有广泛性。不合法的政权一旦失误，往往促使其政权内在矛盾公开化，成为政权垮台的导火线。事实上，法西斯主义已被二战摧毁，它遭受的首先是物质上的失败，但更重要的是思想上的失败。战后法西斯主义之所以不成气候，是因为思想上的原因，即其政权的建立缺乏意识形态层面上的合法性。它的极端民族主义极力要求扩张，最终只能导致灾难性的军事失败和无止境的冲突，已全然失去了任何吸引力。

在福山看来，共产主义在政治自由、经济自由和思想自由三方面剥夺了人的自由。首先，福山认为共产主义的政府权力是无限的、缺乏制约机制的，对市民社会具有摧毁性，从而牺牲了公民的政治自由权利。其次，福山继承哈耶克的观点，认为共产主义是建立在集体主义和计划经济基础上，这是以牺牲人的经济自由为代价的。最后，福山认为共产主义的合法性是建立在其公民丧失思想自由的基础上，使民众处于一种“异化”状态，剥夺了民众的思想自由。福山认为自由民主制度是一种“普遍适用的合法性原则”，并乐观地相信世界是朝着民主方向前进的，最终会达到同质化。当然，福山的这种观点是带有浓厚的西方意识形态色彩的。

第二部分　历史的非经济解释　由第五章到第十二章组成。第二部分是全书的重要部分，福山在这部分对历史进行了非经济性的解释。他继承康德的学说，提出了普遍史的理念，即舍弃各种偶然的历史事件，把握历史的宏观格局和总体演变方向。福山提出“世界普遍史”并不是世界通史，而“历史的终结”就是所有“世界普遍史”的题中之意。历史的某个重大事件只有产生更大的终极目标才会更有意义，实现这一目标必然会推动历史走向终结。在后半部分，福山指出了推动人类历史走向终结的动力机制。

第五章　普遍史的理念　福山在这一章首先梳理了从亚里士多德到马克思这一阶段的历史观，为提出自己的观点做了铺垫。亚里士多德认为历史是循环的，而康德认为历史是有一个终点的。康德之后，黑格尔、马克思、韦伯等学者更详尽地描述了世界普遍史这一历史发展进程。黑格尔将历史定义为人走向更高的理性和自由的进步过程，并终将走到一个终点，意味着历史的终结。马克思赞同黑格尔的历史终结理论，他为历史的终结做了更为具体的界定，以阶级分析的方法认为所谓的自由国家是资产阶级的自由，历史终结只能在真正的普遍阶级（无产阶级）取得胜利，并实现全球共产主义时才能够真正实现。韦伯对日益增长的人类历史“进步”的理论表示失望，但战后现代化理论使其思想具有了乐观性。因此，福山认为重提世界普遍史和历史的终结是十分可能的。福山描绘了一部新的世界普遍史，历史不是周而复始的循环，而是具有不断前进的方向性；任何国家、民族都无法拒绝这一趋势，因此历史具有普遍性。同时历史还具有趋向性，朝向一个终极目标，福山认为这一目标就是“人人平等、人人相同”的自由民主制度。

第六章　历史循环的争辩　福山在这一章中提出了历史是否有取向性的问题，对悲观主义者否认“历史取向性”做出了回应，认为近代科学的发现创出了取向性的历史，自然科学是方向性历史变迁底层的“机制”，历史的方向性来自自然科学的发展，科学知识的长期积累对人类社会的基本特征形成了一种连贯作用，并从根本上把历史划分为先后的不循环的各个阶段。福山还以战争威胁、军事震撼、技术革新带来劳动组织的发展为例，论证自然科学对“历史的取向”所起的巨大作用，指出“近代自然科学不仅透过军备竞争，也经由缓缓征服自然以满足人类欲望的过程，让历史朝固定的方向变化。……近代自然科学不断推广生产的可能性，借此给经济成长一定的方向。这种技术发展的方向跟合理的劳动组织非常密切”[①]。

第七章　拒绝文明的运动　福山在这一章中提出了两个问题：第一，现有的社会能够有意地拒绝近代自然科学吗？第二，全球性的大变动能毫无意

---

① 弗兰西斯·福山. 历史的终结［M］. 吴万伟，译. 呼和浩特：远方出版社，1998：97.

图地让近代科学消灭吗？针对这两个问题，福山对“卢梭主义”提出了批判，认为卢梭反对近代科技，是“对文明人的攻击”，并以欧、美、日的环保与科技的关系为例，指出技术和经济的发展才是环保的前提。福山进而以毁灭性的战争为例，指出自然科学使历史具有普遍性，任何国家都不能抵制科技的发展。人类不可能拒绝和摈弃科学来逆转历史方向，使历史停滞或倒退。人类只要物理上不灭绝，科学就很难完全被遗忘。

第八章　马克思主义的实验　这是福山从个人意识形态出发，集中对马克思主义进行批判的一章，福山在这一章首先援引了叶利钦的讲话，认为苏联意味着“做马克思主义的实验”，从个人的意识形态出发，认为以苏联为代表的国家既非资本主义也非民主主义，对资本主义经济加以赞扬，对马克思主义和社会主义国家做出了批判。福山还以苏联和中国的计划经济为例，认为中央计划经济是失败的，并指出资本主义经济是通往“完全的经济近代化”的唯一道路。而先进国家已基本接受了资本主义经济的普遍性。

第九章　自由经济的胜利　福山在这一章中对资本主义的自由经济大加赞扬，认为资本主义对于先进国家是不可或缺的，继续诋毁马克思主义和社会主义国家，认为社会主义只能在第三世界发展，“如果没有第三世界存在，马克思列宁主义恐怕早在这个世纪已经消失了。……让马克思主义在第三世界长存的最近尝试，就是所谓的‘依赖理论’（dependencia）。这个主要在拉丁美洲发展的理论”[①]。并对在拉美地区存在的“依赖理论”做出了分析，以拉美的“依赖理论”的挑战和失败为例，指出信仰“依赖理论”的拉美左翼偏好的计划经济效果并不明显，拉丁美洲的“资本主义”经济大都虚有其表。并进而以苏联、中国、东欧各国走向市场经济的趋势为例，认为计划经济已失去生命力，世界市场经济迫使各国都要采取自由市场经济原理。

第十章　知识精英的国度　福山在这一章主要批驳了三种“先进的工业化”（经济发展的表现）必然会带来自由民主的观点，认为经济的发展和民主制度之间不存在必然联系。第一种观点认为只有民主才能调节现代经济所产生的利益冲突，而福山认为复杂多元化的社会中，民主不一定能发挥职能作用，拒绝把民主的产生简单归结为调整不同利益集团竞争使用的手段。第二种观点认为民主的产生是精英集团在相互斗争中妥协的结果，而福山认为民主产生的真正原因在于人们对它的普遍渴望，一旦权力在握之时，也是民主

---

① 弗兰西斯·福山. 历史的终结［M］. 吴万伟，译. 呼和浩特：远方出版社，1998：120－121.

丧失之日。第三种观点认为教育必然会带来对民主的信仰，福山肯定了这个观点具有一定的说服力，福山承认教育提高了人民的素质，使得民主更有效地运行，但人们对民主的信仰依然在于人们对民主本身的渴望。

第十一章　大屠杀的历史　福山在这一章认为大屠杀虽然本身令人战栗，但恰恰证明历史是有一贯性而又强有力的整体。他认为从世界公民的观点出发可以书写普遍史。

第十二章　回归黑格尔运动　这一章是本部分的重要一章，福山首先引出了马克思的“自由王国”理论，但与马克思的观点相反，他认为“在最平等基础上给人们带来最大生产与最大消费的社会并不是共产主义社会，而是资本主义社会”[①]。福山进而指出了以马克思主义方法论为基础、以经济观点来观察历史变迁的“近代化理论”的不足，指出单从经济层面，并不足以完全解释人类普遍史，也不能充分解释民主现象。福山认为黑格尔比马克思和当代科学家更能深刻了解历史过程的机制，初步引出了黑格尔的“承认的斗争”理论，并认为“回归黑格尔之所以重要的另一个原因是，黑格尔给我们一种参考架构，让我们了解人类历史发展可以永久持续，还是我们已经抵达了历史的终结点”[②]。要求“回到黑格尔”，复兴“黑格尔主义”，强调在社会发展的动力上，基本理念的作用远大于物质动力，认为对自由民主理念的追求是导致社会最终走向自由民主制度的原因。

第三部分　要求承认的斗争过程　由第十三章到第十九章组成。第三部分也是本书的重要部分，福山在这部分承接了第二部分“回到黑格尔”的思想，强调将民主定义为经济发展的必然是不完全的，因为人不只是经济动物，要恢复完整的人，要弄清他的非经济方面即理念方面，要从根本上理解人为何追求民主，就必须到黑格尔以“要求承认的斗争”为基础的唯心主义历史观中去找答案。福山在这部分不仅详细阐释了黑格尔的“要求承认的斗争”理论，还结合以霍布斯、洛克等为代表的自由主义学者的学说，进一步援引柏拉图的观点，将这种“被承认的需要”定义为除欲望、理性外的灵魂的第三部分——“气魄”，并论证了“气魄”在政治生活中的关键作用。

第十三章　道德自由的岛屿　福山在这一章重点阐述了霍布斯、洛克、黑格尔的观点，对霍布斯、洛克的自由主义提出批判，认为黑格尔的“要求

---

① 弗兰西斯·福山. 历史的终结［M］. 吴万伟，译. 呼和浩特：远方出版社，1998：156.

② 弗兰西斯·福山. 历史的终结［M］. 吴万伟，译. 呼和浩特：远方出版社，1998：161.

承认的斗争”观点为自由主义提供了新理念。

第十四章　自然状态下的“第一个人”　福山在这一章详细介绍了黑格尔的“最初的人”的观点。黑格尔认为，人与动物的根本不同在于人要求被“承认”——作为一个“人”、一个有价值或尊严的人被承认。这种价值首先表现在人愿意纯粹为了声望而做殊死的斗争。黑格尔把这种“要求承认的斗争”看作推动历史前进的动力，人类的历史也因此而形成。黑格尔的“最初的人”理论认为：人“要求被承认”的愿望导致两个各不相让的原始斗士在一场“流血的战斗”中以生命相搏。当其中一个斗士由于对死亡的害怕而退让的时候，就产生了社会阶级，即主人和奴隶的关系。这种主奴关系具有多种形式，存在于所有的不平等的社会中，并构成人类历史的大部分。福山对黑格尔的“要求承认的斗争”理论表示赞同，他认为黑格尔把人理解为一种道德的载体，他所特有的尊严并不由物质的、自然的因素决定，而在于他内心的自由，这种道德尺度和为了“承认”它而进行的斗争才是推动历史前进的动力。

第十五章　保加利亚的假期　福山在这一章指出，“承认”的概念并非黑格尔的发明，早在西方政治哲学诞生之日起就存在，并援引柏拉图的观点，将这种“被承认的需要”定义为除欲望、理性外灵魂的第三部分——“气魄”。人的大部分行为可用欲望和理智的结合来解释：欲望促使人们去寻求身外之物，理智则帮助人们找到获得这些身外之物的最佳途径。但人们并不满足于此，他们还要寻找对自身价值的承认，对其他人价值的承认，这种自尊的倾向、要求承认价值的倾向，只能产生于灵魂的第三部分——“气魄”。

第十六章　红脸颊的野兽　福山在这一章首先以美国南北战争、罢工、青果商故事为例，指出“气魄”在对人类的经济生活、政治生活产生影响时，并不是单独发生作用的，往往是和“理性”和“欲望”混同，共同对人类这一主体产生支配作用。福山还以苏联、中国为例，分析了“气魄”对政治生活的影响及推动历史发展所起的巨大作用。

第十七章　气魄的兴衰　福山在这一章指出“气魄”有积极的一面，也有消极的一面，福山在此结合了马基雅维利的观点，指出“气魄”的消极方面主要表现为“优越意识”，它促使暴君和奴隶产生，并进一步指出“气魄”对政治生活起关键的作用。如果只有欲望和理性，缺乏“气魄”，人会成为“没有胸膛的人”。

第十八章　主人与奴隶　福山在这一章批判了柯杰夫的“主奴”关系理

论，认为从长远来看这种主从关系并不稳定，并做出了详细分析，指出让历史前进的原动力是奴隶不断追求承认的欲望，绝非主人的自我满足和不变的自我认同。

第十九章　普遍平等的自由国家　福山在这一章指出，欲望和理智可以导致一个工业化的社会，例如西欧在 20 世纪 50 年代的水平，但对以信息和技术革新为主要特征的“后工业”经济却无能为力。因为后者要求个人的独立自主和自由，这就需要自由民主制予以保证。他认为，如果人们只满足于欲望和理智，他们将生活在一个市场导向的极权国家里，而随着工业化的发展和教育的普及，人们开始不只简单地满足于财富的增加，而要求“承认”自己的身份地位，并导致他们对自由民主制的追求，因而“承认”的欲望成了自由经济和自由政治之间的联结。由此，福山追随黑格尔和科热夫，认为自由民主制已经彻底解决了“承认”问题，因为自由民主制为自己的公民提供了平等的“承认”机会，自由民主制成为人类社会制度演化的共同终极目标，从而宣告了历史的终结。

第四部分　工作伦理的动机　由第二十章到第二十六章组成。福山在这部分从工作伦理的动机入手，强调了“气魄”在资本主义社会生产关系中所起的举足轻重的作用。指出“要求承认的斗争”即“气魄”既是研究国内政治的支点，又是洞察国际政治的支点。分析了亚洲的新威权主义、民族主义、现实主义，以及宗教文化等与自由民主发展的相互关系，并指出后历史世界将是国家间平等相处的世界。

第二十章　最冷的怪物　福山在这一章探讨了有些国家难以实现自由民主制度的原因，主要归纳了三方面：国家跨坐在人民头上、有些国家的人民未将民主价值的工具性本质发展为非理性的“气魄”的骄傲、文化障碍的抵抗。

第二十一章　工作伦理的起源　福山在这一章主要探讨了工作伦理的起源，指出工业化的进程与民主之间有极强的相关性，并从国民性、禁欲主义、消费主义、文化差异等方面探讨了其对工作伦理的影响。

第二十二章　亚洲的新威权主义　福山在这一章主要探讨了亚洲的新威权主义，并通过对比西方的自由民主制度和亚洲模式，认为亚洲模式中有些观念是值得借鉴的。

第二十三章　现实主义的非现实性　福山在这一章主要探讨了构建世界新秩序和“现实主义”之间的关系，提出要构建新的世界秩序，就必须摈弃

"现实主义"。

第二十四章　没有权力的权力　福山在这一章认为现实主义建立在两个基础上：其一是对关于人类社会的活动与动机的单纯化；其二是回避历史问题。并以英国和土耳其做反例，指出自由民主制度是本身就具有"合法性"的"没有权力的权力"。

第二十五章　国家利益　福山在这一章考察了自由主义社会和宗教、民族主义的关系。福山指出，近年来基督教、犹太教和伊斯兰教原教旨主义有所抬头，但宗教无法解决在自由主义的消费社会里人们精神上的空虚。福山强调，伊斯兰教教义对非穆斯林来说没有多少吸引力，因而其运动很难会有普遍意义。福山承认民族主义是自耶拿战役后世界上发生的许多冲突的根源，并强调民族主义可能成为自由主义社会里发生的冲突的根源，并且这种冲突不是自由主义本身引起的，而是由于自由主义实现得不完全引起的。但是，福山否认民族主义可能成为自由主义社会内部不可克服的矛盾。

第二十六章　后历史的世界　福山在这一章把世界划分为"历史世界"和"后历史世界"，并探讨了两者的异同和相互关系。指出"历史世界"和"后历史世界"将会并存但相互独立，而自由国家的和平联盟是解决"历史世界"和"后历史世界"之间矛盾的公平、合理的方法。

第五部分　最后的历史人　由第二十七章到第三十一章组成。福山在这部分依然延续了"承认"的观点，通过对比左翼和右翼对自由民主的不同观点，再一次阐述了"历史终结"问题。并阐述了尼采的"最后一人"观点，及其对于"平等"原则的根本挑战。

第二十七章　人的自由王国　福山在这一章认为随着全球大多数独裁政府和专制主义的垮台，历史经历了螺旋式的上升之后又回到了起点。大量的历史事实表明，黑格尔关于历史的终结的观点是正确的，历史的终结已经成为一种事实。以英美为代表的自由民主国家完成了从马克思所认为的"必然王国"向"自由王国"的转变，自由民主从哲学逻辑上看有根本的缺陷，但自由民主是迄今为止最佳的社会政治秩序和历史形态，是人类所能企及的历史的终点。

第二十八章　没有胸膛的人　福山在这一章主要阐述了左翼和右翼对自由民主的不同观点，并探讨了尼采的"最后一人"及"平等意识"。自由民主仍然面临来自左翼和右翼的反对：以马克思为代表的左翼认为现在的自由民主国家中的普遍认可是不完整的，因为资本主义创造了贫富差别，势必形成事实上“不平等承认”的劳动分工，因而相对贫困的人并没有被他们的同胞平等地视为“人”，所以一个国家的绝对繁荣并不能改变这种不平等的状态。所谓的自由民主制度，依然是不平等地承认本应平等的人。以尼采为代表的右翼则认为现代民主制度不是把奴隶解放成为自己的主人，而是让奴隶和一种奴隶道德获得了完全的胜利。自由民主国家最典型的公民是“最后之人”，“最后之人”没有获得比其他人更伟大的“承认”的欲望，因此就没有杰出感和成就感。他把自己的优越感无偿献给舒适的自我保存，所以“最后之人”已经不再是人了。福山认为相比之下，右翼的观点更有说服力，左翼的观点只是由于对现代性的现状不满而要求进行更彻底的革命，但实质上“共产主义不是比自由民主制度更高级的社会形态，它与自由民主同属于一个历史阶段，都是在全世界实现自由和平等这个过程中的一个历史阶段”①。不平等问题今后仍会继续困扰着自由社会，几乎没有一个自由社会的批判者会主张完全放弃自由主义原理，以克服既有的经济不平等。平等而普遍的人性伴随人类固有尊严的自由主义概念，今后会遭遇两面夹击：一边是重视特定族群的身份超过人类的本质，另一边是相信人与非人之间没有明确的区别。自由民主创出“没有胸膛的人”，将来人类可能会变成只关心己事的“最后之人”，只追求私人的安慰，忘了为更高的目标进行有“气魄”的努力。

第二十九章　自由与不平等　福山在这一章主要批判了尼采的道德观，阐述了“优越意识”问题。认为历史是不可能再回到“最初状态”中去的。因为“现代自然科学的制约机制是防止历史重新开始并回到最初之人的一道堤坝，这个机制由无限制的欲望驱动，但由理性来指导，优越意识在现代世界的复活就意味着与这个强大而富有活力的经济世界的决裂，是一种割断技术发展逻辑性的企图，这种割断在特定时空已经被证明是可能的，但我们不敢肯定整个世界是否能长期处于这种断裂状态”②。即在现实的历史中，也许会偶尔出现历史的退步和断裂，但最终历史规律仍然会把所有的断裂都纳入统一的进程中来。福山指出自由民主需要“优越意识”。

第三十章　完整的权利与不完整的责任　福山在这一章阐述了“优越意识”和“共同体”的关系。发挥“优越意识”的更重要的渠道是“共同体”，个人在“共同体”中，其“优越意识”更能得到满足。自由民主制度不仅是

---

① 弗兰西斯·福山. 历史的终结［M］. 吴万伟，译. 呼和浩特：远方出版社，1998：79.

② 弗兰西斯·福山. 历史的终结［M］. 吴万伟，译. 呼和浩特：远方出版社，1998：379.

一个“人人平等”的“共同体”，并为人类发挥“优越意识”提供了满足的渠道。

第三十一章　虚无主义的战争　福山在这一章对“人”有可能变为“最后之人”而忧伤，但对自由民主的到来持乐观态度。福山用一个诗意的比喻，表达自己对人类已经步入“历史的终结”时代的乐观感情：“人类不会是盛开千姿百态美丽花朵的无数蓓蕾，而是奔驰在同一条道路上的一辆辆马车——车上坐着一个个希望并且祈祷旅途平安的家庭。马车构造表面上的差别并不能被视为驾驭马车的人之间永久的、必然的差异，而只不过是因为他们在路上所处的位置不同罢了……有相当多的马车驶入城镇这一情景会使任何有理性的人看到后都不得不承认只有一条路，且只有一个终点。而毋庸置疑，我们现在就处在这个目的地上。”①

【意义与影响】

17 年前，福山的论文《历史的终结》在《国家利益》杂志上首次发表，即遭到各方面的批评。《历史的终结》一书给了他重新表述这个命题的机会，并对一些他认为最严肃的批评意见做出回应。《历史的终结》一书是解释“后冷战世界”的最有影响力的尝试，福山的“历史的终结论”不仅是一种历史理论，同时也是一种现代化理论，当然它更是一种带有浓厚意识形态色彩的国际政治理论。

第一，福山关于历史发展前景的观点在世界范围内引起很大关注。这本书的出版首先在美国引起评论与争论，随后在英国、法国、意大利、苏联、巴西、南非、日本和韩国也引起了同样激烈的反响。福山的“历史的终结”的理论也受到多方质疑。福山认为自由民主、议会、自由市场经济已经全面降临，整个世界正在走向全面同质化的道路。这是一种过于自信的对现代性的总体性描述，也遭到了各国学者的批评。如利奥塔认为现代是一个宏大叙事不再可能的时代。德里达也试图打破福山这种“历史的终结”所喻示的封闭性，指出现代化工业社会和资本在全球扩张的同时，也是霸权主义及其意识形态在全球的扩张，未来的世界历史只会不断地走向一种合乎正义化的过程。历史永远不会被终结，也不可能被终结。

第二，福山敏锐地觉察到了现实生活中发生的巨大变化及其对人类发展

① 弗兰西斯·福山. 历史的终结 [M]. 吴万伟，译. 呼和浩特：远方出版社，1998：381-382.

的深远影响，促使人们重新思考历史的动力、历史的发展、历史的未来等抽象的问题，对马克思主义提出了严峻的挑战。福山从思想史的角度、政治哲学的角度，尝试对苏联、东欧等社会主义阵营解体、自由资本主义走向全球化这一世界性的剧变做出回答。福山认为以自由民主为代表的后历史时代将全面降临，这将是“历史的终结”。这一论点有助于我们深入思考如何坚持社会主义信念，提高制度自信、道路自信和理论自信。

第三，福山的观点带有明显的“西方中心论”倾向。福山的历史终结论明显是以美国为首的西方发达国家的存在为根据，并对其进行辩护，进而对共产主义和社会主义加以诋毁，这都是需要认真分析和批判的。

【原著摘录】

第一部分　世界历史的可能性 P15－71

第一章　二十世纪的悲观主义 P17－28

P19　本世纪极端的悲观主义，即使是部分的，也是从过去这些期待完全粉碎以后才产生的。第一次世界大战是让欧洲人的自信损毁的决定性事件。

P23　在我们自己的时代，悲观主义最鲜明的表现之一，乃在于大家几乎都相信坚固的共产主义——极权主义的永恒性，而且把它当作西方自由民主的代替品。

第二章　强国的弱点（Ⅰ）P29－39

P31　我们因为对威权制度的持久力，更广义地说，也就是对强国的生存能力抱着错误的信念，才很难发觉独裁国家所陷入的深刻危机。自由民主国家本质上比较弱；保障个人权利意指对国家权力的强力限制。

P33　权力和意志比理性或平等更受推崇；有权力和意志，才有支配者的资格。

P34　右翼威权主义在政治领域上面对危机或失败时，缺乏正统性常变成它的致命伤。

P37　民主政权在经济问题与社会问题上丧失了权威，强有力的军事政权紧接其后而成立，但处理这类问题的能力依然不足。

第三章　强国的弱点（Ⅱ）P40－55

P40　极权主义（或称全体主义）国家是建基于包括人类生活整体观点的明确意识形态。

P53　民主理念在世界上颠覆了共产主义政权的正统性，但民主本身要扎根也相当不容易。

P55　共产主义的极权主义在社会演进的自然有机过程中打下了终止符，而代之以一系列由上而下的强迫性的革命：古老社会阶级的破坏、快速的工业化与农业的集团化。

第四章　自由革命的全球浪潮 P56－69

P56　不论左翼的共产主义或右翼的威权主义，可以维持强势政府内部政治团结力的严肃理念已经出现破绽。

P59　人类越接近千禧年（millennium）的终点，威权主义和社会主义式中央经济计划越面临相似的危机，以隐含普遍有效性的意识形态站在战斗圈内的竞争者也只留下了一个人，即自由民主——个人自由和人民主权的学说。

P62　不论在民主化过程中看到后退或失望，或者市场经济未见繁荣，我们都不能从世界史中出现的这个更大类型中移开眸光。世界上的国家决定如何创出政治与经济制度，其选择数目已随着时代的　递明显地“减少”。

P64　越深到了解一个特殊的国家，就越可以了解这个国家与邻国走不同道路的“外在偶发事件大漩涡”的实态与产生民主成果的拟似幸运状况。

第二部分　历史的非经济解释 P72－167

第五章　普遍史的理念 P73－90

P76　康德指出，历史应该有一个终点。也就是说，这个终点是隐含在人当前潜在能力中的最终目标，也因此才显明历史整体的意义。

P77　而任性与敌意是由人之“社会性与非社会性的混杂状况”所产生，反而导引人离开人与人的全面战争，一起加入市民社会，进而倾力去振兴艺术与科学，让这些社会能够彼此竞争。

P78　历史经过不断抗争的过程，但是在此与政治一样，思想体系也常因自己的内部矛盾而互相冲突，而没落分解。相对的矛盾校少、较高度的体系因而出现，但此一体系又会产生出不同的新的矛盾——此即所谓的辩证法。

P89　种族中心主义的批判是宣布近代化理论死亡的丧钟；因为创出近代化理论的社会科学家已接受批判者所依据的相对主义前提，所以他们失落了守护自由民主价值的科学与经验的根据，只能强调他们毫无种族中心主义的意志。

第六章　历史循环的争辩 P91－102

P91　如果历史绝对不会反复，那就应该有固定不变的机制或设定历史第一因，将历史导向一个方向，并保存过去的记忆，留传到现代。

P92　人类不会周期地回归与往昔相同的无知状态。近代自然科学的成果不会受人的反复无常所左右。科学知识是经过长时期的积累，而且常常容易被忽略，其实在型塑人类社会的基本特质时，常给予不断的影响。

P96　历史的变迁是从人的“社会性与非社会性之混居状态”产生，换言之，人并不是基于协调关系，是基于对立关系，而生活于社会；此一社会的可能性也可以更充分地发展下去。

P97　近代自然科学不仅透过军备竞争，也经由缓缓征服自然以满足人类欲望的过程，让历史朝固定的方向变化。

第七章　拒绝文明的运动 P103－110

P110　如果日益发展的近代自然科学的支配力不致消失，则历史的取向及从中产生的社会、经济、政治之潮流在基本意义上不会重返。

第八章　马克思主义的实验 P111－119

P111　近代自然科学的进步发展产生出有方向的历史，而且与各个国家与文化的差异没有关系，产生了一种均质的社会变迁。

P112　正如共产主义世界显示的事例，近代自然科学的发展未必会带来开放而洋溢着创造性的自由社会，倒很可能给人类带来韦伯所见合理且官僚的专制政治之噩梦。

第九章　自由经济的胜利 P120－131

P120　社会主义对第三世界的发展策略是一有利的道路，这种论述有相当强的说服力，因为在拉丁美洲这种地区，资本主义显然无法继续保持经济成长。

第十章　知识精英的国度 P132－149

P132　由事后观之，经济发展和民主主义的关系距离甚远，但民主选择背后的动机基本上与经济没有关系，其动机有另一不同的来源，它虽由工业化助长，但不能说有必然的联结。

P142　一个社会已经达到高水准的社会平等和基本价值共识，自由民众对这社会也许更能发挥功能。要解决不同民族间的纠纷，民主没有太大益处。民族主权问题本来就不允许任何妥协。

第十二章　回归黑格尔运动 P156－165

P156　前述的社会进步机制，本质上是历史经济的诠释，想必已完全明白。为了满足欲望，或者为了保护自己免受危险，人类才必须利用科学来征服自然，如果离开人类，“近代自然科学的逻辑”本身就没有什么力量。

P163　认知我们是否抵达历史终结的另一种进路，可能是奠基于自然概念的“超历史”（trans-historical）方法，也就是从超历史观点掌握人，以判断现存自由民主的妥当性。

P164　人性不是“仅仅一次”就创造出来，而是在“历史时间的过程”中创造自己的。“历史”不是既成事实，也不是过去所发生每一事情的目录，而是分辨重要事件与非重要事件的意识性抽象化工作。

第三部分　要求承认的斗争过程 P168－240

第十三章　道德自由的岛屿 P169－179

P170　近代自然科学所产生的社会进步机制是不完全的，结果便留下了对历史过程没法满足的解释。

P171　“承认斗争”是跟政治哲学一般古老的概念，也和跟政治世界本身相重叠的现象有关。

P176　人有真正的“道德”选择能力，也就是说不是以功利性的大小为基准，也不是根据何种情感或本能获得胜利的结果，而是因为他能自创规则并固守不渝的天赋自由，才具从两类行为中选择其中一类的能力。

P177　我们战斗，是为了要别人承认我乐于冒生命的危险，所以我才是自由而真实的人。

P178　不论真正的自由意志是否存在，实际上所有的人都像它“似乎存在”那样行动，并依据时间去追求精神上的目标。

第十四章　自然状态下的“第一个人”P180－189

P180　当代的自由民主不是从传统的朦胧雾霭中显露出来的。就跟共产主义社会一样，这是奠立在从一个特定的理论去了解人及适合统治人间社会的政治制度，而由人类在一个持定时间有意创造出来的。

P185　自我保存是最基本的激情，从生存权这个基本权利衍生出其他所有权利。

第十五章　保加利亚的假期 P190－199

P190　只要政治具普遍的内容，政治就更可以视为经济利益团体间的权力斗争或分配财富及其他生活物资的斗争。

P191　要求承认的欲望是人性中最政治的部分；因为它会让人奔向赶走别人的自我主张，借此走进康德的“社会性与非社会性的混同”情况。

P198　“气魄”是勇气、公共精神和一种不服从道德妥协的源泉，所以在某一意义上，它似乎与好的政治秩序结合在一起。

第十六章　红脸颊的野兽 P200－210

P201　“气魄”是正义和无私的心理学基础，一方面又和利己心关系密切，因此从中产生的要求承认欲望是极其矛盾的现象。

P204　当代世界中，只有最贫和最富的国家趋于稳定。经济现代化进展中的国家，因为经济成长本身引起新的期待和要求，所以在政治上最不安定。他们不是与自己国家的传统社会，而是与富裕国家比较自己的处境，结果愈发激起愤怒之情。

第十七章　气魄的兴衰 P211－222

P211　人的自我价值感与让他人承认的要求，从过去到现在，已产生了勇气、宽容和公共精神等高贵的美德，成为反暴政的牙城，选择自由民主的根据。

P212　对政治生活而言，“优越愿望”显然是一种高度的热情．因为如果有人承认自己的优越性而觉心满意足，那么“所有人”都承认，当然自己就可以得到更大的满足。

第十八章　主人与奴隶 P223－230

P224　奴隶的缺乏自由与不完整的人性，是造成主人困境的来源。

P225　近代自然科学不会产生要什么有什么的懒惰主人，但会产生对被迫劳动深感不满的奴隶。

第十九章　普遍平等的自由国家 P231－240

P232　当我们选择生活于自由民主社会时，不仅它允许我们自由赚钱，满足我们灵魂中的欲望部分；更重要的是，最后更能满足我们的则是这个社会承认我们的尊严。

P234　自由国家的权威不是源自古老传统和宗教信仰的阴暗沉处产生，而是源自大众讨论的结果……

P236　在历史终结中出现的普遍而均质的国家，可说建立于经济与认可这两根支柱之上。人类的历史过程到达这种地步，是因近代自然科学的发展与承认斗争才往前推进。

第四部分　工作伦理的动机 P242－322

第二十章　最冷的怪物 P243－255

P244　自由民主的根本乃在于推动最合理的政治行为；在此，整个共同体一再讨论体制的本质及支配公共生活一系列的基本法律。

P245　人民（people）是在善与恶、圣与俗的本质上有共同信念的共同体。

它也许是从往古深思熟虑的基础上产生的，目前大部分正以传统的形式存在。

P251 “民主”文化的强度往往依靠自由民主不同因素出现的顺序。

P252 民主绝不可能从后门进来：在某些点上，民主应从有计划建构民主的政治决定中兴起。

P255 人民及其文化的重要性使自由理性主义的极限浮现出来，也就是让自由制度依存非理性的“气魄”。

第二十一章 工作伦理的起源 P256－268

P256 工业化的进程与民主之间有极强的相关性，国家具有长期经济发展的能力，对创出并维持自由社会的能力而言似乎非常重要。

P266 在宗教的精神性几乎消灭的时代，日本的工作伦理反而逐渐重叠而推广，而且因为在劳动中创出骄傲才能维持下来，不过劳动必须奠基在各类较大共同体的认同上。

P267 文化会波及国家建构并维持政治自由主义的能力，同样也会影响国家使经济自由主义发挥作用的能力。

第二十二章 亚洲的新威权主义 P269－279

P272 如果新的反自由意识形态是由发现经济竞争中文化束缚的人所提出，则另一威权主义理念的源泉也许就是经济上比一般更有成就的人。

第二十三章 现实主义的非现实性 P280－288

P280 如果普遍均质的国家来临意味一个社会中个人生活水平的合理承认，也意味个人间主从关系的结束，则经由国家间的国际体系……帝国主义战争的危险性也随着逐渐减少。

P283 如果所有国家本质上的权力驱力都一样，那么决定战争会不会发生的真正原因，就不是某一个国家的侵略行为，而是权力在诸国家体系内部是否能维持平衡。

第二十四章 没有权力的权力 P289－302

P289 现实主义理论主张，在国际的国家体系中，一直都可能发生政局不安、侵略和战争的现象；这种处境就是“人性”的处境。

P291 人类历史是随着纯粹声名的血腥之战开始，同样的，国际纠纷也随着国家间的承认斗争开始，这就是帝国主义的起源。

第二十五章 国家利益 P303－313

P303 民族主义是特殊的近代现象。因为它把主从关系置换为相互且平等的认知。

P305 民族主义一旦抬头便在历史中发挥威力，也无法被宗教或意识形态等其他取向形态所阻止。

第二十六章 后历史的世界 P314－322

P316 如果后历史世界会采取与历史世界不同行动的假设是正确的话，后历史世界的民主国家就会有共同的关怀、自卫以免外来的威胁，又让民主大义普及于民主还不存在的国家。

P317 近代自由主义以前的正统性形态每一样都是根据一些支配与服从的形态；因而帝国主义在某一意义上是由社会体系决定。

第五部分 最后的历史人 P323－384

第二十七章 人的自由王国 P325－339

P329 资本主义是一种强劲的动态力量，不断攻击因袭的社会关系，将来自家世的世袭特权转化为以技能和教育为基础的新阶级关系。

P332 不论政治领域或经济领域，几乎没有一个自由社会的批判者会主张完全放弃自由主义原理，以克服既有的经济不平等。

P334 追求平等承认的激情——“对等愿望”——未必会因物质富裕与实质平等有进一步的发展，有时反而更昂扬。

P337 人是他的社会与环境条件的产物，而且跟动物的情形一样，依照某种决定论的法则行动。人有超乎动物的尊严，才有资格征服自然，亦即有资格为自己的目的利用自然或占有自然。

P338 平等而普遍的人性伴随人类固有尊严的自由主义概念，今后一定会遭遇两面夹击：一边是重视特定族群的身份超过人类的本质，另一边是相信人与非人之间没有明确的区别。

第二十八章 没有胸膛的人 P340－355

P343 生活中成功的第一步是自我价值感；如果没有这种感觉，觉得一个没有价值的人，这种思绪会像百发百中的预言一般袭击自身。

P353 历史的终结是指战争与血腥革命的终结。如果目标都一致，人就没有应该战斗的严正理由。人经由经济活动以满足自己的需求，不再需要在战场上冒生命的危险。

第二十九章 自由与不平等 P356－365

P358 如果自由民主体制为“优越愿望”所颠覆，那是因为自由民主需要“优越愿望，否则光是站在普遍平等承认的基础上，绝对不能存活。

P363 在战争这种传统的战斗形态已不成立，经济竞争因物质繁荣而不需要的世界里，有“气魄”的人为了获得认知，开始寻找永远不会满足的补偿行为。

第三十章　完整的权利与不完整的责任 P366－371

P369　强固的共同体生活也受到来自资本主义市场的压力威胁。自由经济原理绝不支持传统的共同体；反而有促使共同体极端细分化而趋于解体之虞。

P371　自由民主国家仅此并不完整，这类国家所依持的共同体生活，在终极点上，具有与自由主义本身不同的来源。

第三十一章　虚无主义的战争 P371－384

P372　共同体生活的衰退显示，将来我们可能会变成只关心己事的“最后之人”，因此只追求私人的安慰，忘了为更高的目标进行有“气魄”的努力。

P383　如果历史过程是由合理的认知这两根支柱支撑，而现代的自由民主是最适合维持这两根支柱平衡的政治体系，则民主的最大威胁乃在何物会造成危机这一点让我们头痛。

【参考文献】

[1] 朱鲁子. 多极化：一个虚伪的世界历史命题 [J]. 世纪沙龙，2003 (4).

[2] 德里达. 福山的《历史的终结和最后的人》[J]. 李朝晖，译. 马克思主义与现实，1997 (3).

[3] 陈启能. 历史终结了吗：评福山的历史终结论 [J]. 史学理论研究，1997 (3).

[4] 孟凡杰. 对历史终结论当代复活的分析与批判：以福山《历史的终结和最后的人》为例 [J]. 华北水利水电学院学报，2010 (2).

[5] 杨生平. 自由民主的理念真的已无可匹敌吗？[J]. 马克思主义研究，2003 (3).

[6] 德里达. 马克思的幽灵 [M]. 何一，译. 北京：中国人民大学出版社，1999.

[7] 扬武雄. 八尾市民讲座《历史的终结》和后现代 [J]. 经济研究年报，2000 (20).

[8] 松本典久. 历史的结束，新的历史的开始 [J]. 庆应义塾大学日吉纪要英语英米文学，2004 (44).

五、《所知世界的终结——二十一世纪的社会科学》

［美］伊曼纽尔·沃勒斯坦 著
冯炳昆 译
社会科学文献出版社，2002 年

【作者简介】

伊曼纽尔·沃勒斯坦（1930— ），世界体系理论的开创者，世界体系学派的核心人物。当代西方知名的历史学家，社会学家，国际政治经济学家，社会科学一体化研究的倡导者，在西方学术界被称为“新马克思主义”学者，被视为反全球化运动的领导人之一。美国纽约州立大学宾厄姆顿分校杰出教授，美国耶鲁大学资深研究员。

沃勒斯坦 1930 年出生于美国纽约。1954 年和 1959 年在哥伦比亚大学先后获得社会学硕士、博士学位。1958 年至 1971 年，在哥伦比亚大学社会系任教；1971 年至 1976 年任加拿大麦吉尔大学社会学教授。1976 年起，他任教于美国纽约州立大学宾厄姆顿分校社会学系，直至 1999 年退休，是该校杰出的社会学教授，1976 年以来一直担任该校费尔南多·布罗代尔经济、历史体系和文明研究中心主任，1977 年起主编《评论》期刊。同时他还担任国际社会学协会主席等数十项学术职务。1994 年至 1998 年担任国际社会学协会主席。1993 年以来担任古本基安国际社会科学重建委员会主席，1991 年发表《缺乏思想的社会科学》，1996 年发表社会科学重建报告《开放的社会科学》，1997 年发表《商人——荷兰，或历史上的资本主义》等。

沃勒斯坦著述丰富，他发表的一系列论述资本主义世界体系的产生和发展演变的专著，在国际学术界产生了巨大影响。其中影响最大的著作是耗费了他三十多年心血的《现代世界体系》（3卷）（1974年，1980年，1989年）。作为左翼理论学派的一种，世界体系理论是20世纪70年代在美国兴起的一种有广泛影响的全球化理论。沃勒斯坦在1974年出版的《现代世界体系》第一卷《16世纪的资本主义农业与欧洲世界经济体的起源》，标志着世界体系理论的基本形成。沃勒斯坦的世界体系理论较深刻地揭示了经济全球化时代资本主义的危机，是分析当代资本主义的理论新范式。沃勒斯坦无疑是全球化的世界体系学派的核心人物。

此外沃勒斯坦的著作还有：中译本《所知世界的终结：二十一世纪的社会科学》（2002年）、《转型时代：世界体系的发展轨迹1945—2025》（与霍普金合著，2002年）、《知识的不确定性》（2004年）、《美国实力的衰落》（2007年）、《否思社会科学——19世纪范式的局限》（2008年）、《现代世界体系》（第4卷，2013年）等。

作为一个历史学家和社会学家，同时又是国际学术界的领军人物之一，沃勒斯坦的学术思想和学术著作体现了他浓厚的现实关怀。他的世界体系理论就是从人类的过去和现在来思考人类未来命运。他所倡导的世界体系分析方法对社会科学的方方面面都留下了难以磨灭的深刻印记。他的理论在国际上掀起了轩然大波，证实了他的实力非同凡响。不管学术界对他的理论有何争议，做何评价，有一点是无可置疑的，那就是：他的理论对社会科学的发展所做出的贡献无疑是巨大的。他在社会科学方法论方面有着深刻的见解和丰富的论述。2000年，美国社会学会全体会员投票选举一名20世纪美国最伟大的社会学家，去世的和在世的都可以入选，结果沃勒斯坦以高票胜出，当选为美国20世纪最伟大的社会学家。就沃勒斯坦恢宏的全球视野、尖利的历史穿透力、敏锐的现实洞察力、犀利的社会批判力和深刻的未来预测力而言，这样的学者是不多见的。

【写作背景】

1994年至1998年，沃勒斯坦担任国际社会学协会主席。在担任国际社会学协会主席期间，他依据自己对当今全球社会的变革及世界未来之发展走向的思考，力促该协会把重新评价社会科学的集体社会知识的需要作为其中心任务。借参加各种讨论会的机会，贯彻自己的主张，即21世纪将会是一个全然改观的世界，社会科学的课题将会有极大的改变，随之而来的社会科学的研究方式也将会发生变革。

《所知世界的终结——二十一世纪的社会科学》这本书就是这段时期内，他在各种社会科学界的讨论会上所做讲演的论文集，同时也是他在以历史的社会体系为研究对象的社会科学的变革和发展进行卓有成效研究的基础上，对自己所提出的观点和主张做出的阐释与总结。虽然这些论文谈论的是不同的问题，但这些问题的出发点和最后的归结点却是一致的。因此，将这些论文整理成书能够较完整地体现沃勒斯坦对现代世界体系所处的矛盾的分析，以及他对21世纪新的世界体系和社会科学的展望。从该书中，我们能看出沃勒斯坦渊博的知识，以及他对当代社会发展趋势这一重大问题的人文关怀。

【中心思想】

在这本书中沃勒斯坦记录了我们的世界正在发生深刻的变革。他认为，伴随着我们经验中的这些转变，我们如何理解世界也同样发生了深刻的变革。全书主要围绕着以下三个方面的内容展开：

一是立足于对资本主义世界体系的分析，对欧洲中心论和现代资本主义世界体系进行批判。沃勒斯坦坚决反对欧洲式的资本主义，尽管正是欧洲构建了现代世界体系，它也处于这个体系的中心地位。沃勒斯坦对欧洲资本主义做出评估，他并不认为现代资本主义体系足以证明人类的进步。恰恰相反，沃勒斯坦认为资本主义是现代世界体系中的一颗“毒瘤”，而现代世界体系就是这颗“毒瘤”大爆发、大传染的结果。事实上诸如中国、印度、阿拉伯世界及其他地区并没有走向资本主义，这恰恰证明它们对资本主义有着更好的免疫力，从历史体系发展的角度看，这是它们的历史功绩。因此，沃勒斯坦认为在未来应该有一种更好的世界体系取代现代资本主义世界体系。

二是基于对世界历史演变规律的深入研究，对世界体系今后五十年所做的基本预测。沃勒斯坦认为，我们所习惯、生活、知晓的世界的秩序将不可逆转全面终结。因为，这种以资本主义为主导的世界体系存在着结构性危机。这种世界体系的根本动力和终极目的乃是维持资本家对资本积累的永无休止的追求。在资本主义世界体系的运行机制中长期以来存在着四种趋势：世界的非农村化、生态危机、世界的民主化、国家权力趋势的逆转。沃勒斯坦认为在上述四种趋势中的每一种都是毁灭性的。由此，沃勒斯坦对资本主义世界体系的未来发展趋势做了一个总体性判断，即他认为世界体系即将终结。或许在今后的25～50年，这种终结或崩溃就会发生，但人类终将迎来一个真正美好的未来。其中，沃勒斯坦尤其关注东亚在世界体系中的未来地位。

三是疾呼整合和重建社会科学。面对21世纪人类社会的复杂性状况，沃勒斯坦反思了社会科学应该如何应对、思考和解释这个世界。作为一个历史体系而存在的社会，在21世纪前半叶将会比我们在20世纪所知道的一切更有开放性和不可预知性。从全球大视野出发，沃勒斯坦认为研究社会和历史需要多学科的视野和协作，因而沃勒斯坦主张整合社会科学。一方面，沃勒斯坦认为，在知识世界中，社会科学将承担中心角色，结束哲学与科学相分离的状态，将哲学与科学重新统一起来，从而也将对真、善、美的追求统一起来；另一方面，沃勒斯坦认为整合和重建社会科学，是要消解社会科学中的欧洲中心论，构建一种包括更广的、相对更为客观的社会科学，而社会科学家将表明他们是否有能力构建一种更好的更公正的社会科学。

【分章导读】

《所知世界的终结——二十一世纪的社会科学》是作者在各种社会科学界的讨论会上所做讲演的论文集，中译本全书一共分为四个部分：前言、不确定性与创造力：前提与结论、资本主义世界、知识世界。全书共15章，约25万字。

沃勒斯坦将其著作分为上下两部分：上半部分（第一至八章）主要回顾了近几十年发生的重大历史事件，如苏联的解体、世界体系中的民族解放运动、东亚的崛起、国家主权的挑战、生态环境的危机、民族身份的辩论和农民人口边缘化等。沃勒斯坦将这些事件和发展趋势置于作为整体的不断变化的现代世界体系的背景下，承认它们是摆在我们面前的历史选择。下半部分（第九至十五章）则论述了当前的问题，知识世界消失的理性信仰，知识活动的分化，谴责欧洲中心主义，质疑科学和人文科学知识的分裂，等等。沃勒斯坦探讨了这些问题是如何从更大的社会变革中产生，为什么构成论争的传统方式已经成为解决这些问题的障碍。

前言　在前言里，沃勒斯坦介绍了编写此书的缘由及成因。并且，对此书为什么取名“所知世界的终结——二十一世纪的社会科学”做了详细的解释。沃勒斯坦明确指出：“我一直在撰写的内容其实就是‘我们所体验和理解的世界之终结’；英文的‘know’有双重含义：体验（拉丁文的cognoscere）和理解（拉丁文的scire）。”[①] 此书就是以这个理解为编撰线索，分作“资本

① 伊曼纽尔·沃勒斯坦. 所知世界的终结：二十一世纪的社会科学［M］. 冯炳昆，译. 北京：社会科学文献出版社，2002：1.

主义世界”和“知识世界”两大部分。沃勒斯坦分别从我们所在的社会体系和我们所理解、解释它的知识结构两方面出发，试图向我们展示我们以前所认识到的世界即将终结这样一幅画面。基于这样一条线索，存在于书中各章之间的主线就变得清晰了。

不确定性与创造力：前提与结论　在这一部分沃勒斯坦首先阐述了他对历史体系的三点看法：第一，每一历史体系都有自身的生命周期，都有一个产生、发展、消亡的过程；第二，受各种因素影响，每一历史体系都不会一直平衡发展，而是会出现分岔点的；第三，现代世界体系作为一个历史体系已经进入晚期，未来是不确定的。正是基于以上三点看法，沃勒斯坦得出以下结论：21 世纪前半叶将会比我们在 20 世纪所知道的一切更有开放性，21 世纪的人类社会将会变得更加复杂和更加令人不安。

那么，面对 21 世纪人类社会的复杂性状况，加之各种不确定性因素，我们该如何应对、思考和解释这个世界并进而构建一个新的人类社会体系呢？沃勒斯坦提出了自己的独特看法。首先，他认为进步绝对不是不可避免的，也就是说，社会体系的进化不是线性的，而是非线性的。在社会发展过程中某些方面也是会出现倒退现象的，例如道德底线和伦理的丧失。其次，线性地理解确定性是有局限的、有害的。没有终极的真理，我们不可能根据客观普遍法则溯源过去、预言未来。再次，作为宇宙间最为复杂的体系——人类的社会体系最难分析。社会科学家只有用复杂性科学才能正确解释复杂的人类社会，进而合理地构建新的社会体系。最后，在社会体系的历史演变时期，“不确定性是奇妙无比的，而确定性，如果真有的话，会是道德的死亡”①。如果未来已经被我们完全掌握，那么我们就不会存在做任何事情的道德冲动。而且，我们也会不择手段地陷入对历史必然性的理想的狂热追求中。正是因为未来的不确定性，我们才有机会，也才有可能通过斗争通向更美好的世界。

第一部分　资本主义世界　第一部分包括第一至八章，沃勒斯坦通过对一系列具体问题包括共产主义幽灵的威胁、世界反体系运动、东亚的兴起与危机、把各国与资本家的关系以及主权国家之间的关系相联系、生态与资本主义的生产成本、自由主义与民主制度、社会融合与边际化、变是永恒与一切不变的论述，展现了作为现代世界体系的资本主义历史体系正在经历第一

① 伊曼纽尔·沃勒斯坦．所知世界的终结：二十一世纪的社会科学［M］．冯炳昆，译．北京：社会科学文献出版社，2002：4.

次也是唯一一次真正的危机和消亡。

马克思的“资本主义”首先是指一种存在于世界范围内一些国家的社会制度，马克思认为资本主义的基本矛盾是生产力和生产关系之间的矛盾。沃勒斯坦发展了马克思的理论，他对资本主义的分析扩大到全世界的范围内，在一个世界体系的框架内，即以核心国家（地区）与边缘、半边缘国家（地区）为参照来分析资本主义的基本矛盾。作者认为开始于15世纪中期的部分地区意义上的现代世界经济体，在其后的发展中逐渐涵盖了全世界，即“资本主义世界经济体”。沃勒斯坦进一步认为，作为一个历史体系，资本主义世界经济体也有它自身的生命周期，而目前这一体系即将消亡，我们的世界正在走向一个新的历史体系。沃勒斯坦得出这一结论的依据是，资本主义经济体的矛盾已经达到了无法保证该体系正常运转的程度，即该体系在发展的轨迹上已经远离平衡态，到达了一个分岔点。尽管资本主义经济体具有自我调节机制，但目前资本主义世界体系在经济、政治、文化上都已经陷入了困境之中。

第一章　社会科学与共产主义的插曲，或当代历史的解读　在这一章中，沃勒斯坦首先概述了19世纪欧洲的政治与社会史。在这样一个历史发展的大背景中，沃勒斯坦主要讨论了1917年到1991年发生在东欧国家的社会主义实践，尤其是苏联的社会主义实践对世界体系的历史意义。虽然苏联解体了，但是世界体系的格局已经发生了决定性的变动。因此，沃勒斯坦认为，今后五十年的世界将要发生的暴力事件可能比我们经历过的冷战时期要多得多，南北之间以及东、西欧之间的移民问题成为一个新的世界性问题，民主化问题不但不会减少，反而会给我们生活的世界添加巨大的混乱。民主化主要要求三方面即合理的收入、子女受到教育、充分的医疗设施的平等权利。显然，目前民主化的发展并不能真正达到上述三方面的基本要求。沃勒斯坦认为在今后25～50年内，如果要真正实现民主化，必然会要求改变现有的世界资源分配体系，重新建立新的资源分配体系。

第二章　非洲人国民大会与南非　沃勒斯坦将非洲人国民大会认定是世界体系中最早的民族解放运动之一。首先，沃勒斯坦从历史的维度回顾了过去两个世纪发生的四种“民族解放”运动。其次，沃勒斯坦对以上四种“民族解放”运动进行了分析。他认为，第一，历史资本主义作为一种世界体系，对它的反对势力表现出惊人的包容能力；第二，当今各反体系运动的共同失败本身，包括民族解放运动未能成为真正完全的解放力量这一事实，却为今后25～50年的积极发展提供最有希望的要素。最后，沃勒斯坦指出之所以会出现这样的情况，是因为在现代历史资本主义体系中存在着四个长期趋势：其一，世界的非农村化；其二，生态危机；其三，世界的民主化；其四，国家权力趋势的逆转。站在资本家的立场上看，以上四种趋势中的每一种都是毁灭性的，而这也正是作者预言历史资本主义体系即将走向终结的原因。沃勒斯坦还认为，对社会科学家来说，现在是他们为社会科学做出理论贡献的一个“时机”。但是，社会科学家们必须先放弃他们头脑中过去的概念，因为那些概念来自19世纪的形势，显然它们已经不适合用于分析未来的新形势。

第三章　东亚之兴起，或21世纪的世界体系　在这一章里，沃勒斯坦主要讨论了东亚兴起的现象。沃勒斯坦首先阐明东亚的兴起主要体现在1970年以后，日本的经济指标快速提高，接着是“亚洲四小龙”的兴起，然后还有近年来东南亚及中国的经济增长等。其次他归纳了由亚洲兴起所引起的世界范围内的讨论，他认为这些讨论主要集中在两个问题上：其一，如何解释这种增长，尤其是当它发生在别的地方增长少得多，而且有些地区是在负增长的时候；其二，东亚地区的经济增长对于21世纪的世界体系预示着什么。经过一番分析之后，沃勒斯坦认为，就未来而言，在世界体系内考察东亚的过去和现在，实际上是最不确定的。因为按照沃勒斯坦的看法，未来的世界体系基本上有两种可能的设想：其一，世界体系能够像以前那样继续下去，而且进入另一组周期性变化；其二，世界体系已经到达危急关头，因而将发生剧烈的结构性变革、外爆或内爆，最终将建立某种新的历史体系。不论以上哪种设想，沃勒斯坦认为它带给东亚的后果很可能是不同的。

第四章　国家？主权？过渡时期资本家的两难境地　在这一章里，出于对现代世界体系的独特结构的分析，沃勒斯坦主张将各个国家对资本家的关系与主权国家相互之间的关系联系起来加以考察。

沃勒斯坦首先阐明现代世界体系是一个资本主义的经济体。而无休止的资本积累需要与日俱增的万物商品化，资本主义世界应该显示出朝这个方向不断运动的趋势。其后果是两极化现象比以前更加尖锐。

沃勒斯坦进而讨论了国家的合法性基础及在世界体系中的重要地位问题。他认为“国家”在现代世界体系中是一个非常重要的单位和概念。对于资本家来说，国家是维持资本积累和经济垄断的保证，资本家可以从国家那里获得众多好处。此外，反对现行体制的民族民主运动的繁荣则至少给人们一种期望，有期望也就有忍耐与妥协的动力。而今，随着传统的反资本主义体系的运动的失败，这种期待与途径被破坏了。国家在人们心目中的合法性问题就日益突现出来，国家作为一个主权单位开始遭到大量的怀疑和反对。“如果主权垮台，或严重衰落，资本主义作为一种体系就难以维持。”①

沃勒斯坦最后得出结论，即我们已经进入一个结局不确定的困难时代。无法预测哪一种历史体系将取代现行历史体系。但可以肯定的是，在这个独特的历史体系中，尽管国家在支持无休止的资本积累进程中发挥着非常重要的作用，但是，这个历史资本主义体系已经不再能够继续运作。

第五章　生态与资本主义的生产成本：没有出路　在这一章中，沃勒斯坦通过描述我们生活于其中的自然环境的变化，认为生态问题已经成为一个严重的政治问题。围绕保护环境这个主要矛盾，出现了很多重要的政治活动。有两个问题与此相关：其一，北、南两方对生态问题的态度的对比；其二，深层次的生态问题。这两个问题都涉及资本主义文明的性质及资本主义世界经济体的运作。

接着，沃勒斯坦解释了为什么随着资本主义经济体的发展，必然会产生生态问题。沃勒斯坦认为，对资本家来说，资本积累的一个必不可少的要素就是不用为因之产生的负外部性（经济学概念，指一事物对其他事物产生负面影响）付账。一直以来，由于保护环境的成本很高而使资本家采取得过且过的消极态度，政府也不要求企业成本内在化以保护环境。然而目前世界经济体的巨大扩张以及环境的严重退化程度使他们不得不回到保护环境这一基本问题上来。在沃勒斯坦看来，无论是将一切成本内在化还是政府增加税收来采取保护生态环境的措施，都会减少资本家获得的利润，而这明显和资本家的利益相冲突。因为生态破坏的根源“乃是企业家及其成本外在化，以其因而缺乏及时采取生态决策的动机的必然结果”②。因此，沃勒斯坦得出结论，他认为在现有的历史体系的架构之内，生态环境恶化和成本内在化之间的矛盾是没有出路的，这一对矛盾将严重阻碍资本主义经济的继续发展。

第六章　自由主义与民主制度：敌对的兄弟？　沃勒斯坦认为作为政治话语使用的自由主义与民主制度这两个词在某种意义上它们具有同一性，但是它们更多地表现为两个完全不同方向的推进，它们其实成了“敌对的兄

---

① 伊曼纽尔·沃勒斯坦. 所知世界的终结：二十一世纪的社会科学［M］. 冯炳昆，译. 北京：社会科学文献出版社，2002：80.

② 伊曼纽尔·沃勒斯坦. 所知世界的终结：二十一世纪的社会科学［M］. 冯炳昆，译. 北京：社会科学文献出版社，2002：91.

弟”。沃勒斯坦认为解决自由主义和民主制度这两个概念之间的关系问题将成为21世纪的剧烈社会冲突的前提问题。因而他要解决的问题就是要在自由主义与民主制度这两个概念或两个价值观念之间缔造合理的关系。

沃勒斯坦分别分析了自由主义和民主制度这两个概念对现代世界经济体的回应。从资本主义世界经济体的发展阶段，沃勒斯坦论述了意识形态领域中的斗争。作者区分了自由派和民主派，并用了大量的论证说明自由主义与民主制度之间的紧张关系。沃勒斯坦认为自由派主张关心程序、指向过去、以理性为法宝，民主派主张关心结果、面向未来。自由派优先考虑自由、反对平等，而民主派则是将自由与民主区别开。总之，双方互相攻击对方的理论缺陷，恰似一对“敌对的兄弟”。总之，自由主义和民主制度之间的紧张，不是一个抽象的问题，它经常会表现为一系列政治困境和政治抉择。

第七章　社会融合与边际化　在这一章里，沃勒斯坦探讨了在社会体系研究中与“社会”密切相关的“融合”与“边际化”两个重要问题。沃勒斯坦指出“社会”这个基本概念的含糊不清导致了在社会科学中对融合和边际化的讨论混乱不堪。现代世界体系已经对我们能确定“什么为我们的社会”这一问题造成相当大的混乱，因而对融进这类社会，及对这类社会边际化的问题也造成了意义上的混乱。

沃勒斯坦首先回顾了在现代世界体系中主权国家在政治建制方面的发展历程，提出“公民”是多数主权国家的原则之一，并用选举权、福利国家、国家主义仪式（情感）这三项主要的政治建制来说明公民与非公民之间区别的重大意义。其次沃勒斯坦还讨论了由于长期移民所带来的子女的融合问题。他以美国为例分析了融合是一个文化概念而非法律概念。沃勒斯坦分析了在美国被称为“肯定性行动”的计划，他考察了“肯定性行动”的局限性，进而认为想要克服公民身份传统概念的局限，还可以采取群体平等的思路。沃勒斯坦认为融合与边际化已经成为现代社会的一个重大问题，造成社会的不安甚至动乱。在未来的世界里，我们如何解决它，成为一项艰巨的任务。

第八章　社会变迁？变是永恒的。一切不变　在这一章里，沃勒斯坦主要阐述了两个重要的问题。第一，沃勒斯坦认为研究社会变迁应当采取非线性的思维方式。在此意义上，他反对社会科学对启蒙运动思想和前提不加审视的继承与运用。沃勒斯坦明确提出：变是永恒的，一切不变。“变是永恒的”是现代世界的规定性信条；“一切不变”是不再相信现代各时期的所谓进步的那些人一再发出的抱怨。第二，沃勒斯坦不认为“分化”是现代性的辨别特征。他反对将国家、市场、市民社会这三个领域相分离。他认为这三个行动领域并不是自主的，也不是按照自身不同的原则行事。实际上，这三个领域是“如此彻底地相互盘根错节，以至任何领域内的行动总是作为一个选项来实行，而全面效应乃是其中的决定性考虑”[①]。接着，沃勒斯坦重点说明了得出以上结论的缘由。他从社会变迁的角度对特定的历史体系及资本主义的历史体系进行了分析。沃勒斯坦分别考察了资本主义世界经济体的发生、结构体系、消亡等问题。他还论述了资本主义世界体系发展的四种趋势：其一，世界的非农村化；其二，由于允许将其成本外在化而引起的社会成本的升高；其三，世界体系的民主化的后果；其四，“老左派”的崩溃。沃勒斯坦认为以上四种趋势破坏了资本主义经济体的基本结构，类似于五六百年前欧洲封建体系的消亡，我们即将再次看到一个历史体系的消亡。

第二部分　知识世界　第二部分包括第九至第十五章，作者通过社会科学与当代社会、社会科学中的分化与重建、欧洲中心论及其化身、复杂性科学与文化研究所导致的结果、世界体系分析的兴起与将来的消亡、社会科学与对公正社会的寻求、社会学的遗产和社会科学的前途等具体问题的论述，向我们展现了 21 世纪社会科学的发展前景：在知识世界中社会科学将承担中心角色，自然科学和人文科学这两种科学将会重新统一，哲学与科学将从分离走向融合，原因与结果的简单的决定论关系将变为非决定论的、复杂性的关系。

在本书中，我们能够清晰地看到：资本主义历史体系的变革带来了人类理解世界的思维方式的变革，进而引发了社会科学的变革。因此作者认为伴随着一种新的世界的到来，社会科学同样也会迎来新的发展模式。具体而言，作者认为在知识世界的范围内，无论是以往存在的整个知识界的学科划分，还是社会科学自身曾有的特征和位置，都正在走向终结，未来社会科学方法论将会出现崭新的思维范式。

第九章　社会科学与当代社会：消失中的理性保证　在这一章中，沃勒斯坦批判了自启蒙运动以来，我们所接受的“理性”概念。他认为，19 世纪兴起的社会科学未加审思地以理性所提倡的“乐观主义”为前提构建知识体系，而今社会科学发展到现在已经遇到了极大的阻力。

---

① 伊曼纽尔·沃勒斯坦. 所知世界的终结：二十一世纪的社会科学［M］. 冯炳昆，译. 北京：社会科学文献出版社，2002：135.

在有关“现代性与理性”这一问题上，沃勒斯坦分析了马克思和韦伯对于资本主义世界体系的兴起与科学技术发展之间在历史上的联系的回答，论证到：为了使科技革新占据中心地位，首先必须建立资本主义。因为现代科学依赖于资本主义，它是资本主义的产物。进而他分析韦伯关于理性的两对定义，直接指出韦伯目的合理性与价值合理性、形式理性与实质理性中存在的矛盾。

接着沃勒斯坦又指出社会科学家还没有做的事，一般说来，就是直面区分形式理性与实质理性产生的后果，从而正视对他们的社会角色的清醒的反躬自省。他分析了理性及其不满，发现“理性一度似乎提供的诸种保证——对当权者的保证，不过还有对被压迫者的其他保证——都似乎已经消失”①。他还认为社会科学的关键要素乃是把实质理性的观念恢复到这一领域学者们的学术事业的中心位置上去。

通过前面的论述，最后沃勒斯坦阐明在关于“社会科学和实质理性”这一问题上，他的基本观点是：科学不是也不可能是与利害关系无涉，因为社会科学家根植于社会，而且思想比身体更难脱离社会，因此必须承认科学研究中的价值立场。经验主义并不是一张白纸，它总要受到某些先验的约束。总之，理性包含一种道德政治的选择，而知识阶级的任务则在于阐明人们集体拥有的各项历史性选择。

第十章　社会科学中的分化与重建　在这一章中，沃勒斯坦先从社会学的“分化”概念着手，分析了伴随着分工日益精密化所引发的现代世界在广度上产生的分化，我们正在从“共同社会”走向“利益社会”而造成世界范围内的“同质性”这两个不同的论断。从“同质性”和“异质性”的角度切入，沃勒斯坦转回到对知识结构的分析，提出学科因专门化而生“异质性”，同时也有普遍性知识的“同质性”。他认为“按照传统科学的视界，重复、稳定与平衡态是无所不在的现象”②。沃勒斯坦认为现在取代那种传统科学的是复杂性科学的视界。这种视界认为不仅在社会生活中，而且在自然领域的大多数基本过程中，到处都是不稳定、演变和涨落起伏。

沃勒斯坦肯定了普利高津的复杂性科学的主张，并认为这对社会科学的

---

① 伊曼纽尔·沃勒斯坦. 所知世界的终结：二十一世纪的社会科学［M］. 冯炳昆，译. 北京：社会科学文献出版社，2002：169.

② 伊曼纽尔·沃勒斯坦. 所知世界的终结：二十一世纪的社会科学［M］. 冯炳昆，译. 北京：社会科学文献出版社，2002：180.

含义有帮助。自然科学领域内的复杂性研究和人文学科中的文化研究从不同的立场出发，都把17世纪以来的以牛顿力学为基础的科学形式作为它们共同攻击的靶子。复杂性研究也是对视自然为消极被动之物的经典科学的批判。在物理学界，熵的发现使得自然科学界不得不重新发现时间。“时间之矢”的提出，将不可逆性、不确定性、复杂性等引入自然科学的视阈中。文化研究也开始抨击复杂性科学家所抨击的决定论和普遍主义。认为以普遍主义的名义所做的关于社会现实的主张实际上没有普遍性。这样一来，沃勒斯坦认为复杂性研究和文化研究有助于克服知识分化的问题，为从整体上为研究社会现实提供了契机，为将对“真”和对“善”的知识追求的重新统合创造了可能。沃勒斯坦借用普利高津的理论范式指出：现代知识结构正处于一个混沌的分岔点，新的秩序将从此处产生，虽然它是不确定的，但我们所做出的一丁点儿努力都可能对它产生巨大的影响。

第十一章　欧洲中心论及其化身：社会科学的两难境地　在这一章里，沃勒斯坦指出“欧洲”是文化用语，主要是指西欧与北美。沃勒斯坦首先提出，社会科学是现代世界体系的产物，而欧洲中心主义则是现代世界地缘文化的构成要素。1945年以前，社会科学各学科主要设立于欧洲各国和美国。但随着亚洲及非洲的非殖民化，欧洲以外国家的进步，对“欧洲中心主义”打击较大。进而沃勒斯坦指出，如果社会科学要取得任何进步，就必须克服业已扭曲其处理当代世界之问题的分析能力的欧洲中心论的阻碍。

沃勒斯坦认为欧洲中心主义主要表现在四个方面：它的历史研究法，其普遍主义的偏狭性，其关于（西方）文明的假定，其东方学及其推行进步论的企图。他评述了反欧洲中心论的主要观点，提出现代世界体系中知识结构的特点在于“两种文化”的概念。而这种理论上的分立使得现代世界能够提出价值中立的专家这样一个古怪的概念。沃勒斯坦认为：“我们必须充分承认欧洲对于重建世界的特殊性，因为只有那样才能超越那种特殊性，有希望获致对人类可能性的更有包容性的普遍主义观点，它不回避协同一致地追求真与善时所遇到的困难复杂的问题。”①

第十二章　知识之诸结构，或我们可能知道多少组成方式？　在这一章里，沃勒斯坦认为作为我们对于世界的理解的当今社会科学主要是近两个世

① 伊曼纽尔·沃勒斯坦. 所知世界的终结：二十一世纪的社会科学［M］. 冯炳昆，译. 北京：社会科学文献出版社，2002：200.

纪以来，由现代世界体系所确立的地缘文化所导致的结果之一的社会科学制度化的产物。从 19 世纪开始的两百年以来，知识始终被分作自然科学、人文学科和社会科学三部分。其中自然科学与哲学（更广义地说，人文学科）被视为泾渭分明的，有时甚至是对立的知识形式，而两者分别负有探求“真”和追求“善”的任务和功能。也就是说，自然科学不具有追求“善”的义务和功能，而人文学科则没有探求“真”的义务和功能。

沃勒斯坦认为这样的学科分类是不够合理的。现在，复杂性科学对自然科学的挑战，以及文化研究对人文学科的挑战，使自然科学与人文学科都在向着社会科学的方向移动。因而沃勒斯坦指出，科学与人文学科这所谓的两种不同文化将在认识论上得到重新统一。

第十三章　世界体系分析的兴起与将来的消亡　在这一章中，首先，沃勒斯坦解答了“什么是世界体系分析”，及其兴起、消亡的相关问题。世界体系分析作为社会科学内一个明确界定的视界始于 20 世纪 70 年代，它以先前的许多研究为基础，不认为自己是“世界之社会学”，而是作为“从社会科学中走出来”的一种方式，体现为对现有的社会科学之前提的批判。其次，沃勒斯坦阐明了世界体系分析的兴起原因及其四大要点，并对流行说法提出相关异议。要点之一是“全球性”，但它不是“全球化”；要点之二是“历史性”，但不是“社会科学历史”；要点之三是“统一学科性”，但不是“多学科交叉”；要点之四是“整体性”，但不是“博识教育”的老调重弹。关于世界体系分析的消亡原因，沃勒斯坦认为是源于存在于世界体系中的诸项矛盾以及它的效用之最终耗尽。虽然现在还没有到那个程度，但显然往这种消亡之方向走去。最后，沃勒斯坦号召从事世界体系分析工作的人士应该去处理，而且紧急处理一些非常根本性的问题，诸如社会科学的性质、方法，与社会运动、权力结构之间的关系问题等。并且社会科学的理论工作者“只有走出 19 世纪的社会科学和知识结构，而且彻底吸取世界体系分析之经验教训，才能令人满意地处理那些问题”[①]。社会科学家将表明他们是否有能力构建一种社会科学，以此证实我们将全程经历的世界范围的社会转型。

第十四章　社会科学与对公正社会的寻求　在这一章中，沃勒斯坦分析了适用于社会科学研究的三对矛盾：宏观与微观、全球的与地方的、结构与

① 伊曼纽尔·沃勒斯坦. 所知世界的终结：二十一世纪的社会科学［M］. 冯炳昆，译. 北京：社会科学文献出版社，2002：217.

动原。这三对矛盾并不完全相同，但在许多学者看来，它们高度重合，而且作为简略用语常常被相互交换使用。

然后，沃勒斯坦比较了哲学家与科学家的许多不同。沃勒斯坦认为在知识世俗化的过程中，“哲学家崇奉怀疑，而其结果是他们后来的信誉扫地。科学家随即宣称哲学家只是变相的神学家”[①]，并认为科学是代表发现真理的唯一途径。科学不准备承认任何疑难，或与任何其他学科共同合作。此外，哲学及广义的人文学科退出自然领域，坚持另一个完全不同的领域，即人文的、精神的、道德的领域，慢慢地形成一支研究社会现实的专业队伍。这里面也有描述性研究学者与规范性研究学者的区分及表现。

接下来，沃勒斯坦分析了自然科学和人文学科的区别，并指出在自然科学和人文学科内部，有自然科学走向社会科学（复杂性研究）、人文学科走向社会科学（文化研究）的倾向。通过一切知识的社会科学化，“承认现实是被构建的现实，而且是科学的/哲学的活动的宗旨是达到对那种现实的有用的、可信的解释”[②]，学者们也正在克服两种文化的区别。这样说来，科学处于其非常早期的时刻，一切知识都是社会的知识。而社会科学要求有权成为知识自省的场所，它要求既不反对哲学也不反对自然科学，而是与它们合而为一。沃勒斯坦在这个问题上比较乐观，他认为自己看到的发展趋势是科学与哲学之间的离异状态走向终结，而且社会科学成为重新统一的知识世界崭新的组成部分。

第十五章　社会学的遗产，社会科学的前途　在这一章里，沃勒斯坦主要讨论了社会知识之科目及其遗产、挑战和前景。这里所说的社会学遗产指“社会学文化”的东西。他要创造一种新的开放型文化，即社会科学的文化。沃勒斯坦从被奉为社会学开山祖师的思想家那里总结出社会学文化的三大原则：存在具有可解释的、合理的结构的诸社会群体；所有的社会群体都包含等级排列而且互相冲突的亚群体；就各群体（国家）抑制它们的冲突而言，大多是由于下属的亚群体给予该群体以合法性，理由是这样就使该群体可以存续下去，而诸亚群体在该群体之存续中看到长期的利益所在。

沃勒斯坦还论述了对社会学文化原则提出质疑的六种挑战，即对理性的

---

① 伊曼纽尔·沃勒斯坦. 所知世界的终结：二十一世纪的社会科学［M］. 冯炳昆，译. 北京：社会科学文献出版社，2002：224.

② 伊曼纽尔·沃勒斯坦. 所知世界的终结：二十一世纪的社会科学［M］. 冯炳昆，译. 北京：社会科学文献出版社，2002：236.

挑战、对欧洲中心论的挑战、对时间之社会建构的挑战、对于确定性和简单性的挑战、对女权主义的挑战和对于现代性的挑战。可以说，如果社会科学能够经受得住这些挑战，并且能够从这些挑战之中发展自身，那么，社会科学将如何进一步发展呢?

沃勒斯坦认为：随着笛卡尔—牛顿模式下的确定性和普遍主义所面临的危机，我们应当看到社会科学发展前景的不确定性，我们所能做的只是影响它的发展但不能决定它的模式。随着“国家”这一主权概念的动摇，以国家作为分析单位的做法也开始受到批判。因此，社会科学应建立一个带有全球性、历史性、统一学科性和整体性特点的体系分析，即世界体系分析。社会科学应消除目前科学与哲学的学科划分，并面临着将自然科学和人文学科统合到一起的任务，实现对真、善、美追求的重新联合与统一。虽然人类面对的是一个不确定的世界，但是沃勒斯坦仍然充满信心，认为我们在这个现实面前并非是无能为力的，“我们能够减少世界上的非正义；我们能够使世界更美丽；我们能够增加我们对世界的认识”①。

【意义与影响】

沃勒斯坦在这本书中似乎在向我们展示他所认为的 21 世纪的社会科学。他不仅以大量的事实阐述了“我们所体验的世界”——资本主义世界内部出现的种种矛盾，而且以大量的事实阐述了“我们所理解的世界”——知识世界内部所面临的种种挑战。从这些矛盾和挑战中，我们似乎真的可以感觉到现代的资本主义世界体系以及在它的基础上建立起来的社会科学正在一步步走向终结。如果我们将此书仅仅理解为作者对现实的客观描述，显然是不恰当的，在此书中，从学术和实践的角度看，至少在以下几个方面产生深远的影响：

首先，作为世界体系理论的代表者，沃勒斯坦在该书中批判了现代资本主义世界体系，尤其是欧洲中心主义，为研究和反思资本主义的发展提供了研究视角和理论材料。沃勒斯坦承认正是欧洲构建了现代世界体系，但是他坚决反对欧洲式的资本主义。论证了资本主义存在和消亡的历史必然性。

其次，沃勒斯坦开创了世界体系的分析方法。作为世界体系理论的首创

① 伊曼纽尔·沃勒斯坦. 所知世界的终结：二十一世纪的社会科学［M］. 冯炳昆，译. 北京：社会科学文献出版社，2002：275.

者和代表性人物，沃勒斯坦对世界历史的研究并不仅限于对过去的研究，他通过现代世界体系这一整体性的时空框架将历史与未来结合在一起。他用一种全新的分析方法——世界体系的分析方法——认真面对和接受这些挑战，从一个新的角度发展社会科学。世界体系的分析方法给我们的社会科学的重建工作提供过一种不可替代的方法和手段，为重建工作肃清了道路。

最后，沃勒斯坦世界体系理论可为中国和平发展提供一定的借鉴。沃勒斯坦的理论从一个角度表明，中国不可能走与西方相同的模式和道路。只有从本国的国情出发，结合自己的历史和实际，探索中国特色的社会主义发展模式。只有这样我们才能从容应对全球化的浪潮，在国际分工中充分发挥好自己的角色，利用和借鉴发达国家的经验，积极参与国际竞争，从而找到实现现代化的正确道路。

【原著摘录】

第一部分　资本主义世界

第一章　社会科学与共产主义的插曲，或当代历史的解读 P7－20

P11　然而，这一次民族解放起义与众不同之处有两点：第一，它是由以普适性意识形态自命的干部党所领导，所以接下去就创立一个在其直接控制下的世界性政治组织；第二，这场革命发生于中心地带以外的特定国家，在那里它是工业上和军事上最强的国家。1917—1991 年共产主义插曲的全部历史衍生自这两点事实。

P18　将来会发生什么情况？短期的前景似乎是清楚的。在富国方面，我们将看到右翼运动的增长，其宣传焦点离不开抵制移民的问题。我们将看到建立越来越多对移民的法律上的和实体上的屏障。尽管如此，合法与非法移民的实际比率仍将提高。

第二章　非洲人国民大会与南非 P21－36

P28　所有的现代国家，无一例外，都生存于国与国间的体系里面，受制于该体系的规则与政策。所有的现代国家之内的生产活动，无一例外，都发生于资本主义世界经济体的框架内，受制于其优先次序及其经济。所有的现代国家内的文化特性，无一例外，均处于一种地缘文化之内，受制于其模式及其智力等级系统。

P31－32　就在这一切中间，发生了南非的奇迹，为这个暗淡的世界添一点炽热的亮丽。

P35 我们看到非政府性“团体”四处涌现，担当起自卫，甚至为自身提供福利的作用。这就是我们已经正在走向的全球失序的道路。这是现代世界体系的、作为一种文明的资本主义的解体的信号。

第三章 东亚之兴起，或21世纪的世界体系 P37－61

P40－41 东亚之兴起的经济后果在于转变战后世界的经济地理。在50年代，美国是资本积累的唯一主要中心。到60年代，西欧又变成一个主要中心。而到70年代，日本（以及更笼统地说东亚）成了第三个中心。这时形成所谓三驾马车。

P47 康德拉捷夫周期乙阶段的直接影响在诸如非洲这样的最脆弱地区最容易感到。但是，在拉丁美洲、中东、东—中欧、苏联和南亚也表现得很严峻。甚至在北美和西欧也能感到，虽然平缓得多。真正摆脱这种负面影响的一个地区就是东亚。

P57 但是康德拉捷夫周期乙阶段也出现机会。一个主要的效应便是许多工业从核心地带各国迁出，因此，某些非核心地带的国家成了这种易地安置的受益者。千万不可忘记，可能迁移的工业只有那么多，以致所有的非核心地带国家彼此竞争以便成为易地安置的处所。

第四章 国家？主权？过渡时期资本家的两难境地 P62－81

P80 各国的主权——在国家间的体系框架中各国的内在和外在主权——是资本主义经济体的基本支柱。如果主权垮台，或严重衰落，资本主义作为一种体系就难以维持。我同意说如今主权正在衰落，这在现代世界体系的历史上还是第一次。这是作为历史体系的资本主义发生尖锐危机的主要信号。

P81 资本主义世界经济体需有一个将各主权国家联结在国家间的体系之内的结构。

P81 我们已经进入困难时代。结局是不确定的。我们不能确知哪一种历史体系将取代我们现在这个历史体系。我们所能确知的是：在我们现在这个很独特的历史体系中，国家在支持无休止的资本积累进程中发挥出非常重要的作用，但是，这个体系不再能够继续运作。

第五章 生态与资本主义的生产成本：没有出路 P82－93

P84 这就要从历史资本主义的两个基本特征说起。第一个特征是众所周知的，资本主义这个体系为了保持其首要目标，即无休止的资本积累，必然需要扩张——整个生产的扩张和地理上的扩张。第二个特征不是经常谈到的，对于资本家，尤其是大资本家来说，资本积累的一个必不可少的要素就是不用付账。这就是我们所说的资本主义的“肮脏秘密”。

P92　没有出路吗？在现存的历史体系的架构内没有出路吗？但是我们现在处于走出这个体系的过程中。摆在我们面前的真正问题是结果我们将走向何处。正是在此时此地，我们必须举起实质理性的旗帜，我们必须团结在它的周围。

第六章　自由主义与民主制度：敌对的兄弟？P94－112

P94　这不是一个定义的问题，而首先是一个社会抉择的问题。

P98　自由主义从个人出发开始其理论分析，它以个人作为社会行动的原始主体。自由派的比喻说法认为世界由无数的独立个人所组成，那些个人在某个时候以某种方式达成协议（社会契约），以便建立谋取共同利益的共同纽带。他们还把这种协议描述为很有限制性的协议。

P99　自由派的法宝就是理性。自由派是启蒙运动员忠诚的后代。他们认为所有的人们都具有潜在的理性，这种理性是通过教育培养而获得的，不是硬性认定的。

P101　自由主义意味着一种改善他人的社会责任，这固然是通过个人的努力，但最重要的是通过社会与国家的集体努力。所以，它永远要求更多的教育，更多的培养，更多的社会改革。

P103　民主制度恰好意味着怀疑专家和有能力的人——怀疑他们的客观性、他们的公正无私、他们的公民道德。从自由派的话语中民主派看出新贵族制的假面具，这种话语极其有害，因为它自称根据普遍主义的基本原则，以某种方式始终倾向于导致大体上维持现有的等级格局。这样看来，自由主义与民主制度彼此大相径庭，代表深为歧义的趋势。

P104　然而，这不是说民主流相对应地反对自由。远非如此。民主派所反对的是将自由与民主区别开。

第七章　社会融合与边际化 P113－128

P127－128　总而言之，我现在认为，关于融合与边际化的全部讨论已把我们引进一条死胡同，无法找到出路。最好不要钻牛角尖，倒是开始设想一下我们如何能够超越这个公民概念。当然，这意味着超越现代世界体系的结构。但是，既然我认为现代世界体系处于晚期的危机中（这个问题现在我没有时间详述），或许我们至少应该想想我们愿意构建哪种历史体系？它是否可能废除公民概念？而且，如果可能的话，又以什么概念取代它？

第八章　社会变迁？变是永恒的。一切不变 P129－148

P131　当然，社会科学实际上不加质疑地接受了启蒙运动的另一前提，认为世界正在不可避免地向良好社会演变，也就是说，进步是我们的天然继承物。

P134　我认为关于社会变迁的两种说法——变是永恒的；一切不变——都不是像所说的那样理由充足而能够接受。总之，我认为我们需要找出用以描述社会真实的另一种更好的语言。

P146　当今的选择时机与先前的那些时机在一点上有所区别。这是第一个涉及全球的时机，因为我们所处的这个历史体系是第一个包括全球的体系。历史性选择是道德上的选择，但是可以由社会科学家的理性分析加以阐明，于是，这也就变成我们的学术和道德责任所在。

第二部分　知识世界

第九章　社会科学与当代社会：消失中的理性保证 P149－170

P152　我得出非常清楚的结论：为了使科技革新占据中心地位，首先你必须建立资本主义而不是其他。这一点很重要，因为这是了解权力关系之现实情况的线索。现代科学是资本主义的产物，而且有赖于资本主义。科学家受到社会的认可和支持，因为他们提供现实世界中具体改进的前景，以奇妙的机器促进生产力，减少似乎是时空因素所加的限制，而且为每一个人带来更大的舒适。科学起了作用。

P162　人类为何这样难以获得幸福？弗洛伊德发现人类痛苦的三个根源，即自然的优势力量、我们肉体的软弱无力，以及调节家庭、国家和社会中人际关系的规则不适当。

P167　资本主义世界经济体绝不可能提供普通繁荣的真实前景，不可能克服核心地带与边缘地带之间日益扩大的差距。

P169　如今，理性一度似乎提供的诸种保证——对当权者的保证，不过还有对被压迫者的其他保证——都似乎已经消失。我们面临的是“要求自由的呼声”。这是由于持续不断地屈从于掩饰实质理性的形式理性而引起的要求自由的呼声。

第十章　社会科学中的分化与重建 P171－184

P177　在某种意义上，一切学术活动都是建立格式的过程，因此，了结各种选项可以说是一切知识的目标。我们设法论证事物像这样而非像那样运作。我们设法论证获取知识的这条途径比那条途径更好。我们设法论证这种知识比那种知识为佳。我们都这样做。而当其他人看到我们的相对而短暂的成功时，他们说我们已经发展出一种范式（paradigm）。

P178　我们所面临的问题就是：在知识结构中反映出互相竞争的范式，就其持续不断的争论而言，当前这个环节是否有什么特殊的地方？我认为是有的。我认为只要我们不仅走出我们的分支学科，而且走出社会学领域，甚至走出整个社会科学，我们便能看到特殊的地方。我认为我们正处于这样一个环节：作为我们的整个大学制度，因而也是我们的整个专门化大厦之坚固基础的笛卡尔格式，正在面临自从18世纪末以来第一次严重的挑战。我相信在今后50年内，这项挑战事实上将导致重大的建制性重建。

第十一章　欧洲中心论及其化身：社会科学的两难境地 P185－200

P184　社会科学至少在五个方面被说成是欧洲中心主义的。因为它们不明晰地重叠互搭，这些方面未构成一套逻辑严密的范畴。然而，逐一审视一下这些说法或许是有用的。人们认为社会科学的欧洲中心主义表现在：①它的历史研究法；②其普遍主义的偏狭性；③其关于（西方）文明的假定；④其东方学及其推行进步论的企图。

P198　我相信，在所有主要的历史体系（文明）中，一向总有一定程度的商品化以及因而造成的商业化，结果，一向总有在市场上牟利的人们。但是，一个是存在一些企业主或商人或“资本家”的历史体系，另一个是资本主义的精神与实践占统治地位的历史体系，这两者是大不一样的。

第十二章　知识之诸结构，或我们可能知道多少组成方式？P201－208

P203　在哲学与科学之间的这种“离异”中有一个重要的问题。神学与哲学在传统上都断言它们能够认知两种事物，即什么是真和什么是善。经验性科学不认为它具有看出什么是善的手段，只识别什么是真。科学家们以某种自调的态度处理这一困难。他们径直地说，他们只想努力弄清什么是真，而要把对善的寻求留给哲学家（及神学家）来完成。

P207－208　最后，我们都有了将关于真的和关于善的知识重新合为一体的可能性。我们未来的概率由我们在限制我们的结构之框架内构建。长远来说，善与真是同一的，因为真就是对展现于我们面前的一种最佳理性的、实质理性的可能性之选择。两种文化的思想，尤其是认为两种文化互相矛盾的思想，乃是极大的故弄玄虚。将系统的知识一分为三的做法乃是我们对世界之更充分的理解的障碍。

第十三章 世界体系分析的兴起与将来的消亡 P209－219

P209 世界体系分析作为社会科学内一个明确界定的视界始于20世纪70年代，当然，它所反映的观念具有长久的历史，而且以先前的许多研究为基础。它从来不以社会学或社会科学的一个分支自居。它不认为自己是“世界之社会学”，与城市社会学、小群体之社会学或政治社会学并列。倒不如说，作为我所说的“从社会科学中走出来”的一种方式，它体现为对现有的社会科学之许多前提的批判。

第十四章 社会科学与对公正社会的寻求 P220－239

P224 然而，在将知识世俗化的过程里，哲学家崇奉怀疑，而其结果是他们自己后来的信誉扫地。科学家随即宣称哲学家只是变相的神学家。犹如否定神学家一样，科学家开始否定哲学家宣布真理的权利，非常刺耳地断言科学家不是哲学家。

P230－231 从这里我得出结论：显示社会科学之历史性建构的那场方法论大争论是虚假的争论，它干扰我们去理解在何等程度上哲学与科学之间的“离异”实际上从知识领域中消除对善的追求，而且把对真的探索限定于披上许多伪装的微观实证论之形式以内。

第十五章 社会学的遗产，社会科学的前途 P240－275

P242 我认为社会学不再是一门学科（但是其他社会科学门类也不是学科）。我确实相信它们在组织方面都还是很强有力。而且我认为，由此可见，我们都觉得自己处于很不正常的状态，在某种意义上保存一个虚构的过去，这是一件做起来成问题的事。然而，我倒是愿意把我的注意力转到作为一种文化的社会学上，也就是说，作为一种共享某些前提的学界。我认为，正是在这个领域的争论中构建着我们的未来。我要着重说明，社会学文化是晚近的而且充满活力的，但也是脆弱的，只有加以改造才能继续繁衍。

P267 据我看来，对21世纪而言似乎既可能又可取的前景有三：科学与人文学科这所谓的两种文化在认识论上的重新统一，各门社会科学在组织上的重新统一与重新划分，在知识世界中社会科学承担中心角色。我想根据这三项前景来讨论社会科学之前途。

P274 创建一个更加平等的世界将非易事。然而，要想实现自然科学留给世界的这一目标，必须有一个比我们现有的更加平等得多的社会环境。争取科学平等与争取社会平等不是两种各不相干的斗争。它们属于同一场斗争，这再次指出，把对真、善、美之追求分隔开来是不可能的事。

【参考文献】

［1］伊曼纽尔·沃勒斯坦．所知世界的终结：二十一世纪的社会科学［M］．冯炳昆，译．北京：社会科学文献出版社，2002．

［2］伊曼纽尔·沃勒斯坦．沃勒斯坦精粹［M］．黄光耀，红霞，译．南京：南京大学出版社，2003．

［3］何爱国．贡德·弗兰克与沃勒斯坦：两位世界体系理论大师之间的辩论［M］//新亚洲文明与现代化．上海：学林出版社，2003．

［4］伊曼纽尔·沃勒斯坦．世界体系的结构性危机：我们将何去何从？［J］．刘海霞，译．国外理论动态，2011（9）．

［5］徐红曼．重构社会科学的方法论范式：论沃勒斯坦的社会科学观［J］．学识交流，2012（6）．

［6］李冠福．沃勒斯坦社会科学方法论新范式概述［J］．广西右江民族师专学报，2005（5）．

六、《实用主义与社会学》

［法］爱弥尔·涂尔干 著

渠东 译

上海人民出版社，2005 年

【作者简介】

爱弥尔·涂尔干（1858—1917），又译为“迪尔克姆”，是法国犹太裔社会学家、人类学家。

他与卡尔·马克思及马克斯·韦伯一同被公认为社会学的三大奠基人，《社会学年鉴》创刊人，也是法国首位社会学教授。1858 年 4 月 15 日出生于法国孚日省埃皮纳尔一个小城镇的犹太教教士家庭。幼年曾学习希伯来文、旧约和犹太教法典。青年时代放弃了宗教信仰，走上实证科学的道路。1879 年，就学于巴黎高等师范学校，1882 年毕业。1882—1887 年，在省立中学教书。其间赴德国一年学习教育学、哲学、伦理学，深受 W. 冯特实验心理学的影响。1887—1902 年，在波尔多大学教书，并在那里创建了法国第一个教育学和社会学系。1891 年，被任命为法国第一位社会学教授。1898 年，创建了法国《社会学年鉴》，围绕这一刊物形成了一批年轻社会学家的团体——法国社会学年鉴派。1902 年后执教于巴黎大学。第一次世界大战中断了这位反战学者的学术研究，他的儿子和许多学生死于战场，他因此受到极大的刺激。1917 年 11 月 15 日在巴黎去世。涂尔干一生论著颇丰，仅专著就有 20 多种。主要的社会学著作（中译本）有《社会分工论》（2000 年）、《实用主义与社会学》（2005 年）、《自杀论》（2008 年）、《宗教生活的基本形式》（2011 年）等。

【写作背景】

自启蒙运动以来，“理性之光”开始照耀人类，在科学领域，人们在理性的指导下使得科学迅猛发展；在生产领域，在科学方法的指导下，人们的生产能力取得了前所未有的进步。可是，人们尝到理性给人们带来甜头的同时，也遭受到理性带来的恶果。例如，人成为机器的奴隶，人并不是机器的“主宰”，而是在生产线上伺候机器，以发挥出最大的生产力；法律只有硬性的规定而没有“人性的光辉”等。这一切开始让人们反思理性，实用主义就是这反思大潮之中的一个重要组成部分。

实用主义于19世纪70年代开始在美国露头，并在美国国内迅速发展成为影响最大的学派。实用主义的出现让美国有了真正属于自己的哲学。它以其带有人性的真理观迅速地在全世界范围内“蹿红”，例如在英国出现了以席勒为代表的实用主义运动。

那么如何清醒地看待这种思潮，认清它的优点和不足呢？涂尔干对在全世界范围内兴起的这一思潮进行了研究。

【中心思想】

在《实用主义与社会学》一书中主要介绍的是涂尔干对当时“流行的”实用主义思想所进行的批判。要想批判一种思想的前提是了解这种思想。因此涂尔干不仅对实用主义产生和发展的历史进行了介绍，还对实用主义中的以真理为核心的各种思想进行了研究，对实用主义真理观的合理之处和不足之处进行了指明。

在这本书中，涂尔干围绕着实用主义“真理”这个哲学问题展开论述，而他选择的让“真理”更加明晰的阐述方式就是批判。在书中涂尔干首先介绍的实用主义真理观，是以通过批判理性主义的真理的方式来阐述。而涂尔干本人的思想又是以批判实用主义的方式来表述的，这样让理“越辩越明”。最终涂尔干阐述了自己所坚信的以社会学为基础的真理观，他认为真理之所以真并不是像理性主义所强调的人的观念与客观世界的符合，也不是像实用主义所说的人的满足感，涂尔干认为真理之所以真是因为真理以人的集体性为保障。整部著作共有10.9万字。

【分章导读】

《实用主义与社会学》这本书是根据涂尔干在法国索邦大学进行的一系列的演讲笔记整理出版的。这本书共收录了涂尔干20次的演讲笔记。

1. 实用主义的起源 在这一讲中涂尔干首先对自己为什么要选择实用主义与社会学这样的主题来做讨论。

首先，涂尔干在法国进行演讲期间，实用主义极为流行，甚至被称为唯一流行的真理理论，人们热衷于谈论。而涂尔干所创立的社会学与当时备受人们推崇的实用主义处于同一个时代。涂尔干要把由他所创立的社会学与这一理论进行区分，并标明两种理论的异同点。其次，从民族意义上来说，深受笛卡尔思想影响的法国在文化上从整体来看是建立在理性主义的基础上，而产生于美国的实用主义在很短时间内产生了广泛的影响，所以这一思潮对法国原来的精神生活已经构成了挑战。再次，从哲学的角度来看，研究实用主义具有重要的意义。因为自启蒙运动以来，西方在哲学上主要推崇的是经验论和唯理论两个思想流派。二者虽然在人类认知路径上迥然不同——经验论从感觉经验出发认为人的感觉经验是真理的来源，而唯理论认为从人的理性出发强调只有理性才能获得事物的真知。虽然道路不同，但是这两种理论都是对人的认识能力、人的理智确信不疑。两种理论都肯定人类认识客观真理的能力，并对由各自方式获得的真理确信不疑。而实用主义却否定所谓的“客观真理”的存在。涂尔干的看法与实用主义的结论是有区别的。他试图找到一个公式，既要将理性主义的本质保留下来，又要回答实用主义对理性的责难。

涂尔干提出实用主义起源于盎格鲁—撒克逊的思想传统的观点。为了证明这个观点，他将实用主义与尼采的思想进行了比较，得出的结论是实用主义并不是起源于尼采。

涂尔干针对贝特罗认为的尼采所代表的是一种激进的、完整的实用主义的观点，对尼采的思想和实用主义的思想做了区别。首先，涂尔干检验尼采的思想与实用主义之间的共同点。尼采认为，理念超出于真理和谬误之间，对他来说，被接受为真的判断与被拒斥为假的判断都取决于有用性。而真理既是有用的观念也是实用主义的根本原则。接着，涂尔干分析了尼采的思想与实用主义之间的差别。在尼采看来真理实际上是虚假的，只是因为它们看似有用，而被称为真理，所以那些所谓的真理是不可靠的。尼采并没有说有用就是真理，他只是说那些看似真理的东西是有用性的结果。而实用主义认为，根本就没有能够完全脱离基础的“事物的表面”，事物呈现给我们的只是表象，这就是我们赖以生活的基础，它是实在的东西，并不虚假。人们没有理由去寻找事物背后的所谓“本质”，我们必须按照世界让我们看到的方式去看待世界，不必去了解其他的东西。思想只是一个层面的活动，所谓的理性抽象的事物的本质是不“真实”的。

其次，尼采在他思想中的某些阶段曾否认过潜藏在表象后的基质的存在，认为唯有表象存在。尼采认为艺术家的作用就是从众多形态的表象中摆脱出来。逻辑架构被粉碎后，思维就可以任意地发展。而实用主义的主要特征是显示意义上的，对实用主义者来说，真理不需要研究深层次的实在，不需要内心的创造，真理不需要超越实在。

涂尔干认为要了解实用主义就要追溯到它的最初形成环境，即盎格鲁—撒克逊的背景。涂尔干认为虽然是美国学者皮尔斯最先使用“实用主义”一词，但皮尔斯的思想与实用主义有本质上的不同。皮尔斯的文章并不含有真理理论，它只是提出了我们如何澄清我们的观念问题，而没有提出何种条件能够使事物的观念将其感觉效果真实表现出来的问题。不仅如此，皮尔斯根据古典理论指出，真理赋予自身以一种“不可或缺性”，心灵只能屈膝拜倒在它的面前。这样真理变成了一种意见，它享有天赋权利，所有考察者也必须接受它。显然，这种原则与实用主义原则是截然对立的。所以涂尔干认为不是皮尔斯，而是威廉·詹姆斯才是真正的实用主义之父。他指出了詹姆斯著作中叙述了实用主义的主要立场，及对宗教的关注。虽然詹姆斯在《哲学概念及其实践结果》这篇论文之前没有使用“实用主义”一词，但实用主义的基本论题却已经在《信仰意志》中展开了。

2. **实用主义运动** 在这一讲中，作者介绍了实用主义运动的发展历程。

实用主义形成于 1895 年至 1900 年的美国。涂尔干把实用主义的形成描述成一种缓慢的、潜在的变化。在发展过程中，实用主义出现了三位主要代表人物：杜威、席勒和詹姆斯。但不管是他们中的哪一位也没有能够为我们提供一种彻头彻尾的关于实用主义的解释。所以，实用主义并不是一个牢固的体系。詹姆斯认为实用主义是一种讨论，一场运动，在他看来，实用主义是一种具有明确方向的冲动。可以从三个角度来描述它：（1）作为方法，它是一种普通的心态；（2）作为真理理论；（3）作为宇宙理论。

实用主义的运动是针对理性主义的批判，而两者交锋的焦点体现在对待真理的看法上。理性主义认为人的心灵夹杂着事物的感性实在，经过人类的理性处理，之后在人的心灵中构造出一个知识体系。人类所有知识体系是对客观真理的模仿。人类通过自身的能力在心灵中认知那客观的真理。

而实用主义则极力批驳理性主义的这种观点，认为如果人类的理念是来自外部事物，心中的观念和知识是外在的映射，那么真理其实是外在于人类的。人类永远只能对外在的知识进行摹写，而这种真理其实是非人格的。在这种真理中没有人的价值，在真理中不能把人表达出来。人们所认知的所有真理及其内容都是外在事物强加给人类心灵的。人类实际上并不能建构真理，所谓的摹本并不是生成真理。所以理性主义所主张的真理，实际上是一种教条，一种完全让人失去自身主体地位的真理。

实用主义对这种教条主义进行了批判。实用主义提出了真理目的的问题。如果真理只是实在的摹写，那么真理就是一种毫无用处的多余物。这种摹写其实并没有给事物增添任何东西。詹姆斯认为：真理实际并不是一种模仿，而是一种丰富。其实对人来说重要的不是事物的实质，而是事物那些属性：温暖、光、色彩等。它们的用途对人来说才是最重要的。所谓的心灵所看到的“实质”其实并没有它的用武之地，何况这种“实质”未必与模仿的一致。实用主义强调真理的目的，真理应该为了“人”，而不应该是僵死的教条。

3. **真理与人类知识**　在这一讲中，涂尔干力图找到实用主义产生的根源，并把自己当作一个实用主义者，让自己的思维“亲历”实用主义与理性主义的交锋历程。在上一讲中实用主义批判理性主义时称认识真理的目的应该体现人的价值，不能忽视人。真理不应该是超验的、非人格的。这一讲中实用主义继续批判说如果这里完全是客观的，完全超越于我们所处的世界，那么人们怎样去把握它。真理必定存在于人的外部，确切地说是凌驾于人类之上。真理在人类面前似乎是高不可攀，人类要想把握这种真理是困难的。在真理与我们之间存在着一条不可逾越的鸿沟，以至于我们无法获取永恒真理。归结起来教条主义真理所带来的难题一：如果理念所模仿的实在是外在的、超验的，那么我们怎样才能认识它。难题二：如果真理是非人格的，它便与人无关，是外在于人的，那么，它又是如何作用于人的心灵，它与我们的本性有何联系。难题三：如果真理是非人格的，那么对所有人来说真理都是同样的。

实用主义批判这种人与真理的分离，认为根本就不存在所谓的非人格化的真理，人类的理智认识活动是一种活生生的活动。而如果人们像教条主义那样认识真理，那么就只存在一个真理，人们无法理解意见和判断所具有的多样性，人们可能面临失去宽容的危险。而实用主义者认为，人类的宽容给我们带来的差异性，会给我们带来好处。

4. **教条主义的批判**　这一讲继上一讲对理性主义真理观忽视人的价值，使人类与真理之间产生一个不可逾越的鸿沟的思想进行批判之后，又主要针对教条主义所认为的真理观是僵化不变的思想进行了批判。按照理性教条主义的理解，真理应该是唯一的、不变的。实用主义认为教条主义的这种思想只是想要为人类活动找到一种理智上的安全感，人类可以获得确定的知识，而不至于感到迷惘。而实用主义不同意教条主义真理这种所谓的确定性，实用主义认为："从某种意义上讲，与行动有关联的思维创造了实在本身。"① 实用主义举了大熊星座的例子，是谁让大熊星座由七颗星组成，是谁数过这七颗星？实用主义认为，是人创造了这一切，所以真理从人的这个角度来说并不是具有理性主义所说的确定无疑的真理。同时，实用主义认为，世界也是处在不断变化之中的，现在的真理与将来的真理之间存在着不可逾越的鸿沟，所以真理是未完成的，处于形成之中的。

此外，在实在的多元概念这一论题中，涂尔干从实用主义的立场分析了事实和经验的目的，说明了实用主义的多元主义与理性主义的一元主义是相互对立的，对前者来说多重性与统一性一样都确实存在，以至于失调共存。

5. **概念思维的批判**　在这一讲中，涂尔干批判了以詹姆斯为代表的实用主义思维方式。涂尔干认为詹姆斯对理性主义的批判并没有触及理性主义的根本。而问题关键就是实用主义所采取的方法，就是概念思维的方法。实用主义者虽然认为世界是变化的，真理不应该非人格化，而实用主义在论证自己的观点时所采用的论证方式仍然是一种概念思维的方式。这种概念思维的方法是用概念来确定事物，可事物是变化的，但概念的思维方法所把握的事物却只是固定不变的。这就引出了实用主义自身的不完善性，实用主义用一种静态的思维方式去把握变化的事物，就像芝诺提出的阿基里斯追龟的故事一样，实用主义其实永远都把握不了实存。概念只能武断地采取让运动固定不动的方式，才能表达运动。所以，实用主义归根结底还是用一种理性主义的方式来批判理性主义。

第三部分是第六至第七讲，分析了实用主义某些次要的方面。

6. **实用主义的次要方面**　在这一讲中涂尔干讨论了实用主义与彻底经验主义，实用主义作为多元主义和实用主义的肯定论题三个论题。（1）实用主

---

① 爱弥尔·涂尔干. 实用主义与社会学［M］. 渠东，译. 上海：上海人民出版社，2005：44.

义与彻底经验主义。詹姆斯称实用主义应该是一种彻底的经验主义，所谓彻底的经验主义，就是要把实用主义与“经验主义”区分开来。实用主义认为不存在高于经验部分而存在的心理过程，事物与经验是共存的，它们应该是一体的，二者处于同一个层次。同时，彻底经验主义认为经验与实存之间是绝对统一的。（2）实用主义其实是一种多元主义，意思是说实用主义在认识世界时，并不是像经验论或唯理论那样只是认为是主体与客体相互交换信息的简单过程，而是认为认识是由多元要素构成的，实用主义所确立的是有个由一大堆尚未分化、变化无穷的现象组成的统一体。这个统一体其实可以被说成是多元主义也可以被叫作一元主义，因为这种多元主义强调的是所有有机体统一的一元。（3）实用主义肯定的论题：其一，真理是人的真理。其二，真理是不同的可变的真理。其三，真理不是即存实在的摹本。在这一讲的最后，涂尔干讨论了实用主义关于思维与存在关系的问题，实用主义认为思维与存在是同一个过程的部分，感觉、观念和行动系列完全是连续的①。“事实带来了紧张感，紧张感带来了观念，观念带来了行动。”思维与存在的关系实际上非常亲密。

7. **思维与实在** 在这一讲中，涂尔干继续对上一讲末尾所提出的思维与存在关系问题进行了讨论。与绝大多数理论所认为的思维是外物反射的镜子的观点不同，实用主义认为，思维是事物的一部分。首先，实用主义认为人们的感觉实际上是包含空间的特征的，人们心灵中的三角形是包含三角形的特征的，所以实际上人们的主观方面是包含空间在其中的，否则，人们不能建构空间。其次，实用主义认为人们的思维是有历史感的，人们所感知的一切事物实际上是与感知者个人经历分不开的，同时，客体作为“事物”也是一部历史。

实用主义认为知识和实存是统一的。实用主义认为知识的所谓主体与客体实际上是由同样的实体构成。它既不是心灵，也不是事物，而是统一的“纯粹经验”。与唯心主义所认为的思维本质上是概念，概念的基础是实在不同，实用主义认为实用的基础是概念，人们只能采取主体与客体统一的方式来认识世界才是科学的。

实用主义采取这样的方式看待世界可以从这种观点得出推论：在实用主义看来真理与价值是统一的。“真”与“对”都是指对人们的思维有利的条件。实用主义不接受任何连续性的看待世界的解决方式，实用主义只承认主

---

① 爱弥尔·涂尔干. 实用主义与社会学 [M]. 渠东，译. 上海：上海人民出版社，2005：68.

体与客体及环境同时共处的“经验”，而所谓的价值就是对人有用。

8. **知识作为行动工具** 这一讲主要讲述的内容是概念的可靠性问题。实用主义所坚持的观点认为，我们如果想要获得事物的本来面貌是需要主体的感觉与客体融合的一个过程。涂尔干认为实用主义所采取的这种认识世界的方式有些过于宽泛，以至于把所有的一切都纳入认识的过程，这样即使是谬误也是认识，甚至会导致根本就不会有谬误这个概念。

涂尔干还针对“概念”，这个在实用主义范畴内有些“说不清的”内容进行了分析。实用主义的观点认为概念并不是人们认知世界的科学方式，因为世界是变化的，而概念只是采取了孤立静止的方法把人们所要了解的事物从整体中剥离开来，概念扭曲了事物。概念并不能获得事物的全部知识，而只是从人们的认识过程中摘选出一些知识。虽然实用主义认为概念把握世界的方式是不全面的，但是实用主义却又承认概念在认知过程中的作用。实用主义并不完全否认概念认知真实性，认为概念可以使人们尽快了解事物的知识，而感觉在这方面却没有概念发挥的作用大。涂尔干认为实用主义用概念把握世界的方式实际上与理性主义是非常相似的，说到底实用主义也没有完全摆脱自己所批判的理性主义的认知方式。

涂尔干还批判了实用主义确认认识正确的标准。实用主义认为人类的认知是一体的，无法区分主客体，这样人类认识正确的标准就不同于理性主义的所谓的客观标准。实用主义认为，人们的认识是否正确是看这种认识是否能给人们带来满足感。实用主义坚信，人们在认识事物时，在获得正确认识时，会给人们带来满足感。涂尔干认为这一标准是极其模糊的，因为人们在认识虚假的观念时也会产生满足感。

9. **实用主义的真理标准** 在这一讲中作者对真理的标准问题进行了讨论。实用主义认为在人类确定真理的结果中，只有那些有用的部分才能是真理。而判断真理是否有用的依据归根结底是满足感。而实用主义认为这种满足感不仅要看我们获得的这些观念是否与外物一致，还需要看这些观念是否与人们内心中固有的观念相和谐。真理并不是与人无关的，真理实际上是在人们的实践基础上造就出来的。是人们在运用、尝试、检验等的基础上，找到了共同的约定，确定了真理。而这种真理观是与理性主义不同的，在理性主义那里，真理只是纯粹理论上的与客观世界的符合；实用主义则认为，真理实际上是人为的实践。实用主义认为整个宇宙都是人们运用自身的思维和行动，把宇宙的各种形式归于人自身。所有的实在物与真理一样都是人为的产物。

而人类在这一个实践的过程中，获得了自由。相反，按照理性主义理解人在这一过程中实际上是受到了束缚，人需要服从种种必然性。

10. 建构实在与建构真理 在这一讲中作者讨论了建构真理问题。对实用主义者来说实在世界也是人类创造出来的，而不是由“造物主”创造出来的，实际上是人们共同创造出来的。这样实用主义者的观点中即认为实在是人创造出来的，同时也认为真理也同样是人创造的。涂尔干认为实用主义者未能将两种建构弄清楚，涂尔干认为实在和真理处于不同层面。是当人们对实在产生怀疑之时才会去寻求真理，真理因为人们对现实不确定而去反思追寻而产生的。而实用主义者却认为这两者实际上是一个层面的东西，混淆了实在建构与对这种建构的逻辑检验的区分。

再者，涂尔干认为，实用主义所确立的满足感作为真理的标准会导致所有的真理都是从个人的满足出发，会与社会的整体满足感产生矛盾。人们所确定的真理都是从个人出发的，那么怎样避免真理因为个人意见分歧而导致冲突，从而能让实用主义所确定的真理在社会中产生共识呢？实用主义给出的回答是大多数人的选择。可是当一部分真理被大多数人所共识的时候，这部分真理就带有了社会性，这种社会性实际上是高于个体的人的. 这种真理会凌驾于人之上成为僵化的部分，以致成为非人格的真理。这就是采用实用主义方法所带来的后果，实用主义对这样的结果只是采取“随遇而安”的态度，并没有给出完美的解释。

11. 作为方法的实用主义 在这一讲中，作者讨论了实用主义的方法论问题。“（1）实用主义所表明的态度与经验主义的态度有关，但是一种改头换面的经验主义。（2）实用主义的立场与抽象思维，或广义上的理性主义与唯智论对立。（3）实用主义反对任何形而上学的教条，所有‘封闭的系统’，以及所有拒绝进一步进行考察的明确的解决方案。（4）实用主义最看重的不是首要的原则，而是实践的后果，所以，我们必须‘把每个词语的实践价值挖掘出来’。换言之，我们必须从每个观念中找出‘既存实在只变化方式的意涵’。”①

12. 实用主义与宗教 在这一讲中作者第一部分讨论的是实用主义与宗教问题。第二部分，涂尔干对实用主义的总体精神进行了总结：实用主义认为

---

① 爱弥尔·涂尔干. 实用主义与社会学［M］. 渠东，译. 上海：上海人民出版社，2005：103－104.

如果世界是可以改变的，那么对我们人类来说世界并不是因为它显示的样子而显得重要，而应该是人们因为可以改变它而更为重要。所以实用主义想要解放人的意志，唤起人们行动，赋予行动以意义。实用主义想要让人们摆脱纯粹思辨和理论的束缚，让人们确立更加灵活的真理，摆脱理性主义僵化的体系。

13. **对实用主义的总体批判** 在这一讲中作者对实用主义总体进行了批判。首先讨论的是实用主义学说本身存在裂痕。实用主义在论证历史学说的时候采用了辩证的论证方式，而这与他们学说本身强调的是经验性，这便形成了实用主义学说内部的矛盾。接下来，涂尔干又对实用主义的学说态度进行了分析，实用主义的动机并不是人们实践上的需求，它的目的是扩展人们的行动领域，实用主义喜欢变化的世界，在这个世界中真理、人、环境等一切都是变化的。

用实用主义的方法看待世界，真理开始“软化”，就达到了实用主义所追求的把真理从逻辑思维中解脱出来的目的。在理性主义的世界中，人类思维的主要任务就是“复制”实在，这将导致人类的思维变成事物的“奴隶”。而在实用主义那里，人的思维的“主动性”增强了，思想变成了创造者。思维的目的不再是材料的复制，而是建构未来实在。真理不再为自身存在，而是为我们存在。

实用主义让真理走下“神坛”，变成了可以分析的对象，让真理贮存在人类的兴趣之中。这可以说是实用主义的成功之处，不过涂尔干也指出了实用主义的不足之处，它只是从单个人的主观和心理出发来考量真理，所以实用主义不能有效地解释人类的所有事物。涂尔干认为社会学所具有的人类集体性和历史性能克服由实用主义带来的矛盾。因为社会学中的人，具有的集体性，这种集体性可以告诉人们社会的东西比个体的东西具有更高的威望。从而可以克服实用主义个体之前的不可通约性。

涂尔干也不同意实用主义所说的真理不具有稳定性的观点，涂尔干认为真理是在不断发展的，而且变得更加丰富了，但是这并不能说真理性质就已经改变了。

14. **真理的变种** 在这一讲中涂尔干批判了实用主义证明真理所列举的理由。涂尔干质问实用主义论证的第一条论据：“真理不能是不变的，因为实在本身就不是不变的；所以，真理在时间上是变化的。”涂尔干按照实用主义所确立的论据进行推论道：如果真理是变化的那么同一条真理应该在之前是正确的，但是到了后来变成了错误的，即便是二者都针对同一个事物。实用主义对这一问题没有给出完满的解答。“真理不能是‘一’，因为‘一’不符合多样化的心灵；所以真理在空间上是变化的。”涂尔干针对这一论据进行发问：“难道进步不包括驱除个体的差异吗？难道实用主义还会坚持认为真理仅仅是属于个体吗？”涂尔干认为实用主义没有为真理的无定形提供证据。

涂尔干给出了社会学对于问题的解释：“社会学带来的是建立人与物质环境之关系善的相对主义。”涂尔干的社会学认为，物质条件是相对固定的。世界在发展的过程中也不断地增添新的内容到其中。在一定程度上说，新的存在物在其存在之前是在原有存在物中有所展现的。同样，现存的物质中也是原有存在物的体现。原初状态中的许多规律也隐藏在现在的世界之中。所以，思辨思维和理论思维始终随着实践的变化而变化，真理也是可变的。

涂尔干认为变化的因素不仅存在于不同社会类型之间，在同一个社会中也存在异质的东西，是那些异质的部分才促使社会变化和进步。所以我们应采取宽容的态度来对待事物。涂尔干还指出了如果按照实用主义“有用即真理”的标准确定真理的话，那么实用主义本身将把自己带回到功利主义的道路上去，变成一种逻辑功利主义。

15. **真理与有用** 在这一讲中，涂尔干首先肯定了真理是具有道德强制和现实中的必然力量的作用的。随后涂尔干论证到用实用主义作为一种逻辑功利主义的形式是不能让真理产生真理应该具有的上述功能。

具体论证过程：涂尔干认为，真理是与道德强制有关的。“真理脱离不开一定的道德属性。在每个时代，人们都会感觉到他们必须去追求真理。在真理中，总有某种需要尊重的东西，以及心灵觉得自己必须认同的道德力量。”涂尔干实际上认为真理是一种高于现实的美好，人们应该去追寻它。可是按照实用主义的“真理即有用”的方法，人类的所有认知实际上处于同等的认识水平之上，真理不可能成为人们所向往的东西。

真理是与现实中的必然力量紧密相连的。“实际上人们几乎不可能不承认真理。当我们的心灵感觉到一种真实的表现时，我们发觉我们不能不把它当作真实的东西接受下来。真实的观念将其自身强加给了我们。有关真理明晰性的古老理论便表现了这样的特点，从真理流溢出来的是一束不可抗拒的光。”[①] 涂尔干认为真理具有让人类不可抗拒的应该去追寻的力量，可

---

① 爱弥尔·涂尔干. 实用主义与社会学［M］. 渠东，译. 上海：上海人民出版社，2005：159.

是实用主义的真理是人们自己构造出来的，不再有客观实在的依据，这样我们只能从主观感受来说明真理是好的，诱人的。人们失去了对客观真理的向往。

涂尔干认为，真理具有非人格性使真理具有不可辩驳的特点。可是实用主义采取有用这一主观原则让真理失去了统一的标准。涂尔干指出任何事物实际上都可以有用，即使最没用的东西也可以是有用的，所以实用主义标准实际上是一种模糊性的。

16. **思辨与实践** 在这一讲中涂尔干讨论了思辨与实践的问题，实用主义哲学家认为思想不具有思辨的价值。涂尔干认为事实恰恰相反，涂尔干举了科学的例子有力地惠及了实用主义的看法，在科学的早期思辨与实践是混在一起的。例如炼金术不关心金的本质而关心是否能炼出金子，从这个意义上说科学是实用主义的。可是随着历史发展，科学研究把技术排除在外，科学开始不是处理纯粹技术问题了。“科学精神的本质就是科学家持有的是一种与实用主义截然不同的观点。”

涂尔干批判了实用主义所确立的知识为了行动而存在的命题。杜威认为从个体生命、个人习惯以及整个社会中意识都是在某些机体出现紊乱的情况下才会出现来指导行动，而当这些机体有条不紊地运行时，意识不会出现。涂尔干由此得出结论：“既然意识只是为行动出现，那么意识就可以代表行动。这样一来，观念就成了可以实现的目标的表现，而作为这种表现的运动本身也就被表达成了一种行为。”而涂尔干认为行动和思维实际上是对立的。在某些情况下思维会阻碍行动，而不是激发行动。如钢琴家如果在想他自己在做什么的时候，他就弹不好曲子。再者，运动也会使思维产生混乱，例如，我们不可能在走路、做游戏的同时集中思考问题。所以人的思维和行动是对立的，思维与行动之间毫无相似之处。

17. **真理的作用** 在前面揭露了实用主义真理观的种种弊端后，这一讲涂尔干介绍了真理的真正作用。涂尔干认为实用主义否认了知识、思维乃至意识的特殊性质。“意识不是一种能够引导身体运动的功能，而是认识自己的有机体，唯有通过有机体认识自己，我们才能说发生了新的事情。”当意识在人的头脑中形成时，行动就变得不那么顺畅，产生了问题，这时人在认识问题的同时也认识了他自己。意识开始在人与物之间建立桥梁，进行创造性的建构，这是意识最根本的作用。而实用主义恰恰忽略了意识的这一作用，把意识仅仅当作外部世界运动中的一个环节，而导致意识在这一过程中无法发挥它的真正作用。

再者，涂尔干用“集体”的方式解决了实用主义的个体之间观念不可通约的“难题”。实用主义者认为世界是我们创造的，这里的我们指的是个体，但是每个个体都是不一样的，他们在认识时肯定会有差别，实用主义没有找到让这些个体观念具有通约性的路径。而涂尔干认为“集体”是很好的解决办法。在集体中可以找到那比个体更具有权威性、客观性的强大的“力量”观念，为真理找到一个强大的保障力。“在最后的分析中，思维创造了实在；集体表现的主要作用就是‘制造’更高级的实在，即社会本身。对真理来说，也许这是一种不可预见的作用，但正是这种作用，表明真理的存在并非单纯为了指导实践的事务。”①

18. **真理的不同类型** 在这一讲中涂尔干介绍了神话真理与科学真理，分析了它们各自的特点和它们之间的共同点与差异。

涂尔干认为神话同样是一种真理，同样具有客观性。这是因为人们在共同生活时预设了共同的观念，还有人类理智上的一致性。由于人类生活的集体认同了这些观念，神话就不再从单个人的偶然性那里寻求依据。所以神话具有了客观性和必然性的特点。

至于科学真理，涂尔干认为，虽然表面上看科学真理与神话真理不同，科学真理所表达的是世界本真的样子，但是归根结底科学真理也是要靠集体性为其保障的。因为科学真理所表达的是凌驾于个人之上的理念，用集体的力量保障其存在发展。

19. **科学与集体意识** 在这一讲中涂尔干指出孔德所提出的实证主义观点——人们一旦在社会中完全采用了实证主义，那么在人类社会中神话等观念就会消失——是涂尔干所不能接受的。涂尔干认为，在人类社会中科学还非常不成熟。因为人类社会是一个极其复杂的有机体，对它的考察方式实际上是很难的，因为我们不可能在社会中直接进行实验。所以人们对社会采取纯粹客观的方式来研究社会事务是非常困难的。所以社会学所表达的只能是一些很不完整的假设。在社会学领域实际上是缺少科学方法的。但是在这个领域中人们又不能坐以待毙，所以人们只能从自己的主观出发了解自身，去表达自身的感受，并把它当作指南。而就这一指南的实质而言，它与神话真理具有某种程度的同构性。因为神话同样表达了一致的概念，并具有权威的

---

① 爱弥尔·涂尔干. 实用主义与社会学［M］. 渠东，译. 上海：上海人民出版社，2005：148.

力量。这部分真理为世俗的真理留有很大的空间。

当神话真理在社会中处于支配地位时，它所确立的一致性就是规范。但是随着科学的普及，每个社会个体都有了研究科学的权利，知识上的个体主义就出现了。这种个体主义破除了原本神话真理“一言堂”。每一个个体都有不同的研究方式，他们获得真理的不同方面和不同的要素。这些真理的不同方面和要素汇聚成了非人格的真理。

“事实上，真理作为实在的‘摹本’，并不是多余累赘的。它完全可以把新的世界‘添加’在实在之上，这个世界比任何世界都要复杂。它是人类和社会的世界。真理是使事物的新秩序成为可能的手段，而这种新秩序就是文明。”①

20. 思维与实在是异质的吗？ 在这一讲中涂尔干对实用主义所认为的思维与存在异质的问题进行了探讨。实用主义认为真理只有歪曲了实在才能把实在表达出来。首先是因为实在组成了一个统一体，人们只有借助于抽象的方法才能把其中的一部分从整理出抽取出来进行表达。其次是由于事物的本质是流动的，但是人们用以表达事物的概念都是非连续的、有条件的，所以人们在表达真理的时候肯定是歪曲了真理的本来面目。所以思维和存在之间是异质的。

涂尔干认为，把事物从各方面分离出来并不会损害事物，因为人们所做的是依据事物的自然属性。再者，如果概念是独特的，那么它是能够表达实在的，因为这种区分不是单纯心理上的区分。所以思维与存在并不是异质的。

“我们应该给真理再加上点什么，真理在作为社会和人类事物的同时，也是活生生的事物。真理与生命交织在一起，因为真理是更高的生命形式，即社会生命的产物，社会生命是真理存在的条件。真理是多样的，因为生命形式是以多重和多样的形式呈现出来的。这种‘多样化’，以及实用主义所说的概念的‘雕琢’，绝不是随意的。真理是按照实在，特别是社会生活实在的模式创造出来的。”②

附录一　确定性 涂尔干认为，人们的确定性实际上是一种人类事实，确定性并不是源自于人的观念的属性，而是源自于全体人类。人们的集体性是确定性的保证。“只有当我们确定我们并不是唯一确定的时候，我们才是确

---

① 爱弥尔·涂尔干. 实用主义与社会学［M］. 渠东，译. 上海：上海人民出版社，2005：159－160.

② 爱弥尔·涂尔干. 实用主义与社会学［M］. 渠东，译. 上海：上海人民出版社，2005：168.

定的。”这种源自人类集体的属性能给个体的行动以权威感，可以引出人们的行动。

附录二　概念　所讨论的问题是概念。涂尔干认为感觉和意象所确定下来的是流动和运动的性质。而概念的对象虽然是可变的事物，但是它将这事物纳入到不变的形式之下。涂尔干认为同样文化背景的人们概念是共同的，而不是个人的。“概念不能说是我的概念，但感觉却可以说是我的感觉。”① 而共同的概念是带有历史性和集体性的。概念要依靠集体来证真，这种集体性是概念为真的根本保证。

【意义与影响】

第一，本书对实用主义的批判引起了世界范围内的广泛关注。实用主义所认为提出了的“有用即真理”的观点以其所具有的强大的实用性在世界范围内受到了广泛的认可。这使得真理由过去只是强调“客观性”转变为重视“人的主体性”。可是涂尔干在《实用主义与社会学》一书批判实月主义这种把主体与客体以及环境等所有因素的全体当作真理的方式过分地强调了主体性，而这种主体性其实是个体的主体性，无法让人们达成共识。涂尔干这一深刻的见解得到了广泛的赞同。

第二，本书开创性地从社会学视角为真理的确定性找到了依据，从社会学的角度出发研究真理。涂尔干对当时流行的实用主义的学说进行了深入研究和批判，批判了实用主义真理的不确定性的真理观，并开创性地在社会学的基础上提出了真理的确定性依赖于人的社会性的观点，这种从社会学来为真理的确定性找到依据的做法是涂尔干第一个完成的。

第三，本书是交叉学科间研究的典范。实用主义发端于哲学领域，但是并没有局限于哲学领域。它以一种思考问题的方式在各个领域广泛应用，在实用主义的扩张过程中，人们从不同的学科特点对这一具有普遍的思维方法进行了反思与研究。涂尔干就是通过对实用主义与社会学两个学科的研究之后，得出了书中的种种结论，这些结论不再只是局限于各自学科，都是通过不同的视角对原有学科的问题进行解答，成为交叉学科研究的典范。

---

① 爱弥尔·涂尔干. 实用主义与社会学 [M]. 渠东，译. 上海：上海人民出版社，2005：169.

【原著摘录】

1. **实用主义的起源 P1—13**

P2—3 与其他学说相比，实用主义更容易使我们认识到有必要改变传统的理性主义，因为它向我们揭示了这种理性主义的缺陷。

经验主义和理性主义不过是确证理性的两种不同方式。两者均以自己的方式固守着实用主义企图破坏的东西，即对真理的膜拜。两者均承认必然判断的存在，尽管他们用来解释这种必然性的方式有所不同。经验主义把这种解释建立在事物自然本性的基础上，而理性主义的基础则是理性本身，是思维的本性。然而，两者均认识到了某些真理必然的和固有的本性，与它们在这一基本点上所达成的共识相比，他们的差别是次要的。的确，逻辑判断所固有的力量，真实判断的必然性，已经遭到了实用主义的否认，实用主义认为心灵是自由的，与真理无关。

P3 实用主义也将哲学思维从新的“哲学麻木状态”中唤醒出来，因为自从它受到康德批判哲学的震荡起，就开始陷入这样的状态里。如上所述，实用主义的价值在于，它暴露了旧有的理性主义的弱点，如果这种理性主义想达到现代思想的要求，想要去理解现代科学引入的新概念。那么它就必须换一副模样。而且，问题也在于，我们必须找到一个公式，不仅要将理性主义的本质保留下来，而且还要对实用主义所提出的有价值的批判作出解答。

P7 实用主义者是行动的人，他认为事物是重要的。他并不像尼采那样，在梦里活动，也从来不像先知和空想家那样说话。他既不知道什么是痛苦，也不了解什么是焦虑。对他来说，真理就是可以实现的东西。

2. **实用主义运动 P14—27**

P19 作为方法，实用主义只是我们的内心面对问题所采取的态度和一般的倾向。在态度中，我们的注意力直接指向“后果、结果和事实”：“实用主义方法……就是通过追溯相应的实践结果去解释每一种观念。”从根本上说，皮尔斯的实用主义就是要抛弃口头上的讨论和没有用的问题，他的标志，是特别选择的问题和处理问题的办法。

实用主义的强盛，就是以往理论的失败，尤其是不完备的理性所造成的失败，不完备的理性主义必定会促使我们去寻求对真理的一种完全不同的理解。

P24 对人来说，重要的不是事物的实质，而是事物次要的属性：光、色彩、温暖等。重要的是实在给我们的用途。倘若心灵仅仅“看”到了实在，那又有什么用呢？

3. **真理与人类知识 P28－38**

P30－31　传统理性主义将思想与实存割裂开来。思想是内心中的；实存则是内心之外的。所以，这种实在形式永远无法汇合在一起。根据假设，如果把思想置于实存之外，那么割裂两者的鸿沟是永远无法逾越的。要想解决这个难题，只有一个办法，就是拒不承认实存与思想之间的鸿沟。如果思想仅仅是实在的一个要素，如果思想是实存和生活的一部分，那么也就不存在所谓“认识论的罅隙”或“危险的跳跃”。我们必须发现这两种实在是如何相互渗透的。把思想和实存与生活联系起来，就是实用主义的根本观念。

P37　根据实用主义的说法，教条概念的最终难题就是当人们接受了只存在一个真理的说法时，当人们无法理解判断和意见的多样性有其自身的依据时，人们就很有可能面临失去宽容的危险。真正宽容的人不仅认为思想的差异性必须得到尊重，认为他无权对人们的良知横加干涉，同时也能够理解观念和信仰的多样性是必然的，是与情感生活和知识生活的需求相应的。总之，如果这些差异始终存在着，那么它们就会带来好处。

4. **教条主义的批判 P39－50**

P39　(1) 如果真理是非人格的，那么真理就与人无关，是非人化的，处于我们的生活之外。(2) 如果真理对所有人来说都是一样的，那么我们就不能理解理性，因为心灵的多样性，必然会在普通的生活中产生作用。(3) 如果真理对所有人来说都是一致的，那么一致性就会变成规范，不一致性则会变成“罪恶”，“逻辑上的罪恶”会被解释为道德上的罪恶。

P43　在这个世界里，新奇的主要因素就是意识。只要意识出现，就会带来新的东西。比方说，大熊星座（the Great Bear）就是这种情况。究竟是谁让它由七颗星组成的，究竟是谁数过这七颗星？究竟是谁发现它与一种动物有某种很模糊的相似？无可否认，是人。当然，我们在这样做之前，也许这七颗星已经这样排列好了。但它们的数目和排列顺序却只是隐约不明的，或是虚设的。这里，有一个条件被忽略了，这个条件就是“数数和比较这种内心活动”。人类似乎仅仅局限于转达和发现。不过，从某种意义来说，他也会添加和创造：他创造了七这个数字，他创造了相似性。

P44　从某种意义上讲，与行动有所关联的思维创造了实在本身。

P49　实用主义的结论是：真理并不是实在的摹本。不过，为什么摹本不能像模式那样不断进化呢？为了证明这种看法，实用主义必须说明思维也不是摹本，不是永恒实在的摹本，不是任何实在的摹本。换言之，它必须证明实在与思维之间存在相当大的异质性。然而，实用主义并没有为此提供证明。

5. 概念思维的批判 P51－59

P52　概念是某种确定的、特殊的东西；它与像意象这样模糊的、易变的和混乱的表现截然不同。概念脱离于我们的经验流，其周围都是些机器狭隘的限制。在感觉的意象流中，各种意象彼此交织在一起，而概念却是彼此分离的。概念并不像意象那样，他们之间既没有联系，也没有混淆。

P54－55　所以，概念只有通过让运动暂时停顿下来，让运动固着不动，才能去表达运动。使概念与变化汇合起来的唯一方式，就是武断地规定变化停顿下来的点，因为概念所能表达的只有这些点。借助这种方式，我们获得的所有东西只能是不连续的地点和日期序列，靠这些东西我们根本不可能重构运动和变化，首先用来表达停顿或停滞的概念系列不能传达运动的东西。

6. 实用主义的次要方面 P60－70

P68　实用主义的核心问题是真理问题。

实用主义学说的三个基本论题：真理是人的真理；真理是不同的、可变的真理；真理不是既存现实的摹本。

P68－69　实用主义则以完全不同的方式来看待事物。在它看来，思维与实在是一个和同一过程的部分。感觉、观念和行动系列都完全是连续的。事实带来了紧张感，紧张感带来了观念，观念带来了行动。这种完备的连续体就是生命过程本身，思维不能与生命分离，它是生命发挥作用的方式之一。思维既非外在于事物，也不与事物对立，而属于事物。因此，实在与思维之间存在非常紧密的关系。这两者都是工具，在生活中共同发挥作用。所以，芝加哥学派用工具主义一词来阐发对实用主义的解释。休谟的经验主义把实在和心灵看成是分别属于不同层面的东西；然而在这里，整个实在都处于同样的层面上，无论事物中的心灵，还是心灵中的事物，以及两者之间的连续性，皆如此。

7. 思维与实在 P71－79

P74－75　客体是我的作为思维和表现，也是我的个人生平的要素，是一系列感觉、感受、记忆和意志行为的终点，是一系列伸向未来的“内在”活动的起点。另一方面，客体作为“事物”，也是另一种历史的一部分，是创造客体的物理活动的一部分。

P77 对唯心主义来说，思维本质上是概念，概念的基础是实在。在詹姆斯看来，情况相反：实在的基础是概念。根本就不存在两种以上同样看待事物的方式。

8. 知识作为行动工具 P80－87

P82 詹姆斯认为概念与客体不同，它扭曲了事物。

P84－85 不过，对实用主义来说，知识带领我们返回的最初状态与其说是事物、实在的表现，不如说是行动计划的表现，已经被设计好的行为的表现。在知识过程之初，受到控制的观念是有关已经完成的事物的观念，而这一过程的最后阶段，却不是对最终客体的思考（理性主义就是这种情况），而往往是行动本身。证真，就是去发现行动是否能够成功，是否能够产生客体预期的效果。真实观念的功能与其说在于更接近客体，还不如说使我们与客体建立了联系，使我们恰当地趋向于客体："所以，从功能上说，观念就是使我们更好地与客体建立联系，并发挥作用的工具。""认识……也许是与实在建立切实可行的关系的唯一方式，无论摹仿本身是否也是一种关系。"

9. 实用主义的真理标准 P88－94

P89 当我们的心中产生新观念的时候，当发生了新的事实，并给心灵留下印象的时候，如果它们不能与原来的观念和事实达成一致，就会打乱心灵的和谐。这样，新观念就不会与事物取得"一致"了；然而，它必须与作为我们内心生活的一部分的其他既定表现相一致。我们心灵已经存在的观念与习惯上的反应模式是相应的。

P89－90 所以，新的观念必须符合心灵中已经存在的观念。只有两者相一致，这种观念才能完全是真实的。因此，与外部事物取得一致并不是真理的唯一条件：内心的反响也是条件之一。

10. 建构实在与建构真理 P95－102

P95 对实用主义来说，实在是我们构造出来的。席勒认为，我们都是"实在的真正构造者"，而不是绝对意义上的"造物主"，我们没有从"无"中创造实在，而是"共同"创造了实在。

P99－100 然而，最能导致和强化心灵意志的是社会行动。一旦这种"意见的共识"确立起来，一旦人们达到了这种被詹姆斯称为"常识阶段"的"人类心灵发展过程中的平衡阶段"，社会就会把压力强加于某种知识上的一致状态。这就是衡量真理的尺度，在真理逐渐形成的过程中，社会也始终为其提供约束和保证；因为如果真理依然是个体的，就会相互冲突，行之无效。

因此我们看到，为了解释非人格真理是存在的（尽管在他们看来，这只是真理的次要属性），实用主义必须诉诸带有社会学性质的诠释。

通常说来，真理的决定性和必然性已经得到了公认。我们认为，一旦我们认识了真理，真理就通过神圣法则的必然性把自身强加给我们的心灵，我们获得真理的步骤也具有同样的性质。然而实用主义也认为，真理是善的、有用的和“令人满足的”，并不具有逻辑必然性。为了我们的需求，我们创造了真理。所以，在建构真理的过程中，我们完全是自由的。

11. 作为方法的实用主义 P103－104

P103－104 （1）实用主义所表明的态度与经验主义的态度有关，但是一种改头换面的经验主义。（2）实用主义的立场与抽象思维，或广义上的理性主义与唯智论对立。（3）实用主义反对任何形而上学的教条，所有“封闭的系统”，以及所有拒绝进一步进行考察的明确的解决方案。（4）实用主义最看重的不是首要的原则，而是实践的后果，所以，我们必须“把每个词语的实践价值挖掘出来”。换言之，我们必须从每个观念中找出“既存实在只变化方式的意涵”。

12. 实用主义与宗教 P105－114

P111 詹姆斯的意思，就是人们必须顺其自然。

P111－112 实用主义首先是一种解放意志的尝试。如果这个世界引发了我们的活动，那么我们就必然能够改变它；倘若如此，世界也必然是可变的。事物并非因为它的所是而显得重要，而是因为它们具有一定的价值。我们的行动基础乃是我们自身确立的价值等级体系。所以，行动只有在价值系统得到了实现，并能够在这个世界中得到体现的时候，才是有价值的。于是，实用主义赋予了行动的意义。

P112 实用主义列举了很多理由证明：真理绝对不成为“僵化的”真理。

13. 对实用主义的总体批判 P115－121

P115－116 一方面，他们认为根本就不存在原初的意识，意识既不是自成一类的因素，也不是真正的实在。意识不过是一种回声，是消失于哲学天堂的“灵魂”留下来的“毫无意义的噪声”。

P116 另一方面，实用主义者坚持认为，实在的思维的建构，是统觉本身。这样做，就会同唯心主义一样，为思维赋予相同的力量和属性。

什么样的感受能够体现这种学说，什么样的动机是它的基本要素。

P120 将一切抹平的实用主义，并没有认识到分别由个体经验和集体经验形成的心性之间的两重性，从而使自己很难提出这样的诠释。社会学则不同，它告诉我们，社会的东西往往比个体的东西具有更高的威望。它认为，真理同理性和道德一样，通常具有更高的价值。当然，这并不妨碍我们去解释真理。社会学视角的优势，就在于能够促使我们去分析那些令人敬畏的事物即真理。

14. **真理的变种** P122－128

P127　最重要的，与其说真理确实是什么，不如说真理必须是什么，即使没有人认识到它。实用主义企图确定的是理想的真理观念。

P127　实用主义可以把它喜欢的一切都称为“理想的真理”。所以说，实用主义方法是随意的，只能带来没有任何客观有效性的、纯粹言辞上的定义，并且与古典道德家所采用的方法很相似。实用主义也曾试图确定理想的道德观念，而这种观念与真正实践的道德完全无关。

我们将会看到，真理即有用的命题已经变成了把我们带回到功利主义的公式。实用主义理论就是逻辑功利主义。

15. **真理与有用** P129－135

P129　真理与以下方面有关：

1. 道德强制。真理脱离不开一定的道德属性。在每个时代，人们都会感觉到他们必须去追求真理。在真理中，总有某种需要尊重的东西，以及心灵觉得自己必须认同的道德力量。

2. 现实中的必然力量。实际上人们几乎不可能不承认真理。当我们的心灵感觉到一种真实的表现时，我们发觉我们不能不把它当作真实的东西接受下来。真实的观念将其自身强加给了我们。有关真理明晰性的古老理论便表现了这样的特点，从真理流溢出来的是一束不可抗拒的光。

P133　在实用主义看来，真理并不具有思辨的功能：它的所有一切都是实践的有用性。他们认为，这种思辨的功能只出现在游戏和梦里。然而，几个世纪以来，人性都离不开非实践性的真理，信仰与“行动工具”截然不同。就其本质而言，神话也没有实践的特征。

16. **思辨与实践** P136－142

P137　科学精神的本质就是科学家持有的是一种与实用主义截然不同的观点。

P140　注意力是意识的集中形式：通过这种方式唤发的意识可以使我们更好地理解意识是由哪些性质构成的。注意力是一种有机体功能的紧张状态，运动的悬垂状态，用利鲍的话说，这种状态甚至是意识的基本条件。正因如此，我们可以说，为了更深入地思考，我们必须脱离所有运动："思考就是控制……活动。"我们不可能在走路、做游戏的同时集中思考问题。

P141 因为思维与行动的条件不同。(1) 首先，思维是意识的高度集中，意识越集中，反思的范围越小。行动则相反，是突然的释放。行动意味着将自身外在化，超越自身。人不能同时既完全内在于自身，又完全外在于自身。(2) 其次，能够反思意识的思维，需要时间。表现掠过意识的速度越快，其未知部分的比重就越大。在连续阶段中，我们只能了解逐一出现的表现。要想了解表现，就要分析表现，要分析表现，就要使表现固定或固守于我们的意识中；换言之，就是让表现在一段时间内静止不动。行动则不需要这种固定性。行动所需要的恰恰相反。运动发展到什么程度，意识也会流动或运动到同样的程度。不过，假如意识确实存在，并呈现自身，意识就必须停下来，驻留片刻，将行动悬垂起来。然而反过来说，正因为我们的倾向与周围环境是协调的，所以我们的生命活动会自然而然地产生，很快地掠过，我们根本没有时间去了解它们，它们只是略微拂过意识的表面。所以，意识无法像已结束行动的行动者那样回到幕后，而会消失，因为意识没有遇到让自己存活下来的条件。同样，如果运动停下来，意识便出现了，因为必须得有某种东西去填补运动无法填补的空白，运动的悬置使意识有了可能。

于是，我们可以得出与实用主义相反的结论，思维与行动在性质上毫无相似之处。所以，当我们看到实用主义有关知识只有时间目的的说法时，才会感到非常奇怪，事实恰相反：知识的需求与实践截然不同。

17. 真理的作用 P143－148

P143 实用主义企图否认意识的这种功能，把意识看成是外部世界的一部分，它仅仅是构成这个世界的一系列运动的环节，同时也在这些运动中遗失掉自己。

P145 实用主义的主要错误，就是它否认了意识和知识的真正性质。不过，它也使我们针对真理观念应如何建构的问题进行了反思。

在人类生活中，只有集体才能延续观念和表现，所有集体表现都因其起源获得了威望，从而使它们拥有了强制性的权力。集体表现比个体表现具有更强大的心理能量。正因如此，它们才能给我们的意识提供力量。这才是真理强力的所在之处。

P148 在最后的分析中，思维创造了实在；集体表现的主要作用就是

“制造”更高级的实在，即社会本身。对真理来说，也许这是一种不可预见的作用，但正是这种作用，表明真理的存在并非单纯为了指导实践的事务。

18. **真理的不同类型** P149－153

P151　实际上，共同生活预设了共同观念，以及智识上的一致性。由于集体接受了这些观念，神话观念便不再诉诸个体的偶然了。继而，便有了客观性和必然性的特点。

P152　所有内在于神话系统中的宇宙论，彼此之间都有很大的差异，我们却可以说他们是同样真实的，因为他们对所有信仰他们的人都具有同样的功能，他们发挥了同样的社会作用。

P153　用来建构科学的方法是“辩证法”，或者说是一门将相互矛盾的人类判断与能够发现其中一致之处的观点进行比较的艺术。如果辩证法是最早的科学方法，那么它的目的就是要消除矛盾。这是因为，科学的作用就是将各种心灵转变为非人格的真理，消除矛盾和特殊主义的倾向。

19. **科学与集体意识** P154－160

P155　孔德的看法是，科学能够武装心灵，去重构共同意识。不过，单个科学却完成不了这项任务，它们太专业化了。所以我们迫切需要能够涵盖所有专门科学，综合单个科学的学科，即哲学。这里，我们很容易看到孔德的错误，他并没有看到哲学仅仅是个人的。

P156　社会学的对象比其他科学更复杂。社会学只能表达一些很不完整的假设，迄今为止，这些假设还很少对大众意识起到什么作用。

P156－157　我们从哪里才能得到行为和生活所必不可少的表现呢？只有一个答案。如果没有客观知识，社会就只能内在地了解自身，努力去表达自身的感受，并把它当作指南来使用，换言之，它必须参照构成神话真理的表现相同的表现去行动。

P158　对每个知识客体来说，都有不同的，但得到同样证明的检验它的方式。它们或许是一些局部的真理，但所有局部的真理却可以汇集成集体意识，看到各自的界线以及必需的构件。

P160　它是人类和社会的世界。真理是使事物的新秩序成为可能的手段，而这种新秩序就是文明。

20. **思维与实在是异质的吗？**P161－169

P168　我们应该给真理再加上点什么，真理在作为社会和人类事物的同时，也是活生生的事物。真理与生命交织在一起，因为真理是更高的生命形式，即社会生命的产物，社会生命是真理存在的条件。真理是多样的，因为生命形式是以多重和多样的形式呈现出来的。这种“多样化”，以及实用主义所说的概念的“雕琢”，绝不是随意的。真理是按照实在，特别是社会生活实在的模式创造出来的。

P169 所以，真理是思维的规范，同样，道德理想是行为的规范。

附录一 确定性 P170－175

P173 总之，确定性要么是实践上的，可以直接引出行为，要么是理论上的，仅仅通过表达既定事物的概念来引发行为。

P173－174 确定性并不是观念的属性，而是全体人类的产品。这不仅解释了表现与行为之间的关系，也解释了确定性变化的原因，因为它是个体的。

附录二 概念 P176－180

P178 概念是非个人的，凌驾于个体偶然之上。其实，这就是逻辑思维的特征。

P179 我们倾向于认为，倘若概念是集体的，它们就近乎是真实的。

【参考文献】

［1］威廉·詹姆斯. 实用主义［M］. 陈羽纶，孙瑞禾，译. 北京：商务印书馆，1997.

［2］张东峰. 论涂尔干社会学对实用主义的批判与超越［J］. 浙江社会科学，2006（11）.

［3］爱弥尔·涂尔干. 社会学与哲学［M］. 渠东，译. 上海：上海人民出版社，2002.

［4］爱弥尔·涂尔干. 社会分工论［M］. 渠东，译. 北京：生活·读书·新知三联书店，2000.

［5］E. 迪尔凯姆. 社会学方法的准则［M］. 狄玉明，译. 北京：商务印书馆，2009.

七、《现代社会冲突——自由政治随感》

[英] 拉尔夫·达仁道夫　著

林荣远　译

中国社会科学出版社，2000 年

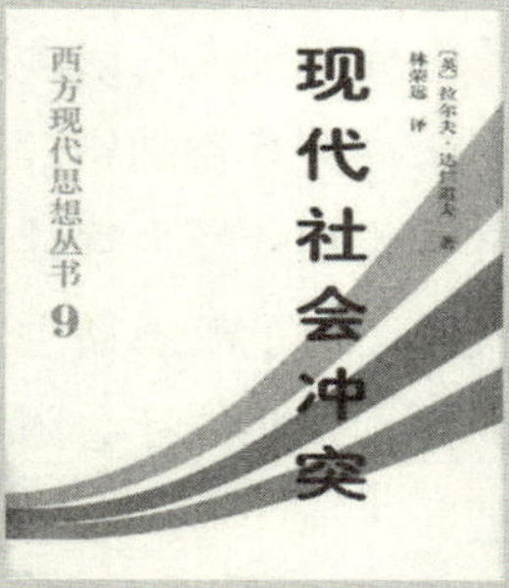

【作者简介】

拉尔夫·达仁道夫（1929—2009），生于德国汉堡，是欧洲著名的自由主义学者，社会活动家，是当今为数甚少的几位名闻欧美的社会学家之一。在纳粹德国统治时期，他曾被投入集中营。战后，他继续积极参与政治活动。他自青年时期便信奉社会民主主义，加入了德国自由民主党，曾在西方马克思主义的发源地德国法兰克福研究所工作，后在汉堡和伦敦学习并获得哲学博士学位，并先后在汉堡、蒂宾根和康斯坦茨等大学社会学专业担任教授。

达仁道夫具有丰富的政治实践经验，分别于 1968 年和 1969 年担任联邦德国巴登—符腾堡州自由民主党副主席和联邦德国议院议员，曾任外交部议会国务秘书。并于 1970—1974 年在布鲁塞尔担任欧洲共同体委员会委员，负责对外关系及教育、科学和研究方面的工作。

达仁道夫于 1974 年移居英国。之后十年一直出任伦敦经济学院院长。随后从 1987 年到 1997 年，一直担任牛津圣·安东尼学院院长。达仁道夫被英国女王授予勋爵称号。

其主要的著作：中译本《现代社会冲突——自由政治随感》（2000 年）；英文版 *Class and Class Conflict in Industrial Society*（1959 年），*Society and Democracy in Germany*（1967 年），*The New Liberty*（1974 年），*Life*

Chances：*Approaches to Social and Political Theory*（1979 年），*Reflections on the Revolution in Europe*：*In a letter intended to have been sent to a gentleman in Warsaw*（1990 年）。

【写作背景】

两次世界大战之后，世界的政治经济格局发生了显著的变化，战后经济危机出现、各国政治运动和社会运动风起云涌，尤其是冷战所带来的诸多问题极大地冲击了世界范围内的各个国家，各国的国内社会冲突日益加剧。经济的发展轨迹、政治的趋同趋异并存以及屡见不鲜的贫富差距、暴力等社会问题促使人们开始反思这些问题的根源以及解决的方式。经历了凯恩斯主义和撒切尔主义从经济发展解决问题的尝试，一些关注少数人利益的社会团体的出现，某些问题得到了缓解但又衍生出诸多新的问题。

基于这样的社会现实和理论需求，达仁道夫开始对作为社会学主流派的现代结构功能主义进行审视，在卡尔·马克思和马克斯·韦伯等思想家理论体系的基础之上，吸收了马克思关于“阶级”“阶级斗争”等理论以及韦伯关于“官僚体制”和“社会流动”的相关思想，对结构功能主义进行了批判。他从社会冲突理论出发，在应得权利和供给保持相对平衡的前提之下构建了他的世界公民社会理论，进一步充实了他的社会冲突理论，力图在资本主义社会体制的内部实现平等和自由。

【中心思想】

本书的核心思想是“演变”，他认为目前的社会冲突经历了革命时期的“质的变化”已经进入“量的变化”的阶段，指出了马克思关于阶级斗争理论的缺陷，也就是说阶级冲突不再是社会冲突的主要部分。但是他也关注到工业社会所呈现的社会冲突类型和内容与以往社会相比发生了很多变化，出现了很多新的问题，并且强调在变化的社会冲突之下，自由党人应该发挥新的作用，在资本主义社会的视角下解决好这些社会冲突。由此，他引入了“应得权利”和“供给”的理论，认为现代社会冲突无非是这二者的冲突，处理好二者内容的实现，将二者维持在一个相对平衡的关系中，做到既能提供更多的机会，又能保障更多的人分享机会，并将公民社会理论贯穿始终，作为连接应得权利和供给之间的重要桥梁。同时他呼吁人们保持“改善”之心，不断在以构建世界公民社会为目标的路上前行，达仁道夫呼吁建立非排他的世界公民社会。他认为，建立世界公民社会是一个需要时间和战略的必须开始进行的行动进程，只有在这样的社会里，所有人才能享有平等的公民权利，才能够克服特权。

本文共分为 8 章，约 18 万字。

【分章导读】

第一章 革命和生存机会 达仁道夫在这一章中主要介绍了对革命以及机会问题的理解，并通过应得权利和供给概念的引入展开了他对社会变化发展的理论框架的构建。

针对现代的两面性问题，达仁道夫首先用一种调侃的语气描述了革命的发生过程及其结果，他认为所谓的“人民政权”本身就是一种矛盾，并未实现革命之初的理想。而这种革命的错误源于对革命的错误理解，即像马克思等人的革命理论就是这种错误的根源。达仁道夫认为马克思的理论包含两方面的内容：涉及阶级斗争革命理论的社会政治部分与涉及生产力生产关系的相关内容的社会经济部分。他将马克思的错误归于对革命爆发时间点的错误理解上，“马克思认为革命的爆发总是在被压迫者的生活条件达到最低点时发生”[①]。“实际却是，大多数是在权势者一方显示出软弱迹象的时候，在发出政治革命信号的时候，革命才爆发”[②]。达仁道夫分析，马克思将生产力的变化与阶级政治革命必然一致作为所有理论构建的前提，但是从英国工业革命和法国大革命的现实来看，资产阶级也是两次革命的推动者，无论是经济的进步还是政治的推进，其力量来源既包括资产阶级也包括无产阶级，归根结底，马克思无法证明无产阶级一定代表先进生产力，他将政治结构上的变化与经济结构上的变化相混淆，没有意识到资产阶级和无产阶级现代的两面性，二者绝非一致。

随后，达仁道夫引入了“应得权利”和“供给”这两个概念。“应得权利”（entitlement）这一概念最早来源于政治经济学家阿玛蒂亚·森，它被用来描述个人与物品之间的关系，有这种关系，个人便可以合法地进入产品市场和控制产品。也就是说，人们在社会中可以合法地占有控制物品的一种能力，是由社会结构决定其水平，是进入社会的“入场券”。同时它也具有规范

① 拉尔夫·达仁道夫. 现代社会冲突：自由政治随感［M］. 林荣远，译. 北京：中国社会科学出版社，2000：12.

② 同上。

性质，既不能增长，也不能减少。只能被创造、被赋予或者被取消、被剥夺。另一个概念“供给”则意味着可供选择的东西，是在既定的行动领域里，现有的选择可能性[①]。他在数量上和多样性方面都可能发生变化。与现实的革命运动相联系，法国大革命与应得权利相对应，英国的工业革命与供给相对应，分别在公民政治权利和经济发展上取得成果。

在前文将应得权利和供给概念进行区分后，达仁道夫的目的是落脚于对于经济因素和政治因素进行区分进而把握二者的关系。经济因素和政治因素分别对应市场和国家，经济发生在市场中，是自发的过程；政治发生在国家机构里，是人为干预的进程。他们是两种不同的社会进程模式，是两种不同的观察社会的角度。而对于二者的关系，很多人有错误的理解，首先要肯定的是，二者可以结合，应得权利结构显然是经济供给增长的必要前提，供给的扩大有助于政治结构的确立[②]，但是也仅此而已，历史证明，经济发展不会必然导致政治的变革，政治改革也未必能够一定成为经济释放的推动力，政治结构的确立还要求自身的努力和发展。

达仁道夫从对“自由”概念的理解出发，引出了马克斯·韦伯关于“机会”的概念。对于任何的自由理论，生存机会的概念是非常重要的。生存机会就是选择（Optionen）和根系联结（Ligaturen）的函数，应得权利和供给的结合就是选择。选择可以推进国家中个人福利的实现，人们需要有权利进入市场、进行政治决策的参与和文化表达，同时也需要保证这些领域可以提供足够的选择机会，只有将二者结合才能进入真正文明的社会。但是要注意的是，生存机会仅部分是选择，其他部分还与坐标有关系，必须要在坐标之内进行选择。在现代社会中理解生存机会，要将公民社会（civil society）概念引入，应得权利和供给即政治和经济其本身必须在一个社会的世界中才能够存在。因此，这本书中，“公民社会”这一概念贯穿始终，成为完善和联结应得权利和供给之间的重要途径。

第二章　公民权利和社会阶级　这一章中达仁道夫表达了他对公民权利以及公民社会构建的相关看法。

达仁道夫分别讨论了不平等、统治、阶级斗争三个问题的成因及应对的

---

① 拉尔夫·达仁道夫. 现代社会冲突：自由政治随感［M］. 林荣远，译. 北京：中国社会科学出版社，2000：23.

② 拉尔夫·达仁道夫. 现代社会冲突：自由政治随感［M］. 林荣远，译. 北京：中国社会科学出版社，2000：28.

方式，达仁道夫首先阐述关于不平等的理论，他认为生存机会的分配不可能是均衡的，在任何社会中所有的人不可能都享有同等的应得权利和同等的供给，因为社会除了要协调人的不同，还要协调人的能力和利益的不同。这里既存在种类的差别也存在等级的差别。当然这种社会地位的差别，并不意味着相互之间有上下级的区别。其次，社会需要规范化的行为，实现这种规范化，除了“协议”，还需要确定特定的价值标准，运用这种价值标准对行为、任务等进行衡量，同时还需要有执行这一标准的机关，也就是通常所说的统治机关。因此，社会的存在就意味着统治的需求。当然，并不是任何形式的统治都是好的，那么是否就要从一切的统治中解放出来，沉浸在一种对生活的想象中呢？达仁道夫的回答显然是否定的，他认为重要的不是逃避统治而是驾驭统治，使得生存机会的最佳分配成为可能。再次，社会的发展是从混乱到秩序的过程，社会契约不是一成不变的，是在变化中的，而社会契约是基于社会冲突的变化而改写，要注意的是，社会冲突也是在不断变化中的，阶级冲突确实存在，但历史的发展事实证明，无论过去还是未来，阶级冲突都并不必然占统治地位。因此，社会的历史是冲突的历史，并非阶级斗争的历史。

随后，达仁道夫表达了他的关于公民权利崛起的相关观点，他认为公民权利产生于古代城邦和中世纪的独立城市，在现代的民族国家中又具有现代性。市民在民族国家中通过宪法打破了传统的封建隶属关系，使公民权利的理念得以普遍化，当然民族国家在打破旧有界限的同时也给公民权利设置了新的界限。达仁道夫在这里提到了“民主的国家”，即将公民权利作为民主，法律面前人人平等，人们都享有相同的政治权利，有平等的机会。要注意的是，这里探讨的公民权利是在其作为国家成员的前提下来进行的说明。公民的身份内容包含权利和义务两个方面，权利和义务的存在都是无条件的，但公民的身份地位能够使其在历史发展中崛起，其原因在于它的应得权利，而为在公民社会里争取充分的成员资格的斗争，成为现代社会冲突的伟大主题之一，直至世界公民社会有朝一日成为现实之时，它将仍然是伟大的主题之一①。

达仁道夫在这里介绍了 T. H. 马歇尔的相关论点，并借此表达了他对于

---

① 拉尔夫·达仁道夫. 现代社会冲突：自由政治随感［M］. 林荣远，译. 北京：中国社会科学出版社，2000：50.

“不平等”的看法。马歇尔将不平等分为两类：“质的不平等”和“量的不平等”，“质的不平等”是可以被消除的，而“量的不平等”则不可以。“质的不平等”指的是政治上的差异，“量的不平等”指的是经济上的差异。也就是说，政治上的差异现在转换为经济上的差异，这种转换需要通过现代精神本身的革命和现代世界内部的变化来实现。公民身份地位的出现改变了旧的政治结构对应得权利的限制，法治国家、民主、公民基本权利的出现，改变了政治上的差异，但是经济上的差异会导致政治权利的实现变成空洞的允诺，因此社会权利的实现变成突出问题，而改善社会权利的要求往往成为提高供给的要求，但是这里要注意的是，机会平等与结果平等之间的界限不能搞混，只要不平等仍是供给的不平等，没有扩大到应得权利上，不平等就是自由的媒介物①。

接下来，达仁道夫描述了公民社会构建的具体条件以及其与国家的关系，达仁道夫认为公民的身份地位是公民社会形成的一个要素，除此之外，公民社会的形成还需要满足以下的三个特征：要素的多样性、组织机构的自治、公民意识的形成。必须肯定的是，公民社会与专制和集权统治相对立，但是不能将其普遍化为社会与国家的关系上。国家的目的是让人们可以自己去处置自己的生活，这才是真正意义上的自由，人民需要与国家机构一起去促进生存机会的实现，所以，国家与公民社会的关系绝不应该是对立。

最后，达仁道夫提出了一个问题：是否现在是一切可能的世界中最好的世界？正如前文提到的，如果公民身份地位得以确立，基本的应得权利得以满足，仅是供给上的不平等将不会引发阶级斗争，那么，是否已经走到了历史的终点了呢？毫无疑问，尚存的很多问题说明历史是继续前进着的。达仁道夫认为，现代社会冲突应当已经凭借公民的身份地位、经济增长和公民社会，创造了一个基本架构，在这个基本架构里，几乎所有众所周知的问题都能得到把握和处理②。但是有两个例外需要提示，这些例外是与现代精神的诱惑有关，即发展生存机会带来的副作用。为了克服这些例外，达仁道夫呼吁建立非排他的世界公民社会，只有在这样的社会里，所有人才能享有平等的公民权利，才能够克服特权。他认为，建立世界公民社会是一个需要时间和

① 拉尔夫·达仁道夫. 现代社会冲突：自由政治随感［M］. 林荣远，译. 北京：中国社会科学出版社，2000：56.

② 拉尔夫·达仁道夫. 现代社会冲突：自由政治随感［M］. 林荣远，译. 北京：中国社会科学出版社，2000：64.

战略行动的进程，是我们现在必须开始的进程。

第三章　工业社会的政治　达仁道夫在这一章中通过对韦伯理论的介绍，揭示了他对工业社会现代政治的相关看法。

达仁道夫认为，审视公民权利进步的历史可以得出以下结论：应得权利的发展是跳跃式的，同时这种发展趋势总体上是进步的。因此可以发现，应得权利的发展有别于供给的曲线发展进程，也就是说，二者不是简单的平行关系。那么就产生了一个问题：推动公民权利进步的动力来源于哪？达仁道夫认为，原因之一：战争政策，无论是意识形态的原因还是“社团主义的偏好”所致，各国的历史均能够证明，战争政策可以导致公民权利上的变革。原因之二：对社会冲突压力的妥协。变革的历史提出了另一个问题，即精英论和阶级论之间的关系。达仁道夫的观点是，它们之间的作用是相互的，不能仅关注其中之一而忽略另一方面的影响。

达仁道夫在这里介绍了韦伯的相关理论，用达仁道夫自己的话说，韦伯在他的“万神庙”中有着一席之地。达仁道夫评价韦伯为将科学与政治、理论与实践相结合的战略性的改革家，而且由于它的国籍、身份决定了韦伯在对于现代政治进行思考时有着深刻的“官僚体制”烙印，也就是说，韦伯的兴趣主要在于对政治和政治机构进行思考，因此，达仁道夫将其描绘为两个问题——民主的问题和领导的问题。对于民主，韦伯认为，通过两个进程可以构成人们称之为民主的东西。其中一个在于把人民的意见和利益纳入政治体制，另一个在于监督统治者们和他们的行政机构①。现代的议会、公民投票和公民表决等宪法工具都可以保证民主的实现。相对于民主，韦伯对机构或者说领导问题更为看重，他更多地论述关于领袖的问题。他认为作为领袖的政治家应当具备热情、责任感和目测力，能够给予国家发展以方向意识。达仁道夫并未对韦伯的领袖论给予任何有情绪色彩的评价，但他承认的一点正如韦伯所说，现代政治问题并未消失，问题在于如何将民主和革新相结合，如何在不进行革命的前提下发展演变？能够回答这一问题的便是自由的宪法。

关于混合宪法或者现实存在的自由这个问题，达仁道夫以美国宪法和民主发展状况为出发点，分别考察了美国、英国、德国和法国，进而展开了对现代政治之路的探讨。他认为美国的公民权利有两方面的特点：一是公民权

---

① 拉尔夫·达仁道夫. 现代社会冲突：自由政治随感［M］. 林荣远，译. 北京：中国社会科学出版社，2000：79.

利仅是一种资格限制，与获得资格后所享有的权利内容无关；二是开放的边界，即经济增长。美国人在基本的公民权利与无限制的供给之间似乎达到了一种平衡，因此，在美国争取生存机会与政治之间的关系并不突出；与之相反的是英国，公民权利的获取与经济发展的关系并未得到重视。英国政治的特征反映着英国社会的一种，其核心是静态的社会经济的形态①。无论是英国也好美国也好，二者共同的特点在于不同内容的混合宪法发挥了重要作用。与前述的两个国家相反，德国的失败的经验教训说明，没有公民的应得权利只追寻经济增长会导致现代政治的失败。总之，不同的国家找到通往自由的不同道路……现实的自由总是不规则的……现代政治所得出的结论是：要颂扬混合得好的宪法②。

第四章　极权主义的诱惑　这一章达仁道夫介绍了集权专制国家的相应情况。

达仁道夫认为革命幻想的覆灭是由于马克思等人的思想没有与现实相结合，这种与乌托邦的想象相结合的思想注定会成为奢望，很多马克思主义者认为无产阶级会通过革命消灭阶级及阶级社会成立一个联合体，“无产阶级”这个概念是通往乌托邦的具体路径，但是，达仁道夫指出现实绝不是如此，无产阶级的革命并未创造新世界，无产阶级的理论就是“知识分子一种家长统治式的欺骗”。工人阶级组织的变革实质上仅意味着对公民权利的追求。一方面，一些理论家对劳动者的实际态度知之甚少，现实中的工人运动和社会主义政党也让人甚为失望，工人运动俨然已经成为一般政治进程的一部分；另一方面，战争中和战争后在一定程度上实现了再分配，随着工业进步和经济的发展，新的中产阶级已经产生；同时，无产阶级专政的建立和社会主义阵营的分裂导致“无产阶级”理论更加让人怀疑，因此，达仁道夫得出结论：无产阶级已经消失。

关于极权主义，达仁道夫认为极权主义是理性统治进步中的例外，是自由宪法进步中的例外。现实中的希特勒和斯大林，他们创立的极权国家的共同点就是通过动员来对国家进行全面的控制。虽然极权主义意识形态根源于18世纪或者更早的时代，但是到了两次世界大战时期，它在政治上则具有了

① 拉尔夫·达仁道夫. 现代社会冲突：自由政治随感［M］. 林荣远，译. 北京：中国社会科学出版社，2000：89-90.

② 拉尔夫·达仁道夫. 现代社会冲突：自由政治随感［M］. 林荣远，译. 北京：中国社会科学出版社，2000：96.

传染性，具体体现为以下两种特点：第一，社会结构发生变化，社会表现为个体的原子化和孤立化；第二，极权主义表现为不完善的现代精神、知识分子的背叛和领袖花言巧语的混合。极权社会处于公民社会和传统社会的矛盾之中，这种矛盾又是不可调和的，它“并非是一种有生命力的国家形式”，所以，必然不会持久，必将走向终结。

达仁道夫指出，在珍妮·科克帕特里克的一篇文章《各种独裁制度和简单的尺度》中，珍妮认为，世界上民主国家极少，英国和美国算是民主国家的例子。除此之外，世界上还存在着很多非民主的国家，是“假专制或者准极权的”。一项增加（经济的）供给的自觉政策与同样自觉的、限制多数人的公民权利的行为相结合[①]。这样的国家比民主封闭一些，比极权开放一些，是一种中间样态，是一种不稳定的状态。达仁道夫认为对现代政治而言，虽然很多国家跨越了现代精神的门槛，但是依然面临着危险，这一危险来源于现代政治的基本要素构成的危险性。现代政治的基本要素包括领导、公民参与和行政管理。其中官僚体制的危险最为严重，他把1989年之后的苏联、中国以及东欧等国都归为官僚统治阶层全面控制下的非民主国家。因此，面对如此多样态的专政，不能用简单的尺度对待他们，应该以一种开放的自由的态度面对他们，既要帮助非民主的社会又要尊重其自身特性，正像之前曾经论述的自由混合宪法一样，对于民主国家而言，世界范围内宪法的实现既是权利更是一种义务。

第五章　30年光辉的岁月　达仁道夫在这一章中指出社会冲突所呈现的多样化样态。作者借助雷蒙·阿隆经历的岁月，力图说明二战之后世界所经历的变化及对这种变化的思考。二战后时代的典型特征是经济扩张，很多学者着眼于分析经济增长与不平等之间的关系。比起U型观点，达仁道夫更倾向于认为二者关系的发展是Z字形，也就是说，经济增长的前提必然是公民基本权利的存在，而公民权利的发展能够与极大的不平等并存。增长本身并不带来“更好的”分配，即并不带来更公平的或更公正的分配[②]。但是，这种不公平是否需要从政治上解决，或者是否必然会引发政治革命呢？达仁道夫认为，从目前的现实来看，这是一种可容忍的现象，用之前分析过的马歇尔

① 拉尔夫·达仁道夫．现代社会冲突：自由政治随感［M］．林荣远，译．北京：中国社会科学出版社，2000：119．

② 拉尔夫·达仁道夫．现代社会冲突：自由政治随感［M］．林荣远，译．北京：中国社会科学出版社，2000：131．

的观点，这是一种“量的冲突”，不会导致“质的变化”。

关于社会主义和现实的多样性问题，达仁道夫主要想说明社会主义和资本主义并不是一个标准下的平等的两种样态，因此，不会走向趋同。他认为，持趋同论的学者，诸如雷蒙·阿隆，他们的错误在于：第一，将“社会主义化”的东西与社会主义相混淆，西方国家与社会主义国家的经济和社会结构的差别是不能忽略的；第二，将社会民主主义与现实的社会主义相混淆，社会民主主义是在承认经济政治多样化的前提下，通过改革扩大公民权利，而现实的社会主义则绝非如此，在这样的国家中，政治上的稳定性是第一位的，即使有经济发展的需要和渴望，但是也必须服务于政治上的必要性，因此，这样的国家不可能产生开放的、自由的现代经济，应得权利和供给必然都将遭到危害；第三，认为和平秩序的实现必须依赖于制度的趋同，但是现实的欧洲合作关系的经验说明和平与制度趋异是可相容的。总之，达仁道夫认为趋同思想不可取，在这个开放的社会里，现实的多样性是社会的一部分，它们之间的矛盾就是现代社会冲突的一部分。

随后达仁道夫指出，目前传统的阶级斗争已经退位，取而代之的是一种新的民主的阶级斗争，冲突的解决不再是诉诸暴力，而是通过党派、选举、议会等组织机构在宪法制度之内实现。这种阶级斗争的制度化也引发了其他的副作用，比如说，对立关系制度化的人会结成“卡特尔”将不属于它的人排除在外，成为“真正的牺牲者”。还有就是社团主义的发展会使得利益被瓜分，冲突被妥协，带来僵化的风险。但是这种副作用改变不了可囊括社会大多数人的新的团结——多数派阶级的产生，可以在不改变现存社会结构的前提下，实现自己的生活意图。

最后达仁道夫回顾了 1968 年的美国和欧洲，对于始发于大学而席卷了整个社会的改革运动进行了分析，认为战后量的或者说经济的进程逐渐成为主宰，人们对于权利的要求越来越高，达仁道夫将这次运动称为“公民权利的最后一次大扩展”，人们将“平等协作精神”“个人是社会化产物”等时代精神贯彻到各个领域，这象征着社会民主主义的胜利，同时也表明了它的终结时代的到来。1968 年以后出现的变化，已经改变了现代社会冲突的场景和题材①。

① 拉尔夫·达仁道夫. 现代社会冲突：自由政治随感［M］. 林荣远，译. 北京：中国社会科学出版社，2000：153.

第六章　增长的极限　这一章作者针对是否已到增长极限问题进行分析，并对几个错误的理念进行了驳斥。达仁道夫认为，由于战争、经济危机和帝国主义的强权使得世界的各个部分相互之间紧密关联，形成一种有组织的国际关系，虽然这种关系的效能有限，但是却使得其成员获得了秩序和补益。但是，随着美国1971年8月15日单方废除战后时代的货币和贸易秩序，以及之后对国际组织和国际协定一系列的消极行为，世界秩序已经支离破碎，国际的事务由权力决定，人们只关注自己的利益，对他人的利益失于关切。但是，无论是经济上对于新的市场活动所需的新规则的迫切，还是军事上对于核能控制稳定性的担忧，或者是生态环境问题的紧迫，都需要世界范围的秩序的建立，这种无序的世界给应得权利以及供给的增长都带来冲击，引发了新一轮的世界危机。

进入20世纪70年代，一系列的社会问题尤其是经济发展的困境出现，引发了人们对经济增长的争论。有的学者引用“极限”来说明问题，认为世界已经到了增长的极限。还有学者用“周期”“集体行动逻辑”来解释经济增长的原因，虽然这些学说并未能直接解决经济发展的困境，但是却表现出人们对于这一问题的思考并不仅局限于对经济发展本身的思考，而且包含了对其他问题的反思。70年代危机过后，人们开始正视经济增长问题，并不将其作为解决一切问题的灵丹妙药，但是同时也引发了一系列问题。达仁道夫认为，这种变迁的破坏性方面，比其他的建设性对立面更加引人注目①。

达仁道夫从对德国公务人员人数剧增的事实出发来分析这种现象的原因，进而引发了对国家职能的思考。达仁道夫认为公务人员人数的增加一方面来源于1968年改革尤其是高等教育改革的后遗症，另一方面来源于多数派阶级的偏好和信念。这种公务人员数量的增加某种程度上是社会国家运行的需要，但同时引发了一系列的社会问题——人们实际收入的问题、官僚体制的异化问题、公共服务的效果问题等，个人的问题被格式化，“一种公正的体制变成一种不公正的现实”②。国家职能的转变是否必要，国家能否承担庞大的职能，如何给国家重新定位，这些问题都值得思考。

很多学者认为，从事服务业的人数超过了工业和农业的人数，社会进入

---

① 拉尔夫·达仁道夫. 现代社会冲突：自由政治随感［M］. 林荣远，译. 北京：中国社会科学出版社，2000：167.

② 拉尔夫·达仁道夫. 现代社会冲突：自由政治随感［M］. 林荣远，译. 北京：中国社会科学出版社，2000：171.

了“后工业社会”。而文化取向的转变却与社会结构的转变走在了完全相反的方向，“经济还建立在效益和合理性的基础之上……文化已经变成为基本上享乐主义的”①。同时，还包含着向“后物质实利主义”的价值转变，即追求生活的质量。达仁道夫觉得，评价社会发展的转折点要特别谨慎，近几十年经济的增长和社会的发展如之前所述处在漫无头绪之中，人们的各种结论必然会带有个人的倾向，但无论如何，社会发展不会倒退到社会民主主义中去，必须以重新确定公民权利、生存机会和自由为内容，筹划未来发展之路。

第七章　阶级斗争之后　作者在这一章指出阶级斗争之后所面临的一系列社会问题，并指出正视问题才是解决问题的关键。达仁道夫指出，20 世纪 80 年代，必须关注一个突出的问题——经济的高增长与失业率居高不下之间的矛盾，并且考察它能否成为决定未来冲突的新的社会问题。这一时代是“赌赛资本主义”的时代，随着技术的发展，“劳动的本质和作用发生了深刻的变化，这些变化给个人生活和社会结构打下了深深的烙印，劳动不再是对社会问题的公开回答，而是本身成为新的社会问题的一部分”②。从就业水平来看，失业并未触动社会经济的核心，但是作为应得权利问题，劳动与公民身份地位的关系问题依然引发了世界范围的辩论。这个辩论具有现实性，但却很难引发失业者和各国可预见的冲突。

前一部分的内容主要围绕欧洲国家的失业问题进行介绍，这一部分的内容却是从美国的失业问题展开，揭示了在美国，失业问题呈现了与欧洲不同的特点，即通过以实际工资水平下降为代价换取更多的工作岗位，也就是说，在美国存在很多有工作的穷人。而且，在美国形成了一个特殊的阶层——“下层阶层”，引起了广泛的关注。达仁道夫认为，这是一种社会范畴的排除在应得权利界限之外的“少数群体”，传统的社会救济与劳动相结合的解决办法在这一群体身上并不灵验，主要原因在于它所具有的强烈的“集中效应”，只有将微观过程的感化和激励与广义的政治进程相结合，才能解决这一应得权利问题。

如果说对于下层阶级的描述是对属性纵向向下划界的话，那么种族和民族的问题就是横向向侧面划界。下层阶级是丧失了原有的应得权利，而种族

---

① 拉尔夫·达仁道夫. 现代社会冲突：自由政治随感［M］. 林荣远，译. 北京：中国社会科学出版社，2000：177.

② 拉尔夫·达仁道夫. 现代社会冲突：自由政治随感［M］. 林荣远，译. 北京：中国社会科学出版社，2000：185.

和民族歧视则是一开始就被拒绝在应得权利之外。虽然这一时期，这种歧视问题得到改善，但是公民权利的赋予并不意味着政治充分参与的实现。无论对于多数派而言，还是对于少数派，人们更倾向于设置各自的边界，要求"分开，但是平等"的模式，也就是说，公民社会面临着支离破碎。同时，原教旨主义、民族主义的兴起更加深了分离主义的倾向。在达仁道夫看来这就是公民社会的倒退，同时滋生了恐怖主义和内战等新的冲突危险。因此，达仁道夫主张，公民身份地位的实现并不是追求机会平等而是创造机会，在应得权力的范围内使得不平等变得可容忍，必须将世界公民社会作为我们发展的目标，这是迈向文明的唯一道路。

达仁道夫认为，目前现实的冲突不是传统意义的阶级冲突，其原因在于：第一，目前多数派的规模实在庞大，具有压倒性的优势；第二，社会冲突的个体化，即人们自力更生去解决冲突成为主导方式。但是又如何理解现实社会中存在的那些"情景冲突"呢？达仁道夫通过分析指出，下层阶级的文化和中产阶层的对立文化的奇怪的趋同……不去关心官方社会的准则和价值，已经成为广泛传播的习惯[①]。这种习惯被有些学者称为"失范"，即无序、怀疑、无把握的代名词。在达仁道夫看来，"失范"的状态值得重视，但无须太过悲观地将少数派与多数派的冲突划入阶级斗争的范围之中，"一个社会准备接受一个没有真正加入它的群体的持久的存在，这个社会本身就会有问题"[②]。总之，目前社会处于"失范"的状态中，我们要正视它，正确定位它，并警惕它所带来的专制的风险。

第八章　一种新的社会契约　这一章达仁道夫针对 20 世纪 90 年代的欧洲提出了他对社会发展的设想。达仁道夫从欧洲东部和西部两个方面总结了欧洲的情势，在西部欧洲经济合作与发展组织成员国以社会民主主义作为主导，进行了一些尝试，包括撒切尔主义和绿党的活动，但是基本上呈现从供给项应得权利过渡的社会结构，但是多数派自信丧失日趋明显，保护主义倾向日趋严重。而东部的欧洲，在 1989 年革命后走向分裂，开始向社会民主主义世界靠拢，同时追求应得权利和供给的增长。面对如此境况的欧洲，达仁道夫开始思考，如何能够实现真正的自由，如何能够满足应得权利结构的确

---

① 拉尔夫·达仁道夫. 现代社会冲突：自由政治随感［M］. 林荣远，译. 北京：中国社会科学出版社，2000：209.

② 拉尔夫·达仁道夫. 现代社会冲突：自由政治随感［M］. 林荣远，译. 北京：中国社会科学出版社，2000：212.

立、供给的增长和公民社会的形成这三个要素。他认为需要一个总体性的、有组织的框架，一个既能保障应得权利又能满足供给多样性的共同体，但在此之前应该首先确立一个自由取向的政治理论的思想框架，这样欧洲乃至整个世界才不会走向倒退或者迷惘。

达仁道夫期待能够产生一个激进自由党，这种党派的核心是“企图用一种最大限度的无计划现实来填充一种最小规模的宪制构成结构，即在一种简明而有效的国家宪法之内，建立一种富裕的和多姿多彩的公民社会”①。他认为应该有这样几个问题需要提上自由党的议程：第一，关于政治制度问题，即宪法政治的原则性问题，这里需要贯彻错误代价最小化原则，并通过机构的设置和政治文化道德的规范来保证其实现。第二，应得权利问题，一方面保障公民基本权利的实现，另一方面形成一个异质性的多样化的共同体，即政治、公民社会和公民权利的有效混合体。第三，机构建设任务问题，制度自由主义首先表示一种机构改革的态度和进行最优规范思想的实现的意图。总之，新的社会契约的核心，即制度建设的目的在于首先确认规则的基本组成并保证其不受政治变动的影响，其次是为结社的实现创造空间。

达仁道夫通过对年轻人演讲的方式，表达了一些期望。他认为年轻人应该有所作为，创造一种生活，去做让自己开心、对别人重要的有意义的事情。接着他描绘了一幅美好的画面，自由联合而逐渐形成一些社会组织和团体，成立自治机构，最终建立公民社会。当然他指出，为了保障选择可能性的提供，要以自由的社会为前提，因此又回到了起点，需要有觉醒的公民来捍卫自由。

在这里达仁道夫提到了“被忽视的地方的人们”，他们是指第三世界、第二世界里的后共产主义国家和第一世界国家里的少数派，他将所有人实现自由的公民社会作为目标。他认为发展世界公民社会是实现这一目标有意义及必然的途径。而通往世界公民社会要经过三条重要的路径：第一，真正意义上的“法”；第二，既能保障应得权利又能提供供给的国际组织；第三，公民社会，特别是带有私人性质的组织。

最后达仁道夫又回到了本书的主题：战略性变化的前提下如何演变，核心还是在于强调应得权利和供给的关系和实现，即“同时提供更多的机会，

---

① 拉尔夫·达仁道夫. 现代社会冲突：自由政治随感［M］. 林荣远，译. 北京：中国社会科学出版社，2000：226.

又让更多的人分享机会”[①]。达仁道夫要传达一种观念，应得权利和供给的实现与增加仅是生活的条件，最重要的是要时刻保持“改善”的热情，这样我们的社会就必将是美好的。

【意义与影响】

《现代社会冲突——自由政治随感》一书在拉尔夫·达仁道夫政治社会学思想的发展历程中占据着重要的位置，在世界范围内影响很大。1988 年，此书的英文版问世，1991 年，德文版出版，2000 年本书被翻译成中文在中国出版。本书与他的早期代表性专著《工业社会的阶级和阶级冲突》一起，构成了其社会冲突理论的基本架构。

首先，该书以世界范围内的政治经济格局的新变化为线索，揭示了新背景下冲突所体现的新特点。达仁道夫像许多社会学家一样，致力于寻找实现真正平等和自由的路径，他关于结构功能主义的反思，对结构功能主义大师帕森斯的理论造成了巨大的冲击。

其次，拉尔夫·达仁道夫作为现代西方社会学界冲突理论的重要学者之一，其社会冲突理论自 20 世纪六七十年代以来已经引起了广泛的关注，乔纳森·特纳称颂他为“不是本世纪中期第一个冲突理论家，但他很快成为最有影响的冲突理论家。他声名远扬，首先是因为对帕森斯功能主义的攻击，其次是因为他对马克思的再分析，并使之与韦伯和齐美尔的条件与限定结合起来”。社会学家 S. M. 李普塞特评价其为“改变现代社会学领域方向最重要的尝试之一……是对社会理论的一个重大贡献”。《政治科学季刊》（*Political Science Quarterly*）称其为“马克思以来关于阶级这个论题的丰富多彩、错综复杂的探索中的最富于独创性的尝试之一”。本书与 1990 年发表的《欧洲革命之观察》一书一起，标志着达仁道夫将政治社会学视角的理论建构和实证分析相结合的研究方法走向成熟。

最后，尽管达仁道夫的思想在不同阶段关注的内容有所不同，但无论是从社会学视角对功能主义和马克思主义的批判，还是从政治社会学视角对国家政治实践的深入探究，冲突是发展的动力是他所一贯坚持的。达仁道夫以其跨越社会学与政治学的独树一帜的研究方法和深邃的思想在西方学术界在

① 拉尔夫·达仁道夫. 现代社会冲突：自由政治随感 [M]. 林荣远，译. 北京：中国社会科学出版社，2000：257.

西方学界引起了巨大的反响。他的反对静态地维护秩序，要求积极推进现实变革的激进主张，使得西方学界将他称为“激进的自由主义者”甚至是“温和的社会主义者”。

【原著摘录】

第一章　革命和生存机会 P8－37

P14　第一种形式可以称为社会的革命，第二种形式可以称为政治的革命。在这个意义上，工业革命是社会性的，法国的革命则是政治性的。

P15　倘若人们更详细地了解在英国和法国发生的事件，那么，推动力量的两面性证明并非是一种唯一形象的两面性，而是两种形象的两面性。

P16　依我之见……社会中存在着一些政治的力量，而且也存在着社会和经济结构的一些结构性变化。无疑，两者之间存在着关系。但是，这些关系的存在不是一劳永逸的，它们因时因地而变化，只有在极罕见的时刻，它们才会导致马克思所普遍要求的完全一致。

P23　工业革命首先是一场供给革命。它最终导致国民财富的巨大增长。另一方面，法国革命是一种应得权利的革命。它最终确立了人权和公民权进步取得的一个新的阶段。

P24　在这里，政治和经济是按广义的、非技术性的意义来理解的。区别在于，政治的进程是建立在人的干预之上的，而经济的进程则是按自然生长过程进行的。政治发生在机构里，经济发生在市场上。这既不排除无计划的政治冲突，也不排除经济发展的有意识支持。实际上，这种区别的要害之处在于重新把政治和经济放到一起，即确定它们的关系。然而，这里涉及的是社会进程的两种形式，也是观察社会的两种角度。

P31　现在可以讲得更明确一些：选择就是应得权利和供给的特定结合。

P31　生存机会仅仅部分是选择；其另一部分与坐标有关系，在坐标之内选择才有意义。

第二章　公民权利和社会阶级 P38－67

P39　社会就意味着统治，而统治就意味着不平等。

P40　“一切权力都使人腐败，绝对的权力绝对使人腐败。”这恰恰就是使得公民权利成为现代的关键概念之要点。

P41　社会契约是由于社会的冲突而重新改写的。无论如何，社会冲突提供了改写部分的条文内容和改写的力量。

P50 因此，公民的身份地位在历史舞台的崛起发挥了一种极富爆炸性的作用。其原因肯定不在于与这种身份地位结合在一起的各种义务上，而是在于它的应得权利上。为自己争得了这些参与权利的一些群体，很快就显示出一种保卫这些权利的倾向，即作为公民躲进城堡里，像刺猬似地卷缩起来。另一些群体则提出它们的要求，而且有时甚至还在城堡里找到代言人。为在公民社会里争取充分的成员资格的斗争，成为现代社会冲突的伟大主题之一，直至世界公民社会有朝一日成为现实之时，它将仍然是伟大的主题之一。

P51 现代的社会变迁使得不平等的各种形式和由它们产生的冲突发生变化。过去的质的、政治的差异，现在变成为人与人之间的量的、经济的差异。这是分两个阶段实现的，即通过现代精神本身的革命和通过现代世界内部的变化。

P58－60 作为自由的媒介物的公民社会，有其专有的特征，在这里应该强调其中的三个特征。

公民社会的第一个重要的特征是它的要素的多样性。……

公民社会的第二个重要特征是很多组织和机构的自治。……

公民社会的第三个重要的特征与人的行为举止有关系。……

反过来，这就是说，公民社会也许是唯一有效反对专制和极权统治的源泉。

P64 美国作者弗朗西斯·福山（Francis Fukuyama）言简意赅地把它概括为："历史的终结。"大的斗争一去不复返了；斗争的激情和干劲"现在被经济的计算、对技术问题的无穷无尽的求解、环境问题和对胃口被吊得高高的消费愿望的满足所取代"。

第三章 工业社会的政治 P68－96

P68 愈来愈新的应得权利的发展总是跳跃式的。它不是一个循序渐进的逐步过程，而是往往分为很大的阶段。

P70 从这两方面角度看，应得权利的历史有别于供给的历史，尤其是有别于产品和劳务的供给的历史。

P78 马克斯·韦伯向我们指出，包括社会阶级在内的、有关决定着演变的能量和方向的社会力量的模型和有关把他们的利益与眼下的要求协调起来的精英的模型，太过于简单。

P85 如果一方想限制人民的权力，另一方却想扩大它，那么，阶级斗争就容易采取暴力的形式，正如它在美国的历史上一再采取的形式那样。

P89－90　英国政治的特征并非程序规则的结果，而是具有更为深刻的根源。它反映着英国社会的一种其核心是静态的社会经济的形态。社会形态往往被描写为一种阶级体系；不过，如果阶级能解释政治冲突的社会的动力，那么在英国情况则有所不同。

P93　德国提供着第一个自上而下的工业化的重要范例，如果愿意，可以说它是专制的工业化的重要范例。工业化的推动力量既不是建立在公民权利基础上的自由的劳动契约，也不是在市场上发挥作用的、有革新精神的企业家，而是封建领主——臭名昭著的家族领主——及其臣仆的顺从。

第四章　极权主义的诱惑 P97－123

P100　很多知识分子沉溺于革命的幻想。在第二次三十年战争期间，知识分子起过重要的作用，因此，在谈论这段历史时也将经常谈到他们。工人运动的某些领袖或者本身是知识分子，或者他们对伟大的幻想着了魔，入了迷。统治力量的畏惧反映了他们的过分奢望。

P107　想解释极权主义并非易事。它是从传统的统治向理性的统治进步的画面中脱落下来的，是从专制主义向自由的宪法进步的画面中脱落下来的。

P123　开放的、自由的社会能够同时既帮助其他的社会，又尊重它们的自身特点。这就是在极权主义时代结束之际突然闪亮起来的希望之一。

第五章　30 年光辉的岁月 P124－153

P129　在今天的经济合作与发展组织的各国里，发生了两件事情。第一件是，公民身份地位的病毒在某种程度上正在蔓延。公民权利的这种扩大是前几章的主题。第二个进程在于供给的增长。因此，在越来越开放的社会里，有着越来越多的东西可供分配。

P139　如果在现实社会里解决现实的问题，要求扩大应得权利，以便拓展人的生存机会，那么，就应该扩大应得权利；另一方面，如果必须扩大供给，那么，为此就必须创造条件。关键是要有些机构，它们许可做在某种既定的情势里认为必要的事情，而倘若多数人不再想要了，它们又许可放弃不干。至关重要的是开放社会。

P144　民主的阶级斗争的基础就是组织，方法就是意见一致。人们不是作为单一的个人行动的——在这方面，民主的经济理论也是不够充分的，而是作为多种形式的政党、工会、社团的成员参加行动的。斗争是由这些团体开展的；然而在实际上，这并不是斗争。毋宁说，这是一种某些组织多层重叠在一起的卡特尔。这些组织不断发展新的程序，把它们的特殊利益纳入政治进程。

P153 1968年象征着社会民主主义的胜利，然而同时表明是结束的开始。

第六章 增长的极限 P154－181

P160 然而，战后秩序的支离破碎也冲击了生存机会的供给方面。在国际关系中，总是首先涉及经济的供给。布雷顿森林会议和哈瓦那回合谈判的结果，即国际货币基金组织、世界银行和关贸总协定，对于战后时代的经济奇迹，做出了它们的贡献。因此，国际经济机构和货币机构的软弱，其结果是损害着增长的机会。美国1971年8月15日开始推行的多元主义，到头来既未能报效于它的发起者，也未能服务于任何其他的人。毋宁说，它引发了10年的危机。

P164 70年代关于经济增长辩论的核心并不太具有戏剧性，然而同样值得注意。它有两个主要特征。一个在于问题的提出令人眼花缭乱，含混不清；一些人怀疑，从根本上讲，进一步的经济增长是否还能够达到，另一部分人则怀疑，这样的增长是否是值得希望的。第二个特征在于提供非经济学的办法来解决经济学问题的奇特的倾向。

P174－175 对于好些人来说，对这一切问题，有一个简单的回答。它就是：少一些国家干预。然而，即使这种趋势转折的追随者们，当他们有机会这样做的时候，他们自己也未曾去实践这种转变。……因此，漫无头绪起初曾经是（而且也许现在还是）日常的主题。庞大国家还将会以这种或那种方式伴随我们一阵子，虽然公民社会及其固有的人的活动的中心可能日益重要，使国家的任务重新减缩为定定基调和作为仲裁法官发挥作用。在国家充当守夜人和施主之后，要给国家取一个名字并非轻而易举。

P176 丹尼尔·贝尔提出了“后工业社会”的概念，他首先感兴趣的完全是在就业结构的变化上。现代的社会逐渐疏远货物生产，新生的进步力量在同等程度上出现了。这些新生力量首先与知识与信息有关。而且，这些力量及其科学基础已经经过了试错阶段，并且达到了一种标准化、系统化的程度。

第七章 阶级斗争之后 P182－212

P185 劳动是工业世界的普遍的主题。一些重要的作者很久以来就认识到这种情况。他们也发现了一种荒谬现象。现代社会是一些劳动社会，是围绕着劳动伦理和职业角色构建的，但是，它们也被一种幻景推动并向前发展，甚至可能是被一种日益变为现实的没有劳动的世界的前景推动向前。

P192 因此，持续长久的失业就提出应得权利问题。只要通往市场的进入通道，因而也是通往供给的进入通道仍然取决于就业，那么，失业就意味着这条进入通道仍然被阻塞着。哪怕失业救济金和失业补助保护人们不受极端贫困化之苦，情况也还是如此。在欧洲，已经开始了关于劳动和公民身份地位日益分开的辩论；有些作者和政治家，把从劳动中解放出来视为在通往解放道路的必要一步。

P196 “下层阶级这个词描绘着一种我们必须解决的、现实的和新的社会状况。这是一种用阶级的概念恰如其分描绘出来的状况。”……种种现象表明，被描写为下层阶级的社会范畴与社会的其余部分是由一些界线分割开的，人们必须把这些界线称为应得权利界线。

P203 我仅仅认为，它们当中有许多在一方面是共同的，即同围绕着公民的身份地位和生存机会的现代社会冲突有着直接的关系。它们以一种被错误理解的自决权的名义，主张民族的、宗教的、文化的自治，对公民权利的促使文明化的力量进行攻击，甚至是以少数的要求的名义进行攻击。

P209 不去关心官方社会的准则和价值，这已经成为广泛传播的习惯。这种习惯也许是20世纪经济合作与发展组织各国社会的最重要的、单一的特征。而且，它有一个名称，即“失范”。

第八章 一种新的社会契约 P213－258

P221 这就是90年代初期西欧，即在欧洲的经济合作与发展组织成员国的景象：一种占统治地位的、社会民主主义的基本气氛，大多数的政治党派代表着这种基本气氛；有些插曲性的尝试，企图通过革新和企业家精神，或者通过基层民主和替代性的生活方式摆脱大的意见一致；从80年代占主导的以供给为取向平缓地转向一种更加强烈地意识到为所有的公民争取应得权利。

P226 自由党人日程上的各种问题就产生于这种意图。这是一些政治制度问题……应得权利问题……机构建设问题……以及世界秩序的种种问题。

P236 做一些事情，就是说，自己去做一些事情，自由地联合其他人而去做一些事情。它将导致出现一个由志愿的社团和组织组成的五光十色的世界，随后也导致成立一些自治的机构。也就是说，它将导致建立公民社会。公民社会是有意义的和重要的生活媒介，是实现了的自由的媒介。但是，公民社会需要有一个总框架。

P249－250 我们必须走的三条道路恰恰不是独创的，然而是重要的。康德谈到过“普遍法治的公民社会”。法——法治国家——是自由党人的民族国家最珍贵的要素。问题在于法如何超越民族国家的界限向前发展，也就是作为概念的充分意义上的法……

第二条道路是经由国际组织。……对于接下来最近的一段时间，它们可通过变为应得权利组织，例如通过把人权的要求与经济的援助结合起来而变得富有意义。

前进的第三条道路再次把我们带到公民社会，尤其带到私人的组织。……真空将被非国家的协会填充。

P257　因此，战略性的变化就是通过负责任者采取行动来扩大生存机会的实际方式。……在好些时候，战略性的变化要求更加强调供给，在另一些时候，则要求有更大的应得权利。

【参考文献】

[1] 哈贝马斯. 合法化危机 [M]. 刘北成，曹卫东，译. 上海：上海人民出版社，2000.

[2] 詹姆斯·布赖斯. 现代民治政体 [M]. 张慰慈，等译. 长春：吉林人民出版社，2001.

[3] 埃德蒙·柏克. 自由与传统：柏克政论选 [M]. 蒋庆，王瑞昌，王天成，译. 北京：商务印书馆，2001.

[4] 保罗·约翰逊. 现代：从 1919 年到 2000 年的世界：上，下 [M]. 李建波，等译. 南京：江苏人民出版社，2001.

[5] 理查德·法尔克，等. 冲突与解构：当代西方学术叙语 [M]. 杨凤珍，等译. 北京：社会科学文献出版社，2001.

[6] 戴维·伊斯顿. 政治生活的系统分析 [M]. 王浦劬，译. 北京：华夏出版社，1999.

[7] 熊彼特. 资本主义、社会主义与民主 [M]. 吴良健，译. 北京：商务印书馆，1999.

[8] 哈贝马斯. 公共领域的结构转型 [M]. 曹卫东，等译. 上海：学林出版社，1999.

[9] 哈耶克. 致命的自负：社会主义的谬误 [M]. 冯克利，等译. 北京：中国社会科学出版社，2000.

八、《破碎的民主——试论治理的革命》

[法] 皮埃尔·卡蓝默　著　合作者　让·弗雷斯、瓦莱里·加朗多

高凌瀚　译

生活·读书·新知三联书店，2005 年

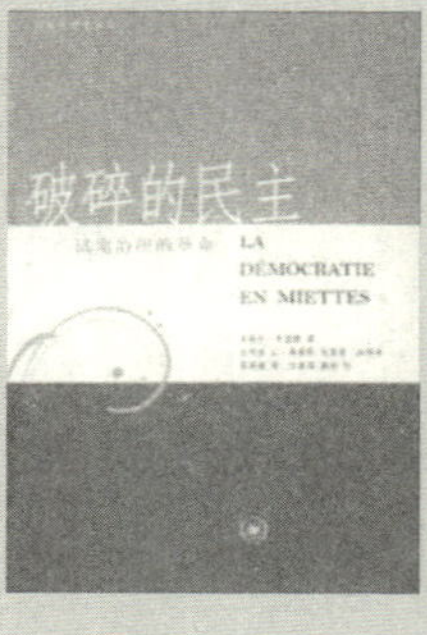

【作者简介】

皮埃尔·卡蓝默（1944—　），法国著名人文主义思想家，毕业于法国路桥综合工程学院，有丰富的实践经验，曾在法国公务部门从事高级行政管理工作，担任过欧洲 C. L. 梅耶人类进步基金会主席，中欧社会论坛创始人、原主席，是“协力尽责多元的世界联盟”运动的发起人之一，是一位著名的世界治理问题专家。

主要著作有《可能的使命》（1993 年）、《心系国家改革》（1997 年）、《有效、合理与民主的世界治理》（2001 年）、《重新思考我们社会的管理》（2001 年）、《破碎的民主——试论治理的革命》（2003 年）、《领土的男人》（1994 年）等。

【写作背景】

近五十年，我们所处的世界经历了巨大的变化，世界性相互依赖规模的形成、经济性质的改变、信息革命的发生改变了各种问题的相互作用的传统规律，新的全球性因素出现，生态环境问题成了中心问题。如此多的变化，冲击着固有的思想体系和在历史中形成的应对社会问题的各种机制，我们传统的精神、道德和政治标志已遭侵蚀，尤其是我们曾经引以为傲的民主原则，

在近几十年中经历了啼笑皆非的命运，经济全球化和世界化使得以民族国家为单位的民主“虽然高奏凯歌但已破碎”。

批评和反思民主的思潮愈演愈烈，这样的反思到目前为止经历了两个大致的阶段：第一个阶段是在把民主作为民族国家的基本政治制度的前提下，分析民主理论和民主制度的缺陷；第二个阶段是冷战结束后，在全球化的背景下，“民主的霸权”成为世界范围内矛盾、战争、恐怖主义滋生的土壤，如此范围内的异化再次扩大了民主反思的空间。在如此“破碎的民主”的条件下，国家的范畴和民族的政策已经不适合世界性的相互依存的关系了，构建一个具有共同伦理基础的世界社会和政治共同体成为人类发展的必然选择。

【中心思想】

本书思想主要针对在民主破碎的前提下，如何实现治理的革命这一问题而展开。在欧洲共同治理现实的背景下，卡蓝默提出以“现实经验原则”为指导，强调一种自下而上的，从传统管理“权限—规则—机构”模式转变为“目标—准则—措施”模式，打破横向机构间对立关系的治理模式，以保证统一性和多样性在最大程度上得以实现。同时他进一步阐述了这种治理模式的转变首先要从思想的转变开始，要从原本的国家管理或者“公共管理”的思想转变为“治理”的思想，然后从现实出发指出“治理”所面对的困境以及治理革命所具备的条件和优势，在这里卡蓝默强调了地方区域在治理变革中的重要作用，要注重治理的节奏和周期问题的改变，就如何处理各方关系以完成世界共同体的建构提出具体的操作原则和方法。

他指出了目前世界范围内所经历的巨大变化和欧洲已经经历的治理情势的更新，以一种区别于西方主流全球治理理论的特殊理论视角，在严格地区分了世界化和全球化概念的基础上，最终得出结论——必须建设一个全人类的共同体，掌握自己的命运，进行必要的变革。

此书分为两大部分，共约 15.5 万字。

【分章导读】

第一部分　当前治理的落后和更新的开端　这一部分分为两章，主要说明了两个问题：治理所面临的各种问题；治理革命所需要的前提以及目前已经开展得卓有成效的治理革命的尝试。

第一章　落后治理的改革举步维艰　这一章中卡蓝默指出了目前治理所存在的困难。卡蓝默从人类经历的各种社会变化开始，认为此时社会的“量变”造成了与中世纪向现代世界过渡相同规模的“质变”，人类面对此种变化就必须将治理放在全新的视角中展开。面对这种世界化的挑战，他通过分析世界化与全球化的不同，进一步指出这既是危机也是机遇。由于缺乏适当的公共规范，世界化受制于市场，同时民主也遭遇了前所未有的危机，因此，卡蓝默总结了改革目前遭遇的六大障碍：政治行为自身的缺陷、缺乏公务员的积极参与、交流形式化缺乏集体感、缺乏持久性、在公共管理方面投入不足、没有对治理进行根本性的思考。并从这六大障碍开始，展开下面章节的分析，进一步指出如何在现有的障碍下展开治理的革命。

第二章　治理革命的前提和开端　在这一章中卡蓝默将思想的转变作为治理革命的前提，完成思想的转变必须追本溯源、打破治理过程中既定的主体之间的对立关系，完成思维模式和组织制度的比较置换，注重所有可以弥补缺陷微观的革新。卡蓝默在这里并不是把治理革命描绘成蓄势待发的未来蓝图，而是已经展开的正在进行时，无论是欧盟委员会还是“为人类进步的对话”国际网络所提供的经验，都表明治理革命的变化已经开始。他用大量的实践证据表明：政治承担的主体从党派向社会和公民转化；公民社会的形成可以改变经济目前的困境和弥补政府体制的缺陷，旨在消除贫困和社会排斥现象；重建公民意识和社会之间的关系，增加个人和社区的社会资本，重新定位经济活动的主体和范围；改变既定的国家观，重新审视统合各种社会力量的条件；非机构化和法制多元化运动展开；“软治理”效应的出现；公民社会采取主动行动完善公共规则。这些治理的革新昭示着新的治理轮廓的出现。

第二部分　21 世纪治理的共同原则　这一部分分为六章，主要从对威斯特伐利亚模式提出质疑开始，力图将之前提到的治理革命的革新因素进行整合，使之成为一个和谐的整体。

第一章　共同体的建制，治理的伦理基础，社会契约　这一章中卡蓝默指出要在共同的伦理基础之上构建世界共同体，而共同体中的公民通过社会契约和社会责任的确立，明确其公民性积极参与到世界共同体的建设和运行当中。这里卡蓝默详细地分析了伦理和责任的关系，“积极的伦理是对如何获得美好生活和幸福的思考。18 世纪和 19 世纪主要强调个人自由，特别是经济领域的自由，其结果是基于个人主义、功利主义和自由主义的经济计算。当代的伦理以责任来进一步补充自由”[①]。伦理要求决定了道德强制的合理性以及以民主为基础的共同原则确立的基础，在卡蓝默看来，“协力尽责多元的世界联盟”在2001年提出的《人类责任宪章》(草案)，是共同伦理基础建立的重要成果。

同时，由于治理的强制性一面，出于限制公权力保护私权利的目的，过去人们的着眼点在于对职权范围进行限制，而在治理的观念下，应确立一种以目标、伦理原则和具体工作机制为主要内容的全新治理模式，用目标代替职能，伦理原则代替规则，具体工作机制代替机构，以适应不断变化的世界。卡蓝默在这里还重点谈到了公民性问题，公民性是责任的必然结果：“公民的含义是在共同体的管理中能够发挥作用、承担责任，而不仅仅是享受权利。这就意味着公民能够也应当参与社会，并组成一个集体……从地方到世界，不能仅限于在一个代议制民主国家里行使政治权利”[②]。每个公民个体身份的多元性决定了当代公民性带有多元含义，每个人既是国家的公民也是世界共同体的公民。这里存在这样一个命题：合法的治理必然是正当的吗？在当前民主情况下，政权的合法性与正当性之间出现了差异。因此，无论是地方还是世界治理，保证其正当性成为重要问题。卡蓝默认为治理必须具备五种品质才能保证其正当性：满足共同体的需要、依赖共同的价值和原则、公平、治理者要值得信赖和负责任、最小强制原则。

第二章　治理各层次之间的关系：主动辅助性　在这一章卡蓝默力图运用“主动辅助性原则”来说明新型治理模式下，如何处理各层次之间的关系。“主动辅助性”概念最早来源于《加拉加斯宣言》，“集体制定的共同指导原则从制定条件本身看体现了合理性，因为其基础是经验的交流，并名副其实地成为公共行动的‘成效责任’(obligations de résultat)；共同原则要求公共政策的负责人找到使这些原则适应每一个具体环境的实施办法；对这些指导原则的实施进行集体检验的办法；通过网络式交换的学习机制——所有这一切整合在一起，就是主动辅助性原则”[③]。

---

① 皮埃尔·卡蓝默. 破碎的民主：试论治理的革命 [M]. 让·弗雷斯，瓦莱里·加朗多，合作者. 高凌瀚，译. 北京：生活·读书·新知三联书店，2005：71. 转引自D. 维尔日妮 (D. Virginie). 关于经济责任的说明 [EB/OL]. http//：mapage. noos. fr/RVD/DEA. htm，1998.

② 皮埃尔·卡蓝默. 破碎的民主：试论治理的革命 [M]. 让·弗雷斯，瓦莱里·加朗多，合作者. 高凌瀚，译. 北京：生活·读书·新知三联书店，2005：83.

③ 皮埃尔·卡蓝默. 破碎的民主：试论治理的革命 [M]. 让·弗雷斯，瓦莱里·加朗多，合作者. 高凌瀚，译. 北京：生活·读书·新知三联书店，2005：102－103.

最初，“主动辅助性原则”在企业中被使用，并且效果很好，之后被推广开来，其实“主动辅助性原则”就是强调在大量且多方经验交流的基础之上制定一个共同指导原则，之后由基层的决策者自行寻找解决问题的最佳方案，但是这种行为不能违反共同指导原则，同时实行集体检查机制来确保共同指导原则的最高性和具体决策者方案的有效性。这一原则本质上扩大了基层的权限，有意地打破了传统管理“权限—规则—机构”模式，确立了“目标—准则—措施”模式，这保证了最大限度的统一性和最大限度的多样性，有效地解决了条形垂直管理模式中各部门之间的对立关系，使之能够横向协调，为共同的目标而行动。它将管理体系中的技巧引入了公共权力领域，成为各行动者之间与合作伙伴关系确立的中心，合作伙伴关系的确立成为治理革命的核心，主动辅助性原则成为治理革命的关键。

第三章　公共行动与市场的关系　在这一章卡蓝默主要是想说明公共行动和市场的关系也可以纳入治理的新型模式中。

首先，市场也是财产和服务“交换治理”的一种形式，因此，它和其他事物一样可以根据主动辅助性原则进行处理、分析和判断。也就是说，只有市场体现辅助性地位，将权力下放，由消费者监控，并且不排斥一切可能性的存在，同时，在市场中的企业以满足社会所期待的财富和服务作为其目标，那么这样的市场就符合了治理所要求的合法性特征。当今，由市场调控体现出的缺陷——纵向条状生产模式，忽视了各部门之间、人与人之间横向的合作关系，仅靠自觉意识来实现责任是远远不够的，因此需要共同的伦理原则的存在作为个体行为和社会标准之间的中介。同时，由于现有情势下市场和跨国公司已经超出了共同体的边界，社会契约和可以落实共同伦理原则的世界共同体的建立必须依赖大型企业的积极参与才能推动。市场作为治理模式必然要向“目标—伦理—措施”模式转变，而且要将社会的繁荣与和平作为最高的目标和评判的标准。

其次，社会变化的现实改变了公共行动与市场关系赖以存在的基础。二者的关系，无论是认为由国家占主体地位才能实现社会正义，还是认为由市场和企业占主体地位能够促使公共利益的实现，这两种理论随着经济全球化、国际贸易的发展都发生了变化，用卡蓝默的观点就是二者的思想发生了“交汇”。在过去的 50 年中，发生了两个重大的变革：一个是人类活动对生态系统的影响日益加深，另一个是知识的革命。人类的活动已经打破了生态系统的平衡，这就决定我们必须对公共财富和自然资源进行重新思考，引导和改变经济活动的运行轨迹；而知识革命带给我们的是生产要素等级发生变化、新的信息渠道的产生、生命科学的发展，这些变化使得知识成为经济发展中竞争力的主要方面。总之，这两个方面的重大变革促使传统意义上的公共行动和市场的关系存在的基础发生了重大的变化。

再次，传统意义上的公与私的区分已经不恰当。必须明确的是，虽然有公共财产、组织和服务机构与私有财产、组织和服务机构的区别，但是要将公共财富和服务的性质与掌握操作这些财富和实施服务的组织的法律身份要区别开。目前已经形成了广泛的混合经济领域也就是将公共社会使命与商业管理行为相混合，如此多样化的状态，开辟了市场与社会关系的新的可能性。卡蓝默在这里还强调了，在世界治理模式下，“关于地球公共财产定义的协商，对集体行动当务之急的选择以及如何有效地建立产生公共财产的国际制度，所有这些均是世界治理的重点。治理体系的合理性在很大程度上取决于公共财产的有效使用，也取决于制定当务之急的公正性”[①]。卡蓝默认为应将财富与服务按照性质、使命、分配三个标准进行区分，而财富与服务的第一个标准——性质：“是否能根据市场机制进行生产和销售”[②] 成为处理公共行动和市场关系的指导方针。卡蓝默将财富分为四个类别，分别是：

“第一类，我们在严格意义上可称之为‘公共财产’，其中包括在分享时有损害的财富，或一旦产出可为所有人享用，并不排除多个使用者。这类财富要求集体管理。

“第二类可以称之为‘自然资源’，广义上包括有限的、在分享时分割的财富。这类财富要求以经济手段进行管理，以利于支配、维护和再生产，但是这类财富的数量同人类的创造性只有部分关联，其分配取决于社会公正和商品经济，前者更加重要。

“第三类包括在分享时可以分割的财富，但首先是人类的创造和劳动的产物，主要指工业产品及人类服务。众所周知这类财富对人类来说必不可少，并被其公共管理的‘使命’或‘分配’提高了价值，但是作为资源的分配和结合的分散模式，也适合市场调节。

“第四类财富，即在分享时增多的财富。这个二除二等于四的矛盾算法源

① 皮埃尔·卡蓝默. 破碎的民主：试论治理的革命 [M]. 让·弗雷斯，瓦莱里·加朗多，合作者. 高凌瀚，译. 北京：生活·读书·新知三联书店，2005：133.

② 皮埃尔·卡蓝默. 破碎的民主：试论治理的革命 [M]. 让·弗雷斯，瓦莱里·加朗多，合作者. 高凌瀚，译. 北京：生活·读书·新知三联书店，2005：134.

于知识、信息、关系、创造性、智慧、博爱、经验和社会资本。即我所给予的也留给自己，而别人给我的我拿来丰富自己。从逻辑上说，这种财富不应当属于市场，而属于协同互惠：我得到是因为我给予。”①

这四类对于财富和服务的区分，能促使我们更深入地理解市场与公共行动之间的关系，并得出结论，治理的共同原则可以在各类财富和服务的管理中实现。各类行动者在原则面前都是公平和平等的，体现在进入各个领域的自由和随意性，只要符合共同原则，都有权拥有相同的条件。而管理每类财富和服务的治理原则主要是两个：一是合作伙伴关系的确立，二是地方区域的重要作用。

第四章　行动者之间关系的管理：合作伙伴关系的要点与实践　这一章的内容主要涉及的是共同治理原则之一——合作伙伴关系的确立的要点和实践。卡蓝默从《一个指头尖不起石头》这本书出发，说明了权力下放的意义所在——促进基层的主动性，发挥民众的作用，将治理思想体现在国家现实生活的方方面面。由此，卡蓝默引出要将社会行动者组织起来，必须建立起合作伙伴关系的理论。当前，社会行动者组织通过国际网络，在处理地方和国际问题之间的关系方面起到越来越重要的作用。不能简单地将合作伙伴关系等同于“民主参与”，也不能仍将观念停留在“社会伙伴”的概念上，应该将社会行动者之间的关系设想为多样化，这样才符合治理的本意。

首先，卡蓝默认为公共权力与其他行动者之间难以建立合作关系，主要由于二者之间存在理论和实践两方面的障碍。理论上的障碍与国家产生、政府运作公共权力的方式相关，通过代议制民主，公共权力以合法的方式控制了公共财富和服务，其他行动者只是工具，与国家相比其他行动者对公共财富的使用缺乏优先权，这种障碍会造成公共权力也就是国家凌驾于社会之上，无论在思想还是公共机构方面，理论和实践中的障碍相互夹杂，如此的不平等造成合作伙伴关系难以建立。同时行政部门的机构和程序设置的僵化也对伙伴关系的建立极为不利，在治理模式中，主动辅助性原则要求行政部门中的基层——公务员身份转化，赋予其极大的权利和自由，这种权利、自由和责任使他们有与其他行动者对话、谈判、共同制订方案的可能性。这就从根本上打破了公共权力与其他行动者之间建立合作伙伴关系的理论障碍。

---

① 皮埃尔·卡蓝默. 破碎的民主：试论治理的革命［M］. 让·弗雷斯，瓦莱里·加朗多，合作者. 高凌瀚，译. 北京：生活·读书·新知三联书店，2005：135.

其次，合作伙伴关系的先决条件是行动者相关机制的确立。机制一：设立公共辩论的空间。“辩论可以让社会的每个领域都拥有构建的手段，形成一种观点并与他人进行讨论。”① 这是治理模式构建的先决条件，目前，互联网的产生使得公共辩论空间的建立成为可能，“协力尽责多元的世界联盟”框架中所做的讨论，就可以让我们看到世界治理模式下公共辩论空间的模型。机制二：平等的发言权。这里主要强调的是社会最底层的社会群体的发言权，“卡特琳娜·佛莱在她的著作《真正与居民一起管理城市》中作为题名引用了保尔·里克尔的话：‘权力产生于共同行动，消失于分散活动。’作者特别指出这一权力通过不同阶段在居民阶层中的形成：个人意识的觉醒，然后是地方的集体动员和更为广泛的联盟，最后形成民众行为中的改革能力”②。机制三：承认对方的能力。这里主要是指普通平民、穷人，一个社区的建设首先要承认生活在这个社区的居民是主要的专家，并以他们的经验着手同他们一起制定公共政策。能力的建构和承认是合作伙伴关系建立的决定因素。除此之外，责任的承担和权力的享有相连，“没有责任就没有权力”。卡蓝默提出一种“集合体”思想，将社会上同属一个职业阶层的人集合一起，在国际上结成网络并相互承认，在网络中运行主动辅助性原则，收集广泛经验共同制定责任宪章，同时他们对共同财富和人类自身都要承担责任。这样的集合体也要对其他职业的集合体的合法性予以承认，这是建立合作伙伴关系的前提。由此，更大的网络会交错实现，会突破地域范围的限制，在更广阔的范围内收集经验，做出决策。

最后，在上述问题解决的基础之上，公共权力可以与其他行动者建立合作伙伴关系，而公共权力进入合作伙伴关系的具体步骤，卡蓝默详细描绘了三个方面，分别是渐入清晰、进入对话、导入方案。第一步渐入清晰主要指行动者对涉及的问题及其复杂性要有清晰的认识，这种认识一方面要求资料收集过程中的清晰认识，应该直接源于现实，以中立的角度进行整理；另一方面还强调认识的非排斥性，也就是说，不仅要有自己对问题的理解和资料的收集，还要接受其他行动者的信息和看法，甚至是在此基础之上完全推翻

---

① 皮埃尔·卡蓝默. 破碎的民主：试论治理的革命［M］. 让·弗雷斯，瓦莱里·加朗多，合作者. 高凌瀚，译. 北京：生活·读书·新知三联书店，2005：162.

② 皮埃尔·卡蓝默. 破碎的民主：试论治理的革命［M］. 让·弗雷斯，瓦莱里·加朗多，合作者. 高凌瀚，译. 北京：生活·读书·新知三联书店，2005：164. 转引自卡特琳娜·佛莱. 真正与居民一起管理城市［M］. 夏尔·雷奥波·梅耶出版社，2000.

自己的观点。第二步进入对话要求对话交流的公平和真诚，这意味着相互之间的信任，这点非常重要，决定了对话是否仅是形式上的意见的混合。第三步导入方案要求要把重点放在制订可能的解决方案这一过程，而不是决策的那一时刻。同时卡蓝默在这里强调，合作伙伴关系的确立与规章制度并不排斥，因为如果伙伴关系中没有规则，伙伴关系也就不存在了。与传统管理模式的区别在于，规则由基层吸收多方经验的基础之上制定，“我们甚至可以说合作伙伴关系的产生在小的框架内再现了治理的三个组成部分：确定共同目标的基础，共同的伦理基础和行动者之间行为规则的提出创立了合作伙伴群体，为制订共同方案所采取的具体措施并付诸实施”①。

第五章　地方区域，21 世纪治理的基石　这一章论述了三个问题，首先卡蓝默从导致将地方区域错误定位几种错误认识展开，列举了造成地方次要化的几种情况：将地方视为旁观者，将地方单纯作为决策的实施者，将地方作为公共权力运行中的功能补充者，将地方区域的特性抹杀造成封闭状况。

其次，卡蓝默为了说明地方区域的重要性，将 18 世纪之前的社会与 18 世纪、19 世纪和 21 世纪的社会状况进行对比，分析了由于社会与环境的紧密关系的变化，决定了共同体中主体和社会行动者身份的变化，说明在当前的社会状况下，社会的消费超出了生态环境的承受能力，共同体与生态环境的关系息息相关，地方区域已经成为新的社会行动者，是世界治理的基础和基本单位，从地方到全球范围内治理模式都要建立在此基础之上，在其中贯彻主动辅助性原则，构成治理的基本框架。

再次，卡蓝默认为地方区域要成为治理的基石还要完成思想上的革命。第一个要解决的思想上的误区就是将地方区域和行政区划相区分开来，地方区域不是简单的行政区划，而是一个关系和交换的错综复杂的体系。一个合适的地方区域是指在特定范围内为解决问题而适当安排相互依存关系。地方区域的思想不仅适用于问题之间、行动者之间、人类与生物圈之间的关系，也适用于组织各个治理层次的关系的处理。所以说不能依赖行政管理机构的变化去适应新的问题的发生，因为它的变化往往比经济社会的演变要慢得多，我们应当运用主动辅助性原则，关注各种共同体之间的关系，在经验网络中获取充分的资料，充分发挥地方区域的具体性、现实性优势，为治理的新路

---

① 皮埃尔·卡蓝默. 破碎的民主：试论治理的革命［M］. 让·弗雷斯，瓦莱里·加朗多，合作者. 高凌瀚，译. 北京：生活·读书·新知三联书店，2005：170.

开辟新的起点。

第六章　治理原则的落实及其衡量标志　这一章卡蓝默进一步描绘了治理的理想图景，讨论了治理具体实施过程中涉及的三个问题：建制工程，公共政策的制定、实施、评估和监督，时间的管理。

首先，卡蓝默认为建制工程的关键是一种思想的转变，不能将经济作为一种对机构运行的思考。要建设新世纪的公共服务一定要树立一种为未来公共服务的思想，将被动的态度转为主动，让公共服务人员拥有的不是一种身份而是让其能够确定方向和拥有使命感。所以，公共服务人员，积极参与关于改革的思考之中，成为行动者的一员。同时要制定公务员责任宪章，从地方到世界分别设立讨论网络，将公共服务的各个部门调动起来，形成这一行业的“集合体”。卡蓝默强调这种新思想保证了国家不再凌驾于社会之上，国家是行动者中的一分子，可以与其他行动者平等对话交流。在治理的思想模式下，公务员制度思想转变成为一种复杂思维进行管理与关系的思想。治理和公共服务的新思想应当在制定规章的政策上有所体现，并且为公共服务的参与者提供新的职业前景。卡蓝默还认为，传统的垂直条状行政管理模式将协商的权力归于行政结构的顶端，缺乏对基层经验和资料的采纳，这种协商是没有具体意义的，协商的关键应是在下而不是上。面对现有的行政结构，通过加强横向部门之间的联系、削弱纵向的垂直关系，引入交叉的网格运行模式，将上下之间的垂直关系限定在特定的功能之内——“专职负责人力物力资源中心，检查指导原则的落实”①。而对于程序问题，卡蓝默坚持要制定一种改革的总策略。程序的设定和运行都必须坚持主动辅助性原则，要求其能够平等全面地看待所有的参与者，符合最小约束性原则，既保证行动者的空间又能使行动者之间结成合作伙伴关系……如此的程序能够获取人们的信任，当然也不能忽略监督的作用。卡蓝默还将人力资源管理作为战略改革的重心，而这方面的变化的挑战主要来源于工作人员的评估系统。明确评价标准和体系能够说明对公共服务人员有何种期待。

其次，卡蓝默谈到了治理周期的问题。由于构思公共政策的管理方式不同，不可能提出统一的标准规则，所以必须讨论周期问题。传统的管理方法关注的重心在决策时刻，而新的治理模式下关注的重心是过程中的时间安排，

---

① 皮埃尔·卡蓝默. 破碎的民主：试论治理的革命［M］. 让·弗雷斯，瓦莱里·加朗多，合作者. 高凌瀚，译. 北京：生活·读书·新知三联书店，2005：190.

即这一阶段公共政策的组织、实施与纠正。将建议权和决策权分离使得建立公共辩论空间的设想成为可能。卡蓝默强调制定议事共同日程的阶段的重要性，因为这一阶段是能够进行充分讨论的经验环节，只有通过这一阶段，才能联系起各方面的问题，澄清大的方向。周期的另一个重要阶段是诊断，建立一个一目了然的共同因素，选择计量工具和信息系统。信息方面，治理作为社会的协调体系，应该注意获取信息和将信息连接，这样才能对体系状况维持持续不间断的认识，评价内部和外部的交换，采取必要的改正措施。但是，就目前状况而言，公众很难与公共权力和特殊机构或者是专家拥有同等的信息获取的权利和途径，唯一的解决办法卡蓝默寄希望于建立独立收集信息和发布信息的网络。计量的指标选择方面，针对人类与生物圈的关系，卡蓝默认为，可以计量社会的原材料流量和“生态烙印”。针对社会内部关系，可以通过确定一个社会的内部与外部关系体系是否多样化及其强度来计量“社会资本”。

再次，关于治理的节奏，卡蓝默认为治理的变革是长期的，需要采取一种谨慎的态度，把握好治理变革的节奏，留出思考和讨论的时间，合理地预测未来的图景，并要推测进行何种改变。

【意义与影响】

首先，本书在皮埃尔·卡蓝默治理理论的构建当中有着举足轻重的作用，该书以传统民主的理论和实践都受到广泛冲击为前提，揭示出世界治理模式构建的必要性。卡蓝默从变革中的社会治理实践出发去审查民主和法制，是理性认识民主的方式。本书客观地评析了民主理想在传统纵向管理模式下所受到的冲击，揭示出民主恢复尊严之路不是狭义的民主重建，而是如何在合作的方向上走得更远。卡蓝默的这种思想模式给其他思考全球化情势下民主之路的学者开辟了新的思路，给全球治理理论的发展带来了深远的影响。

其次，本书被认为是卡蓝默丰富治理实践经验的集成之作，有学者将其评价为“它契合了走向后工业社会的发展需要，是一本对建构后工业社会治理体系具有启发性的书”。本书与 20 世纪 70 年代的《心系国家改革——公共管理建构模式论》以及之后的《治理的忧思》共同构成了他的治理理论的完整架构。

最后，卡蓝默对原有的全球化理论进行严肃的批判，具有相对激进的倾向。丰富的实践经历和自下而上的治理细节的设计使得他的治理理论比很多空中楼阁式的全球治理理论更加具有现实性和可操作性。

我国现在正处于政治体制改革的转型期，如何从国内角度迎接世界治理的变革，如何寻找世界治理过程中多样性与统一性的融合，如何运用主动辅助性原则来横向协调各活动部门，卡蓝默的思想关于这些问题的解答对我国的管理实践的模式转换都有着重要的现实意义。

【原著摘录】

第一部分　当前治理的落后和更新的开端 P1－63

P1　我们当前所了解的以国家和公共服务为中心的治理已处于四面楚歌的境地。该治理相对于当今社会，特别是我们即将面临的挑战，肯定已经不合时宜。治理处于危机之中。

第一章　落后治理的改革举步维艰 P5－32

P7　人类之间、社会之间与生物圈之间的依存关系的加深同个人自由的感觉的发展及要求自主的呼声发生矛盾。人类通过其所开发的工具的力量，已经要对自己的命运负起责任，这就要求逐渐形成由负责任的行动者组成契约社会（société de contrat）。但是，在此以前，主要的调控体系和各个中间层次，那些创造了归属感、认同感的实体，即工会、政党、国家或教会，在个体和世界之间承担着调节的作用，为民主创造条件。如今，所有这一切已经失去了大部分分量和动员能力，让位于更为多样的、机动的参与。

P7－8　所有这些量的变化造成了与从中世纪到现代世界的过渡规模相同的质的变化，其中包含着抵抗、差距、摸索和学习。因此对治理又提出了双重要求：治理能否自我改造，甚至自我创造，从而与世界新的现实同步？治理能否完成自己的使命，组织实施必要的过渡呢？

P12　世界化是一个无法绕开的因素，是危机的源泉，但也是人类进步的大好机遇。世界化不容分说地来到我们中间，要求我们对思想体系和体制进行大规模的变革。至于全球化，就像对待所有的经济和政治理论一样，必须对其效果进行清醒的判断，对其概念的和文化的基础以及实践讨论，不仅要由与全球化的发展有直接利益的官方机构来进行，而且也要由各国人民和社会各阶层来进行，因为他们承受具体的后果，无论是消极的还是积极的。

P12－13　当前意识形态的断裂并不存在于“亲世界化派”和“反世界化派”之间，而是存在于那些认为世界化和全球化是同一种现实，从世界化中看到其不可逆转的性质并从全球化中看到了其各种机制和动力的人，与那些认为这是两个相互关联却根本不同的现实的人之间。对前者而言，只需对经济全球化进行弥补，纠正其不完善的地方，特别是有选择地同贫困和对环境的破坏做斗争。后者认为必须建设一个全人类的共同体，能够掌握自己的命运，进行必要的变革，包括对全球化的概念基础提出质疑。我明白无误地持后一种观点。

P13　在世界化、相互依存加深，而民主和政治舞台继续仅仅以国家为范围进行组织的背景下，民主的危机加重，而在意识形态上，民主已成为全世界必需的参照系。

P13　随着欧洲建设的发展，大部分国家在其主权范畴内的权力——从货币或国家经济管理——都已消失。如今，甚至外交政策和防务也属于集体程序，而不是每个国家的单独行动。在这种条件下，公共行动的运转，我在这里指的是具体的机制，而不是人们援引的大原则，应当是政治的中心内容。

P15－16　这种将公共行动的正当性和适当性归结为合法性和选举的做法也冻结了欧洲和世界范围内的辩论。唯一值得比较的利益似乎是“国家利益”(intérêts nationaux)，这是因为政治舞台仍然是以国家为范畴组织的。其实这些“国家利益”经常掩盖主要的东西。关于欧洲共同农业政策（PAC：politique agricole commune)，改革的讨论就是一个很好的例子。主要的差别不在于“国家利益”之间，而在于不同行业、不同的农业类型、不同社会群体和城乡之间等等。因此，只要政治舞台仍以国家为主，只有在除了选举产生的机构之外的其他基础上开展辩论，民主才能重新恢复活力。

P20　无论是行政区域的建设模式还是行动的规则和评估模式，一般都会加强部门间的分割效应，从而导致部门性的做法。这可以解释为什么在一般情况下一再强调各个部门应围绕一个共同问题加强合作都不起作用，因为这类话语与根深蒂固的内部的，部门的要求相抵触。每一个涉及许多管理部门的行动，不但不被看作为相互丰富和合作的机会，反而立即被看成引发冲突和竞争的新领域。因此，根据千篇一律的规则自上而下地确定部门政策自然成为管理部门的倾向。

P23－24　当单一标准成为普遍规则时，人们还继续用同样的手段应对新的挑战，局面因此难以维持。这就是为什么几年前，在公民意识如此强烈的北欧社会开始实行新规定，以回应对生态方面的关注时遭到强烈反对的原因，而居民事实上非常认同对于生态方面的关注。一旦标准不再试图应对一些特定情况和具体挑战，而是代表着至高无上的理性和无所不在的国家，具备了永恒的形式，情况就更加可怕了。

第二章 治理革命的前提和开端 P33－63

P39－40 另一个讲述很多的对立的方面是国家与市场的对立，或者说公与私的对立。这种对立由于种种原因无法成立。首先因为在许多国家，压力集团，或干脆为部门利益服务的集团占据主导地位，另一方面，如果将所有对社会生活产生重大影响的部门称作“公”，任何一家私营大企业都不能被认为处于公共领域之外。研究一下机构的法律地位，其产品和服务以及产生的影响的性质，就会在考虑什么属于公，什么属于私这个问题时思路更加开阔。同样，认为在需要完成的职能和承担该项任务的组织之间存在对应，这种想法至少值得进一步思考。许多公共机构的运行逻辑是将其活动服从于机构本身的宗旨，因此可以称之为“私营”机构；与此相反，没有任何因素可以阻止私人管理的机构——一个企业，一个社会企业，一个协会——去完成公共利益的职能。许多这样的形式已经存在。人们如果同意将职能的性质和负责完成职能的机构的性质拆开，就为许许多多革新打开了大门。

P45 在任何治理革命之前，对旧制度进行多方面的修补，以适应新的现实，其结果一般都是提出不稳定的和极其复杂的解决办法。复杂性问题专家让-路易·勒穆瓦涅（Jean-Louis Lemoigne）指出，复杂性与制度本身没有关系，但是与我们同这些制度的关系有关。一种在我们从一定的角度看来是非常复杂的形式，从另一种角度看可能是井然有序的。面对机构与现实之间日益增大的差距，所有来自基层、旨在弥补差距的革新都很说明问题。所以，必须关注标志治理革命开始的种种迹象，这也是我在下文中即将阐述的内容。但是，在最初阶段，这些修补以其极端的复杂性表明了差距之所在。

P47－48 在当前的数据库中，在2003年，在八千份文件中，有八百多份文件通过对国家、法律、地方区域等方面的管理而涉及治理的问题。我们在这里简单开采的正是这个矿藏，用以显示其中的基本线条。我从中看到了八个方面：政治上的承诺向其他的社会和公民的承诺的转移；出现完成公共利益职能的公民社会和逐步创造与国家合作的新模式；努力改造社会、社会联系和经济；更务实地对待国家，它的文化根基以及在发展中发挥的作用；与法律多元同时进行的非机构化运动；重新发现在“地方”层面能够实现协调一致及地方区域管理方面的革新行动多种多样；在欧洲开始出现了主动辅助性。

P48 20世纪留下了政党的政治承担的强烈烙印。我们还可以在公共行动的不断发展与个人政治承担的演变之间进行比较，前者逐渐取代了家庭、基层社区、教会或慈善机构而对社会负责，后者也将注意力集中在公共行动的取向和监督上。政治承担又为争取独立的斗争和整个冷战时期的两极化所加强，在冷战时期两种社会模式互相对立，而国家的作用恰好处于争论的中心。

P51　在这方面也许可以谈到历史的周期：在19世纪和20世纪，国家以人民的名义要求基本上属于垄断的社会行动（例如在法国）代替了原来私人性质的、经常在教会主持下管理的各种各样的行动。20年来，开辟了一个混合行动新阶段，将国家的责任与公民的责任相结合。

P53　所有这些行动在某一时刻看起来似乎是国家的专属特权，其实都来源于公民社会的集体网络的主动行动。这些行动有许多特点，都体现了治理的革新：形成各种“贴近”地方实际倡议的网络；相关的人更积极地卷入，从公共行动的受惠者变成行动者的地位；公私资源和结构相结合；寻求经济和社会福利的新运作形式。

P58　其实，地方分权运动是针对经济和公共行动的泰勒模式所做出的一种反应，我们已经提到过这两者都是按垂直模式运行的。在经济领域中，对地方区域的发现来自生产制度本身的变化。

P59　基于同样的原因，地方区域对自然资源的管理是主要的层次，这是协调管理的不可逾越的层次。

P60　在经济、自然资源管理、民主、合作伙伴关系方面对地方区域的作用的再发现，预示着地方区域在21世纪将成为主要的“社会行动者”（acteur social），我将在后面长篇论述这个思想，这并不意味着将其作为新机构的类别，而是发展操作的工具，使得地方社会在整体上更好地管理集体的资源。

P63　新的社会参与形式，由私人负责过去一直属于国家的职能，重建社区，重新定义公民属性，从实用的观点对待国家及其与社会的关系的非机构化，司法多样，重新发现地方区域，各层次治理的新关系形式，公民社会采取主动行动建设国际公共舞台——所有这些实际的革新逐渐形成体系，有助于确定新的治理轮廓。

第二部分　21世纪治理的共同原则 P64－209

第一章　共同体的建制，治理的伦理基础，社会契约 P68－99

P68　如果将治理定义为一系列调控行动，保证一个社会持久享有和平并长期延续下去，那么在21世纪，这个治理只能是世界的治理。

P72－73　伦理远不是治理这块蛋糕上的一点樱桃，而是治理不可分的部分。首先是因为治理要求执政者服从公民的法律，廉洁地行使职权，否则他们以共同利益的名义实行的道德强制将失去其合理性。其次是因为治理要求达成以民主为基础的共同原则的协议，这些原则必须是合乎伦理的。因此，在人类当前的情况下，任何治理最终都要来自世界的治理，如果这个世界的治理只能有契约的基础，如果这个契约基础是建立在伦理的原则上，采纳我们时代共同的伦理原则就具有决定意义。伦理伴随和支配着全球范围的社会共同体和政治共同体的产生。

P76－77　治理一贯有两面，一面是带动，另一面是强制。一方面是要动员个体的力量或一个共同计划的力量。另一方面就是要实施强制，以保护共同利益的名义限制行为和操作的自由。但是强制只能以共同利益的名义才能实行，所以必须在宪法中划定治理者的行动，其出发点是共同利益的要求。在传统上，这种划定的做法是为每一级治理规定一些职权。共同利益和治理的职权通常以实际的方式表现，列出其职能的清单，也就是公共权力的内容，并分配到各级治理。大家以为这是唯一能阻止任何人类机构扩张的手段，阻止其扩大权力所及的地方区域，在公共治理的情况下，阻止公共管理部门加强其对社会进行控制的倾向，辅助性思想的起源也是为了保护私人和家庭生活免受公权的干预。

P88－89　为了具有正当性，治理必须具有五种品质：

一是满足共同体感觉到的需要；

二是依靠共同的被认可的价值和原则；

三是公平；

四是由值得信任的负责任的治理者进行有效的治理；

五是施行最小强制原则。

第二章　治理各层次之间的关系：主动辅助性 P100－119

P101　然而，对于责任的思考促使我们构想地方与全球另一种形式的关系。由于责任对行为会产生直接与间接的影响，治理者就不可能不对选民负责，企业负责人就不可能不对股东负责。在一个相互依赖的社会里，责任与绝对权力成为两个水火不相容的概念。最后，有关公民性的思考向我们提供了另一种关于治理各层次关系的观点，即公民性必然是多元的，从地方到全球遍布于所有的层次上。公民应该从内心深处关心各级治理层次的责任。

主动辅助性原则在建构合理治理的基础时得到了证实，即为共同财产而强制的纪律必须以追求的目标为基准，而不是以恒定的“政治与行政地方区域”的存在为由，为了达到充分的合理性，这一纪律必须满足最小强制原则。

P108 “主动辅助性”并不单纯补充辅助性原则，而是要共担尊重和注重多样性的任务，也就是从地方出发；但在处理互相依赖问题上，两者又有本质上的区别。

第三章 公共行动与市场的关系 P120－151

P123 市场作为治理形态，无法摆脱以能力、规则与机构衡量为主的模式向新模式转变的必然趋势，后者以目标、伦理尺度与措施为主导。普通经济的最终目标就是组织生产的调节、管理财富和服务的机制和框架，为的是社会的繁荣与和平，其根据是社会的正义与尽责标准，其范围是人类与生物圈的平衡前提下的可持续发展，这就保证了我们后代的生存权利。正是基于这些目标和标准，才能对市场和调节模式进行评判。

P134 帮助我们辨别各类财富与服务（我可以说试验性标准）的主线，就是能够经受得起分割的考验。……我在这种分割的考验中粗略分析出四类极为不同的财富，使得公共行动和既定的市场关系本身具有十分不同的形式。我们在下文中可以看到，社会寻求的解决办法与选择的范围在每一个种类中都是很宽泛的。

P135 第一类，我们在严格意义上可称之为“公共财产”，其中包括在分享时有损害的财富，或一旦产出可为所有人享用，并不排除多个使用者。这类财富要求集体管理。

P135 第二类可以称之为“自然资源”，广义上包括有限的、在分享时分割的财富。这类财富要求以经济手段进行管理，以利于支配、维护和再生产，但是这类财富的数量同人类的创造性只有部分关联，其分配取决于社会公正和商品经济，前者更加重要。

P135 第三类包括在分享时可以分割的财富，但首先是人类的创造和劳动的产物，主要指工业产品及人类服务。众所周知这类财富对人类来说必不可少，并被其公共管理的“使命”或“分配”提高了价值，但是作为资源的分配和结合的分散模式，也适合市场调节。

P135 最后，对未来最有意义的是第四类财富，即在分享时增多的财富。

第四章 行动者之间关系的管理：合作伙伴关系的要点与实践 P152－170

P161－162 合作伙伴关系本身就要求一个有组织的行动者所组成的社会，以自然的方式体现社会上的各种力量和各种利益。实际情况远非如此。

为了赋予合作伙伴关系一定的意义，它本身需要一种机制上的价值；一个社会群体如果被他人承认并应邀制定一项共同的方案，那么对于其机制的建构则是巨大的鼓励。其先决条件是设立公共辩论的舞台。这个舞台也许在国内或在地方上早就存在，但在国家以外，更不必说世界的范围内根本不存在。

P167　在《心系国家改革》这本书里，我和安德烈·塔尔芒从自身的公务员经验出发，详细描绘了公共权力进入合作伙伴关系的三个大方面：渐入清晰，进入对话，导入方案。

第五章　地方区域，21 世纪治理的基石 P171－182

P171　在叙述治理革命的前提时，我指出过重新认识地方区域和当地对于经济运作本身、自然资源的管理、民主的振兴及行动者之间合作伙伴关系的建立所起的作用。在政治方面，这一重新认识随着人们认识到多样化管理的重要性，看到日益复杂的世界行政管理集权的危害性而表现为世界各地的地方分权运动。主动辅助性原则的提出说明确认恰如其分的政策和连接各级治理的行动都应发生在地方一级。随后，在分析各种类型的财富时，我们也注意到对于四类财富的每一类，地方区域关系管理所占有的地位。

第六章　治理原则的落实及其衡量标志 P183－209

P184　本书的最后一章，我所要讨论的就是这三大问题：建制工程，公共政策的制定、实施、评估和监督，以及时间的管理。

P185　建制工程是设计机构的艺术，原来的“高深逻辑”将变成追求的目标。只有在这样的条件下，才能摆脱我所说的（在欧洲合作方面）“合情合理的冒犯”，也就是必然导致与所希望做法背道而驰的机构和法律措施。

P189　从我们对治理的定义来看，公务员制度的思想变成了一种复杂思维进行管理与关系的思想。未来的公务员不再关在他的小天地里进行与外界不相干的独立活动，公职精神应是以建设关系、管理对话、制定方案和分担责任的能力来确定。

P190　为此，行政管理运行必须从主动辅助性原则出发。落实到治理上，这个原则要求确定地方区域组织的指导原则，目的是共同对付挑战。需要由国家的行政管理机构和地方区域的行政管理机构一起工作，在每个地方区域确定它们之间的具体合作规则，各方都要遵守这些规则。

P193－194　构思公共政策的管理方式多种多样，因此不可能提出统一的标准规则，何况这与我们已经阐述的思想是矛盾的。最基本的已在题目中说得很明确，即应该讨论周期问题，也就是说时间上经历的过程。传统做法将重点放在决策的时刻，即公共权力做出政策的时刻，他们主要关心执行程序的合法性，例如一项法律草案生效的各个步骤。新的治理方法所关心的是过程中的时间安排，即这一阶段公共政策的组织、实施与纠正。

P196－197　周期的另一个重要阶段是进行诊断，建立一目了然的共同因素，选择计量工具和信息系统。真正的民主要求所有参与决策的有关方面都要得到恰当的数据，必须做出巨大的努力使得情况一目了然，确定问题之所在。面对问题的复杂性和相互依赖的局面，信息体系已经成为治理的主要部分之一。

P197　治理作为社会的调节体系，必须要注意在获取和连接信息，从而产生对体系状况的持续认识，衡量内部的和与外部的交换，采取必要的纠正措施。因此，这些信息的结构、质量和公众的获得对于治理来说具有决定性的意义。

P198　指标的选择极为重要。在一个浸透着数字文化，甚至是数字迷信的世界上，凡是不能计量、不能以数字表示的，注定要从政治和行政负责人的意识中消失。更有甚者，选择不当的指标会导致只顾表象而不顾根本原因的状况出现。

P201　组织公共辩论对于尚未组成政治共同体的各层次更为必要。我首先想到的是建立世界辩论舞台。不可能等待成立了一个世界范围的民主治理后才匆忙投入建设新的调整结构。政治共同体的建立将是这个过程的结果而不是前提。因此，如有可能得到国家的支持，或依靠非国家行动者的力量，必须尽快制定这一全球治理周期中不同的措施。

P203　在 21 世纪，我们必须实施发展模式与治理的长期变革，这是生死存亡的大问题。我们必须进行的变化不是要加速变革，而是要改变其方向。

P208　同样，更为经常的是，人们把长期变革看作一系列稳定、同步的过程。可是，对治理稍加思考便会得知，发展的历时性比同步更为重要，原因很简单：体系的各组成部分演变的速度不相同，其惰性也不完全一样。治理的艺术也就必然是同时有能力管理短期和长期的行为，管理快速与慢速演变的各种现象。

【参考文献】

［1］孔繁斌. 治理对话统治：一个政治发展范式的阐释［J］. 南京社会科学，2005（11）.

［2］俞可平. 全球化：全球治理［M］. 北京：社会科学文献出版社，2003.

[3] 戴维·赫尔德. 民主的模式 [M]. 燕继荣，等译. 北京：中央编译出版社，1998.

[4] 张康之. 论公共行政从“效率导向”向“公正导向”的转变 [J]. 湖南社会科学，2005 (6).

[5] 蔡拓. 全球治理的中国视角与实践 [J]. 中国社会科学，2004 (1).

[6] 斯拉夫科·斯普里查. 全球治理与公共领域的跨国化 [J]. 石力月，译. 新闻大学，2012 (5).

九、《共同体与社会——纯粹社会学的基本概念》

[德] 斐迪南·滕尼斯　著
林荣远　译
商务印书馆，1999 年

【作者简介】

斐迪南·滕尼斯（1855—1936），又译为“杜尼士”，德国著名社会学家和哲学家，德国现代社会学的奠基人之一。作为社会科学家，早在年轻时代，他的声望就已经超越德国国界，蜚声欧美。在他逝世 60 年后的今天，他的社会学著作，尤其是他的成名之作《共同体与社会——纯粹社会学的基本概念》的基本思想和概念，仍然对社会学有很深刻的影响，仍然饮誉国际社会学界，在社会学的经典文献中占有重要的一席之地。

1855 年 7 月 26 日，斐迪南·滕尼斯出生于丹麦王国的施莱兹维希州的一个小城豪巴而格（现属德国石勒苏益格的埃德斯德特），1864 年，滕尼斯全家迁居到名为胡苏姆的小城。他天资聪明，自幼刻苦好学，16 岁时就开始上大学，先后在耶拿、莱比锡、波恩、柏林、基尔和图宾根等大学学习古典语言学、哲学神学、教会学、考古学及艺术史。1875 年滕尼斯以关于古代文化研究的论文在图宾根大学获得哲学博士学位。1878 年赴英国研究英国政治思想家托马斯·霍布斯。1878 年至 1879 年，滕尼斯是著名统计学家恩格尔在普鲁士统计局主持的讨论班的成员。1881 年，年仅 26 岁的滕尼斯凭借着对英国政治思想家托马斯·霍布斯的研究成就和《共同体与社会——纯粹社会学的基本概念》初稿的贡献，在基尔大学哲学院获得了授课资格，1891 年滕尼斯获得教授头衔。但是，他对社会问题的立场和态度有悖于当局，直到 1913 年，他才获得国民经济学和统计学正教授的职位。他在这个教职上工作至 1916 年。1921 年滕尼斯被汉堡大学授予法学荣誉博士，1927 年被波恩大学授予国家科学名誉博士。1933 年被纳粹政权解职。滕尼斯是德国社会学协会和霍布斯协会的创始人之一，并担任这两个学会的会长。

1930 年滕尼斯参加德国社会民主党，并同齐美尔、韦伯等社会学家一起，创立了德国社会学协会，并出任第一任主席，直至纳粹上台以前，一直担任这一职务。正如在一切专制，尤其是思想专制制度下，有独立思想又不愿为独裁制度歌功颂德，甚至对其持批评态度的科学家，往往受到迫害，乃至残酷迫害一样，1933 年 1 月希特勒夺取政权之后，滕尼斯受到纳粹当局迫害。同年 8 月，这位 78 岁高龄的学者尽管享有国际声望，还是被解雇了，而且不能享受退休金。1936 年 4 月 6 日，滕尼斯在基尔逝世。

生活坎坷，命运多舛，并没有使滕尼斯在研究和学术上萎靡退却。相反，他一生学术成就硕果累累。主要著作有《共同体与社会——纯粹社会学的基本概念》(1887 年)、《霍布斯的生平与学说》(1896 年)、《伦理》(1909 年)、《公众舆论的批评》(1922 年)、《社会学的研究与批判》(3 卷，1925—1929 年)、《进步和社会发展》(1926 年)、《社会学引论》(1931 年)、《近代的精神》(1935 年) 等。

【写作背景】

社会学发端于 18 世纪启蒙时期的法国，奥古斯丁·孔德率先提出“社会学”这个名称，并且建立了一套社会学体系。随着 19 世纪的到来，在现实革命运动的推动下，德国社会科学发展迅速，并形成了不同的流派，如浪漫学派和历史主义思潮等，这些流派的代表人物立足于不同的理论着眼点，对资本主义社会进行了剖析和论证，提出了独特的观点。与此同时，科学的新发现和新发展也在促进着社会学的进步，19 世纪 70 年代以后，随着达尔文的进化论思想的提出和影响力的扩大，社会学进一步得到了新的“血液”和“营养”，作者在对本文的写作过程中，深受进化论思想的影响，霍布斯、马克思等人的理论在一定意义上也对滕尼斯的思想有着重大的启示。

滕尼斯所处的时代是资本主义迅速发展的时代，随着工业革命的推动，城市化、工业化等现代社会的特征逐渐显现出来，人类社会开始由农业文明向工业文明过渡的快速发展时期，人在以往封建社会中对封建领主的人身依附关系逐渐淡化，个人主义和理性主义得到彰显。如何应对这种社会的变化，以及如何对这种变化进行合理的解释和理论建构，成为当时理论界研究的一个重要挑战。滕尼斯以其敏锐的眼光、独特的视角，抓住了这一时代变化的主题，提出了共同体与社会的概念，对时代的变化进行了深刻的社会学解释，为以后哲学、社会学、伦理学等学科的发展和研究提供了理论基础和概念支持。

【中心思想】

本文分为三卷，每一卷又分为不同的章节。滕尼斯把人的意志分为本质意志和选择意志，他从人与人的意志之间关系的角度，把人类社会分为共同体和社会两种类型，围绕二者的异同，作者考察了二者的概念、二者的形成发展的历程，以及二者发展过程中的构成要素，以及不同阶段人的心理、人与人之间的关系等，对人类社会发展历程中形成的各种因素进行了概念界定和理论分析。

首先，滕尼斯认为共同体的理论出发点是人的意志完善的统一体，这种共同体是一种原始的或者天然的状态，其主要溯源于三种关系："1. 通过一个母亲和她的孩子之间的关系；2. 通过丈夫和妻子作为夫妻之间的关系，这个概念必须从天然的或一般的动物的意义来理解；3. 通过作为兄弟姐妹之间的关系，也就是说，至少作为同一个娘胎出生的后代相互认识的人之间的关系。"① 血缘共同体、地缘共同体和精神共同体是共同体的三个重要表现方式，而且三者之间相互联系，即表现为亲戚、邻里及友人之间的关系，滕尼斯对共同体阶段中的家庭、家族、人的财产等方面进行了考察。权威、默认的一致、契约等逐渐出现是人类发展到一定阶段的产物。随着交换的发展，个人财富的分化以及城市的出现，社会——这一人类全新生存方式类型开始出现了。滕尼斯认为社会是由个人结合而成的，在社会中人的行动都是为了个人的利益。他对价值、契约、财产、信贷、交换、商人、市场、劳动力等方面进行了阐述。

其次，本质意志和选择意志。滕尼斯认为无论是共同体还是社会，都和人的意志有密切的关系，他在这部分对人的意志两种形式——本质意志和选择意志进行了概念界定。同时，滕尼斯对本质意志的表现形式中意、习惯、

① 斐迪南·滕尼斯. 共同体与社会：纯粹社会学的基本概念［M］. 林荣远，译. 北京：商务印书馆，1999：51.

记忆以及选择意志的表现形式进行了阐述，而且滕尼斯从本质意志和选择意志的角度对人类生活的各个方面进行了考察和解释。滕尼斯认为人的这两种意志互相结合，同时又互相对立，二者分别产生了共同体与社会。

最后，自然法的社会学根据。滕尼斯对人类社会自然法的发展历程进行了论述，并对法所依附的现实组织——公团、国家等进行了论述。滕尼斯认为，在共同体中，公团等发挥着重要作用，而在社会里，国家、公众舆论逐渐取而代之，“公众舆论本身提出要确立普遍的和适用的准则要求，而且不是建立在一种盲目信仰的基础之上的，而是建立在清楚地认识到由它承认、接受的信条的正确性之上的”①。

总之，作者围绕共同体和社会两种类型的概念，对人类社会的生活状态进行了概括和比较分析，从而为人们理解人类社会的发展历程，以及对资本主义社会的研究提供了概念基础和理论依据。

【分章导读】

本文一共分为四部分，前言、第一卷、第二卷、第三卷，共约 24.7 万字。

前言 由于该书在滕尼斯生前一共出版了 8 版，因此，在不同时期，面对不同人的评论和观点，滕尼斯在不同版本的前言中对这些评价阐述了自己的见解。而且，作者在前言中也对以往的学派和思想家如理性主义、个人主义和社会主义等的思想、观点以及研究方法进行了评论，并简单地介绍了在社会学发展过程中有贡献的人物的思想。

第一卷 主要概念的一般界定 该卷分为主题、第一章和第二章。作者对社会学的基本概念——共同体与社会进行了概括和阐释。

主题 在这一部分，滕尼斯对共同体和社会的本质进行了描述，认为“关系本身即结合，或者被理解为现实的和有机的生命——这就是共同体的本质，或者被理解为思想的和机械的形态——这就是社会的概念”②。

第一章 共同体的理论 在本章中滕尼斯主要对共同体的内涵、特征以及不同的发展阶段进行了阐述。滕尼斯认为，共同体理论的出发点是人的意

---

① 斐迪南·滕尼斯. 共同体与社会：纯粹社会学的基本概念 [M]. 林荣远，译. 北京：商务印书馆，1999：324.

② 斐迪南·滕尼斯. 共同体与社会：纯粹社会学的基本概念 [M]. 林荣远，译. 北京：商务印书馆，1999：52.

志的结合，其基础是三种关系，即母子关系、夫妻关系以及兄妹关系。这三种关系构成了共同体胚胎的重要源泉。滕尼斯认为共同体和人的本能有着密切的关系，在孩子成长的早期，由于具有依赖母亲的特性，因此，滕尼斯提出用本能和中意来阐释母子关系，并认为母子关系经历了从肉体的结合到纯粹精神结合过渡的两个阶段，随着时间的推进，孩子对母亲的依赖性减少，习惯和记忆开始成为孩子对待周围事物的重要方式。关于夫妻关系，滕尼斯主张用相互习惯以及共同财产等来维系，这种关系是一种持久的、相互肯定的关系。关于父子关系，滕尼斯认为父亲的统治是文明状态的普遍形式，“父亲的地位最纯粹地阐明在共同体意义上的统治的理念：统治并不意味着使用和支配以利于主子，而是意味着作为完成生养任务的教育和教导，传授大量的亲身生活经验”[①]。滕尼斯也从劳动的分工角度对上述三种关系进行了阐述，并对一种优越的力量——威严或权威在共同体中的作用进行了分析。

滕尼斯认为，随着血缘共同体的发展，地缘共同体和精神共同体逐渐形成。三种共同体之间的关系是紧密联系的，这种联系表现为亲属、邻里和友谊三个方面。共同体的形成是一个历史的过程，在血缘关系基础上形成的家庭是共同体生活的重要特点。滕尼斯认为人类在早期的狩猎阶段，由于生活的变动性，共同体生活并没有正式形成，只有到了农耕时代，伴随着人类生活方式趋向稳定性和持久性，共同体生活才逐渐形成。随着家族的发展，“家族由 3 个阶层或 3 个球体组成，它们围绕着同一个圆心运动”[②]。滕尼斯把真正的家分为“孤立的家”“农民的家”以及“城市的家”，家庭、村庄、城市是共同体发展的三个阶段。滕尼斯对三者内部的权力运行及其基础进行了分析。

第二章　社会的理论　在这一章中，滕尼斯对社会的特征以及社会的外在表现形式进行了分析。滕尼斯认为，社会是一个人的群体，在社会里，人与人保持着结合中的分离，在个人的身上表现着社会这个统一体的意志和精神，在社会中，人都是为自己谋利的，人与人之间的关系处于紧张状态中。在滕尼斯的理论中，社会是一个以商品交换为基础的商品社会，滕尼斯对价值、商品、货币、契约、资本与劳动、社会主体等社会要素进行了分析和

---

① 斐迪南·滕尼斯. 共同体与社会：纯粹社会学的基本概念 [M]. 林荣远，译. 北京：商务印书馆，1999：61.

② 斐迪南·滕尼斯. 共同体与社会：纯粹社会学的基本概念 [M]. 林荣远，译. 北京：商务印书馆，1999：80.

研究。

滕尼斯认为价值是一种客观的品质，这种品质是衡量商品交换的重要标准，在社会中，随着商品交换越来越普遍化，处于其中的人总体上是为社会工作的，同时人又表现为为自己工作，社会的整个劳动就是由个人的劳动所组成的原子构成的，通过交换，人把自己手中无用的价值换出去，并获得一个相同的，对其来说有用的价值。

货币的出现是商品交换的必然结果。在社会中，商品生产者之间处于相互制约的关系之中，为了衡量各种价值，有必要通过一个中介，这种中介能够确定商品的市场价格，买者和卖者也只能在市场价格上下一定范围内进行讨价还价。作为社会的产物，货币也只能在社会的交换中使用。

滕尼斯认为契约是两个不同的单独意志相交在一点上的合量。债务涉及债权人和债务人，二者之间是一种契约关系，而且在这种特殊的契约关系中，体现着商品交换的思想。滕尼斯考察了商品社会发展的过程，认为在商品经济成为社会占主导地位的过程中，资本和劳动力逐渐分化，一个具有自我调节能力的商品交换体系逐渐形成。在这个体系中，以平均的劳动时间为基础，商品价格上下波动，而作为价值的创造主体——劳动力，则附属于这个体系并成为制造价值的工具

第二卷　本质意志和选择意志　该部分分为三章，滕尼斯在这里主要对人的意志的形式进行了划分和分析。

第一章　人的意志的形式　在这一章，滕尼斯把人的意志分为本质意志和选择意志，并对二者进行了考察和分析。滕尼斯把本质意志看作“人的身体的心理学的等价物，或者是生命的统一的原则”①，而选择意志则是人的思维的产物。滕尼斯从心理学的角度对本质意志和选择意志的形成、发展以及二者各自不同的形式等方面进行了研究和划分，提出本质意志的三种形式：中意、习惯和记忆。所谓中意，就是在人的意志里，天生地对某些事物和某些活动的乐趣，滕尼斯把其称为人的意志的普遍的、动物本能的本性或者中意。这种中意有三重属性，并且与人的自身再生产有密切关系。所谓习惯，就是由于经验而产生的意志或乐趣，这种习惯是人们在实践中通过锻炼获取和得到强化的。所谓记忆，滕尼斯认为是习惯的一种进化，他把“记忆”看

① 斐迪南·滕尼斯. 共同体与社会：纯粹社会学的基本概念［M］. 林荣远，译. 北京：商务印书馆，1999：146.

作心灵的生命的原则，是人的意志的特殊的标志。而作为本质意志的形式，它们都来源于人的感情，通过人的劳动而形成。滕尼斯把选择意志分为深思熟虑、心愿以及概念，认为人的选择意志思想与社会相结合，本质意志思想与共同体结合。

第二章　对立的阐释　滕尼斯从本质意志和选择意志之间对立关系的角度对社会中人的一些行为和表现进行了解释和说明。滕尼斯把本质意志和选择意志形态之间的关系比作器官系统整体和局部之间的关系。他认为人的本质意识形式的实质就是人的本质或自由。而这里的自由“无非就是个体的生命和工作的被感觉到的或者被知晓的现实的可能性。它无非是一种普遍的和不确定的倾向（活动，力量），这种倾向在那些形式里变为特殊的和特定的倾向，即变为确定了的概率的可能性”①。选择意志作为（主观的）自由的否定，其各种形式意味着作为选择意志主体的人陷入矛盾的境地，选择意志的材料就是存在于人的思维中的自由。滕尼斯把人的一些社会行为，如获取知识，进行艺术活动等与人的本质意志或选择意志相联系起来。

第三章　经验的意义　关于人与选择意志的关系上，滕尼斯认为人的主体性使选择意志成为必要，并且发展着选择意志，通过选择意志，人的主体性在不断地发展和提升。人必须在经验中获取各种能力，滕尼斯从男女之间秉性、性格、思维方式的异同，以及不同年龄段的人们（如青年和老年）之间的能力的发展、异同等方面考察了本质意志和选择意志的发展过程。滕尼斯分析了男人在实践过程中不断培养自己的注意力、判断力等，并阐述了本质意志本身是如何包含着发展为共同体的条件，以及选择意志是如何令社会产生的。

第三卷　自然法的社会学的根据　该部分包括三章，作者在这里主要对自然法及意志的现实表现形式进行了论述。

第一章　定义和命题　滕尼斯首先论证了个人与统一体之间的关系，他认为每一个集会都有自己的“人格”，并且这个集会包含着对选择意志的抉择。在共同体中存在两种法原则，一种为人与人之间作为一个整体的天然成员关系，另一种则表现为个人之间相互独立，通过自己的选择意志，形成相互间的关系。财富与财产、货币、债务等都是社会中人的选择意志的重要表

---

① 斐迪南·滕尼斯. 共同体与社会：纯粹社会学的基本概念［M］. 林荣远，译. 北京：商务印书馆，1999：193.

现。滕尼斯把占有（Besitz）与本质意志的形式联系起来，把财富（Vermoegen）与选择意志的形式联系起来，提出占有是有机的和内在的财产，财富是外在的和机械的财产。他提出了分属于共同体和社会内部的几对概念：本质意志和选择意志、自我和个人、占有和财富、土地和货币、家庭法和债务法，考察了契约关系的形成、平等交换的发展、人与人结盟关系的深化，认为这些方面都促使了社会的形成。在社会中，联合成为普遍现象，财富资本的联合是最重要的表现。

第二章　法中的自然之物　滕尼斯认为对古代法哲学中关于法是自然产物或者是人为产物进行了回答，他认为法作为从人的意志中产生的东西，其既是自然的，又是人为的，一切共同体的法是人们思维的产物。滕尼斯对自然法、普通法以及罗马法进行了分析，认为以往人们考察法的发展历程中都没有摆脱“中意和不中意的判断”的束缚，而“在事实上，只有通过个人现实地摆脱家庭、地区和城市、迷信和信仰、继承和流传下来的礼仪、习惯和义务的种种束缚，一种理性的、科学的、自由的法才有可能产生”[①]。

第三章　被约束的意志的形式——公团和国家　滕尼斯认为，人们在早期逐渐形成的习惯和习俗对于维持共同体的存在和发展有着重要的作用，这些习惯或习俗是普遍意志的表现，他把习惯或习俗的主体或载体即一个地区的人民称之为公团，并把公团分为父权家长制的公团、农业地区的公团、城市的公团三种类型。而公团和军队、协会等有着密切的关系。滕尼斯认为国家具有双重的性质：“它首先是普遍的、社会的结合，它的存在以及它的建立仿佛目的在于保护它的各种主体的自由和财产，因此也是表现和执行建立在契约的有效性之上的自然法。”[②] 滕尼斯把国家看作是虚构的或者人为的人格。滕尼斯对共同体的意志形式“信仰与宗教”“社会的意志形式：学说”“公众舆论”进行了分析。

附录　结论与前瞻　滕尼斯认为一种共同生活需要秩序，而法则作为社会意志的客体，具有现实性并发挥着重要的作用。每一个处于社会中的人都是自由的、自主的人，这样的人彼此具有对抗性，人们之间通过惯例或在惯例中所表现的相互惧怕来维持和平与交往，随着国家的产生，科学和公众舆

① 斐迪南·滕尼斯．共同体与社会：纯粹社会学的基本概念［M］．林荣远，译．北京：商务印书馆，1999：295.

② 斐迪南·滕尼斯．共同体与社会：纯粹社会学的基本概念［M］．林荣远，译．北京：商务印书馆，1999：318.

论的发展，人与人之间的和平状态得到维护和美化。滕尼斯认为随着这种变化，人类社会从人民的文化走向国家的文明，在这一过程中，城市、法制、商业等逐渐发展起来，社会各个方面发生着巨大的变化，出现“一个社会的时代紧随着一个共同体的时代而来。后者以社会的意志作为和睦、习俗、宗教见称，前者则以社会的意志作为惯例、政治、公众舆论见称”[①]。

【意义与影响】

第一，该书为社会学作为一门独立的学科做出了重大贡献，滕尼斯运用二分法，对共同体和社会进行了概念界定和内容分析，为社会学的研究提供了综合理论基础和方法论指导。《共同体与社会——纯粹社会学的基本概念》一书，是“德国社会学史上一部划时代的著作，他贡献出了德国社会学的第一个大的综合体系”[②]。滕尼斯通过对人类社会整体的考察，提出人们存在共同体与社会两种生存状态。并运用辩证的方法，对处于共同体和社会中的人，以及人与人在不同阶段、不同环境下形成的不同关系进行了抽象的考察，这为人们进一步研究提供了思路和概念基础，也启示人们在进行社会学理论研究时，要注重抓住时代变化的特点，贴近社会现实，进而提出创造性的思想。

第二，该书汲取了以往思想家和理论家的重要思想，是一部具有时代特色和理论特色的著作。20 世纪前后的欧洲是一个充满变动的社会，现实革命运动的此起彼伏、社会的快速进步，为滕尼斯考察社会问题提供了现实基础和源泉。而西方社会在近代中孕育了众多的思想家和理论家，形成了不同学派，这为其进行理论研究提供了重要基础。作为一名德国思想家，滕尼斯承继了德国理论界享誉世界的严谨、思辨的优良传统。他有效地借鉴和运用了以往思想家的思想、观点和方法，如对共同体和社会运用辩证的方法以及心理学的方法进行考察，而且在该书的字里行间，渗透着个人主义和理性主义的思想痕迹。这一方面体现了滕尼斯深厚的学术积淀，另一方面也为人们研究问题提供了思考，即能够跨学科、跨领域进行思考和研究问题。

第三，作为社会学的奠基之作，由于受限于时代条件和历史因素，其内容和思想具有一定的局限性和不足。作为推动社会学成为一门独立学科的奠基者，滕尼斯依然受到以往社会哲学和历史哲学的影响，并把法学、法哲学

---

① 斐迪南·滕尼斯. 共同体与社会：纯粹社会学的基本概念［M］. 林荣远，译. 北京：商务印书馆，1999：339－340.

② 于海. 西方社会思想史［M］. 上海：复旦大学出版社，1993：288.

和国家学说混合在一起，力图以经验观察材料为线索来构建理论体系。而且随着人类社会在资本主义生产方式的影响下，社会各方面发生着巨大的变动，这种变动甚至一直持续到现在，尤其是在二战以后，无论是现实社会还是理论思想都发展迅速，经济全球化、政治民主化、文化多元化、社会信息化的趋势明显加速，跨国公司的发展、金融业影响力的扩大等，这些与20世纪迥然不同的社会现象，都为社会学研究提供了新的挑战和新的研究思路。

【原著摘录】

前言 P1－50

第一卷　主要概念的一般界定 P51－144

主题 P52－57

P52　关系本身即结合，或者被理解为现实的和有机的生命——这就是共同体的本质，或者被理解为思想的和机械的形态——这就是社会的概念。

P54　共同体是持久的和真正的共同生活，社会只不过是一种暂时的和表面的共同生活。因此，共同体本身应该被理解为一种生机勃勃的有机体，而社会应该被理解为一种机械的聚合和人工制品。

第一章　共同体的理论 P58－94

P58　共同体的理论出发点是人的意志完善的统一体，并把它作为一种原始的或者天然的状态。尽管经验上的分离，而且由于这种分离，原始的或天然的状态仍保持着。根据受不同条件制约的个人之间形形色色关系的必然的和既定的性质，保持这种状况。

P61　父亲的地位最纯粹地阐明在共同体意义上的统治的理念：统治并不意味着使用和支配以利于主子，而是意味着作为完成生养任务的教育和教导，传授大量的亲身生活经验，这种传授只能随着孩子的长大逐步地得到回应，并建立一种真正相互的关系。

P64　有一种优越的力量，它被用于下属的福利或者根据下属的意志实施，因此也为下届所首肯，我把这种力量称为威严或权威。

P65　血缘共同体作为行为的统一体发展为和分离为地缘共同体，地缘共同体直接表现为居住在一起，而地缘共同体又发展为精神共同体，作为在相同的方向上和相同的意向上的纯粹的相互作用和支配。地缘共同体可以被理解为动物的生活的相互关系，犹如精神共同体可以被理解为心灵的生活的相互关系一样。因此，精神共同体在同从前的各种共同体的结合中，可以被理解为真正的人的和最高形式的共同体。

P71－72　相互之间的——共同的、有约束力的思想信念作为一个共同体自己的意志，就是这里应该被理解为默认一致（consensus）的概念。它就是把人作为一个整体的成员团结在一起的特殊的社会力量和同情。

P76　共同体的生活是相互的占有和享受，是占有和享受共同的财产。占有和享受的意志就是保护和捍卫的意志。

第二章　社会的理论 P95－144

P95　在共同体里，尽管有种种的分离，仍然保持着结合；在社会里，尽管有种种的结合，仍然保持着分离。于是在这里并不存在着派生于首先和必然存在的统一体的行动，因此，只要行动是由于个人而产生的，也在个人身上表示着这个统一体的意志和精神。所以行动的发生与其说是为了与个人结合的人们，不如说是为了他自己。

P97　交换本身作为联合一致的和唯一的行动是虚构的社会意志的内容。联系到这个意志，换出的货物或价值是同等的。

P99　价值是一种客观的品质：正如长度对于视觉和触觉、重量对于触觉和肌肉觉很重要一样，价值对于理智也十分重要，理智把握和理解着社会的事实。

P102　任何交换的一致的意志，只要把交换设想为社会的行为，就叫作契约。

P119　商人或者资本家（货币的持有者，货币通过双重交换是会增加的）是社会的天然的主人和统帅。

P134　平均的社会需要的劳动时间概念既是至关重要的，也是很难应用的（犹如政治经济学的一切正确的概念一样），它必须仍然局限在出现在商业领域里的真正实物商品的生产上，因为以及一旦在这里竞争着的供应者可能制造出实际上无限量的物品和在最有利条件下的生产者——至少在表面上——能够满足整个需求。

P144　在自由的市场上，商品价格围绕着它的价值关系摆动。但是，劳动力本身如同土地一样，不具有天然的价值。它的价值根据它的性质，根据供求量的大小和迫切性浮动，而且也根据它的出售者即劳动者自身的联合力量浮动。

第二卷　本质意志和选择意志 P145－244

第一章　人的意志的形式 P146－191

P146　本质意志是人的身体的心理学上的等价物，或者是生命的统一的原则，只要把生命设想为处于现实的形式下，思维本身也属于现实（quatenus sub attributo cogitationis concipitur）。本质意志包含着思维，犹如有机体包含着大脑的细胞一样，大脑细胞的兴奋必须想象为与思维相当的生理学上的活动（无疑，语言神经中枢肯定也参加这种活动）。

P147 选择意志是思维本身的产物，因此，只有在同它的发端者——思维的主体——的关系上，才赋予它以固有的真实，哪怕这种固有的真实可能为他人所认识，本身可能被他人所承认。

P153 在人的意志里，天生的对某些事物和某些活动的乐趣，我称之为它的普遍的、动物本能的本性或者它的中意。

P155 与此相区别的是作为本质意志的另一种即动物性的形态：习惯。这就是由于经验而产生的意志或乐趣；原先冷淡的或者令人不舒服的理念，通过它们与原先令人舒服的理念的结合和混合，就会变得令人舒服些，直至它们转入生命的循环，而且仿佛转入血液之中。经验就是实际锻炼。

P158 记忆要理解为心灵的生命的原则，因而也要理解为人的本质意志的特殊的标志。

P172 一般的同一种自由的举止的关系，或者同选择一种对象的关系，也就是说，在与此有关的一种活动中，这种形式叫作深思熟虑。

P173 选择意志的另一种形式在于它是针对某些特定的单一行为的，我称之为心愿。

第二章　对立的阐释 P192－216

P194 选择意志的材料就是自由，只要这种自由在其主体的思维中存在，作为愿望和非愿望、“为”和“不为”的大量的可能性和力量，存在于思维之中。

P202 本质意志的形式及其形态的概念，本身无非是一些思维的人造物；它们是一些器械，是用来便于理解现实的。

P213 选择意志本身就是艺术的精神。它是自己形成的，用新的内容来充实自己，并且赋予内容以新的形式。然而，它也是产生观念和思想的复合物，言词和句子，判断，突发的念头，决心。这一切都产生于幻想，都萌发于整个感觉。

第三章　经验的意义 P217－244

P224 只有通过思维和知识，或者通过学习了正确的东西和责任即通过记忆和良知，人才变为其人，变得有责任心，也就是说，才知道他在做什么。

P233 本质意志本身是如何包含着发展为共同体的条件的，而选择意志又是如何令社会产生的。因此，共同体的生活和劳动的领域也产生适合于妇女们，对她们甚至是必要的。

第三卷 自然法的社会学的根据 P245－346

第一章 定义和命题 P246－286

P246 自我或者人的意志的主体是统一体，犹如本质意志的形式一样：即一个统一体之内的统一体和本身包含着若干统一体的统一体。

P250 个人或者选择意志的主体。犹如选择意志的形成那样，是通过他的外在的目的规定的统一体，偶然决定的统一体（unum per accidens），是机械的统一体。

P252 作为自然人，一切人相互间都是平等的。每个人都拥有不受限制的自由，可以随便确定各种目的，随意使用各种手段，每人都是他自己的主人，没有任何人是别人的主人，他们是相互独立的。

P253 一个集会只要代表自身，就是一种人为的人格。它之所以能作为一个选择意志的统一的主体采取行动，仅仅是因为它本身包含着作为自然人的人，本身确定和假定他们的多数一致的肯定或否定作为选择意志——不是这些意见一致者的，也不是他们所有人的选择意志，因为这二者总是只能产生很多的选择意志，而是这种想象在他们之外和之上的、统一的、人格的本质的（集会的）选择意志。

P257 作为人的本质意志的范围，我理解的是：一个人或一群人自身所拥有的作为属于他或他们力量的东西的总和，只要这些力量是一个统一体，它的各种主体通过记忆和良知使所有它们的状况以及对内和对外的变化与自己相关联，感到是与自己相结合的。

P257 作为人的选择意志的范围，我理解的是：包括一个人是什么和一个人拥有什么的一切，只要他通过他的思维决定着它们的状况和变化，他理解它们是依附他的思维的，他在他的意识里掌握着它们。

P258 占有的理念最纯粹地表现在同其他人的身体和生命的关系上；财富的理念则是最纯粹地表现在同其他人可能的行动的关系上。

P263 倘若我们从历史的一个终点出发，从一种社会的状况出发，在那里个人的一切关系都结合在家庭的关系中，那么，我们总是似乎走进了一个社会制度的阶段，在这个阶段里，所有这些关系都渊源于个人的自由的一致。

P264 家庭的统治按其本质是整体对它的各个部分的统治，仅仅是一个局部对各个局部的统治，例如父亲、家族主人对儿子们和仆役们的统治，只要一个局部在其自我中明显可见地是控制着这个看不见的整体。整体首先适用于共同的财产，特别是对土地和地产的占有。

P266　第一种方式的统治在一种地道的共同体的基础之上，其纯粹的表现是父亲对孩子们的统治：权势者（potestas）的统治；另一种方式的统治的纯粹的表现是婚姻统治的权力：支配者（manus）的统治。

P278　最完善的共同体的“结盟”可以说是友谊；精神的共同体是建立在共同的事业或者职业之上的，因此是建立在共同的信仰之上的。

第二章　法中的自然之物 P287－299

P287　一切共同体的法都可以理解为人的、思维着的精神的产品：一种思想、规则、原理的体系。

P288　财产作为变成看得见的意志范围构成真正的法的核心，法与其说是涉及各个家庭成员之间的关系，不如说更多地涉及家族之间的关系。

P295　然而在事实上，只有通过个人现实地摆脱家庭、地区和城市、迷信和信仰、继承和流传下来的礼仪、习惯和义务的种种束缚，一种理性的、科学的、自由的法才有可能产生。

第三章　被约束的意志的形式——公团和国家 P300－327

P300　法既可能理解为共同的本质意志，也可能理解为共同的选择意志。但是，个人的本质意志的根子是在植物性的生命里发现的，而个人的选择意志的根子则是它的作为两种想通过和对立的快意价值的思想联合的普遍可能性。因此，共同体的意志的根子也蕴藏于植物性的生命里。因为物种和家庭的本质就是社会学意义上的植物性的生命，从根本上作为人的共同生活的实质的基础。社会意志的根子则是个人的选择意志的汇聚，个人的选择意志在交换的一点上相互交叉，这一点对于交换双方都是理智的或者正确的。

P301　风俗和习俗是人的共同体的动物性的意志。

P307　作为这种现行法的主体和载体的一个地区的人民，我称之为一个公团。公团被设想是有组织的人民作为特殊的、独特的自我，可以设想处于同其成员或机关的可能的关系中。

P318　国家具有双重的性质：它首先是普遍的、社会的结合，它的存在以及它的建立仿佛目的在于保护它的各种主体的自由和财产，因此也是表现和执行建立在契约的有效性之上的自然法。

P322　信仰基本上属于人民大众和下层人民：在儿童和妇女当中，信仰最为活跃。

P323 宗教的公团特别表现着一族全体人民的原来的统一和平等，人民作为一个家庭，通过共同的迷信崇拜及其场所，保留着对它的亲戚的记忆。

P324 公众舆论本身提出要确立普遍的和适用的准则要求，而且不是建立在一种盲目信仰的基础之上的，而是建立在清楚地认识到由它承认、接受的信条的正确性之上的。

附录 结论与前瞻 P328－346

P329 秩序是自然的法。一般而言，法＝现行法。因为法作为应该和许可做、要求做或允许做的事情的内容，从根本上说是一种社会意志的客体。

P329 社会的本质和意志是由和睦、习俗和宗教组成的，在其生命的过程中，在有利的条件下，形成极为丰富多彩的方式和形式。

P330－331 在人类的社会生活和历史生活中，本质意志和选择意志时而相互处于最深刻的相互关联之中，时而相互并存和相互对立。

P333 由本质意志和共同体所表现的共同生活的外在形态区分为家族、村庄和城市，它们是整个现实生活和历史生活的持久的类型。

P336 家庭生活是共同体的生活方式的普遍基础。它仍然保持在由于村庄生活和城市生活而得到的它的发展之中。

P344 按其基本的和贯穿于整个过程的下述现象，整个运动可以理解为这样一种倾向；从原始的（简单的、家庭的）共产主义和从中产生的、建立在此基础之上的（村庄的—城市的）个人主义，走向独立的（大城市的——普遍的）个人主义和由此确立的（国家的和国际的）社会主义。

【参考文献】

［1］于海. 西方社会思想史［M］. 上海：复旦大学出版社，1993.

［2］贾春增. 外国社会学史［M］. 3 版. 北京：中国人民大学出版社，2008.

［3］韩洪涛. 简论西方社会的精神共同体思想［J］. 郑州大学学报（哲学社会科学版），2010（4）.

［4］王冬梅. 从小区到社区：社区“精神共同体”的意义重塑［J］. 学术月刊，2013（7）.

［5］陈越骅. 伦理共同体何以可能：试论其理论维度上的演变及现代困境［J］. 道德与文明，2012（1）.

十、《社会学的想像力》

[美] C. 赖特·米尔斯　著
陈强，张永强　译
生活·读书·新知三联书店，2001 年

【作者简介】

C. 赖特·米尔斯（1916—1962），美国社会学家，文化批判主义的主要代表人物之一，以其对社会制度的批判而著名。主要著作有 1953 年出版的《白领：美国的中产阶级》、1956 年出版的《权力精英》以及于 1959 年出版的《社会学的想像力》。在 1946 年米尔斯与格斯合译《韦伯社会学文选》，1953 年与格斯合著《性格与社会结构》。其中，《权力新贵：美国的劳工领袖》《白领：美国的中产阶级》《权力精英》被称为“社会分层三部曲”。

C. 赖特·米尔斯出生于 1916 年 8 月 28 日，毕业于威斯康星大学，主要研究社会与政治理论，兼修史学与人类学。20 岁获得威斯康星大学研究奖金，25 岁获得博士学位。其后在哥伦比亚大学担任教授，在此度过其大部分学术生涯。米尔斯于 1962 年 3 月 20 日在纽约病逝，年仅 46 岁，后被誉为“当代美国文明最重要的批判家之一”。逝世时，米尔斯留下了四篇未完成书稿和一本已完成书稿《马克思主义者》。这四篇稿子分别是关于知识分子、新左与一个虚拟的苏联知识分子的对话，以及一个涵盖全世界一百多个国家社会状况的“世界社会学”大书。

米尔斯早年以《白领：美国的中产阶级》而著称，其中与格斯合译，于 1946 年出版的《韦伯社会学文集》，被称为权威译本。1946 年，米尔斯在哥伦比亚大学应用社会研究中心成立劳工研究分部。《权力精英》一书，主要介绍了美国的政治、军事、经济精英中的关系和阶级联盟。在《社会学的想像力》中，米尔斯提出了社会学与历史之间的正确关系。米尔斯的传记作者 Daniel Geary 曾指出，其作品在 20 世纪 60 年代，曾对新左派社会运动起了特别重大的影响。《社会学的想像力》问世三年后，米尔斯就因心脏病突发而去世，因此有人说这本书是米尔斯献给社会学的“天鹅之歌”。《社会学的想像力》是米尔斯的集大成之作，一方面，它承继“社会分层三部曲”中对于大众社会的实质分析，尤其是对二战以来以美国为代表的大众社会的深入剖析，并在此基础上进一步提出大众社会中的人性问题；另一方面，探讨了知识分子、社会研究者在大众社会中所应采取的立场、姿态和涉入方式，尤其是提出了以想象力来追寻一个公众社会的理想，用马克思的话说，米尔斯在这本书中不仅要“解释世界”，还试图“改变世界”[①]。在回顾米尔斯的学术生涯时，沃勒斯坦曾经提出这样一个问题：“米尔斯是一个充满想象力和洞察力的社会科学家，他的很多作品都将因为其中实质性的具体分析而被长久阅读。但是这句话同样也适用于很多别的学者。”[②]

米尔斯主要著作：中译本《社会学的想像力》(2001 年)、《权力精英》(2004 年)、《白领：美国的中产阶级》(2006 年)、《权力新贵：美国的劳工领袖》(2006 年)，英文版著作 *The Weber Sociology Anthology* (1946 年)。

【写作背景】

美国社会学家 C. 赖特·米尔斯《社会学的想像力》这一代表作于 1959 年由美国纽约牛津大学出版社出版。当时的美国乃至于整个西方文明都处于一种混沌状态之中：大众消费社会来临、权力集中于科层制顶峰、知识分子与工人领袖被收编，以及普通人的弱智化。在当时的美国社会乃至西方大众社会中，工作中的人变成了各种管理技术的操纵对象，人们被局限在日常生活狭小的社会环境中。

米尔斯针对当时美国大众社会现状对此进行深入剖析，指出，“我们的时代是焦虑与淡漠的时代，但尚未以合适方式表述明确，以使理性和感受力发

---

① 闻翔. 从“大众社会”到“社会学的想像力”理解米尔斯的一条内在线索 [J]. 社会，2012 (4).

② 闻翔. 社会学的想像力：五十年后再回首 [N]. 中国社会科学报，2009-09-03.

挥作用"[①]。他认为，这种大众社会的现实是人类文明的退化，甚至退到了启蒙之前。米尔斯认为，启蒙运动的确立既是人类对自由的追求，也是对理性的肯定，其核心是在社会生活中确立理性观念，运用理性改变现存状态和处境，扩大人的自由度，实现人类内在与外在自由的统一。将自由与理性视为"至尊之事"的自由主义在当代"成为掩盖社会真相的无关痛痒的手段"，马克思主义虽然认为"自由与理性是至高无上之事"，现在却成了"对官僚制滥用职权进行保护的乏味修饰物"。用米尔斯的话说，就是"从现代生发而来的第四纪元的意识形态的标志，是自由与理性的观念变得不那么确定了，是理性的增进并不必然伴随自由的增进了"。所有这些都表明，人类所珍视的价值"自由与理性"正在遭受着前所未有的威胁，作为关注于"人类的本质"的社会科学家，应该去探究这一现象，去解答人们因这一价值受到威胁而产生的焦虑、迷惑和困扰[②]。

【中心思想】

《社会学的想像力》堪称米尔斯一生学术精华的大成之作。它以批判美国社会学界的成果作为全书的探讨主题，运用社会学的观点，结合作者在社会阶层等方面的研究经验，对当时盛行的古典社会学、形式社会学和经验社会学提出了批评。

总的说来，本书的社会学的想象力是建立在批判的基础上的。具体说来，其批判从五个方面展开。第一，对"宏大理论"的批判。第二，对抽象经验主义的批判。第三，对实用性的批判。第四，对科层制气质的批判。第五，统一的科学哲学是解放社会学的想象力的重要手段。在批判的最后，米尔斯针对科学哲学进行了简短的分析。在对社会科学中存在的流行趋势进行批判之后，米尔斯提出了对这些"偏向"的矫正方法。他提出"恢复常态"的方式是回归社会学的经典传统，进一步指出：第一，社会科学家研究运用历史的重要性。第二，社会科学家的政治职责。第三，公共知识分子研究的转向。所以，在《社会学的想象力》中，米尔斯对公共知识分子的论述是结论性的，尽管篇幅比较短。米尔斯认为公共知识分子是一个应然的角色，社会对公共知识分子有这样的角色期待。公共知识分子角色一定是作为学者的知识分子

① C. 赖特·米尔斯. 社会学的想像力［M］. 陈强，张永强，译. 北京：生活·读书·新知三联书店，1997：10.

② 白八斤. 对自由与理性的呼唤：解读《社会学的想像力》［J］. 学理论，2009（30）.

具有与之相匹配的学术能力——确定研究问题、选择正确方法以及表述的方式。

本书由一系列讲演稿和部分已发表的论文汇集而成，共有10个部分和1个附录，系统、明确地阐述了米尔斯的激进社会学观念。他极力倡导运用社会学想象力的方法，透过社会平衡和稳定的表象，洞察人类社会冲突和变迁的本质。该书出版后，在西方社会学界引起了巨大的反响和震荡，成为否定传统社会学理论的激进的和批判的社会学的宣言书。

【分章导读】

该书共10章，分4部分。第一章是绪论，第二至六章提出了社会学的研究偏向，并具体进行批评分析，第七至十章是重新回到社会学的前景上，介绍其新观点，即社会学研究应具备的新方法与新视野。最后一部分是附录。其核心内容是米尔斯独特的社会学方法论。而全书内容能够展开是因为米尔斯在运用“社会学的想象力”进行反思。

第一章　前景　本章中米尔斯从当代美国社会中“个体的困扰”入手，指出“造成这种跌入陷阱的感觉的，是世界上各个社会的结构中出现的似乎非个人性的变化”，普通人感到适应不了如此突然就要面对更广泛的世界，不能理解置身的时代对自身生活的意义，“他们需要的不只是信息”，“需要的以及他们感到需要的，是一种心智的品质，这种品质可帮助他们利用信息增进理性，从而使他们能看清世事”①，而这种品质正是全书始终贯穿并论述的“社会学的想象力”。接着，米尔斯论述了社会学想象力是什么，其重大意义以及写作此书的目的，以揭示社会科学的本质。在对目前社会学研究的三个总体发展趋势即倾向于一种历史理论，倾向于关于“人与社会的本质”的系统性理论；倾向于在对当代社会事实和问题的经验研究的基础上，指出社会学的想象力是一种视角转换的能力，从一种视角转换到另一视角的能力，等等，涵盖从最不个人化、最间接的社会变迁到人类自我最个人化的方面，并观察二者之间的关系。它所做的最有成果的区分是“环境中的个人困扰”和“社会结构中的公共论题”，能建立起对整个社会及其组成部分的充分认识，能帮助社会科学研究完成其学术和政治任务。

---

① C. 赖特·米尔斯. 社会学的想像力［M］. 陈强，张永强，译. 北京：生活·读书·新知三联书店，1997：3.

第二章　宏大理论　这一章中米尔斯以帕森斯的《社会系统》作为宏大理论的典型。米尔斯用其历史主义、人文主义视角看待帕森斯的逻辑主义，对帕森斯的研究进行了总体评价，提出了宏大理论的根本缺陷，但忽视了帕森斯的功能主义的重要贡献。米尔斯认为，宏大理论的思考层次的一般化，其无法合乎逻辑地回落到观察上，是其主要弊端，但其真正的问题是缺乏他是感受，即不现实性。逻辑推论的建构，开创了社会学的新的方法；开创了社会学从悲观主义向乐观主义的转向，研究领域从下层社会拓展至全社会，同时使模糊的社会学研究主题明确了。米尔斯指出，对宏大理论的批判其目的是帮助宏大理论家从毫无实际意义的空中楼阁走下来，以利于社会科学更为明确具体的发展前景①。

第三章　抽象经验主义　总结起来，米尔斯在这一章中主要从以下五个方面对抽象经验主义进行分析与批判。

一是抽象经验主义始终避开结构问题，偏爱情境问题，“人们的具体行为”并非他的研究单位。没有结构情景，缺乏历史社会结构的基本思想，研究偏重重复出现的社会情境和问题，他们试图解决的问题无法给予充分的陈述，研究更多落在了当代，与阐明实质性问题背道而驰。

二是抽象经验主义受制于方法论，在研究实践中，更关注科学哲学，而非社会研究本身。他们信奉自然科学哲学为唯一的科学方法，这一方法严格限制了他们选择的研究方向和表述问题的方式，即社会研究被方法论和规则制约，而不考虑内容、问题及领域。

三是研究结果真实性值得考验。在某些研究的行当中，细节的事实或关系被不着边际的臆想“解释”得颇有说服力。许多研究只是碰巧获得了商业价值和基金会的青睐，而远非其代言人所称，与科学的严格要求相一致。造成这些事实堆砌的研究单调乃至空洞的一个原因是，研究者很少或根本没有进行直接的观察，“经验事实”是由一些在科层机构指导下技巧生疏的人收集的。统计仪式，多大程度上是真实的。

四是发展的趋势脱离了“从理论层次到经验层次、从经验层次到理论层次的循环往复的研究”，背离了“发展理论以揭示社会事物的规律”的宗旨。理论变为用于解释统计结果的变量，经验资料在实践中不过是大量可重复、

---

① C. 赖特·米尔斯. 社会学的想像力［M］. 陈强，张永强，译. 北京：生活·读书·新知三联书店，1997：34.

可度量的统计性事实和关系。米尔斯批判了经验抽象主义认为的"必须研究具体的问题，然后在未来某一时刻把许多烦琐、细致而耗时的调查加以综合，构建成更广泛的知识，以构筑某个可信赖可证实的整体的形象"。抽象经验主义时间与金钱花费昂贵，要考虑提供经费的利益集团关心的问题。于是，研究者选择问题时，很难采取可以让成果真正积累起来的方式，无法对一系列实质性问题进行富有成效的思考。

五是抽象经验主义已开始采用行政机构并吸收和训练学者类型，这种行政机构将变得更为庞大、更具影响力。这种研究风格与行政造物主相伴随，对未来社会研究及科层化有重大关系。米尔斯在人文主义思想指导下看待实证主义，认为调查实证是研究工具，调查本身的精确性值得质疑，思想的发展不可能用调查推动，要通过思想的思辨形成新的理论。

第四章　形形色色的实用性　这一章中米尔斯将"形形色色的实用性"作为批判的总的方面，包括若干小的实用性。并列举了一些实用性的表现，进而对这些现实进行了批判，例如，社会科学的研究工作总是伴随着评估问题，往往是对冗长教条的问题解析，而根本没有直接触及问题实质；有些批评家仅根据结论来评判社会科学的研究工作；对有些社会学家把研究精力放在研究小规模环境的细节问题，而不将其置于他所处时代的政治冲突与力量之外；社会研究往往以军事首脑和社会工作者等人提供直接服务；社会科学更多以意识形态方式得到应用；一些历史学家重写历史以服务于当前意识形态的目的等。米尔斯认为，重于对事实调查，进行分散研究，是自由主义的实用性作为一种社会研究风格的本质特征。

在对研究价值的实用性的批判中，米尔斯认为这是一个伦理论题，如果研究者选择的研究问题难以保持价值的中立，难以避免评估偏见，那么这种研究将把社会引向一个难以预计的不利的一面；而"自由主义的实用性"是围绕社会问题进行研究，但是他们倾向于研究零散的社会学情境，保有对多元主义含混的因果关系的信仰，降低了观察现代社会全貌的可能性，是一种"道德化的情景社会学"①。而后来出现的"新的实用性"即自由放任的资本主义意象的"保守主义的实用性"则将社会学家的关注点与商业紧密相连，他们成为经理们的代言人，成为某个独特领域的专家。米尔斯认为，各种社会

① C. 赖特·米尔斯. 社会学的想像力［M］. 陈强，张永强，译. 北京：生活·读书·新知三联书店，1997：94.

科学研究都难以摆脱它的政治意义，与其遮遮掩掩倒不如直接表明，而一旦成为商业的代言人，似乎就演示了他们所做研究难以回避的意识形态问题。

第五章　科层制气质　本章是全书的重点和精华所在。这一章主要谈社会学研究中普遍存在的科层制倾向。米尔斯指出抽象经验主义的存在和产生的影响都体现了一种“科层制”的发展。米尔斯对科层制的看法犀利而精辟。社会科学研究者组成了各种学术组织，将独立的个人整合起来，在组织中有明确的分工，一切都被程式化了，以便组织中的个体能够尽快熟悉和掌握它们。学术新手可以在这里接受培训，按照资历排列个体在组织中的地位，尽管他没有任何研究成果，但凭借资历依然能够在组织中享有很高的威望。从这个意义上说，科层制的危害在于抑制了思想的自由本质，将思想也纳入种种预先设定好的框架之中，因为如果你的思想成为这个组织的“异见”，那么你将被驱逐于组织之外，因此拥有科层制气质的组织也是意识形态的工具。

米尔斯认为社会学发展走向为现实社会统治阶级服务，为利益集团掌握；同时研究的只是社会现实局部的片断，脱离古典传统对社会有机整体的认识；从关心社会观察的实际问题转向上层阶级认为的问题，学院研究转向科层研究，丧失研究的自主选择性，学术权威性值得质疑①。

米尔斯的主要目的是揭示科层制气质的政治含义。它主要应用并服务于社会的非民主领域——军事基地、公司、广告、中介机构和政府行政部门。米尔斯在对社会科学家进入科层制组织，并服务于科层制效率的批判基础上，指出社会科学家应具有从事学术研究的风格，即试图将社会调查的每一步都标准化、合理化，实现学术研究的集中性、系统性。然而，在科层制中的社会科学家由于受到社会性的外在目标的左右，其从事的研究都倾向于成为控制大众的工具，而失去了社会科学家所应有的心智品质。

第六章　科学哲学　本章在阐述哲学在社会科学研究中的作用的基础上，作者主要的目的是批判科层制在抽象经验主义中的渗透。米尔斯认为，哲学工作对社会科学家进行研究有着重要的作用，首先社会科学家应把哲学作为解放其想象力的一种手段，以避免僵化的程序，进而充分发挥社会学的想象力；其次通过哲学的思维将理论与方法有机地整合。米尔斯认为，社会科学家对研究对象和方法的选择都应暗含着“科学进步的理论”和科学哲学的意蕴。但现实的基础却与作者所要构建的大相径庭。

---

① 官欣荣. 韦伯、米尔斯的“科层制”理论之比较［J］. 社会科学研究，1995（1）.

米尔斯在呼唤科学哲学的基础上，指出调查的大规模需要大量的时间和金钱，金钱的来源使得调查为现实实际服务，带政治性和功利性，并非学术取向选择。有了特定的服务对象，研究中的客观中立就需要质疑。同时，在科层机构的指导下完成一项调查，导致研究过程以任务分工的流水作业形式进行，这与学术研究要求的“宏观掌握研究进程，切实进入每一过程”相矛盾。在科层制的社会科学中，整个社会科学的努力局限于为占有统治地位的权威服务[①]。但是科层制与现代社会结构一致，要求学术完全独立是不可能的。

第七章　人类的多样性　这是全书的又一精华和重点所在。米尔斯认为，“社会科学应当关注的，是人类的多样性”[②]。米尔斯指出，人类的多样性不仅包括各种组织和群体的多样性，也包括个体的多样性，这些多样性构成了人类的过去、现在和未来分别生活于其中的全部社会世界。

社会学研究是为了解决问题，而关键在于要研究的问题并不是容易找到的，如何去找问题呢？米尔斯认为，可以从人类的多样性角度出发来探寻问题。在确定研究单位时，民族国家一般是要考量的最小单位。这种说法可能使那些倾向于小团体研究的人感到不解，但是米尔斯坚持认为但凡那些重要的问题都需要放置在大的民族国家，或者社会结构的框架中考量。而社会学的想象力就是在对整个社会的任何特定的要素进行的研究中，将各种要素结合到一起，以求得出总体的认识。社会科学家历来将绝大部分注意力放在政治和经济制度、军事、宗教、教育等上。然而，我们研究所依据的材料、概念和方法，不止从一个学科中得来，要阐明和解决时代的任何一个主要问题都要消除学科界限，防止专业主义的弊端，通过各种学科概念方法等理论的或者经验的比较性研究，以多样性的融合来实现对问题的阐明和诠释，这样才能最终实现我们研究的意义。

第八章　对历史的运用　米尔斯提出社会科学是探讨个人生活历程、历史和它们在社会结构中交织的问题，因此要具备观念的历史视野以及充分利用历史资料来进行研究。如果说以上的叙述是从横向考察研究问题的话，那么研究中对历史的运用则是纵向定位我们的研究。历史不是一种记录，它有

---

① C. 赖特·米尔斯. 社会学的想像力［M］. 陈强，张永强，译. 北京：生活·读书·新知三联书店，1997：138.

② C. 赖特·米尔斯. 社会学的想像力［M］. 陈强，张永强，译. 北京：生活·读书·新知三联书店，1997：142.

助于我们纵向而深入地了解我们的研究对象究竟经历了何种变迁，才成了今天这个样子，从而把握它的特殊定位，而对历史的了解不应该是割裂的、专门化的，应该是各种历史相结合的、关联的、整体的，通过纵向的比较来研究我们的问题。对于历史学家而言，仅仅将他们以直笔保留人类的记录作为其主要任务，这实际上是带有欺骗性的。历史学家代表了人类的组织化记忆，随着时代的变化，历史学家们对历史的细腻描述也会引入新的事实和资料，由于历史学家的兴趣点和多维因素的导向，对历史事实的阐释也具有主导意味。米尔斯认为，历史特殊性的原则既适用于社会科学，也适用于心理学，二者应在其阐述“人”是什么之前，对人的多样性进行进一步思量和考究。

第九章　论理性和自由　提出了社会学研究中又一个应当被注意和重视的问题——“理性和自由”。米尔斯认为，理性和自由是至高无上的，自由不仅是有机会依自己的喜好行事，也不仅是有机会在给定的两者中做出选择。自由首先是阐明实际可行的选择并对之进行辩论，然后再做出选择的机会。因此，自由不能脱离在人类事务中发挥越来越大作用的理性而存在。自由，从组织学的角度讲，它是公平的决策机制问题；从道德角度讲，是政治责任问题；从学术角度讲，是人类从事事务的可能前途是什么的问题。理性所承担的是阐明各种选择的社会任务，拓展在构建历史过程中人类决策可影响的范围。在论述自由与理性的关系问题上，米尔斯指出，自由的个人以理性构建历史，以理性规划自己的生活历程。

无论是横向还是纵向的考察，理性和自由都是我们要坚持的为人或者为学的基本态度。米尔斯指出，人们需要警惕在社会日益理性化的今天，人的理性也许正逐渐被异化，他们改变或者压制自己的冲动或者欲望来适应或者迎合社会，这种“自我理性化”也为研究者带来了研究困难。因此，米尔斯认为，自由不能脱离在人类之外发挥越来越大作用的理性而存在。对历史的研究主要是探寻一个替代性的社会，即人们能运用理性和自由来建构历史。如果说人正在或者已经异化了，那么米尔斯所倡导的心智的品质则更要被提及，更要用来组织人成为“快乐的机器”。

第十章　论政治　本章米尔斯讨论了社会学研究中不可避免的一个问题。米尔斯明确指出了社会科学家作为理性人所自我期许的三种政治角色：第一种是“哲学王”，渴望赋予掌握知识的人更大的权力；第二种是成为国王的幕僚，个体社会科学家最通行的角色就是成为功能合理性的科层制的一部分；第三种是社会科学家在做自己的研究、选择自己的问题时保持独立性，不过其研究要面向国王和“公众”。第三种角色是米尔斯所极力倡导的，因为“这样的社会科学家才可以称为社会科学的自控社团中的理性成员”，他们才可以运用社会科学想象力这种公共的智力工具。所有的社会科学研究几乎会受到政治的困扰，这影响了研究者在道德上的独立。所有的研究都面临价值选择的问题，避免成为他人幕僚的方式也许要靠自身的努力，接受理性和自由的价值，承认自己置身于社会之中，确立自己的位置。

努力在一个非全体民主的社会中以民主的方式行事，努力使社会更加民主，这正是米尔斯所认为的社会科学家应当履行的角色。但米尔斯存有很多担忧，最大的担忧是社会科学是否真能够“拯救世界”，是否只沦落成历史的记录工具，但这些仍然不能使他放弃对理性与自由价值的认同。米尔斯指出，社会科学家通常生活于阶级、地位和权力皆为中等的环境之中。他很难超然于社会之外，然而社会科学家不仅是一名“普通人”，正是他的学术职责要使他超越自己生活其中的环境。这种“超越自己生活其中的环境”正是社会科学家独立性的体现。尽管米尔斯敏锐地发现社会科学家已经越来越远离权力的中心，但他显然并不希望社会科学家与政治有密切的联系[①]。

附录　论治学之道　这是全书中十分重要的一个部分，体现了米尔斯对社会学研究的重要观点，在社会学学科史上的地位甚至超过了前面所探讨的具体问题，因为它所谈的是社会学研究的方法论，是一个学科的基本问题。米尔斯将社会学想象力运用于全书的论述过程中，并在最后以附录论治学之道对社会学学习者和研究者的社会学想象力的培养提出了建议，这是我们应该学习的。对社会学界和社会学研究者来说：要充分发挥社会学想象力，打破学科壁垒，转换研究视角的能力，从研究问题的实际出发，多视角多学科考虑。

第一，要寻求发展并且运用社会学想象力，避免对方法和技巧的盲目崇拜，让每一个人都成为他自己的方法论者、自己的理论家，心智独立地面对人与社会的问题。第二，避免拆解组合概念的怪癖以及空话连篇的做派。第三，只要认为研究必须，可以建立横贯历史的结构，把确定历史真实性作为一项任务。第四，不要沉迷于各个小情境的研究，要关注将各种情境组织起来的社会结构。第五，要善于进行比较性理解。第六，关注人的意象，保持

① 郑晓娟. 解读公共知识分子角色：简述米尔斯关于社会科学家的理想形象［J］. 党史博采，2009（7）.

对个人的多样化及时代变迁的宽阔视野。第七，要保持道德和政治上的自主权。

对社会学学习者和刚独立研究者来说：最重要的是建立一个学术档案。设立内容丰富的学术档案，并由此养成自省的习惯，有利于保持内在精神世界的清醒。不把研究工作和日常生活割裂，在学术工作中融入个人的生活体验，并持续不断地审视它、解释它。无论何时，当对某些事件或思想深有感触时，务必不让它们从脑海中溜走，养成练笔的习惯。同时必须养成对读到的每一本有价值的书做大量笔记的习惯，力图把握作者的论证结构，并相应做出笔记。在学术档案中的各类主题下，包含着个人观点、评论、摘录、书目和课题概要，并经常对学术档案进行梳理。而社会学想象力会在这学术档案建立和梳理过程中不断地被激发出来，而且常常成功地在相互分离的条目间找到出乎意料的联系。

米尔斯还集中提到了激发社会学想象力的一些途径：第一，在最具体层次上，重组学术档案。第二，对阐述不同论题的短语和句子进行多层次多角度的理解，并对不同论题经常进行关联。第三，寻找许多一般性概念时，应该寻找各种分类间的共同特性和区别因素，不满足于现有的常识的分类。第四，思考所关心事物的反面，注意不同学科或立场对统一问题的处理方式，往往能获得最好的洞察。第五，在交叉分类中，使用是与否的形式，故意颠倒通常的比例感。第六，以比较的方式理解资料。这种做学术档案、有关读书经验的建议以及社会学想象力激发途径的总结，对攻读社会学研究生的学生来说是相当重要的。

作者米尔斯认为，在一个变革速度如此之快的社会中，在旧有的东西已经式微，能适应我们的新东西还很缺乏的时候，人们普遍都感到“适应不了他们如此突然就要面对的更广泛的世界”，他们已不能很好地理解自己置身其中的时代了，而与此相伴而来的就是道德上的麻木以及对未来信息的迷惘。

在这么一个时代，信息（信息技术的发展，使它已经多到超过我们的接受能力）与理性固然重要，但我们更需要的却是“一种心智的品质”，这种品质可以帮助我们“利用信息增进理性”，使我们能更深入地了解发生在我们身边各种社会事件。而这种品质，就是“社会学的想象力”。

那么，作为一种品质（能力），“社会学的想象力”能给予我们一些怎样的理解社会的方法（努力）呢？它大致包含如下内容：在考察社会及人时，应将其置于历史及社会的大环境下。第一，这与马克思用的方法非常相似。

第二，培养视角转换的能力。比如将自己的视角转为他人的视角，从政治学的视角转到经济学的视角，等等。而当我们学习这种视角转换并把它用于研究与观察社会现象的时候，就能得到更全面、更客观的认识。第三，我们需要通过在当代的反思与感受力，对社会科学进行重新认识。第四，为了更好地了解我们身边发生的某个特殊事件，我们应当充分关注它与环境及其他事件的关系。第五，区分“公众的主要论题”和“个人的关键性困扰”，并用不同的手段进行考察。第六，充分考虑人类的多样性。包括个体的、群体生活方式及文化上的不同等。

米尔斯认为，只有当我们都具有了“社会学的想象力”之后，对社会的认识才能达到一个更高的水平，这种认识将更为清晰、更为全面，也更为客观。作为个体，他将能够更好地了解自己所处的这个时代的状况，从而更好地去适应它。而作为学者，则能更好地完成社会科学领域的研究工作。

【意义与影响】

《社会学的想像力》是米尔斯最重要的著作，和卡尔·马克思三卷本的代表作《资本论》、马克斯·韦伯二卷本的《经济与社会》等大部头的作品相比，十余万字的这本书，显得有些单薄，但这却一点也不妨碍它凭借其开创性的观点，而成为一部非常有影响力的社会学著作。这本书的出版可以称为社会学界的一件大事。因为根据 1997 年世界社会学大会对其会员所做的一项调查发现，《社会学的想像力》被认为是 20 世纪最有影响力的社会学著作之一，排名第二，仅次于马克斯·韦伯的《经济与社会》。如今社会学的想象力几乎已经成了社会学的学科视角，而拥有这种想象力是每一名社会学研究者都追求的目标。

首先，该书以批判当时美国社会学在理论取向和研究方法上的抽象和僵化为主要内容。主要对社会科学领域中出现的形形色色的实用主义、在抽象经验主义风格上逐步形成的科层制进行了批判。本书采取了批判—立论的模式进行写作，在此模式中立论往往是核心，也是批判的理论目标，他之所以提出这个目标的原因就在于在当时的社会研究中，有几种趋向他不能认同，特别是这几种趋势把他所认为最重要的历史视角和个人—社会综合考虑的视角遗忘了。因此，米尔斯创造了“社会学的想象力”以倡导和恢复学者对这一问题的关注。《社会学的想像力》一书，对社会科学家所应具备的社会学的想象力的具体而翔实的阐述对当今社会科学领域的发展也仍然具有重大的理论意义，可以说米尔斯在本书中对社会科学家所应具备的心智品质的归纳和升华是米尔斯兼具现代社会学特征和后现代社会理论特征这一思想的理论基础。

其次，米尔斯对哲学在社会科学中应用的重要性和对社会学研究中应具备的研究方法的阐述，对于当今社会学界和社会研究者来说都有着重要的启迪作用。《社会学的想像力》一书为开启社会科学家转换研究视角、多维度思考和研究问题、充分发挥社会学的想象力和心智品质提供了大量可资借鉴的方法，为社会学的教育提供了非常有价值的资源。

最后，该书以反思社会学发展中出现的“不良趋势”为中心。然而在学术思想的影响下，这种仅从理论史角度展开的批判，无法为社会学学者提供思想来源。因此，该书在对社会学学者探寻思想来源以充分发挥社会学的想象力方面的论述显得尤为薄弱。

【原著摘录】

第一章 前景 P1－24

P3 由于社会学的想象力对不同类型个人的内在生命力和外在的职业生涯都是有意义的，具有社会学的想象力的人能够看清更广阔的历史舞台，能看到在杂乱无章的日常经历中，个人常常是怎样错误地认识自己的社会地位的。

P5－6 无论他们的兴趣点是强大的国家还是细微的文学格调、家庭、监狱、教义，经典的社会分析家都要问这些问题。它们是对社会中人的经典研究的核心智识支撑，是具有社会学的想象力的人必然会提出的问题。因为这种想象力是一种视角转换的能力，从自己的视角切换到他人的视角，从政治学转移到心理学，从对一个简单家庭的考察转到对世界上各个国家的预算进行综合评估，从神学院转换到军事机构，从思考石油工业转换到研究当代诗歌。它是这样一种能力，涵盖从最不个人化、最间接的社会变迁到人类自我最个人化的方面，并观察二者间的联系。在应用社会学想象力的背后，总是有这样的冲动：探究个人在社会中，在他存在并具有自身特质的一定时代，他的社会与历史意义何在。

P17 我写本书的目的是：确立社会科学对于我们时代的文化使命所具有的文化含义。我想具体说明促成社会学的想象力的各种努力；表明它与政治和文化生活的密切关系；或许也暗示出一些想拥有它所必需的东西。我想以这些方式揭示当代社会科学的本质及其应用，并以有限的篇幅记述它们目前在美国的处境。

第二章　宏大理论 P25－53

P35　宏大理论的基本起因是开始思考的层次太一般化，以致它的实践者们无法合乎逻辑地回落到观察上来。作为宏大理论家，他们从来没有从更高的一般性回落到在他们所处的历史的、结构性的情境中存在的问题。由于对真正的问题缺乏踏实感受，他们的文章的不现实性非常显著。这样所产生的一个特征是：在我们看来，对细节进行随意的、无休止的修饰，它既不能增进我们的理解，也不能使我们的体验更易于感受。从而，这种情况暴露为他们在描述和解释人类行为和社会时，有时故意规避明白晓畅的行文。

P37　在声称提出了“一个一般性的社会学理论”时，宏大理论家们实际上是在构造一个概念王国，这个概念王国排除了人类社会的许多结构性方面，排除了被人们长期以来正确认识为理解人类社会必不可少的方面。

第三章　抽象经验主义 P54－81

P59　作为一种社会科学的风格，抽象经验主义的特征并不体现为哪个实质性观点或理论。它并非根植于哪个关于社会属性和人性的新概念之中，或是建立在哪个关于这些概念的特定事实之上。

P59－60　不过，就其本身而言，这一学派的实质性成果尚不足以构成评判它的基础。作为一个学派，它是新生的；而作为一种方法，它确实已存在一段时间了；作为一个研究风格，它只是在目前才延伸入更全面的“问题领域”。

P61　广义而言，社会科学哲学似乎包含两种努力。(1) 哲学家们试图考察社会研究过程实际是怎样的，然后归纳这些看来有望成功的研究步骤，并使之前后连贯。这是一项棘手的工作，很容易一无所获。但若是每一位从事实际研究的社会科学家都作出努力，难度就会大大降低，而且每一人都有做一做的必要。到目前为止，这样的工作做得还很少，并且仅仅运用到有限的几种方法中。(2) 我称之为抽象经验主义的社会研究风格经常通过诸如制订社会科学研究的计划和法则的方法，重述并采用自然科学哲学。

P63　对作为一种研究风格的抽象经验主义，对抽象经验主义者在社会科学中所扮演的角色做了最直接明确阐述的，当推拉扎斯菲尔德，他是该学派中比较有阅历的代言人。

第四章 形形色色的实用性 P82－107

P91 自由主义也影响了社会学和政治科学。……美国社会学家强烈倾向于同时研究经验性的细节事实和情境问题。……他们倾向于分散关注点。根据“知识的民主理论”，他们假设万物生而平等，并且坚持认为任何社会现象背后必然存在大量微小的原因。

P98 自由主义更成为一种福利国家对社会服务的行政管理，而非改革运动。……由于在经济、政治和军事秩序中，这些科层组织越来越占支配地位，“实用的”意义已经发生变化：人们认为，能够为实现这些大制度的目标服务的东西才是“实用的”。

第五章 科层制气质 P108－127

P109 目前所实践的这种抽象经验主义，其存在和所产生的影响，都体现了一种“科层制”的发展。(1) 它试图把社会调查的每一步都标准化、合理化，使得抽象经验主义风格的学术操作过程本身变得“科层制”了。(2) 如此的学术操作使对人的研究通常是集体性的和系统性的。(3) 这两种发展，又与这一学派的研究小组成员选择与培养的新的心智品质有着重要关联，这些心智品质既包括学术上的也包括政治上的。(4) 由于这种抽象经验主义的商业部门——尤其是在广告公司的沟通部门，在军事组织，并逐渐在大学中得到实行…… (5) ……它们有助于提高现代社会中科层制统治手段的效率、声望，以及一定程度上，它的普及程度。

P123－124 我的目的是揭示科层制气质的政治含义。它主要应用并服务于社会的非民主领域——军事基地、公司、广告中介机构和政府行政部门。许多社会科学家已被邀请进入这些科层制组织，为之服务，他们所关心的问题也就是与行使行政人员更有效率有关的问题。

P126 社会研究的科层化是个非常普遍性的趋势，可能它必将在科层组织的规章已支配一切的社会中实现。

P127 抽象经验主义已为科层组织所应用，尽管它自然有其明确的意识形态意义，这些意义有时也被作为意识形态。

第六章 科学哲学 P128－141

P133 大多数的经典研究（在此上下文联系中，有时可称之为宏观视角的研究）介于抽象经验主义和宏大理论之间。……这种研究跟抽象经验主义一样重视经验，事实上它往往更重经验，与日常意义和体验的世界贴得更近。

P137 经典社会科学既不是从微观研究中“逐步建设”，也不是从概念阐释中“演绎而出”。……总之，经典研究的关注点是实质性问题。问题的性质限定并提示了我们应运用的方法和观念以及如何运用它们。我们要适当地进行对不同“方法论”和“理论”观点的争论，它应和实质问题有密切连续的关联。

P138－139　在科层制的社会科学中，整个社会科学地努力局限于为占统治地位的权威服务。……这些学派（就这一意义而言，所有社会科学的学派）学术上的特征及其在政治上的应用，不大容易被区分开来；正是这些政治上的应用与它们的学术特征一道，形成了它们在当代社会科学中所占据的地位。

第七章　人类的多样性 P142－153

P144　为了研究这些问题，为了认识人类的多样性，就要求我们的研究与历史现实的层次，以及这一现实对个人的意义保持长期的、紧密的联系。我们的目的是确定这一现实，并辨别其意义；我们据此才能梳理经典社会科学的问题，从而发现这些问题中所包含的论题和困扰。

P144－145　“社会结构”这一应用极广的概念，就是指根据其履行功能而进行分类的制度的组合，这是社会科学家所使用过的最有包容性的研究单位。相应地，他们最宽泛的目的，就是理解存在于社会结构的部分和全体中的多样性。“社会结构”这一术语本身就有多个定义，其他的术语也被用来解释这一概念，但如果我们能牢记环境与结构的差别，以及制度的观念，那么我们在涉及社会结构时，就不会无法认识社会结构的思想。

第八章　对历史的运用 P154－178

P154　社会科学探讨的是个人生活历程、历史和它们在社会结构中交织的问题。这三者（个人生活历程、历史和社会）是方向正确的人的研究的坐标点，当代一些社会学流派的实践者放弃了这一经典传统，在我批判这些流派时，它们构成我的一个基本立足点。

P155　历史学家的主要任务是以直笔保留人类的记录，但这实际上这只是具有欺骗性的口头目标而已。……从这一代历史学家到下一代，它的变化往往很大，这并不仅仅是由于后来更细致的发现使记录中引入了新的事实和资料，还由于人们的兴趣点和现在人们建立记录的框架发生了变化。这些是从无数可得的事实中作出选择的依据，同时也是对这些事实意义的主导解释。可历史学家不可能回避选取事实，虽然他会始终谨慎地解释，以否认这一点。

P157　为完成任务，甚至很好地表述其任务，社会科学家必须使用历史资料。除非有人假定存在某种关于历史本质的超越历史的理论，或社会中的人是非历史性的实体，没有哪门社会科学能被假定是超越了历史的。所有名副其实的社会学都应该是“历史社会学”。

P157－158　历史学与社会学之间存在密切关系，有几个原因：

P158　（1）在（我们）对将被解释的内容的陈述之中，我们需要范围更为全面的东西，而它们只能由人类社会历史多样性的知识提供。

P160　（2）非历史研究通常易成为对有限环境的静态或短期性的研究。但这只是一种期望而已，因为在更宏大的结构发生变迁时，我们会更容易认识这些结构，而只有在我们拓展视野，使它包括一个恰当的历史阶段时，我们才有可能了解这些变迁。

P161　（3）对经济学家、政治学家或社会学家来说，一旦他离开发达的工业化祖国去考察其他不同社会结构，如中东、亚洲、非洲的制度，有关该社会历史的知识显然是理解该社会所不可或缺的。

P163　（4）即使我们的研究不具有很明确的比较性，即使我们只关注一个民族的社会结构中的某个有限区域，我们也需要历史资料。

第九章　论理性和自由 P179－191

P180　我们正处于一个所谓“现代”的尾声。正如“古代”是由几个世纪的“东方优越时代”所承继（西方人狭隘地称之为“黑暗年代”）；目前的“现代”也正在被一个后现代时期所接替，我们也许可称之为“第四纪元”。

P180　现在，我们关于社会和自我的基本定义正在为新的现实所推翻。我指的不仅是人们以前从未在一代人之间如此彻底地面对如此日新月异、翻天覆地的变化；也不仅是我们感到自己正处于一个转折的年代，在力争抓住我们设想自己就要进入的新时代的概貌。……我所指的还包括，我们主要的取向，即自由主义与社会主义，已在实际上趋于没落，不能完整解释社会及我们自身。

P188　社会科学的道德与政治承诺是自由与理性仍将是人们珍视的价值，人们将坚持严肃并充满想象力地运用它们来阐明问题。这也是含义宽泛的所谓“西方文化”的政治承诺。在社会科学领域，当代的政治危机与学术危机彼此交织，两方面的严肃工作互相渗透。经典的自由主义与社会主义的政治传统共同穷尽了我们主要的政治传统。这些意识形态传统的衰微一定是与在人类事务中理性与自由的个性退化有关。当代任何对自由主义者和社会主义者的政治目标的重新表达都必须以下述社会作为中心思想，在此社会中，所有人都成为具有实质理性的人，他们独立的理性将对他们置身的社会、对历史和他们自身的命运产生结构性的影响力。

第十章　论政治 P192－210

P193　我认为有三种主导的政治思想渊源于社会科学的传统，并且也毫无疑问地包含于其前景之中。首先是事实的价值。社会科学由于对事实的重大影响而具有政治意义。

P194　从其所处的社会背景看，我们的研究结果的真相、调查的精确性与人类事务之间的相关性还晦涩不明。是否相关，以及如何相关，这本身就是第二位的价值，简要地说，即理性在人类事务中所扮角色的价值。相应的，第三个价值就是：人类的自由，不论其意义多么暧昧。

P204－205　如果我们选择了第三种角色，即独立自主的角色，则意味着我们努力在一个非全体民主的社会中以民主的方式行事。但我们的作为却仿佛就处于全体民主的社会中，通过这种做法，努力消泯“仿佛”，努力使社会更加民主。我认为这样一种角色才是社会科学家应当尝试履行的。起码我还没有听说还有别的方式可以促成民主政体的建立。因此事实上，社会科学作为人类事务中理性的首要载体的问题，是当代民主的主要问题。

P207　我的立场是，社会科学家的一个职责就是确定对历史变迁的性质，以及具备理性和自由的人在其中所处的位置——如果存在的话——的看法。只有这样，他才会逐渐认识到自己在所处社会中的学术和政治角色，并在此过程中，搞清楚自己对深深浸入社会科学传统、并是其前景中重要部分的自由与理性的价值，究竟持何看法。

【参考文献】

[1] 宋林飞. 西方社会学理论 [M]. 南京：南京大学出版社，1997.

[2] C. 赖特·米尔斯. 社会学的想像力 [M]. 北京：生活·读书·新知三联书店，2001.

[3] 赵刚. 知识分子米尔斯先生 [J]. 读书，2003 (11).

[4] 官欣荣. 韦伯、米尔斯的“科层制”理论之比较 [J]. 社会科学研究，1995 (1).

[5] 闻翔. 社会学的想像力：五十年后再回首 [N]. 中国社会科学报，2009-09-03.

[6] 时立荣，王安岩. C. 赖特·米尔斯的公共知识分子问题研究 [J]. 社会科学战线，2011 (3).

［7］闻翔. 从“大众社会”到“社会学的想像力”理解米尔斯的一条内在线索［J］. 社会，2012（4）.

［8］何祎金. 社会学想象力的方法论意味［J］. 社会科学家，2011（3）.

［9］杨习超，陈新忠. 独辟蹊径的社会学视角：心智的品质：《社会学的想像力》述评［J］. 辽宁行政学院学报，2006（11）.

［10］郑晓娟. 解读公共知识分子角色：简述米尔斯关于社会科学家的理想形象［J］. 党史博采，2009（7）.

［11］郗春媛. 社会学的想象力：共情、洞察及重塑：读米尔斯《社会学的想像力》［J］. 社会科学论坛：学术评论卷，2009（8）.

十一、《历史与社会中的信仰：对一种实践的基本神学之研究》

[德] J. B. 默茨　著
朱雁冰　译
生活·读书·新知三联书店，1996 年

【作者简介】

J. B. 默茨（1928—　），早年攻读哲学和神学，分别获得哲学博士学位、神学博士学位，德国明斯特大学神学系基本神学教授。

在二战后期的 1944 年，默茨被德国军队招录，在距战争结束还有六个月的时候，默茨被美军俘获并先后被送往马里兰州和弗吉尼亚州的战俘营。二战结束以后，默茨回到德国，就读于因斯布鲁克大学，在拉纳的指导下写作了关于海德格尔哲学和托马斯·阿奎那神学的论文。默茨与加尔文主义神学家莫尔特曼在反纳粹主义的背景下共同发展着政治神学思想。

主要著作有《超越市民宗教——论基督教的未来》《走向一种后唯心论的神学》《基督宗教的人类中心论》《神学是神义论?》《奥斯威辛后的世界——论德国境内基督徒和犹太教徒的关系》等；在刘小枫及蒋庆主编的《当代政治神学文选》（2002 年）第二编及第三编中，收录了默茨的《超越资产阶级信仰》《政治神学中实践的首要意义》《神学中关于社会方面的言辞》《政治神学所理解的教会与世界》《论制度与制度化》《基督徒对政治和平工作的参与》等文章。《历史与社会中的信仰：对一种实践的基本神学之研究》为其政治神学代表作品。

【写作背景】

在近现代社会，西方世俗社会逐渐从神学的钳制中分离出来，在启蒙思想的影响下，人们不断展开对传统的批判和反思。人们要求按照优先的原则对权威进行重新界定，这导致了基督教神学面临着重大的历史困境：如何理解和把握神学思想及其学术与历史发展、知识状况的关系，如何用神学理论解构现实社会的发展以及如何用现实的发展来阐述和印证基督神学理论的价值意义和普遍性导向。宗教神学家开始探索解决这些问题的理论途径，神学思想因此在处理和把握与现代性的关系上出现了两种趋势和模式："坚持神学言述的纯粹性（巴特 K. Barth），主张信仰与社会政治的宗教性距离（布尔特曼 R. Bultmann）；或倡导神学思想与现代只是状况的有条件的同一，改变神学言述的样式，使教会性的神学向人文——社会科学的神学转型（特洛尔奇 E. Troeltsch），主张信仰与社会政治的宗教性批判的交织（尼布尔 R. Niebuhr、戈尔维茨 H. Gollwitzer）。"① 这些主张虽然为处理基督教神学与现实社会发展的关系做出了自己的努力，但是其并未成为最终解决问题的途径。

第二次世界大战前后，随着西方马克思主义的兴起，基于西方国家发展的现状，革命暴力理论逐渐被许多西方马克思主义者所舍弃，立足于资本主义现实而形成的社会批判理论逐渐壮大并扩展着其社会影响力。同时，两次世界大战尤其是二战中纳粹德国在种族主义和国家主义名义下造就的奥斯维辛悲剧不仅引起了社会思想家的反思和批判，也促进了神学家的自我反思。宗教神学家以此为契机，开始更加深入地对理性和人本身自我解放的研究，力图重新阐述基督神学与社会历史发展的关系。20 世纪 60 年代以来，以莫尔特曼和默茨为代表的神学家力图扭转基督神学的研究方向，这也标志着"新政治神学"兴起。默茨虽然师从拉纳，但是他并没有局限于先验主义神学理论，而是借鉴和回应新马克思主义的社会批判理论，他力图在基督神学的理论框架内糅合上述不同的神学理论，即以理论和实践辩证法为基础，用实践改造以往的基督教神学理论，架构起基督教神学和现实社会发展之间的关系，解决宗教与市民社会、现实政治之间的关系，从而重新确立基督教神学的普

① J. B. 默茨. 历史与社会中的信仰：对一种实践的基本神学之研究［M］. 朱雁冰，译. 北京：生活·读书·新知三联书店，1996：1.

遍信仰追求和社会价值引领作用。

【中心思想】

默茨从实践现实出发，概括了现当代神学面临的新情况，初步提出了实践的政治神学的命题。默茨对基督神学理论如新经院神学、传统主义等力图扭转神学的颓势的努力做了评价，提出建立一种人作为新历史主体的实践的政治神学，这种神学思想必须把社会条件和环境考虑在内，以理论和实践的辩证法即以“实践优先”原则为基础，以回忆尤其是苦难的回忆为立足点，最终实现“一切人之共同一致的主体之在”[①]。这种政治神学不仅仅属于成者的神学，而且也是败者的神学，是一切人的神学，其作为一种信仰是人们对共同一致的希望和追求，其追求的是“救援性的解放”而非“革命的、批判的自我解放”，他认为这种解放与受难史密切相连，并在信仰、价值引导以及实践方面超越了马克思主义等理论学说。

默茨对神学的一些论题，如基督教会的地位和作用、受难回忆导致的进步辩证法、解救与解放的关系、教会与人民的关系、基督教在当代所面临的身份危机的问题进行了叙述。默茨认为当代基督教教会的一个重要作用和努力方向就是“揭示基督福音与当今社会的联系，并将福音在这个世界上的传扬表述为尚未清偿的、危险的回忆”[②]，教会必须在“回忆”中解释当前社会，阐述人们对自由、民主等的追求，批判现实不合理的政治经济体制，引领人们的价值方向。在下编中，默茨对实践的政治神学的一些重要范畴——回忆、讲述、共同一致进行了阐述。

【分章导读】

作者将本文分为三部分：上编构想、中编论题、下编范畴。全文约 34.4 万字。

上编　构想

一、演化与辩证法之间：当代基本神学由之出发的处境　默茨在该部分主要从两方面对基督教神学面临的处境进行了考察。默茨认为，基督教神学

① J. B. 默茨. 历史与社会中的信仰：对一种实践的基本神学之研究［M］. 朱雁冰，译. 北京：生活·读书·新知三联书店，1996：50.

② J. B. 默茨. 历史与社会中的信仰：对一种实践的基本神学之研究［M］. 朱雁冰，译. 北京：生活·读书·新知三联书店，1996：95.

的一个目的就是对“希望的辩护”，而为了进行辩护，必须预先设定神学的社会处境，这种社会处境必须从全球性和实践方面进行考察。默茨认为基督教为希望进行辩护必须关注两方面：一方面，在现代社会所盛行的进化论的影响下，一些宗教神学家试图以现代科学的成果对宗教的原貌进行把握和研究；另一方面，马克思主义者在历史辩证唯物主义指导下以世俗的乌托邦形式而承继了基督教的解放意向。为了面对这些理论，基督教神学必须是一种实践的基本神学。默茨认为基本神学的实践的护教特征可以从《圣经》中得到印证。

二、通向实践的基本神学的弯路：试从历史上确认自我 默茨在该部分对历史上护教的不同派别的思想进行了简单论述和评价。作为天主教范围内最早的护教学——杜宾根学派在理论上取得了巨大的成就，但是它的弱点则在于其并没有对启蒙运动的一个核心问题“实践理性之优先原则”进行必要的关注。默茨认为随着第二次否定基督教态度的来临，尤其是随着人们从意识形态角度对宗教进行批判，基督教神学的护教力量开始退化甚至消失。新经院神学就是这样一个时代的代表者。这种新经院神学是一种向前现代传统的回归，其对中世纪基督教“隔绝”的模仿造成了整个神学面临自身分裂的危险，这种分裂表现为神学分化为信仰性思想和辩护性思想的趋向。默茨认为宗教神学家不能单纯地从护教学角度与一些政治经济制度、理论体系进行论辩，而是应该从基督信仰的实质出发。传统主义作为一个国家与社会理论的思潮，默茨给予了很高的评价。传统主义肯定并坚持社会环境对基督宗教的重要作用，但是，传统主义通过对理性的批判和否定来瓦解人们的自治思想，通过论证权威乃是上帝秩序的表现，进而维护传统政治权威。

随着新神学的崛起和发展，传统护教阵线开始解体，新神学改变了以往神学的封闭状况，开始对信仰本身进行研究。“内在护教学”是新神学起步阶段的重要代表，这种感觉护教学开始回归神学本身。默茨认为这种护教神学关注的一个中心问题是启蒙思想，启蒙意味着世俗化的过程，在这一过程中，世俗化神学开始形成，甚至出现了世俗化即为基督化的理论倾向。

默茨肯定了关注启蒙运动的进步自由主义基督教护教学的积极意义，面对基督教神学护教运动的开展，默茨主张“重建实践概念，并将之用于尚未形成的（市民）主体，即用于一切人的主体之在和主体生成（Subjektwerden）”[①]。

---

① J. B. 默茨. 历史与社会中的信仰：对一种实践的基本神学之研究［M］. 朱雁冰，译. 北京：生活·读书·新知三联书店，1996：30.

默茨论述了新经院学、教会的社会学说和传统主义在争取现代市民主体时候所存在的不足。

三、政治性的主体神学：对市民宗教的神学批判 默茨在该部分试图从“1. 私人化、2. 传统的丧失、3. 权威的丧失、4. 理性被归结为理性状态、5. 宗教被归结为私人宗教心理”① 五个方面来探讨启蒙运动给神学所带来的危机。

默茨认为私人化对启蒙运动和神学思想所面临的危机起到了重大作用。在教派分裂和冲突的过程中，市民逐渐脱离宗教传统的无所不在的影响，他们开始遵循交换原则，这种变化表现在政治、经济、社会等各个方面。私人化的过程导致传统丧失了其决定行为和指导生活的力量，市民开始仅仅把传统视为其私人的服务性宗教，宗教对于市民而言是一种私人应用的价值。宗教—教会权威在启蒙运动给中备受批判，人们遵照市民平等交换原则剥去了封建社会及其宗法等级结构的因素，保留了“认识形式的权威”。默茨认为权威所丧失的不仅仅是其专断性，而且还有其解救性。在市民社会中人们力图确定其自身的主体性，并因此提出自由和正义的权威。这种权威消解着宗教主体，并导致了市民社会的权威形式。默茨对启蒙运动所产生的合法化的宗教进行了批判，认为启蒙过程是宗教之私人化和市民化的过程。

四、作为实践的基本神学的政治神学之构想 默茨在该部分提出基督教思想本身是一种实践性思想。悔改、皈依和出走埃及等基督教神学思想都是一种实践质素。追随的实践是默茨提出的重要理论，他认为任何一种基督论必须从实践出发，从追随的实践中获取营养。这种追随的实践也叫作“基督论的辩证法”或者“追随的辩证法”。这种辩证法是理论—实践的辩证法，是主体—客体的辩证法，默茨认为只有追随基督，基督徒才知道自己遵从谁、拯救谁。由于早期基督知识是通过故事的形式流传下来的，默茨把这种称作为叙述实践。默茨对西方哲学史上注重实践的哲学家给予了充分的肯定。默茨区分了实践性的基督教诠释学与普泛史诠释学、末世论诠释学以及先验诠释学之间的不同，并提出了这种实践性的辩证诠释学的几个特点，其中这种实践中所包含的危险的回忆则是社会变革的重要来源。

默茨认为基督教神学蕴含着宗教主体的重要思想，这种宗教主体是由其

---

① J. B. 默茨. 历史与社会中的信仰：对一种实践的基本神学之研究［M］. 朱雁冰，译. 北京：生活·读书·新知三联书店，1996：37.

与上帝的关系造成的，人们在对基督教信仰的过程中摆脱了远古时代的不足和羁绊而成为历史的主体。基督教的上帝思想作为一种实践性质的思想，其渗透于人们生存的基础，并建构共同一致的主体。默茨反对无主体的神学思想，他提出作为拯救范畴的回忆与讲述，回忆是一种历史认同的范畴，是一种解放的范畴。人们在这种政治的主体神学的回忆中获得反抗的力量，并运用这种力量去反对现实的一切不合理的东西，如封建主义和资本主义等。

默茨对现当代全球社会所面临的困境进行了描述，认为宗教在使人成为主体的过程中具有其自身的优势和特点，作为上帝面前的主体之在始终是共同一致的，这种共同一致的情感表现为祈祷，这种祈祷体现了上帝关注的不仅仅是“成者”，而且还关注败者与死者，这种“生者和死者的上帝是普遍正义的上帝，他粉碎我们交换社会的准则，拯救在死亡中蒙冤的受难者。他因此而呼唤我们成为主体，或者面对敌视人的压迫而无条件地帮助他人成为主体，他因此而呼唤我们维护主体品格，正视罪过并反对群体化和冷漠感情”①。默茨把基督徒的信仰看作是一种历史与社会中的实践，这种实践是对上帝耶稣之共同一致的希望。通过对马克思主义等追求人的解放的理想的评论和反思，默茨提出了基督教所面临的种种挑战和危机，这种危机首先是主体和建制的危机。

中编　论题

五、对耶稣基督的自由之危险回忆：论教会在社会中的临在　默茨在该部分首先明确提出一个论题：教会在社会中的“临在”问题与对耶稣基督的自由之危险回忆密切相关。这一论题在神学上和在教会上的位置都值得我们关注。何谓“自由之危险回忆”？即在信仰之中，基督徒对耶稣基督之受难、死和复活的回忆，它必然破坏人们固有的“安全感”和“权威”的统治意识，它是一种解放性回忆，使人警醒并从而摆脱对宇宙和政治力量的任何偶像化和绝对化倾向。这也是神学研究的基础所在。

就神学的处境与使命而言，神学理论不能无视“社会的”和“实践的”方面；教会就其历史—社会形象而言，总是作为政治价值而发挥其影响的。本章标题所提出的论题，其神学基础在于：教会必须理解并证明，自己是解放社会“体制”中，危险的、自由回忆的公开见证和承传者。为此，默茨认

---

① J. B. 默茨. 历史与社会中的信仰：对一种实践的基本神学之研究［M］. 朱雁冰，译. 北京：生活·读书·新知三联书店，1996：78.

为以下三个方面——教会属灵的完善问题、由教会内部开始的多元批评之公开进程、保持对日益高涨的小群情绪的清醒意识——是教会在进行一种实践的批判意向中的选择时不应忽略的。

六、受难记忆所铸造的未来：论进步辩证法 在该部分默茨对技术文明推动下的现代社会未来发展前景进行了分析和思考。默茨认为，在技术文明发达的时代，人们力图把握一切，甚至试图利用技术来规划和制造完全适应的人，而这导致了人可能由技术的主体变成技术文明的奴役者的倾向。默茨认为人们面临这些技术文明所带来的问题首先是社会问题和政治问题。他提出，从长远来看必须建立新型的政治生活和政治结构，从而能够超越技术文明，达到解救人的目的。默茨认为政治神学在提倡历史人类学和启蒙教育学的过程中实现着从实践理性上确保人的身份。默茨提出了建构这种政治神学的准则和框架：人类历史进入了全球性时代；政治和道德重新结合；自下而上的建立自由和有效的责任；多元化的文化局面。

另外，默茨从人们的“受难记忆”出发，寻求解决现代技术理性所造成的弊端。默茨认为解决这些弊端，必须寻求一种对人们历史性责任感的反思来维护，进而避免人们毫无节制地对自然的掠夺。人的自然史在某种程度上就是人的受难史，受难史构成了历史的动力学。默茨对人不同种类受难的记忆进行了分析，其中有一种美化、洗涤人过去一切的记忆，这种记忆造成人对既往的错误意识。

默茨提出了另一种重要的记忆。通过这种记忆，早先的经验“闯入”我们现今生活的中心，且对现今的处境提供新的见解。默茨提出基督教为了超越不同的论争，必须建立辩证的范畴，如受难与成功的、有价值的生活，耶稣受难与复活，受难回忆和复活回忆，等等。他认为基督的受难回忆贯穿于自由史的不同阶段，并提出上帝以整个历史的主体和意义的形象出现在末世论中，基督徒对上帝受难记忆的回忆使得他们追求把上帝拥之于主宰地位而反对任何世俗的独裁和专政，正是在这种基督受难记忆的影响下，政治生活也将实现自由和得到保护。

七、解救与解放 在该部分，默茨对解救和解放的异同进行了考察。默茨认为解放是普遍性的，他反思了马克思主义关于解放的论述以及在这一理论指导下的解放实践，认为普遍的人类自我解放可能出现矛盾，甚至在解放名义下出现新的暴力和压迫。解放之所以出现缺陷和不足正是由于解放自身所具有的整体性。基于人的受难史，默茨提出基督教的解救也是一种解放。

默茨认为在现代社会发展史上，上帝作为历史主体的地位被解放者创造的无主体所取代，虽然经典马克思主义把解放行为的主体确定为无产阶级，但是这种解放史依然是一种纯然的成功史，而且其解放过程依然与技术经济的进步过程同步进行，从而形成了“义机械论”。在神学如何处理拯救与解救的关系上，默茨提出了三种趋势：从生存上和超验上解释拯救与历史的关系、条件救援论、三位一体的上帝史。

八、教会与人民：论被遗忘的信仰主体 默茨在该部分对教会与人民之间的关系进行了分析。默茨认为，在德国，宗教处境似乎被一种隐秘的、教会与人民之间的分裂所决定。教会与人民的“分裂”问题在于：教会虽然想成为“为人民的教会”，但却少有可能是人民的教会。默茨洞察到一个单纯建立于个体自由的教会难免陷于虚空。他提出人民应该是历史的主体，这种历史的主体就是上帝的人民。为了确立人民的历史主体地位，从教会的角度而言，教会必须从“人民在受难”为出发点，这就是正统信仰的代价。“正统信仰的代价问题，不仅是应用基督教义、基督教义之事后验证和证实，或者教会的爱的实践的问题，而且它也是教会的一块基石，是正统信仰的发展。”[①] 默茨力图从历史中寻求建立真正属于人民的教会的可能，他提出了世界教会的设想，“在这里，人民已经走出其自然的群体身份模式，走出民族、种族和阶级；在这里，人民也从历史上成为‘新人民’，并达到上帝面前的新身份；在这里，‘教会是为一切人的’，这句话不再令人想到，这似乎是对弱者和无言者之毫无内容的收纳，因为在这里一切人都已经成为主体”[②]。

九、先验唯心论的抑或讲述—实践性的基督教？——神学面临当代基督教的身份危机 默茨在该部分提出在现代历史进程中，基督教面临着身份危机。这种身份危机是由以下几个方面引起的：其一是新马克思主义，主张历史辩证地继承基督教，继承基督教的批判和解放潜力、继承基督教的自由解放之思想内核；其二是主张对基督教从进化论逻辑上进行“扬弃”；其三为两种在德语地区得到特殊发展的关于基督教历史命运的观念：历史的不连续性理论和一般宗教意识之悄然萎缩的观念。面对基督教身份的危机，神学所采取的种种反应并不能从根本上解决问题。默茨对基督教现状的诸神学理：神

---

① J. B. 默茨. 历史与社会中的信仰：对一种实践的基本神学之研究［M］. 朱雁冰，译. 北京：生活·读书·新知三联书店，1996：154.

② J. B. 默茨. 历史与社会中的信仰：对一种实践的基本神学之研究［M］. 朱雁冰，译. 北京：生活·读书·新知三联书店，1996：162.

学世俗化理论、普泛史—唯心主义构想、匿名基督教理论（拉纳）等进行了考察。

默茨以上所述都是为讲述—实践性的基督教做出的辩护努力。他认为，个别历史离不开预先讲述的救恩史；但救恩史则完全可以将个别历史纳入自身之内。因为已讲述（和回忆的）历史意义之普遍性与终极性不会使反抗无意义状态和灾祸的历史实践由于可以从先验上或普泛史上得到补偿而成为多余，它是不可缺少的。因此，“为一切人”奠立于基督身上的拯救，并非通过一种理念而具有普遍性，而是通过一种实践的领悟力量，即通过追随实践。然而，基督教的这种领悟性在神学上并非以纯推理的方式，而是通过讲述加以传输的：讲述的实践性的基督教。

十、希望即临近期待或夺回失去的时间：论不合时宜的天启论命题 默茨在该部分以命题形式列出并讨论了无时间性之症候；无时间性作为体系；在无时间性禁锢之中的神学；反抗无时间性的禁锢：对天启的回忆；反对基督教末世论中的错误抉择。“天启”被用作神学反思概念，以便将神学和基督教中的“时间”因素作为论题来阐述。强调基督教希望的期待品格是为了使基督徒的实践，简言之即追随，处于时间压力之下。默茨提出这些命题的出发点在于：基督教的历史危机——它过分脱离福音和信仰内容的绝对实践性意义的主体和建制的危机。

下编　范畴

十一、回忆 在该部分，默茨认为“回忆”是一个基本的哲学概念，自有其传统及中介形态，回忆曾在诠释学与批判的氛围中进行，并最终作为自由的理性成为实践的媒介。

默茨进一步主张，对那些在社会各种意识形态下受害的人而言，耶稣基督的受难记忆（memoria passionis）可以成为他们将来的盼望与应许。而圣经的福音书中正是充满了有关受难的“论述”（narrative）——特别是有关耶稣的使命以及他致力关怀且认同被弃绝者的“自由记忆”。默茨认为基督教传统所承载的就是一个“危险的自由记忆”，而正因为基督徒深深记得这个“耶稣之自由”的传统，所以他们对在一般社会中普遍认知为“似乎合理”（plausible）的想法提出批判——危险的记忆因此激发出政治的行动。

十二、讲述 在该部分默茨在回顾了历史上（旧约和希腊逻各斯）关于讲述的经验，并以马丁布伯的《虔诚派故事集》为例，确认了讲述传统后，指出，在牧灵和社会批判的意义上，讲述面对的危机是：并非讲述太多，而是几乎不再可能怀有危险的而又有解放性的意念正确地讲述，并由此产生实践批判性的效果。而讲述之神学意义正在于，它是讲述作为获救与历史的媒介。但由于历史理性没有任何讲述性，因此也不知作为认识原则的遗忘和回忆为何物，这就迫切要求在我们的批判意识中重新尊重受难史。

十三、共同一致 在该部分默茨对与实践的基本神学有关的一般规定，即神学上的共同一致范畴，表现出它作为对死者的回忆性、共同一致性之神秘性—普遍性的价值进行了分析。实践的基本神学力图坚持共同一致，及其不可分界的神秘性—普遍性的和政治—局部性的双重结构，这种结构将保护普遍才有不致变成冷漠，将保护共同一致的偏袒性不致变成遗忘和仇恨。共同一致是以其神秘性—政治性的双重结构作为拯救主体的范畴而产生的；它产生于主体遭受威胁的地方，即遭遗忘、压迫、死亡威胁的地方，同时，它也是作为人之成为主体和保持主体品格所承担的义务的范畴而产生的。

共同一致是否只存在于理性中？实践的基本神学批判一切当今重要的科学理论和行为学说围绕普遍的共同一致的自由进行的理性和平等权利的讨论，它认为，这种讨论从一开始便伴随着共同一致的行为较之客观的人类受难史相比是虚假的共同一致。与相互性的共同一致相反，实践的基本神学主张一种为危险的回忆与讲述范畴所伴生的基督教的共同一致。

对世界范围的共同一致的思考要求神学从实践上批判一切以关于所有人一律平等的不负责任的言论，而十分明显地掩饰和谋求局部性利益的平等思想。因此，基督教并非以无选择的中立主义的态度置身于争取受伤害者和陷于困境者的世界性共同一致的斗争之外或者凌驾于其上。它以一切人在上帝面前共同一致成为主体的口号，以拒绝将已经在社会上取得权势的主体装扮成“宗教”主体的立场，参与这场斗争。

【意义与影响】

第一，在神学发展史上，默茨的地位不可忽视，他是现当代基督教世界对“政治神学”的发展较有贡献和影响力的一位神学家。该书所阐释的政治神学与南美的解放神学一起体现了神学思想在 20 世纪 60 年代的时代特色，其所开辟的神学发展道路为后来神学、哲学思想的发展提供了重要研究素材和理论价值。

第二，默茨对神学理论的阐述和研究借鉴了康德哲学以及新马克思主义批判理论的研究方法和观点。默茨认为神学理论的研究应该立足于具体的社会条件和环境，并以理论—实践的辩证法为方法。他从实践的角度阐发神学理论，把基督教神学理论中的回忆、叙述等与现代社会人们所处的境况联系起来，从而在一定意义上打破了以往神学理论束之高阁、空谈上帝拯救和解救人民的做法，建构起了神学理论与现代社会沟通的桥梁。默茨对资本主义社会技术理性下的主体人的客体化现象进行了批判，并从基督神学角度力图塑造一个具有历史主体地位的人，从而为从基督教神学理论的角度研究和解决现代社会人们所遭遇的理性困境提供了重要的方法论指导。

第三，作为一名神学家，默茨在该书中对基督神学的见解和阐述体现了其依据时代的变化而发展基督神学的努力，但是我们也应该看到其理论上的不足和缺陷。默茨把实践看作是一种宗教实践，他力图把实践的主体描绘成宗教的主体，并把人类现代社会的发展困境、发展动力等因素归结为神学理论，归结为人们对受难的回忆等。默茨没有认识到宗教的本质来源于人们对客观世界的反映，没有认识到历史的动力蕴含于人们的生产方式。在默茨这里，历史的动力是一种精神力量——回忆、叙述，历史的进程是一种宗教发展的历史，虽然默茨在努力淡化基督教中上帝的彼岸色彩，但是他终究不能摆脱宗教唯心主义的桎梏。

第四，这部著作对我国读者认识当代宗教哲学的发展也有裨益。我国作为一个社会主义国家，实施宗教信仰自由是我国一项长期的基本政策，文化多元化的趋势明显增强。因此，关注和研究国外基督教神学的发展趋势，不仅有助于繁荣和发展人文社会科学，而且有助于厘清世界宗教的发展脉络，为制定有助于中国宗教事业健康发展的政策法规提供了启示。

【原著摘录】

上编　构想 P1－90

一、演化与辩证法之间：当代基本神学由之出发的处境 P3－15

P4　(a) 对基督教为希望辩护由之出发的社会处境和状况的确认，在当今只能在世界范围内实行。由于社会政治和经济状况日益增长的互相依赖性，若不从“全球”视角出发，根本无法正确确定一种处境。(b) 我们在这种分析中所要确认的、习惯上称之为我们的经验世界的世界本身已经是一种“第二性世界”，在某种程度上可以说是一种后设世界。

P8　一种执着于论证而具有理论深度的神学必然是实践性的，它为一种新的理论——实践——辩证法所引导，所以它只有使自己与一种突破此一解释体系的实践相联系才能够粉碎以进化逻辑重建宗教并使之达到社会性的整合的尝试。

P9 信仰决不能以纯理论方式加以辩护，宗教不经过“护教的实践”便不可能得到拯救，这恰恰符合圣经关于“辩护”的记载。

二、通向实践的基本神学的弯路：试从历史上确认自我 P16－34

P19 当宗教批判首先以意识形态批判的形式展开时，基督教尤其神学的答复力量和真正意义上的护教力量看来恰恰在这个时代渐渐消失，后者形式上成为一种孤立的纯护教神学。

P28－29 解放、启蒙运动和世俗化之间存在着一种内在辩证法，也就是说，启蒙运动提出论题时，超越了它自身使之成为论题的东西，超越了它自身使之作为疑问，强行列上日程并有能力对之进行反思的东西。

P30 针对这条基督教护教学道路，便要求有一种实践的基本神学，后者将以基督教的激进性，重建实践概念，并将之用于尚未形成的（市民）主体，即用于一切人的主体之在和主体生成（Subjektwerden）。

三、政治性的主体神学：对市民宗教的神学批判 P36－53

P37 启蒙运动所带来的危机的基本因素：1. 私人化、2. 传统的丧失、3. 权威的丧失、4. 理性被归结为理性状态、5. 宗教被归结为私人宗教心理。

P37－38 私人化过程应作为启蒙运动之首要的和关键性的危机因素加以对待，其根源也许在教会与国家的冲突之中。

P40 传统在启蒙运动中丧失了它决定行为和指导生活的力量，它成为历史认识的对象，这就是说，最终成为满足启蒙理性之资料和信息需求的资料库。

P43 作为不平等和隶属关系原则的权威，自然失去了社会可信性。它被视为封建社会及其宗法等级结构的残余，市民正是由于对抗这种结构而成功地确立自己的地位的。权威中所保留下来，而又可能为市民所敬重的东西，是权限及作为认识形式的权威。

P49 它是极端私人化的，适用于市民家用的宗教，它是一种情感和内在性宗教。从这种宗教不会产生任何危险、任何反抗、任何抗议，从而危及市民交换和成功社会中通用的关于现实、内涵、真理等的定义。

P50 政治性的主体神学强调，不可以抽象地接受或者继续继承启蒙，不可以不加批判地将“主体”“生存”“位格”作为现代及其私人化过程的结果纳入神学。

四、作为实践的基本神学的政治神学之构想 P54－90

P57 对任何一种基督论至关重要的是，必须一再地有如从未思过基督那样去思基督。任何一种基督论——为了达到其自身的真实——都从实践，即以追随的实践吸取营养。它本质上表述的是一种实践知识。从这层意义上讲，任何一种基督论都遵从实践优先原则。

P62 （1）基督教的实践作为社会实践总具有伦理上的规定性。

P63 （2）基督教的实践作为社会实践，总是为过多的历史规定所限定，这种历史规定并非占统治地位的社会整体之派生功能。

（3）基督教的实践作为社会实践，始终为某种考虑到这种实践的情感质素之实践观念所引导：在这里，实践不仅作为行为，而且也作为“受难”而运作。

P65 实践的基本神学必须意识到：神学不是单纯地承传和提出无主体的论题，它必然有时为实践和经验所“中断”。

P67 “普遍的共同一致”，作为政治性的主体神学的基本范畴，指的不是诸个别宗教主体事后被归属在一起，它是这些主体（在上帝面前和通过上帝）生存的形式。

P70 政治性的主体神学，反对在规定人面对上帝的主体之在时的历史与社会的还原。

P72 为确认宗教上的同一和确保同一原则而应用的范畴本身，是历史意识的范畴，即“回忆”与“讲述”。

P74 关键在于，基督徒是否能够成功地使这种宗教主体之在，生动地社会化，使之具有可见的人形，将之展现在为人及其历史而进行的论证漩涡中。

P78 上帝面前的主体之在始终是共同一致的，这是就普遍意义而言的，即不仅针对被压迫者和受冷遇的主体，不仅针对处于困境者，而且也针对败者，针对世界受难史上的死者。

P79 基督徒的信仰是历史与社会中的一种实践，这种实践自然对上帝耶稣（Gott Jesu）之共同一致的希望，上帝耶稣是生者和死者的上帝，他是呼唤一切人进入其面前的主体之在的上帝。

P82－83 我们提出的信仰“定义”谈到了共同一致的希望。它是从最为普遍的意义上来理解“共同一致”的：这种共同一致不仅必须面对生者和未来世代，而且也要面对死者。

中编 论题 P91－196

五、对耶稣基督的自由之危险回忆：论教会在社会中的临在 P94－105

P95 希望从这个意义上承担基督信仰及其传统之批判责任的神学，在其核心不能无视这一“社会的”和“实践的”方面，神学理论不能容许对舆论、法律、自由等问题抽象化，简而言之：不能容许对政治上的多方面关联的问题抽象化。

P96 教会必须理解并证明，自己是解放社会“体制”中，危险的、自由回忆的公开见证和承传者。这一命题的基础是作为基督信仰基本表达形式的回忆和自由在这一信仰中的中心的特殊意义。

P100 重要的绝非盲从主流的幻想之廉价的现代性和现实性，而是教会及其所信仰的使命之历史的同一性和连续性。教会首先就是：我们基督徒，我们这些想方设法从耶稣基督的记忆中，获取生命之源的基督徒；在我们看来，不可幻想这种记忆，可以在完全脱离建制、没有教会、以私人个体为唯一回忆载体的情况下传扬。

P100 (a) 教会的属灵应作为一种解放了的自由之属灵，它在传扬社会批判之自由的过程中得到证明和检验。这种自由的证明，因不同的社会关联阈而带有不同的特征。

P102 (b) 教会由内部开始的多元批评之公开化进程，从申述自由到撰述自由的过渡，以及教会内部的“自由文化”进程，必须大胆地从结构上继续推行。

P104 (c) 教会应保持对日益高涨的小群情绪的清醒意识。

六、受难记忆所铸造的未来：论进步辩证法 P106－125

P109 从长远着想人的当今处境及其与未来的关系的一个特点是，人正面临从技术文明过程之主体变成这个过程之产品的危险。

P109 面对如何才能达到为一切人的自由生活所必要的意识变化这个问题，政治神学主张从实践理性传统上确保人的身份。

P111 政治意识来自受难记忆，政治行为来自人类受难史记忆：这可能已暗示出对政治的理解，从这种理解便产生支配技术工艺和经济过程的新可能性和新标准。

P115 基本的历史动力学是受难记忆：它是未来自由的否定意识，是在此一自由的背景之下为克服受难而行动的激励者。

P119 基督的回忆所坚持的是，人类受难史不仅属于自由前史（Vorgeschichie der Freiheit)，而且它也是并且永远是自由史的一个内在因素。

P119　一个在自由史和自由观念中排除这一层内涵的社会将为此付出代价：日益丧失直观自由。它无法确定一些目标和优先原则以阻止自由逐渐适应愈来愈不具名、愈来愈无主体的社会的发展倾向。

七、解救与解放 P126－144

P127　解放是普遍性的，被用作现代自由史之基本的准历史哲学范畴，这一范畴应在解救的历史神学中加以讨论。

P132－133　具体受难史最终是关键性的推动力之一。在自由主义的以及自由马克思主义的解放和启蒙理论中，人们看到一种无主体的历史过程理论，这类似以及相似的本质体所起的作用犹如超验的历史主体，人们在某种程度上可以将解放的负面，即罪过史，算在这类主体的名下，而成功、胜利、进步则仍留在“尘世间”，计入人的解放性历史行为之内。因此，不包含解救史的解放史，暴露出自己是一种抽象的成功史、抽象的成者史，即所谓半吊子的自由史，这种自由史具有一种作为历史主体之解放者称义和开脱的完美的机械论。

八、教会与人民：论被遗忘的信仰主体 P145－165

P147　最终所有一切都取决于“为人民的教会”是否能够成为“人民的教会”这个问题。

P151　基督教是一种人道主义，这就是说，它为人民之成为人、它为人民之成为教会中的主体而斗争。它希望，人民成为教会而且就应该是教会，而非仅仅是宗教的消费者，不仅仅是被关心的客体，而且也是教会以及其中所代表的人类与上帝同在之新历史的主体，简而言之：人民是上帝的人民。

P157－158　对所描述的点滴构成的回忆，必然永远是一种危险的回忆，一种着眼于未来的回忆。然后，它便有可能成为解放性的回忆，而这正是着眼于教会的使命：在其自身构成日益具有活力的人民教会的形式。

P162　最后，让我们谈一下一个世界教会的设想：这种教会已在极大程度上成为人民教会；在这里，人民已经走出其自然的群体身份模式，走出民族、种族和阶级；在这里，人民也从历史上成为“新人民”，并达到上帝面前的新身份；在这里，“教会是为一切人的”，这句话不再令人想到，这似乎是对弱者和无言者之毫无内容的收纳，因为在这里一切人都已经成为主体。

九、先验唯心论的抑或讲述—实践性的基督教？——神学面临当代基督教的身份危机 P166－182

P178　在基督拯救的讲述性解构之内，历史与故事、统一的救恩史与个别人之众多的得救，和灾祸故事交织在一起，并互相融合而又没有互相消减对方的内容。个别历史离不开预先讲述的救恩史；但救恩史则完全可以将个别历史纳入自身之内。

P178－179 人们在这里将（再次）清楚地看到，基督教的所谓历史身份危机，并非信仰内容的危机，而是那些拒绝这一内容之实践意义、拒绝追随的基督教主体与建制的一场危机。

十、希望即临近期待或夺回失去的时间：论不合时宜的天启论命题 P183－196

P183 我们思考的出发点（在这里应再次强调），是基督教的历史危机，原本并非福音和信仰内容的危机，而是它过分脱离这些内容的绝对实践性意义的主体和建制的危机。

P186 现在有一种形而上学的代替品，一种新的准形而上学，其名曰：进化逻辑。在这里，时间之可有可无的性质开始了对一般意识之系统统治。在它的土壤上，一切都将无时间性地、连续地得到“修复”：无论宗教意识，还是宗教批判—辩证的意识。

P188 从神学上改变“临近期待”的原义，将它解释为“恒久期待”，这仍然是对基督教时间性之基本质素的语义上的欺骗；基督教的核心并不是无时间性的，它恰恰具有时间内核；这种解释间接证实了，神学本身已经深深处于进化的时间意识或者更精确地说，进化论的时间解体观的无名压力之下。

下编 范畴 P197－262

十一、回忆 P200－224

P213 内在于批判理性的回忆形式，是自由回忆：从自由回忆中，理性获得引导它成为实践的旨趣。

P218 在这里，处于信仰的解释之主导地位的，既非赞同信条的主智论模式，也不是不可支配的生存决断的生存模式，而是末世回忆的图示。

教义信仰或者认信信仰是联系教条的纽带，即联系可能和必须被理解为受遏制、未被征服、具有颠覆性和危险的人类记忆之回忆表述程式的教条的纽带。

十二、讲述 P226－242

P237 讲述和回忆论题不可避免地会出现于这一语境之中，它针对历史理性的批判层面，因为历史理性没有任何讲述性，因而也不知作为认识原则的回忆和遗忘为何物。这迫切要求在我们的批判意识中重新尊重受难史。

P238 基督教以追随实践和经验为其逻各斯之基本因素，它必然带有讲述性特征。

十三、共同一致 P253－262

P253 历史的共同一致在这里不仅被理解和推延为“前瞻的”共同一致，即着眼于未来世代，而且也被理解和广延为“回顾的”共同一致，以便强调基督教与神学在人的规定和人性的保留方面的特殊性，而且正是以这种“特殊性”参与历史—社会的论争。

P258 与相互性的共同一致相反，实践的基本神学主张一种为危险的回忆与讲述范畴所伴生的基督教的共同一致。在这种共同一致之中，构成言行背景和校正标准者，不应是以极度凝缩形式存在于黑格尔的理念，尤其存在于当今科学思维的进化逻辑之中的成者历史，而更应是人的受难史。基本神学之表现为实践性的科学批判就在于：它力图冲破“握有论证权限的精英圈”。它从基督逻各斯的追随思想中得出的逻辑在于：“构成承认他人之主体性的前提”，不仅是“合理性的状态”，而更是“陷于困境的状态”。

P259 基督教并非以无选择的中立主义的态度置身于争取受害者和陷于困境者的世界性共同一致的斗争之外，或者凌驾于其上。它以一切人在上帝面前共同一致成为主体的口号，以拒绝将已经在社会上取得权势的主体装扮成“宗教”主体的立场，参与这场斗争。

【参考文献】

［1］刘小枫．当代政治神学文选［M］．蒋庆，等译．长春：吉林人民出版社，2002.

［2］林鸿信．莫特曼神学研究［M］．上海：上海人民出版社，2010.

［3］张文喜．人民意志论及其神学批判［J］．浙江社会科学，2005（2）.

［4］桂人．基督信仰与现代社会：默茨的政治神学［J］．中国天主教，2006（1）.

［5］田薇．苦难·解救·信念：论默茨政治神学的核心意旨［J］．基督教文化学刊，2011（25）.

十二、《政治社会学——主体政治的社会剖析》

[美] 安东尼·奥罗姆　著
张华青，孙嘉明　译
上海人民出版社，1989 年

【作者简介】

安东尼·奥罗姆（1939—　），美国伊利诺大学社会学系主任，主攻领域是政治社会学、社会学理论、种族团体、研究方法和社会心理学等。他生于 1939 年 11 月 20 日，1965 年在芝加哥大学获硕士学位，1967 年在该大学获博士学位。曾先后在亚特兰大爱摩里大学社会学和人类学系、伊利诺大学社会学系、北卡罗来纳大学社会系任教。他长期从事政治社会学、社会学理论、种族团体和社会心理学等方面的教学和研究，作为育人者，他曾得到过多种荣誉和奖励，如 1971 年获得伊利诺大学教师奖、德克萨斯大学学生会颁发的优秀教师奖。除教学工作，奥罗姆还历任《社会力量》《当代社会学》《政治社会学和军事社会学学报》《政治行为》《社会学理论》《微观政治学》《社会科学季刊》《社会学教学》《政治社会学研究》等刊物的客座编辑。

其主要著作有《抗议中的黑人学生：黑人学生运动起源研究》（1972 年）、《政治的根源：美国的青年和政治》（1972 年）、《政治社会学——主体政治的社会剖析》（1978 年由美国普伦蒂斯—霍尔出版公司出版，1983 年出第二版）、《美国城市建筑》（1995 年）、《政治社会学入门》（2000 年，第四版）、《个案研究的事例》（1991 年，与乔·菲金钗、基甸·斯乔伯格共同编写）、《变化的社会》（1999 年，与约翰·约斯通、斯蒂芬妮·里吉尔合撰写）。

【写作背景】

二战以后，在科学技术的推动下，人类社会的政治、经济、文化、社会等各方面取得极大的进步，这推动了社会科学的加速发展。两次世界大战的残酷教训以及随后形成的政治格局对人类启发良多，对过去、当下和未来面临的困境与未知等愈加热切的关注，都在不断地促使人们进行理论上的反思和总结。

作为一门学科，政治社会学的历史并不久远，其发端于20世纪，形成于二战之后。随着西方行为主义在二战之后的形成与发展，政治学研究的领域、内容、方法等都开始逐渐发生变化，人们对政治学的研究开始不再局限于传统的历史、法律等方面，用心理学、社会学等学科的方法进行政治学研究成为一个新的趋向。作为一门对现实社会发展极具指导性的学科，政治学的发展开始加速向纵深方面前进，学科分支越来越多样化，其在某种程度上开始与其他学科相互融合、相互贯通，而且运用不同学科的方法进行研究，成为人们研究政治学的趋势。马克思、韦伯、帕森斯等人思想的形成和发展为人们研究政治社会学提供了新的研究视角，不同的学者从各种角度阐发着自己对政治社会学研究方法、原则等方面的见解，政治社会学的发展形成一个比较快速前进的阶段。

【中心思想】

奥罗姆认为，随着人类进入现代社会，社会各方面在加速走向进步，人类的政治生活并不是孤立的，它与人类的社会结构以及经济等各方面都在发生着密切的联系，政治运行与社会各方面有着广泛而全面的联系。奥罗姆运用比较分析的方法，通过对西方一些学者如马克思、韦伯、帕森斯和流派如结构主义学派等关于政治和社会思想和观点进行阐述，并结合现实对美国现实社会和政治进行了具体分析。奥罗姆通过对政治社会学的一些概念、理论进行了阐述，对社会秩序和政治秩序、权力的概念、政治模式、政党和党派意识、公民的政治参与、国家建设、社会运动和政治运动等进行分析和研究，从而为人们进一步政治社会学奠定了必要的基础。具体有以下几个方面的内容：

第一，奥罗姆对马克思、韦伯、帕森斯等人的社会和政治理论和思想的进行了阐述、评价和比较研究，从而对不同学者关于政治社会学的基本概念如政治秩序、社会秩序、服从理论、变革理论等进行了比较分析，奥罗姆对这些西方思想家的思想和理论进行了比较客观公正的评价。

第二，奥罗姆对政治统治的基本形式进行了阐述。奥罗姆认为现代人们关于政治本质的思想依然受到以往历史时代的影响，尤其是古希腊时期的思想家的影响。现代国家形式起源于希腊时期的城市国家，奥罗姆承袭了亚里士多德关于对国家性质的分析，对现代世界的政治制度形式——民主主义和极权主义的政治现实和理论进行了比较研究。

第三，奥罗姆以美国为例，基于大量的实证材料和许多理论家的分析、研究结果，对权力的概念、结构，权力的分配，社区权力的研究，现代政党和党派意识，公民的政治参与等方面进行了探讨与研究。随后奥罗姆运用维特根斯坦的语言学方法论，对政治思想进行了论述，提出把政治思想分为现实观、理想观、意识观，并以美国为例，分析了这三种政治思想观在社会中不同阶层的存在、发展和作用。

第四，奥罗姆对民族国家的特征形成进行了论述，认为经济发展、民族主义和政治动荡等作为民族国家追求现代化的产物，它们之间也是相互影响的。奥罗姆通过引用不同一些思想家的理论，对不同社会集团如知识分子、农民、军队等在国家中的作用进行了评价，对不同民族国家政治形式差异的原因进行了分析，并对国家建设的成功与失败，国家建设的前景进行了阐述。他认为国家建设是一项连续的事业，它必将一直进行下去。最后，奥罗姆通过以美国为例，对政治运动和社会运动的性质、运动产生的环境以及不同运动迥异的结局进行评析。

【分章导读】

该书分为 12 章，约 33.4 万字。

第一章　导言　在这一章，奥罗姆主要对本书的基本观点和内容进行了简单的介绍，他认为政治社会学就是对政治的社会环境，以及政治和不同社会事件之间是如何相互影响和制约进行的研究和分析。作者提出了政治社会学的特点和研究对象，认为“政治社会学是以几种不同的观点对社会和政治进行交叉考察的结果”①，并提出对现代国家的权力、政党、政治变革等方面

① 安东尼·奥罗姆. 政治社会学：主体政治的社会剖析 [M]. 张华青，孙嘉明，译. 上海：上海人民出版社，1989：2.

研究的必要性。

奥罗姆认为政治社会学是运用不同的观点对社会和政治进行交叉考察的结果，作为理性发展的产物，社会秩序和政治秩序为人们考察社会发展提供了重要概念，以往的人们习惯于从社会的角度对政治进行研究，奥罗姆认为国家机构或政治活动对社会发展也有着重大而深远的影响。

政治的本质在于权力，传统观点认为权力的执掌者是在政治舞台上发挥重要作用的人，奥罗姆对政治社会学家关于权力的本质和分配的传统观点进行了质疑和新的研究。政党作为一个现代化的组织，是社会政治生活中的重要组成部分，也是公民参与政治的重要途径，奥罗姆力图“既把它看成是能够影响政治舞台上舆论的组织或者机构，也把它看成是大众和政府间联系的纽带”①。面对不同思想家对政治信仰的不同理解，奥罗姆力图用辩证分析的方法对其进行研究和分析。奥罗姆认为，政治学的研究必须对权力的性质和政治变革进行研究，人们对政治变革、国家建设等方面的解释存在着分歧，这种分歧仍将继续存在下去。

奥罗姆认为政治社会学的材料和线索具有多样性和丰富性，不同理论家之间的观点也各有特色，这种丰富性和多样性为人们研究提供了更多的动力，而且，真是由于政治社会学的多样性，促使人们在政治社会学的研究上能够取百家之众长，运用心理学、历史学、经济学等方法进行研究。最后，作者为该书在运用实例材料等方面的特色进行了简单的介绍。

第二章　卡尔·马克思的观点　奥罗姆认为，马克思可以被称为“政治社会学之父”，关于阶级斗争理论和政治思想的经济根源是马克思具有代表性的论述。作者在本章系统地介绍了马克思的社会观和政治观，奥罗姆认为，一方面马克思力图把实践和认识统一起来，另一方面，异化观点是马克思的主要观点。奥罗姆从以下几个方面对马克思的这些思想进行了总结和归纳，即社会秩序观、政治秩序观、服从理论、变革理论、乌托邦的理论等。通过对马克思上述观点的分析，奥罗姆从政治社会学角度阐述了对马克思及其后继者如列宁、卢卡奇等人思想的认识。

奥罗姆从矛盾的角度诠释马克思主义关于社会历史发展的思想，他认为，“马克思与所有的学者一样，认为实践的人和社会以及意识形态的研究者两种

---

① 安东尼·奥罗姆. 政治社会学：主体政治的社会剖析［M］. 张华青，孙嘉明，译. 上海：上海人民出版社，1989：4.

角色之间存在着一种内在的紧张关系”[①]，马克思的变革理论是社会历史发展的产物，马克思把变革的理论和变革的实践有效地结合了起来。奥罗姆提出贯穿于马克思一生的主要思想观点就是马克思对异化问题的关注。

奥罗姆从社会分层、社会组织和社会体系三个方面对马克思关于社会领域的思想进行了阐述。关于社会分层，在马克思的理论中即为社会阶级，在资本主义社会中的社会阶级分为占人口极少数的资产阶级和占人口绝大多数的无产阶级，其中资产阶级占有生产资料，而无产阶级则除了其自身的劳动力之外一无所有，在资本主义私有制条件下，资产阶级从生产过程中获得剩余价值。关于社会组织，奥罗姆认为马克思把社会组织看作是社会秩序的重要组成部分，这些社会组织是在生产过程中出现的。关于社会体系，奥罗姆认为马克思提出两个相互联系的概念即经济基础和上层建筑，其中经济基础起决定作用。马克思还认为社会体系中的社会阶级是在经济生产过程中产生的，在资本主义社会中两大对立阶级——资产阶级和无产阶级是经常处于冲突紧张的状态，这种紧张的状态对社会秩序造成了严重的挑战。奥罗姆认为马克思的这种观点也因为其具有一定的经济决定论的倾向而被人所诟病。

奥罗姆认为政治秩序只是包括国家及有关制度，他从政治统治者、国家机器、附属组织以及政治体系四个方面对马克思的政治秩序观进行了阐述。奥罗姆认为，“对马克思来说，一个社会的政治统治者是政治秩序的重要组成部分”[②]，马克思对政治统治者在不同历史时期的作用进行了分析，提出虽然在一定历史阶段统治者的直接目标并不是为了发展某一特定阶级的利益，但是即使在这一时刻，统治者的统治仍然对在社会上占统治地位的阶级有利。马克思把资本主义社会的国家机器分为常备军、警察、官僚、僧侣、法官和议会等，国家机器的存在是为了维护资本主义的利益的。

在资本主义社会中，存在着两大对立阶级——资产阶级和无产阶级，一方面，资本家占有生产资料以扩大资本积累为重要目的，另一方面，资产阶级控制着传播工具。作为资本主义社会重要组成部分的无产阶级本身除了拥有自身的劳动力之外一无所有，无产阶级为了生存必须依附于资产阶级，而且马克思认为这种依附或服从不仅局限于经济领域，而且表现在政治方面。

---

① 安东尼·奥罗姆. 政治社会学：主体政治的社会剖析［M］. 张华青，孙嘉明，译. 上海：上海人民出版社，1989：12.

② 安东尼·奥罗姆. 政治社会学：主体政治的社会剖析［M］. 张华青，孙嘉明，译. 上海：上海人民出版社，1989：20.

总之，资产阶级通过各种途径使得无产阶级在政治上、经济上等各方面服从于资产阶级的控制。

奥罗姆认为变革理论是马克思思想的重要内容，马克思认为在资本主义社会中存在着许多变革的重要因素，“最概括地说，就是资本主义社会中人的异化”[①]。首先，变革的广度和深度。马克思认为，在资本主义时代，由于资本主义基本矛盾的存在而必然引起资产阶级和无产阶级的完全对抗并最终导致社会制度和经济制度的彻底变革。这种变革不再局限于一个民族国家，而是随着资本主义的发展成为全球性的现象。关于变革的途径，主要是通过政治革命的形式尤其是暴力革命实现的。其次，变革的逻辑。唯物辩证法是马克思变革理论的重要理论基础，马克思批判地借鉴和改造了黑格尔的辩证法，把黑格尔的唯心辩证法发展为唯物辩证法，并用该辩证法来分析资本主义社会，他认为资本主义中存在着正题即资产阶级、反题即无产阶级以及综合——资本主义社会。因此，资产阶级和无产阶级之间的关系是相互依存又彼此对抗的，这种对抗最终导致了资本主义社会走向消亡。再次，变革的先决条件，奥罗姆认为马克思从经济的先决条件和社会的先决条件两个方面进行阐述。经济的先决条件即“周期性经济危机和资本家利润的下降”[②]，资本集中以及工人工资水平的下降，社会的先决条件即城乡对立、城市化、工人的政治化。最后，阶级意识，奥罗姆认为“马克思主义的革命变革理论中最重要的一个组成部分是阶级意识”[③]。阶级意识由两个部分组成：其一是有意识地一群人敌视另一群人；其二是希望联合起来反对另一群人。无产阶级为了实现自身的解放，必须成为一个自为的阶级。政治组织对于阶级意识的形成有重要的作用，但是人们对于什么样的政治组织有利于无产阶级存在着广泛的争议。共产主义社会是马克思对未来社会的描绘，在共产主义条件下，资本主义的弊端得到了克服，生产资料实行公有制，每个人都有劳动的义务，无产阶级通过革命掌握了国家机器。

奥罗姆对马克思之后的马克思主义者的思想进行了研究和阐述。奥罗姆认为恩格斯作为马克思主义的代表者，对马克思的历史唯物主义和辩证唯物

---

① 安东尼·奥罗姆. 政治社会学：主体政治的社会剖析［M］. 张华青，孙嘉明，译. 上海：上海人民出版社，1989：26.

② 安东尼·奥罗姆. 政治社会学：主体政治的社会剖析［M］. 张华青，孙嘉明，译. 上海：上海人民出版社，1989：32.

③ 安东尼·奥罗姆. 政治社会学：主体政治的社会剖析［M］. 张华青，孙嘉明，译. 上海：上海人民出版社，1989：36.

主义思想进行了发展和阐述。恩格斯对空想社会主义思想进行了考察，进而阐明了马克思主义关于社会主义思想的特点。马克思主义关于社会主义的论述是建立在辩证唯物主义和历史唯物主义的理论基础上的，辩证唯物主义立足于自然科学的最新成就，认为物质的运动与发展都存在于物质的客体和自身之中。恩格斯认为历史唯物主义是关于无产阶级自身解放的科学，这种解放同时也是人类发展的一个必然环节。恩格斯对马克思主义的其他重要贡献还表现在家庭理论和国家性质的理论之上。恩格斯把家庭看作是一种压迫的典型，这种压迫的性质就是社会中财产和生产的性质的反映。关于国家，恩格斯认为国家不是从来就有的，其是历史发展的产物，是一定历史时期的统治阶级为了维护自身的统治而出现的，国家产生之后就沦为统治阶级对其他社会阶级进行统治的工具了。奥罗姆认为恩格斯对马克思主义的发展做出了重要的贡献，但是由于"他没有像马克思那样特别强调生产，尤其是劳动及其劳动者在建立社会制度方面起的作用和意识形态的长期历史总要性"[①]，因此存在着把"社会及其进化仅仅归结于物质力量"的可能性。

奥罗姆对列宁在革命的实践和理论本身两个方面对马克思主义的发展做了分析。奥罗姆认为，列宁在对革命政党的性质、社会主义国家的性质和帝国主义分析等方面做出了重大贡献。列宁反驳了无政府主义这寄希望于工会的幻想，认为由于在俄国沙皇专制制度的根深蒂固性，革命者必须帮助无产阶级培养工人阶级的意识并为革命做好准备。列宁认为无产阶级革命政党必须由职业革命家组成，他发展了马克思关于无产阶级专政的思想，提出工人阶级的国家是实现工人阶级和其他社会阶级解放的斗争武器。列宁从马克思对巴黎公社的论述中寻求对新建的社会主义国家的性质的解释，提出在俄国新建的国家应该代表工人阶级而不是全体公民的利益。对帝国主义的分析是列宁对马克思主义思想的一个重大贡献，马克思在许多著作尤其是《资本论》中对资本主义社会进行剖析和批判，但是这些思想并不能及时反映资本主义的新变化，列宁依据 19 世纪末 20 世纪初资本主义的新情况，提出了帝国主义是资本主义发展的最高阶段的论断。

奥罗姆对葛兰西关于共产党的作用以及资产阶级霸权的思想进行了分析。葛兰西认为政党在现代社会尤其是革命中发挥着重大作用，政党必须坚定其

---

① 安东尼·奥罗姆. 政治社会学：主体政治的社会剖析［M］. 张华青，孙嘉明，译. 上海：上海人民出版社，1989：44.

政治信念，广泛地进行宣传并有效地发动群众，一旦夺取政权的时机来临，必须有效地抓住。葛兰西认为必须教育人民，使人民认识到资产阶级的霸权统治。

奥罗姆认为“卢卡奇的主要贡献是用黑格尔的辩证法思想来解释马克思著作中关于阶级和阶级斗争的思想”①，对辩证法和物化理论的重视是卢卡奇思想的重要特点。卢卡奇认为马克思克服了黑格尔用绝对精神的自我认同来说明世界上存在着紧张关系的论点并在对生产力和劳动的重大意义考察中揭示了辩证法的基础。卢卡奇指出历史的真正主体是无产阶级，但是由于无产阶级还尚未认识到自己推动着历史的发展进程，而且只有当无产阶级克服了异化状态之后，才能最终达到主客体的统一。物化思想是卢卡奇的另一重要思想，卢卡奇认为只有当无产阶级意识到自己的阶级意识之后，物化现象才会消失。

奥罗姆对法兰克福学派的代表人物马尔库塞、哈伯尔梅斯、阿尔都塞等人的思想进行了简单的评述，认为这些人都在某种程度上继承和发展了马克思主义。马尔库塞在《单向度的人》一书中认为“现代文明显示出古希腊所寻求的理性与贯穿于现代社会的理性之间的巨大差异”②，古希腊时代所追求的理性是与自然一体的，是与人类探求真理一致的，但是现代资本主义文明所代表的理性则是一种脱离本质理性的异化理性，在这种异化理性的影响下，人类必须的和基本的特性受到了压抑，人丧失了其人性而非人格化，人只有在其所创造的客体以及分析客体的思想中感受到自己的存在。伯尔梅斯作为当代法兰克福学派的重要成员，奥罗姆认为“他汲取韦伯关于合法性和合理性的性质的分析，并认为现代社会的矛盾，特别是由于双重地和自相矛盾地强调社会福利和大民主所引起的矛盾，给现代资本主义国家形成的决策公正性和适宜性带来危机”③。阿尔都塞认为马克思创立了一种全新的哲学模式和科学体系，他认为马克思改变了用于分析资本主义的参照系，即历史唯物主义建立在理论和实践之间有着本质联系的前提下。奥罗姆认为阿尔都塞对马克思主义的一个重大继承和发展方面是用历史唯物主义来说明马克思主义理

---

① 安东尼·奥罗姆．政治社会学：主体政治的社会剖析［M］．张华青，孙嘉明，译．上海：上海人民出版社，1989：52.

② 安东尼·奥罗姆．政治社会学：主体政治的社会剖析［M］．张华青，孙嘉明，译．上海：上海人民出版社，1989：54.

③ 安东尼·奥罗姆．政治社会学：主体政治的社会剖析［M］．张华青，孙嘉明，译．上海：上海人民出版社，1989：55－56.

论转化为实践的过程，尤其是阐述在不同国家应用马克思主义的迥异结果的情况。

第三章　马克思·韦伯的观点　奥罗姆在本章中介绍了马克思·韦伯（又译为马克斯·韦伯）的思想体系，包括韦伯社会秩序观、服从理论、变革理论以及马克思和韦伯的理论的异同。奥罗姆提出，与马克思的认识不同的是，韦伯在对西方社会的整体认识中，注重从生活合理化和官僚制度的角度进行分析问题。

奥罗姆认为，对韦伯的思想必须从其对西方社会的整体性认识来加以理解。由于西方社会和经济生活体现着职业化并趋向合理化，这种形式表现为合理的官僚制度。韦伯同样认为现代社会的人是被异化了的人，但是，韦伯认为这种异化根源于现代的管理方式，他对人们摆脱异化持悲观的态度。

关于社会分层，韦伯通过以财产分配差别、市场上商品和劳务的分配差别为基础，提出了四个一般社会阶级。韦伯以地位和声誉为依据，对社会的不同阶层进行了分析。在社会结构方面，韦伯认为，西方的社会组织就是官僚制度。官僚制度的本质就是运用技术上最有效的方法达到既定的目标，其呈现几种不同的特点。奥罗姆认为，韦伯从两个层次对社会体系进行划分和研究，即民族国家问题和显贵、官僚阶层。

在韦伯看来，关于政治秩序，“能干而且负责任的政治统治者对有效的民主政府来说，是最最重要的因素”[①]，而议会或国会、政党、军队和文职官僚机构作为现代国家机器的重要组成部分，它们在不同的国家各有不同的意义。韦伯和马克思一样，认为政治体系就是国家，其包括国家元首和国家机器两个组成部分，韦伯认为在政治体系内的各个组成部分是存在着相互冲突的关系。

关于人类社会不同群体之间的服从关系是韦伯研究的一个基本问题，韦伯认为，在不同社会中，习惯和风尚是保证遵守的首要原则，而作为补充，行政组织机构是第二个原则，合理化原则是另一个重要的原则。韦伯划分了三种不同的合理化原则，并认为现代国家的统治具体形式是三种合理化原则的不同结合。

奥罗姆认为韦伯的变革理论是其合理性思想在西方社会的体现，而且这

---

① 安东尼·奥罗姆. 政治社会学：主体政治的社会剖析［M］. 张华青，孙嘉明，译. 上海：上海人民出版社，1989：74.

种变革是趋同式的变革，他对韦伯关于现代国家官僚机构的产生、发展进行了评述，奥罗姆在肯定了韦伯思想开创性意义的同时，分析了韦伯关于国家官僚机构研究的局限性和不足。奥罗姆对马克思和韦伯的理论进行了比较研究：首先，二者都认为社会秩序和政治秩序是相互渗透的，相互影响的；其次，“分层体系是社会秩序能够影响政治领域的结果的一个关键因素”[①]；再次，马克思和韦伯对政治过程的看法是一致的，他们都认为政治过程相对于政治结构。

第四章　塔尔科特·帕森斯的观点　本章介绍了塔尔科特·帕森斯的思想体系。奥罗姆认为，在当代社会学家中，几乎无人堪与帕森斯的学术影响相媲美。作者在本书中介绍了帕森斯政治秩序观、社会秩序观、服从理论、变革理论以及对帕森斯思想的评述。

奥罗姆认为，作为哈佛大学社会学系创始人的帕森斯，在社会科学领域尤其是社会学方面做出了重要贡献。帕森斯力图研究社会生活中文化、个体人格等，努力创立一个全面的人类活动理论，而且帕森斯还吸收了早期人类学学者的思想，提出了社会生活的合理化和社会生活的必发性两个主题。对于人的本质和人与社会的关系，帕森斯认为人本质上是平庸、卑鄙、阴郁的动物，为了共存，人们必须受到约束，而与马克思和韦伯等人不同，帕森斯对社会走向合理化的趋势抱着乐观的态度，并强调这个过程给人类带来更多的自由。

社会体系是帕森斯的主要论题，他把社会体系解释为社会角色存在的一种环境，这些角色的承担者在这种环境中相互作用。帕森斯把人类活动分为四种体系，即社会体系、文化体系、个人人格体系以及行为有机体，而文化体系、个人人格体系和行为有机体又构成了社会体系的环境，它们之间是相互作用的。社会体系有结构活动和过程活动两种内在的活动方式，在社会体系之内还包括由价值观、规范、集合体和角色组成的社会结构。关于社会体系的过程，一般表现为维持模式过程、一体化过程、实现目标的过程和适应过程。关于社会分层，帕森斯认为在现代社会，社会分层走向一体化的趋势，而且其自身变得十分复杂，从而失去了作为社会稳定或社会变革重要手段的意义。帕森斯把社会组织分为社会角色和社会集合体两个部分，其中社会角色代表着社会组织中最基本的成分，而集合体则代表了各种更高层次的社会

---

① 安东尼·奥罗姆. 政治社会学：主体政治的社会剖析［M］. 张华青，孙嘉明，译. 上海：上海人民出版社，1989：83.

组织，其中最重要的集合体是官僚集团。

帕森斯认为，政治体系包含价值观、规范、集合体和角色等医素，在一个发达社会中，政治体系过程具有重要的意义，帕森斯对权力进行了阐述，认为权力如货币一样是一种概念化的交换符号媒介，“权力的使用尤其取决于物质资源量、公民的忠诚程度以及个人对社会最高价值观的信仰程度”[①]。

帕森斯认为，服从的原因可以从三个方面进行回答：首先，“服从于其他人指令的个人之所以这样做事因为这些角色能提供特权，所以他们才愿意承担这类角色”[②]；其次，服从他人指令的人们承担了其角色所应该履行的义务；再次，服从是因为如果他们不服从他人的指令，将会受到武力的制裁；最后，价值观和规范。

在帕森斯的变革理论中，首先，帕森斯把社会变革定义为具有社会体系特征的一种特殊过程，并提出了三种变革类型——循环过程、增长、基本的结构变革，奥罗姆认为，帕森斯的变革理论具有进化论的色彩；其次，变革的逻辑，帕森斯认为，社会中每一重要的结构性的变革，都包括三种现象：分化、一体化和应变；再次，变革中的程序及模式，帕森斯以社会体系因素和社会结构因素中的控制结构模式为基础，认为社会是不断进化的，在这一过程中，文化体系和官僚组织特征发挥着非常重要的作用，而且市场体系、货币体系以及规范的出现，为社会进化提供了适应能力；最后奥罗姆对马克思、韦伯和帕森斯三者的理论进行了比较研究。

第五章　政治统治的基本形式：现代世界的民主政体和寡头政体　本章考察了政治形式差别的社会基础，奥罗姆认为人们关于现代国家的概念深受古希腊思想的影响，因此，他首先对亚里士多德关于古希腊城市国家的类型的思想进行了阐述。然后，奥罗姆对现代世界的两种政治形式——极权主义和民主主义进行了分析和比较研究。

亚里士多德是古希腊政治思想研究的代表者，奥罗姆对亚里士多德关于古希腊时期的政治统治类型、原则进行了阐述。亚里士多德认为，存在着君主政体、贵族政体、共和政体以及寡头政体、民主政体等几种城邦类型，其中亚里士多德更重视对民主政体、寡头政体和共和政体的研究。

---

① 安东尼·奥罗姆. 政治社会学：主体政治的社会剖析［M］. 张华青，孙嘉明，译. 上海：上海人民出版社，1989：105.

② 安东尼·奥罗姆. 政治社会学：主体政治的社会剖析［M］. 张华青，孙嘉明，译. 上海：上海人民出版社，1989：110.

奥罗姆认为，在 20 世纪，存在着现代民主和极权主义两种政治制度。所谓民主政体即乌托邦幻想和经验主义现实。“乌托邦空想主张个人的利益完全由个人自己决定，主张远离少数统治者（也就是一群寡头）把持的社会”[①]。经验主义现实者则试图理性地提出民主理论，他们“把注意力从公民的个人地位以及他们的基本自治权利转移到统治者和使统治者得以执政的公开竞争上来”[②]。奥罗姆进而对现代民主的思想基础、社会基础、经济基础进行了阐述。奥罗姆认为极权主义思想或极权主义专权极为可能造成一些人对国家实行独裁统治。斯大林领导下的苏联独裁统治以及纳粹德国的独裁统治是极权主义的代表。奥罗姆对以纳粹德国为代表的极权主义的宪法和程序的基础、思想基础、社会基础、经济基础等进行了分析。

奥罗姆对一些学者关于极权主义和民主主义研究的思想进行了评析。胡安·林茨提出了新的分类——独裁统治，并提出了这一统治模式的特点。爱德华·希斯尔对发展中国家的发展道路进行了分析，认为这些国家力图既吸收西方的民主形式，又模仿苏联等极权统治下的严密控制的政治模式，提出了监护民主、现代化的寡头政治、传统的寡头政治三种不同的政治统治形式。

随后，奥罗姆比较了现代民主和极权政治之间存在着重要的异同点：二者都具有一个复杂的、分布广泛的官僚机构；二者的政府都显示出一套信仰体系；二者都拥有大规模的工业经济基础；在这两种政治制度下，存在着深刻的社会和经济不平等现象。奥罗姆认为，由于现代民主和极权政治具有极大的复杂性，而且它们各自内部在不同国家也有不同的表现方式，因此，对极权主义的研究必须更加深入。

第六章　当代资本主义条件下的权力与影响模式：美国的实例　奥罗姆在本章中对权力的概念进行了分析，他借鉴了马克思、韦伯、帕森斯等人对权力所下的定义，即认为权力为“作出对社会有深远影响的强制性决定的社会能力”[③]，并对权力的特征进行了描述。

奥罗姆认为在美国的权力史上，权力不属于众人而集中于少数人的手里，而且在美国创建初时做出重大决策的人代表了较为明显和和谐的共同利益，

---

① 安东尼·奥罗姆. 政治社会学：主体政治的社会剖析［M］. 张华青，孙嘉明，译. 上海：上海人民出版社，1989：134.

② 安东尼·奥罗姆. 政治社会学：主体政治的社会剖析［M］. 张华青，孙嘉明，译. 上海：上海人民出版社，1989：135.

③ 安东尼·奥罗姆. 政治社会学：主体政治的社会剖析［M］. 张华青，孙嘉明，译. 上海：上海人民出版社，1989：152.

但是随着大工业的出现，这种早期统治阶级内部的凝聚力开始受到破坏，权力开始由政治领域转向经济领域，而政府在这一过程中一直超脱于二者，进而维持着平衡。

奥罗姆对美国社会的权力存在的问题进行了概括和阐述，即“现代公司的权力和影响的扩大；联邦政府的权力和影响的增长；许多美国人工作合理化即程式化的加剧；最后是美国人中间民族意识的传播及强化”① 等。现代公司尤其是跨国公司影响巨大，而公司的权力越来越集中于少数管理者手中，而这些以取得最大利润为己任的跨国公司的管理面临着重大的问题。在现代国家的权利方面，奥罗姆提出美国行政部门、军界、中央情报局和联邦调查局等的权力问题存在着一些问题。在劳动和理化方面，奥罗姆汲取了马尔库塞对资本主义社会的批判理论，认为劳动和理化的发展对人们的生活造成了巨大的影响。随着社会的发展，问题趋向复杂化和多样化，其表现为政界和商界的联合，对公司及政府权力的有组织抵制，服从的义务与平等权力之间的冲突等。

第七章　社区中的权力和政治模式　奥罗姆在本章注重考查关于美国社会中社区权力的各种观点。他对权力结构的概念进行界定，认为权力结构就是“一个社会中拥有许多掌握各自权力的社会组织及社会关系网，它们相互联系在一起，并且通过这种联系来行使和体现他们的权力”②，随后奥罗姆又对不同学者的权力结构类型进行了比较分析。

奥罗姆对精英论和多元论两种类型进行了比较分析。“精英论，它运用非常明确和肯定的思想方法，来回答这一问题，认为美国社区生活主要是受以经济为权力资源的一小撮人控制的。其二是多元论，持这一观点的人运用他们自己的分析手段得出结论，认为现代社区中存在着许多不同的系统。”③

关于社区中权力分配和权力结构的前因后果。奥罗姆认为社区权力开始逐渐向专门化和分散化演进。社区权力的运行结果即政策，奥罗姆认为社区权力是为了促使社区进步的政策的制定，他对阿穆斯·霍利和高拉克关于社区权力集中程度和政策制定和实施的关系的思想进行了比较分析。

---

① 安东尼·奥罗姆. 政治社会学：主体政治的社会剖析［M］. 张华青，孙嘉明，译. 上海：上海人民出版社，1989：158.

② 安东尼·奥罗姆. 政治社会学：主体政治的社会剖析［M］. 张华青，孙嘉明，译. 上海：上海人民出版社，1989：197.

③ 安东尼·奥罗姆. 政治社会学：主体政治的社会剖析［M］. 张华青，孙嘉明，译. 上海：上海人民出版社，1989：198.

奥罗姆认为，社区中的非精英人群可以通过各种途径对权力的实施施加影响，但是奥罗姆通过调查研究，认为人们消极地对待自己行使对权力施加影响的权利。社区领导者大多数时候通过象征性地举行市民会议来消解人们的不满，而公民的意见和建议对社区领导者的决策影响甚少。为了促使人们积极参与社区政治，建立社区组织是一个重要的手段。

奥罗姆对分析社区政治的主要观点进行了概括和总结。他认为社区政治的研究者应该注重对权力运用的手段等方面进行研究，而且少数人实际上控制着社区的大部分权力是学者的一个普遍的共识，公民如果能够把自己各自所拥有的一部分政治手段结合起来就可以对抗精英集团操纵的权力手段。

第八章　政党和政治党派意识　奥罗姆在本章通过引用不同理论家的观点，具体介绍了现代政党的性质、产生和演变以及现代政党内部的权力和政治。最后，奥罗姆以美国为事例，对现代政党的过去与将来做了阐述，他认为，美国政党有从干部政党结构转变为大众政党结构的可能性。

奥罗姆引用威廉·尼斯比特·钱伯斯对美国政党四种特征的分析，即“首先……现代政党有一个起积极作用的骨干领导集团，它致力于推动政党前进而不是为了个人发展。其次……第三，政党还包括各种众多的势力和支持者，各种势力和支持者都企图影响党的领导人的观点”①。最后，现代政党依靠公众的支持而保持其执政地位并因此听取和影响公众的舆论。

奥罗姆对约瑟夫·莱帕洛姆巴拉和迈伦·韦纳关于现代政党产生条件、特征的思想进行了考察，莱帕洛姆巴拉和韦纳认为政党产生于若干特殊的历史形势，即新的社会政治秩序合法化的危机、新秩序一体化的危机以及新秩序中民众参政的危机。奥罗姆认为莱帕洛姆巴拉和韦纳在一些概念和理论的逻辑公式等方面存在着不足。

现代政党有一个不断演变的过程，奥罗姆认为莫里斯·杜维格对现代政党进行了透彻而全面的论述。杜维格以组织机构和成员机构两条标准对政党进行划分，他把现代政党的组织机构分为干部会议、基层组织和支部三种形式，并依据成员结构的不同，把现代政党分为干部党和群众党两种类型的政党。而关于政党的过去的模式——美国城市的核心集团，奥罗姆认为，长期以来，政党的核心集团控制着美国大城市的政治生活，政党的核心集团形成

---

① 安东尼·奥罗姆. 政治社会学：主体政治的社会剖析［M］. 张华青，孙嘉明，译. 上海：上海人民出版社，1989：237.

于美国的移民运动，其内部纪律严明，工作效率极高，它的主要目标是夺取选举的胜利并获得政府公职。

当代许多学者认为，在现代政党的内部容易出现领导核心集团的寡头政治集团。奥罗姆运用实例对美国政治党派的意识进行了分析，认为党派意识虽然在政党领导人之间有明显的差别，但是一般党员和民众对此则并无太大的差别。关于党派意识的社会基础，奥罗姆认为当代美国，社会阶级和经济因素的影响并不重大。

奥罗姆以美国为实例，认为由于美国进步运动的发展，特权制的消失以及财政资源越来越集中于联邦政府，现代政党正在发生变化并走向衰退。

第九章　公民的政治参与　奥罗姆在本章中通过对米尔布拉思、西德尼·弗巴等人关于公民政治参与的实证研究的考察，分析了公民政治参与的形式和范围。奥罗姆随后对两大学派（一个学派认为，公民政治参与恰如其分地反映了社会和经济不平等的本质特征……另一学派认为，政治参与给不同团体提供了机会，以弥补他们在社会和经济地位上的劣势[①]）的研究，通过对不同社会经济地位和不同种族公民的政治参与的阐述，从而对公民参与和社会分层的关系进行了比较分析和研究。通过对公民参与的"政治效应意识"，公民对一般政治制度尤其是政治领导人的信赖感以及公民参与政治过程的程度等三个方面的研究，奥罗姆阐述了其关于政治参与的社会心理伴随因素的思想。最后，奥罗姆比较研究和论述了托克维尔、罗伯特·奥尔福德、奥尔森等人对公民政治参与不同的解释。

第十章　政治思想的形态及起源　奥罗姆在本章认为政治信仰对政治本身有着巨大的影响，即"信仰形成政治行为和体制，相反地政治行为和体制也会形成信仰"[②]。奥罗姆介绍了关于政治思想本质的两种思维方式，即结构主义者（从社会本身的观念寻求政治的本质）和个人主义者学派（他们试图解释在不同人之间有关政治信仰的模式）。他试图用哲学中的语言学视角来分析政治思想结构，并把政治思想分为三种形态，即理想的语言——理想观，现实的语言——真实观，幻想与辩护的语言——意识观，奥罗姆又对政治思想传播的社会机构，如学校、大众传播媒介等进行了论述。奥罗姆对社会统

① 安东尼·奥罗姆. 政治社会学：主体政治的社会剖析［M］. 张华青，孙嘉明，译. 上海：上海人民出版社，1989：286.

② 安东尼·奥罗姆. 政治社会学：主体政治的社会剖析［M］. 张华青，孙嘉明，译. 上海：上海人民出版社，1989：304.

治的持续性进行了分析，他认为社会统治集团有意利用社会阶层、性别、种族等方面的差异进行有区别的政治思想教育，从而维持自身的统治。

第十一章　现代世界中的国家建设　奥罗姆在本章中对现代民族国家和国家建设的主要特征进行了归纳和总结，即决策的强化（或者说是政治权力的集中化）、法律规范的普及等，并对民族国家的建立与经济发展，民族主义的产生与发展以及政治动荡之间的关系进行了分析。奥罗姆对不同社会集团在国家建设中的作用进行了分析，他认为“在努力把国家建设成为现代民族国家的过程中，尤其是许多在20世纪的国家建设中具有强烈意识的国家中，三个起重要作用的社会集团是知识分子、军队和农民。知识分子和军队主要充当有组织地进行变革的领导力量，而农民则是为民族解放的最终胜利提供主要的人力资源”①。奥罗姆对关于国家建设的几种可能性结果及其根源进行分析时候，一方面汲取了小巴顿·穆尔思想中合理的因素，另一方面对其进行了补充，从而对议会民主制、法西斯主义、共产主义的出现的原因进行了分析。他吸收了马克思、韦伯、佛兰克等人的思想，认为国家建设的成功与失败的原因在于世界体系中资本主义国家和发展中国家所处的经济、政治地位不同。最后，奥罗姆认为在未来国家建设依然受到各种因素的影响和挑战，如国家之间原始盟约关系的出现，作为实体的民族国家与跨国公司之间的紧张关系和冲突等。

第十二章　社会运动与政治运动　奥罗姆在本章中对社会运动和政治运动的性质做出了界定，他认为运动由三个要素组成：组织或结构、信仰或理想、群众参加的行动或行为。随后作者通过对美国社会不同运动的分析，说明了运动的这三个要素。他分析了运动产生的环境，在这部分他主要以结构理论、组织理论和社会心理理论进行了分析，作者对上述理论进行了评价，指出了它们各自的特点和不足。随后奥罗姆引用盖姆逊的研究成果，对运动的成功与失败进行了评价。

【意义与影响】

第一，该书在世界范围内影响很大。奥罗姆教授的《政治社会学》一书，由著名的普伦—霍尔出版公司在美国、伦敦、悉尼、里约热内卢、多伦多、

① 安东尼·奥罗姆．政治社会学：主体政治的社会剖析［M］．张华青，孙嘉明，译．上海：上海人民出版社，1989：347－348．

新德里、东京、新加坡、新西兰等地推出，对各国政治社会学的研究产生了重大的影响。

第二，该书构建了政治社会学的基本的范式和理论基础，形成了比较系统的理论思想和研究方法。作者对政治社会学的基本概念、观点和思想进行了研究，涉及政治学、社会学、心理学等人文社会科学领域，考察了亚里士多德、洛克、马克思、韦伯、弗洛伊德、米尔布拉思等众多思想家和理论家的观点，对马克思主义、结构主义等学派的思想进行了比较客观和准确的把握，运用了案例分析、数据分析、辩证分析等方法，体现了作者兼收并蓄的学术修养和严谨的治学精神。

第三，该书作为西方理论界对政治社会学学科发展的介绍，蕴含了西方众多思想家和流派的思想观点和研究方法，为人们呈现了一部比较清晰和完善的政治社会学发展的脉络。

第四，该书有助于开阔我国政治社会学研究的视野。正如奥罗姆在本书中文版序言所说："尽管政治社会学的渊源主要来自美国和西欧国家的经验研究材料，但是它的整个范式和理论对于理解许多不同国家的情况同样有所启迪。"而且该书综合了政治学和社会学的研究方法，尤其是作者注重典型案例分析和数字统计的方法，为其观点提供了翔实的实践依据，增加了理论上的说服力。作者对美国政治建设和社会建设等方面的分析，充分揭示了不同社会或国家在迈向现代化过程中的面临的相似的政治困境和社会矛盾，其在书中对政党、社会政治秩序，权力运行、公民的政治参与、国家建设、社会运动等方面的分析，为我国理论界研究政治社会学提供了重要的参考价值。

【原著摘录】

第一章　导言 P1－8

P1　这是一部关于政治学的专著，但它是运用一种特殊的方法探讨政治学的。它试图向人们介绍政治的社会环境，即政治与社会其他事件是如何相互制约和影响的。

一　社会和政治观点 P2

P2　与其他学科不同，政治社会学是以几种不同的观点对社会和政治进行交叉考察的结果。虽然如此，人们在用以认识世界的概念上仍有基本的一致看法，这一概念认为，世界存在着社会的和政治的两种秩序，并且人们在努力揭示两者的相互关系。这种概念课追溯至 19 世纪盛行的多种思潮。那时所有的社会思想家都趋于以某种方式把世界分为社会和国家，这种观念是西欧发生的重大社会变化的理性的产物。它有助于学者们系统地思考社会发生的事件，并帮助他们认清政府行为与包括阶级和特定的职业组织在内的不同社会团体行为的联系。

二　权力的本质和权力的分配 P2－3

P3　政治社会学家并不认同这宗传统的政治观点和权力观点。对于权力的来源和权力的行使，政治社会学不但未下结论，反而对其提出了疑问。

三　政党和党派意识 P3－5

P3　政党代表一种相当现代化的组织。19世纪初，它们在美国崭露头角，在其他国家都至少到19世纪后半期才出现了富有活力、积极活动的党派组织。然而，今天在几乎所有发达国家和发展中国家，政党不仅是现实存在的，而且看来是持久的。

四　政治变革 P5－6

P6　像对其他任何学科的研究一样，当代政治社会学家对于政治和社会变革的代表形式——改革和革命进行了细致的考察。

五　多样性和丰富性 P6－7

P7　政治社会学的多样性在另一个方面的表现就是允许学者们吸取不同学科的广博的思想。

六　本书的独特内容和观点 P7－8

P7－8　第一，我主要是引用美国现在和过去的材料来力图阐明那些常常显得抽象的概念。……除了本书思想的普遍多样性外，读者还必须努力找到理论间的多种差别和那些悬而未决的问题。

第二章　卡尔·马克思的观点 P9－65

一　卡尔·马克思（1818—1883）P11－14

P14　理解马克思的另一个关键是先要弄清楚某些贯穿于马克思一生的主要思想观点，尽管这些观点披着各种不同的外衣。最重要的问题就是异化。

二　马克思的社会秩序观 P15－20

P17　马克思认为，社会组织是社会秩序中的一个重要组成部分。生产过程导致了两个结果：其一是出现劳动的社会形式；其二是出现分层。

三　马克思的政治秩序观 P20－24

P23　根据马克思的观点，政治体系包括两个组成部分：政治统治者及其官员和国家机器。

四　马克思的服从理论 P24－26

P25　在社会经济领域内占统治地位的，必定在社会的其他主要领域内占统治地位，也就是说，由于资本家在社会的经济方面控制了工人阶级，他们也就在其他方面控制了工人。

五　马克思的变革理论 P26－37

P26　从长远来看，变革先于稳定，曾经推动资本主义发展的方式将用来变革资本主义。在这些原则中有剩余价值理论，或者称为使资本家获得利润的手段；使占人口绝大多数的无产者与生产资料所有制相脱离；最概括地说，就是资本主义社会中人的异化。

六　乌托邦的理论：共产主义社会 P37－39

P37　在共产主义条件下，将出现的主要变革是废除包括土地在内的少数人的生产资料私人所有制，同时废除生产资料集体所有制。

七　马克思主义思想的发展：马克思主义者 P40－60

P53　卢卡奇按照马克思的说法认为，所有的客体都是人类创造的结果，只有人类意识到这一以无产阶级阶级意识的形式出现的基本事实时，物化作为一种客观的现实才会消失，当然，人类所有的异化因素，也都会随之而消失。

第三章　马克思·韦伯的观点 P66－88

一　马克思·韦伯（1864—1920）P66－69

P67　在韦伯看来，合理化是指整个生活都从属于一种共同的评估和测量形式——即对达到具体目的所采取的最有效的技术手段进行评估。

二　韦伯的社会秩序观 P69－73

P69　分层体系有两个最主要的方面：首先，阶级表现为三种不同的形式：建立在财产分配差别之上的有产阶级，建立在市场上商品和劳务的分配差别之上的商业阶级，体现上述二种形式的自然融合的社会阶级。

三　韦伯的政治秩序观 73－77

P75　议会或国会、政党、军队和文职官僚机构是现代国家机器的主要组成部分。

四　韦伯的服从理论 P77－80

P78　韦伯把合理化原则看作一个抽象的和理想的类型，并进而区分了下面三种相互独立的形式：基于传统背景之上的合理化原则，依靠个人超凡魅力而建立的合理化原则和建立在理性水平上的合理化原则。

五　韦伯的变革理论 P80－83

P80　变革以其最普遍的方式体现了合理化在西方的发展，并在许多重要的组织结构领域都有所表现。

六　马克思和韦伯：共同的理论重点 P83－85

P83　他们一致认为社会秩序和政治秩序相互渗透，一方的事件和现象会影响另一方的事件和现象。

第四章　塔尔科特·帕森斯的观点 P89－127

一　塔尔科特·帕森斯（1902—1979）P89－93

P90　帕森斯在其后期著作中仍锲而不舍地创立了关于人类活动的科学；他所注重的不仅是社会本质和社会发展问题，而且还有文化、个体人格，甚至生物条件等问题，进而说明这些因素是如何促进和制约社会因素的。

二　帕森斯的社会秩序观 P93－104

P95　社会体系是一个"开放性"的体系，即为达到其生存的目的，社会体系必须同其周围环境进行资源和产品的交换，并且依赖于这种交换。

三　帕森斯的政治秩序观 P104－109

P104　政治体系环境之最重要的组成部分是社会的其他子系统：维持模式，社会共同体和经济部门。

四　帕森斯的服从理论 P109－112

P109－110　帕森斯可能认为，无权者服从有权者的指令是因为有权者能够代表整个社会利益制订具有约束力的决策。

五　帕森斯的变革理论 P112－119

P114　社会中每一重要的结构性的变革，不论其是否具有社会进化意义，都包括三种现象：分化、一体化和应变。

六　对帕森斯思想的述评 P120－124

P120　帕森斯的理论不仅注重对社会问题的分析，而且也注重对生物、心理和文化诸方面问题的分析。

第五章　政治统治的基本形式：现代世界的民主政体和寡头政体 P128－150

一　政治统治的基本类型：古希腊的概念 P129－133

P129－130　亚里士多德进一步认为，政治舞台可以分为两类：其中一类是人们在舞台上取得所有崇高的道德品质——智慧、仁慈、美和正义；另一类是人们生活于道德更败坏的，如果不是更真实的环境中。从属这两大类政治舞台的各有三种城邦：道德型的包括君主政体、贵族政体和共同政体；另一类包括僭主政体、寡头政体和民主政体。

二　现代世界的政治制度形式 P133－142

P135　实质上，经验主义民主观把注意力从公民的个人地位以及他们的基本自治权利转移到统治者和使统治者得以执政的公开竞争上来。

三　民主主义和极权主义的区别 P142－145

P144　位于真正的民主政治和真正的极权统治之间的第二形式是现代化的寡头政治，而监护民主很有可能转变为这一形式。

四　民主和极权统治比较 P145－146

P145　这两种制度形式都存在着一个复杂的，分布广泛的官僚机构，由其集中在行政管理方面。其次，这两种形式的政府将显示出一套信仰，或神话（如果你愿意这样称呼的话）……而另一个主要是通过私人和私人组织控制的。

第六章　当代资本主义条件下的权力与影响模式：美国的实例 P151－194

一　权利的概念 P152－155

P152　权利被定义为作出对社会有深远影响的强制性决定的社会能力。

二　美国历史上的权力问题 P155－158

P156　从美国的权力史上可以得出几个重要的教训，首先，以往作出重大决定的那些人仅仅代表美国的一小部分人——权力不属于众人而只集中在少数人手里。制宪会议就是一个佐政。美国历史上影响深远的决策是几个胸有成竹的人作出的。“独立宣言”的签署也是如此。

其次，那些在合众国创建时作出重大决策的人代表了较为明显的和和谐的共同利益。再者，19 世纪末随着大工业的出现，这个早期统治阶级的内聚力被冲破，重大决策由政治领域转入经济领域。最后，尽管 19 世纪末，决策权从 18 世纪末不同利益者手中转移到经济界决策者手中，但在不同的美国史学家眼中，美国主要的经济合政治决策者还是存在着“一定程度上的利益联盟”。

上述观点关于美国历史上决策实质或权力实质的主要解释是相吻合的。通常说来，这些观点反映了权力的社会基础，即主要决策者的社会背景发生了转移，并或多或少地描绘出权力继续集中在较少数人的手里。

三　关于当前美国的权力与影响的主要问题 P158－189

P158　现代公司的权力和影响的扩大是所有研究美国政治的学者都承认的现象。

四　结论 P189－190

P189　在权力和影响上，有两个重大发展——公司的扩大和国家的发展——两者都导致了权力和财富集中于极少数人手里。

第七章　社区中的权力和政治模式 P195－234

一　社区中的权力结构 P197－198

P197　所谓权力结构，其基本概念是：一个社会中拥有许多掌握各自权力的社会组织及其社会关系网，它们相互联系在一起，并且通过这种联系来行使和体现它们的权力。

二　社区中现行的权力和政治模型 P198－214

P198　关于谁执掌现代美国社会中各个社区的事务，存在着两种不同的观点。其一是精英论……其二是多元论，持这一观点的人运用他们自己的分析手段得出结论，认为现代社区中存在着许多不同的系统。

三　社区中权力分配和权力结构的前因后果 P214－219

P215　随着工业化的进程，在社区中精英统治转而变得更分散和专门化，统治集团内部也因此日益分崩离析。

四　论题的另一方面：非精英的社区权力 P220－227

P220　事实上，非精英集团可以依靠四种基本手段来行使其权力、施加其影响，通过投票可以集体决定由谁来掌握公众事务的支配权；具有法律依据的选民对其代表的某种质询和罢免权。

五　社区权力的比较分析 P227－229

P227　需要有其他在不同的国家背景下进行的研究，这样，才能够获取完整的描述，并揭示出在权力分配以及权力执掌者特征方面是否存在重要的民族差异。

六　结论 P229－230

P229　具有极大讽刺意义的是，研究者都注重于考察社区政治，竟没有认识到大部分权力都和公共资源有关。

第八章　政党和政治党派意识 P235－280

一　现代政党的性质 P236－238

P237　现代政党旨在通过实践促进党本身的发展，容许党在政府中发挥作用。

二　现代政党的产生 P238－240

P238　这里有三点似乎对政党的产生起着特别重要的作用：世俗化、自发性的社交以及包括运输工具在内的通讯系统。

三　现代政党的演变：现在和过去的模式 P240－247

P243　群众党是现代社会选举权范围扩大的一个必然产物，同时也是以支部和基层组织为基础的欧洲的社会党以及共产党的一个重要特征。

四　现代政党内部的权力和政治 P247－269

P252－253　以下诸方面对实现党内民主极为重要：激发对党的责任感，促进普通成员的参与感，树立一种善于接受不同意见和改革的风气，以及培养普通成员的社交和政治能力。

五　当代政党的过去与将来：美国的实例 P269－279

P272　在20世纪最后25年里，美国政党的最突出的两个事实是政党组织生命力的衰退（或许是持续的衰退）和选民慢慢地但明显地与政党脱离关系。

第九章　公民的政治参与 P280－302

一　公民参与的形式和范围 P282－286

P285　与参与当地的社区活动形式相比，通过投票和竞选参与党派政治，是更具有实质性特征的一种政治活动。

二　社会分层和公民参与 P286－291

P286　就社会经济地位而言，在社会等级的分层结构中处于较高地位的人，其政治参与的比例也较高。

三　公民参与的社会心理上的伴随因素 P291－293

P291　弗巴和尼也发现，在政治参与的三个独特的类型中，效应意识尤为显著。这三个类型的参与者是：从事当地活动的参与者、竞选的积极参与者和职业政治活动家。

四　对公民参与意义最近作的重新评价 P293－297

P295　奥尔福德和弗里德兰认为，政治参与并不能保证社会的物质利益将会更为公平地得到分配。

五　结论 P297－298

P298　参与比例的变化和社会分层的状况有关；因此，一般说来，社会经济地位较高的个人，参与政治事件的比例也较大。

第十章　政治思想的形态及起源 P303－336

一　两种思想模式 P305－309

P308　我们从这里了解到思考政治思想问题的两种基本方式。一种方式来源于社会学与政治学的悠久传统，它试图揭示社会及其制度是如何一代又一代地繁衍；另一种方式产生于精神分析学派的悠久传统，寻求解释个人是如何看待权威、行为的规则和道德的，以及是如何看待通常我们认为是政治性的许多机构的。

二　政治思想结构 P309－312

P313　在此，我们也将吸收语言的概念，目的是为了显示政治的语言为什么不仅仅是一种公用媒介，而且为什么语言的发展与历史上形成的社会经济不平衡背道而驰。

三　理想、现实与政治幻想 P312－317

P312　理想观包括用来解释什么是政治的本质的基本词汇和形式，也包括多种政治形式之间的逻辑联系、句法要求或语法。

四　社会的繁衍 P317－323

P317　学校被认为是在人们政治思想教育方面起着主要作用，其任务是维持社会制度，使后代的政治世界观同前辈的相一致。

五　社会统治的繁衍 P323－329

P325　不同阶层学童所接触的政治思想本质，简单地说，有助于解释社会上更有特权的阶层是如何维持其地位的。

六　变化的思想、变革的时代 P329－331

P331　改变政治世界是一个难以对付的任务——一方面是因为它需要对世界本身进行反思，另一方面是因为它可能导致产生多种思想体系。

七　结论 P332

P332　然而，对任何沉思于这些问题的学者来说，核心问题将是勾勒出思想领域的架构，这个架构既注重现实，而且也力图认识韬略与幻想，以及统治集团靠什么思想实体来保障他们的地位。

第十一章　现代世界中的国家建设 P337－374

一　当代民族国家和国家建设的主要特征 P339－341

P339　法律规范的普及也是现代民族国家的一个特征。但它反过来却已导致既独特又可怕的官僚机制的发展，韦伯首先注意到了这一点。

二　国家建设的伴随物 P341－347

P344　现代所有的民族国家看来都经历了一个试图建立作为立国基础的一套信条的过程。

三　社会集团在国家建设中的作用 P347－355

P347－348　在努力把国家建设成为现代民族国家的过程中，尤其是许多在20世纪的国家建设中具有强烈意识的国家中，三个起重要作用的社会集团是知识分子、军队和农民。知识分子和军队主要充当有组织地进行变革的领导力量，而农民则是为民族解放的最终胜利提供主要的人力资源。

四　国家建设中的几种可能性结果及其根源 P355－361

P356－357　穆尔认为，首要的原因是主要的社会集团之间权力平衡的出现，这种平衡使得集权过分强大或上层地主阶级占优势地位都成为不可能……当代世界民主政体得以发展的第四个原因是，开始和过去彻底而迅速地决裂。

五　国家建设中的成功和失败 P361－367

P362　国家建设的一个成功结果应是，在一个民族国家中，决策业已巩固化和正常化，采取一些固定的扩大政治领导的方法，政治领导人能经常地关注国民利益，而且还形成一个复杂的、富有活力的政府机器。

六　国家建设的前景及其分析 P367－369

P368　实际上，国家建设可能证明，它是包括民族和原始个性的相互作用，民族国家的力量和目的将依这两种忠诚的个性所可能取得的平衡而定。

第十二章　社会运动与政治运动 P375－407

一　运动的性质 P378－383

P380　虽然组织并不体现许多社会运动和政治运动的独特特色，但是构成运动的第二个要素，即运动追随者的信仰，则是运动独有特色的象征。

二　促使运动产生的环境 P383－399

P389　将这些类型的条件放在一起——助长性、紧张状态、普遍信仰、促动因素、行动的动员，那么你便可以期待规范定向运动出现了。

三　比较竞争者之高下：为弱者唱挽歌 P399－402

P400　几乎所有上述理论，除力源操纵研究方法外，都假定个人的心理补偿上在社会变化的影响和经济状况之间有一种内在联系；这类变化，被认为，引起各种形式的紧张，随即会引导人们参与集体暴行，不管高度自发的还是高度组织起来的暴行。

四　运动发生了变化 P402－404

P404　在许多情况下，运动逐渐变化，或终至成功，或完全消失，或在现状的一部分中找到自己的位置——也许成为另一个政党或利益集团。

五　对运动成败的评价 P404－407

P405　盖姆逊以两种互不相关的标准划分成功与失败。一是承认标准：

如果一个挑战性集团被邀请参加谈判或磋商，得到正式认可，或实际上合并为其对手的组织的一部分，那么它就受到它的对手的承认并被划为成功者。另一个是心的进展标准：若挑战性集团的目标通过某种方式达到了，那么该挑战性集团就获得了新的进展。

六 结论 P407－408

P407 60年代的运动的解释不只改变了我们的观念，它们也推进了观念的发展。

【参考文献】

［1］张静. 政治社会学及其主要研究方向［J］. 社会学研究，1998（3）.

［2］刘京希. 政治社会学的研究对象及其基本内容评述［J］. 北京大学学报，2001（1）.

［3］徐炜. 政治社会学的研究对象及其理论取向［J］. 武汉大学学报（人文社会科学版），2000，53（3）.

［4］王寿龙. 政治社会学［M］. 北京：中国社会科学出版社，2001.

［5］王威海. 政治社会学：范畴、理论与基本面向［M］. 上海：上海人民出版社，2008.

十三、《健全的社会》

［美］埃利希・弗洛姆　著
欧阳谦　译
中国文联出版公司，1988 年

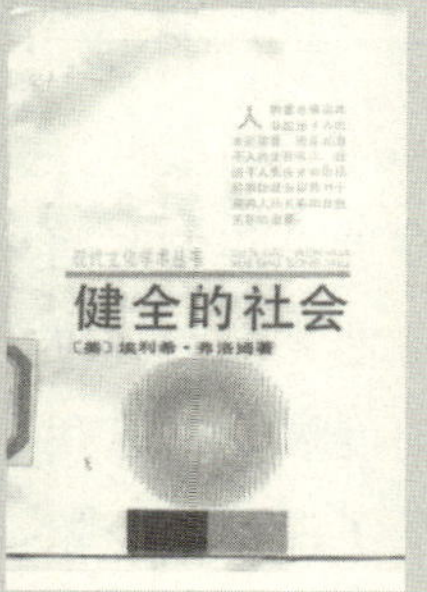

【作者简介】

埃利希・弗洛姆（1900—1980），美籍德国犹太人，是 20 世纪著名的心理学家和人本主义哲学家，精神分析社会学的奠基人之一，曾是法兰克福学派的成员。其一生致力于以弗洛伊德的精神分析学说为基础来解构两次世界大战以后西方人的精神状况。

1900 年 2 月 23 日，弗洛姆生于德国法兰克福市的一个犹太人家庭，幼时深受犹太教的影响，1918 年弗洛姆进入法兰克福歌德大学学习法学。1919 年暑假之后，进入海德堡大学学习社会学。1922 年在海德堡大学获得哲学博士学位。1923 年进入慕尼黑大学攻读精神分析学。1925 年至 1930 年，弗洛姆在柏林精神分析学会接受精神分析训练。1930 年开始临床实践并加入法兰克福社会观察学会。德国纳粹政权建立之后，弗洛姆搬到瑞士日内瓦，随后移民到美国，先后就教于哥伦比亚大学、贝林顿学院、密歇根州立大学和纽约大学。1974 年他搬到瑞士 Muralto，1980 年在家中去世，享年 80 岁。

弗洛姆一生著作颇丰，其主要有：中译本《梦的精神分析》（1988 年）、《健全的社会》或《理性的挣扎》（1988 年）、《禅宗与精神分析》（1998 年）、《爱的艺术》（2008 年）、《逃避自由》（2011 年）、《为自己的人》或《自我的追寻》（2013 年）；英文版 *Sigmund Freud's Mission；An Analysis of His*

Personality and Influence（1959 年），*Social Character in a Mexican Village*（1970 年），*On Disobedience and Other Essays*（1984 年），*The Dogma of Christ and Other Essays on Religion*，*Psychology and Culture*（2004 年），*The Revolution of Hope*：*Toward a Humanized Technology*（2011 年），*The Anatomy of Human Destructiveness*（2013 年）。

【写作背景】

20 世纪的人类世界是一个充满矛盾的世界，人类经历了两次世界大战的洗礼，同时感受着科学技术发展所带来的巨大进步。在近百年的时间里，法西斯主义等极权主义和西方民主主义共同左右着世界各地人们的思维，资本主义制度和社会主义制度在共存中促进着人类社会向前发展，以苏联等社会主义国家围绕斯大林模式开展的现代化进程给世人留下了深刻的印象，而其过程中所形成的各种不良后果也引人深思。

在欧美各国，科学技术带来的丰富的物质利益为社会各方面的进步提供了基础，政治民主化、经济自由化、文化多样化的趋势明显加强，西方社会一直所倡导的自由主义、个人主义追求貌似开始成为现实，而在这一虚假繁荣的掩饰下，由物质利益所引发的双刃剑效应也愈加明显，在资本主义制度下，在以逐利性为主导的价值观的诱导下，其内部出现了各种新的问题，现实中的人越来越多地受到“物”的钳制，在分工日益合理化、劳动日益制度化的情况下，人的自由开始成为一种为外部事物所主导的虚假的自由，劳动曾经作为人谋生的手段，越来越变为人的目的，而作为目的的人却越来越成了手段。与此同时，社会现实中自杀、暴力、凶杀犯罪等不良现象逐渐显现。面对这些社会现象，人们力图探寻其中的原因及解决的方法。如何建立一个以人为目的、全面发展的社会，成为人们思考的重要内容。

第二次世界大战以后，随着各种学科的发展，把马克思主义与不同学科融合，成为西方马克思主义者研究资本主义社会的一个重要特点。弗洛伊德的精神分析法为人们认识世界，尤其是认识人自身、认识人与人之间的关系提供了方法，而本文正是作者基于马克思主义和弗洛伊德精神分析学思想，力图对资本主义社会所存在的问题进行剖析和研究。

【中心思想】

作者吸收了马克思主义和弗洛伊德主义的思想，站在人本主义的角度，以“异化”为中心，从文化的角度对资本主义社会进行了病理学的研究，对资本主义社会的未来与出路即以社会主义思想为基础，对建立健全社会的经济变革、政治变革以及文化变革进行了分析。作者提出必须最终建立一个人道主义的公有制社会。

第一，弗洛姆认为，现代西方文明从整体上看是不健全的，生活在这其中的人，“他的行动与感觉同机器不一样，他从未有过自己的体验，他感到自己完全是大众所欢迎的人；他虚伪的微笑取代了真实的笑声，无意义的闲聊取代了坦诚的谈话，麻木的绝望取代了真正的痛苦”①。而一个健全的社会是一个符合人的需要的社会，而人的需要是根植于人的本性之中的。弗洛姆吸收借鉴了弗洛伊德的思想，并用人本主义精神分析的方法，认为人在进化的过程中为了解决生存状况问题，为了满足自己的生理需要和精神需要，逐渐形成相关性和自恋性的特征，而人由于在进化过程中具有了智力和理智，因此，人逐渐具有了创造性和破坏性。弗洛姆从这些人的本性的特征出发，考察了人类社会的演化历史，对母系社会、父权、宗教崇拜等进行了人本主义分析。弗洛姆对弗洛伊德等人关于人性的思想进行了考察，认为“他们忽略了一个事实，社会不仅与人性的反社会方面相冲突（这部分是由人自身造成的），而且还常常与人性最有价值的道德理想相对立，社会不是促进而是压制这些最有价值的方面”②。

第二，弗洛姆为了探寻现代人是否精神健全，对资本主义生产方式、政治组织下的“社会性格”进行了考察和研究，对资本主义社会本身存在的缺陷和不足进行了病理学揭示。

第三，弗洛姆认为在19世纪和20世纪，不同国家的人对资本主义社会出现的病理特征进行着研究，并寻求解决方案。弗洛姆进而对医治资本主义问题的三种方案进行了研究，即独裁主义的偶像崇拜、超资本主义和社会主义。

第四，弗洛姆认为，“只有当工业和政治体制、精神和哲学的倾向、性格结构以及文化活动同时发生变化，社会才能达到健全和精神健康”③。在这样一个健全的社会中，人不是达到各种目的的手段，而是人自己的目的，人可以在其中展现自己人性的力量，人是他自己的主人，人与人之间的关系都是

---

① 埃利希·弗洛姆. 健全的社会［M］. 欧阳谦，译. 北京：中国文联出版公司，1988：15.
② 埃利希·弗洛姆. 健全的社会［M］. 欧阳谦，译. 北京：中国文联出版公司，1988：75.
③ 埃利希·弗洛姆. 健全的社会［M］. 欧阳谦，译. 北京：中国文联出版公司，1988：275.

基于人内心真实的感情而建立起来的。弗洛姆以社会主义思想为基础，对建立健全社会的经济变革、政治变革以及文化变革进行了分析。总之，作者认为为了摆脱现代社会造成的人的异化现象，必须建立一个人道主义的公有制，弗洛姆用人道主义公有制对资本主义的社会病症进行了解答。

【分章导读】

该书分为 9 章，约 22.4 万字。

第一章　我们的精神健全么？ 弗洛姆在该章提出现代社会的人们精神是不健全的。他认为，在现代西方社会，尽管人们物质资料丰富，政治趋向民主和自由，但是，战争的不断、经济生产的畸形发展以及文化宣传的非正常性都预示着现代社会发展的弊端。弗洛姆通过对欧美一些重要发达国家中的自杀、凶杀和酒精中毒的发生率的对比和反思，提出即使如美国这样的发达国家都表现出严重的精神病症候。

第二章　社会可能患病么？——社会正常状态的病症 弗洛姆在本章中从人本主义心理学的角度对社会的健康与否进行了分析。弗洛姆认为人自身不仅具有生理学上的共同特点，而且人也具有共同的心理特征。人们通过对人不同历史阶段本性的把握，能够探寻到人性发展的规律，人如果按照人性发展的规律进行自我完善和发展，就可以达到精神健康的状态，反之，就会出现精神病症。而对于社会而言，每一个社会自身都有应对社会病症的机制，弗洛姆认为在西方文化中，这种机制不足以防止疾病的发生。

弗洛姆在本章提出了本书的基本观点："健全的社会就是符合人类需要的社会——这里说的人类需要并不是人们想当然的那些需要，因为即使是最严重的病态追求也会被人们自以为是最需要的东西，这里讲的是通过对人的研究而确定下来的人类真正需要。"①

第三章　人的境遇——人本主义精神分析学的首要问题 作者在本章分两大问题进行探讨。弗洛姆认为，在人类进化过程中，逐渐具有理智和理性的人在脱离自然的时候不断陷入各种矛盾，人在寻求解决这些矛盾的过程中形成了精神力量的源泉，并产生了情欲、感受和焦虑等。弗洛姆认为人类诞生的过程也是一个否定性的过程，在这一过程中，对安全感的追求一直贯穿始终，人"永远都摆脱不了两种相互冲突的倾向：一种是脱离子宫，离开生

---

① 埃利希·弗洛姆. 健全的社会［M］. 欧阳谦，译. 北京：中国文联出版公司，1988：19.

存的动物状态而走向人的生存状态，离开束缚而走向自由；另一种是回到子宫，回到自然，回到确定性和可靠性”①。

关于由人类生存状况所产生的需要。奥罗姆认为随着人与自然的原始关系的断裂，面对新的生活状况，人需要以新的形式来联结人与人的关系，这种需要形成了最广泛意义的爱。由于人在与世界形成联系的过程中为了克服分离性而形成屈从和统治的情况，这造成了人内在的矛盾，弗洛姆认为只有通过爱才既能满足人与世界成为一体的需要，同时又不使人失去自身的完整性和独立意识。而自恋与爱相对立，自恋的极端表现形式为各种精神疾病。

弗洛姆认为，对人作为一种生物而又去超越生物性的需要的回应，形成了人的创造性和毁灭性，创造性包含了主动性和爱，而人的毁灭性则体现了人对超越性的追求。而生存的根基——友爱与乱伦的来源，则是由于人是从自然界而来的，从人开始有意识脱离自然之后，面对未知的恐惧，人有回归自然的倾向。弗洛姆利用弗洛伊德等人心理学的研究方法，对人类乱伦和友爱产生的文化心理渊源和发展历程进行了分析，并认为现代社会的民族主义和爱国主义也是人类乱伦心理的表现形式。关于人的自我意识产生过程，弗洛姆认为，在人脱离自然的束缚过程中，人对自身的认识——自我意识逐渐开始成为必要，这种自我意识对人的精神健全极为重要，而人在现实中也逐渐寻求用不同形式如民族、宗教阶级等构建自我意识。理性则是人类在进化过程中形成的重要品质，人为了实现目标和献身的需要，诉诸宗教等形式。

第四章　精神健康与社会　弗洛姆在本章中对精神健康和社会之间的联系进行了分析，并由此提出一个健全社会中人的精神现状。弗洛姆认为一个健全社会的人具有自我的理性意识和判断，能够正确处理与他人的关系并在自己的生活中从事创造性劳动。而在一个不健全的社会中，人与人之间的关系充满着尔虞我诈，人成为自己或他人的工具。一个社会既有可能促进精神健康的发展，也有可能阻碍其发展。弗洛姆对现代美国社会中的两种倾向进行了评述。

第五章　资本主义社会中的人　弗洛姆在本章提出了社会性格的概念和内涵，对资本主义的经济结构、政治模式等进行了考察。

---

① 埃利希·弗洛姆. 健全的社会［M］. 欧阳谦，译. 北京：中国文联出版公司，1988：25.

弗洛姆认为阐述了社会性格的定义，并认为每一个社会在不同历史时期具有各自独特的社会结构，这种社会结构生产方式和分配方式等客观条件所规定的方式发挥其职能。社会性格的作用在于促使社会成员的活动能力，从而使各成员消解自我意识，服从社会行为模式。

弗洛姆对17～20世纪中的资本主义进行了剖析。关于17世纪和18世纪的资本主义，弗洛姆认为，资本主义经济制度在17、18世纪是西方社会占主导地位的经济制度。并对这一时期资本主义的一些共同的特征进行了阐述。弗洛姆认为17、18世纪的资本主义不仅在生产技术等方面落后于以后的世纪，而且其经济活动深受中世纪传统文化观念的影响。而19世纪的资本主义则发生了重大变化，人不再是万物的尺度，资本的剥削具有了合理性，分工的扩大，企业规模的趋于庞大，市场调节功能作用的增加等导致了人开始失去自主权，人开始受到市场法则和科学技术的左右，人逐渐成为物的附属物。弗洛姆对资本主义运行过程的基本因素进行了考察，他认为19世纪资本主义的社会性格本质上是竞争、囤积、剥削、权威、侵略和自私。弗洛姆对20世纪的资本主义经济变化进行了考察。

弗洛姆在对20世纪资本主义的社会性格进行阐述的过程中，揭示了资本主义社会趋向数量化和抽象化的状况。而异化则是弗洛姆论证20世纪资本主义的核心内容。弗洛姆认为异化现象并不是资本主义社会所独有的，对上帝的偶像崇拜，对某个人偶像崇拜式的爱，对政治领袖或国家的崇拜，对非理性激情表现的崇拜，等等，都是异化过程。弗洛姆认为现代社会的异化现象已经渗透到人与自身的劳动、消费品、国家、同胞以及自身的关系之中了。弗洛姆又进一步论证了20世纪资本主义其他方面的变化，即匿名的权威——一致性的出现、享乐原则、自由联想和自由谈话以及理性——良心——宗教、劳动民主等方面的异化。而且弗洛姆认为在异化的环境中，异化了的人对于安全感和爱的追求发生了变化，他感到的不是幸福，而是沮丧。

第六章　对资本主义社会的诊断　弗洛姆在本章从异化的角度，运用人本主义精神分析学的手段和人性观，阐述了19世纪和20世纪不同思想家关于资本主义社会异化现象的思想和观点。

首先，19世纪的诊断。弗洛姆认为早在19世纪，不同思想家如布克哈特、托尔斯泰、普鲁东、波德莱尔、梭罗、杰克·伦敦、马克思等人就对近代资本主义文化进行了批判和评析。布克哈特认为在不久的未来军事国家将成为一个大工厂主，这个军事国家必然会造成人们生活的苦难以及恐怖权威的出现，弗洛姆认为普鲁东和布克哈特相似地预测到了极权主义的出现。托尔斯泰、梭罗、杜尔凯姆等人深刻地认识到了现代文明尤其是现代科学技术对人生活的不良影响，并对资本主义文化所造成的人丧失其主体性以及被奴役的局面进行了批判。

其次，20世纪的诊断。弗洛姆认为20世纪持有不同哲学观点和政治观点的人们对资本主义文化进行了批判和剖析。弗洛姆具体对H. 托勒、E. 马约、F. 塔伦伯、L. 芒福德、R. 赫罗等社会科学家，以及A. 赫胥黎、A. 施威泽、A. 爱因斯坦等非社会科学家对于资本主义社会的批判进行了阐述。

第七章　医治资本主义的各种方案　弗洛姆在本章提出以往一些思想家对资本主义社会的批判，都蕴含着一些共同的基本原则，即人是社会和物质生产的主体，是目的而不是手段，物质生产是为人的发展服务的，人的真正价值在于人自身所具有的创造性。弗洛姆对资本主义的未来和前途的三种倾向和可能性即医治资本主义的方案进行了分析和阐述。

弗洛姆认为法西斯主义、纳粹主义和斯大林主义等都是异化的极点，这些制度的产生具有一定的历史必然性和主客观条件。弗洛姆对这三种极权主义的社会渊源和心理基础进行了论述。超资本主义是资本主义的第二种发展倾向，弗洛姆认为，这是美国以及法国的一些实业家为阶级工业问题而提出的设想。"鼓励性经营"是其重要形式，这种设想主要是通过鼓励职工参与和共享利益来试图消解劳资纠纷和阶级斗争，激发工人的工作热情。但是，弗洛姆认为这些制度依然没有改变资本主义自私和竞争等基本原则，工人在劳动过程中的地位没有太大的改变。

第三种倾向即社会主义。弗洛姆对社会主义抱有极大的希望，他力图澄清人们对于社会主义的一些误解，认为"社会主义既是一场政治运动，也是一种研究社会发展规律的理论和一种关于资本主义社会病症的诊断"①。弗洛姆对傅里叶、普鲁东、巴枯宁、P. 克鲁泡特金、G. 兰多尔等人的思想进行了评析。随后，弗洛姆对马克思关于社会主义的思想进行了评述。弗洛姆从人本主义分析学的角度揭示了马克思思想的一些不足。

第八章　社会健全之路　在这一章中，弗洛姆力图从心理或精神角度对资本主义社会存在的问题进行总结和分析，他吸收借鉴不同思想家的思想，尤其立足于社会主义理论，从经济变革、政治变革、文化变革等方面出发构

① 埃利希·弗洛姆. 健全的社会 [M]. 欧阳谦，译. 北京：中国文联出版公司，1988：251.

建资本主义社会未来的健全之路——人道主义的公有社会制。

弗洛姆认为，以往的思想家对资本主义社会的批判包含了这种观点：“人退回到接受倾向和市场倾向而不再具有生产性的性格倾向；人丧失了自我意识而依赖于他人的赞许，因此他趋于求同，但他仍然感到不安全；人感到不满、厌倦和忧虑，他竭尽全力来补偿或掩盖这种焦虑。人的智力表现卓越，人的理性则退化了，从人已有的技术力量考虑，他正严重地威胁着文明的存在，甚至人类的存在。”① 社会各方面是相互联系的，只有当社会经济、政治、文化等各方面同时发生了变化，社会才能达到健全和精神健康。而治疗社会的病症也必须按照一定的原则进行，弗洛姆认为在一个健全的社会中，人不被人当作手段，也没有人把自己当作手段，人可以展现自己的人性力量，在这样一个社会中，人是一切的中心，无论是经济的还是政治的活动都必须服务于人的发展。

经济的变革。弗洛姆对社会主义的问题进行了探讨，他认为，相对于极权主义和超资本主义的方案，社会主义从原则上讲是对资本主义社会病理的最好治疗方法。但是，社会主义在现实实践的结果让人失望，究其原因，就是由于在实践的过程中人们把马克思等人的思想教条化了，并没有真正把握社会主义的基本原则。弗洛姆汲取了其他社会主义者的经验教训，提出了公有社会主义，并界定其目的“在于建立一种工业体制，在这种体制中，每个劳动者都将成为积极和负责的参加者，劳动将成为吸引人的和有意义的活动，资本不再役使劳动，而是劳动役使资本”②。弗洛姆对实施公有社会主义方案可能遇到的反对意见进行了反驳。弗洛姆认为，劳动具有技术性和社会性，而且劳动效率、劳动过程中劳动者的感受等同劳动者所处的劳动环境等方面有着重要的联系，弗洛姆通过一些理论家和实践家的经验，力图证明实施公有社会主义的可能性。最后，关于付诸实践的方案，弗洛姆认为，公有社会主义也具有一定的实施原则，如共同管理、共同决策等。

政治的变革。弗洛姆认为异化社会中的民主是虚假的民主，而且现代社会中的多数表决权的观念助长了抽象化和异化的发展。弗洛姆力图调和中央集权式的民主和分权式的民主，进而消除异化在政治方面的影响。

文化的变革。弗洛姆认为现代社会的教育方式其目的不在于人的发展，

---

① 埃利希·弗洛姆．健全的社会［M］．欧阳谦，译．北京：中国文联出版公司，1988：273－274．

② 埃利希·弗洛姆．健全的社会［M］．欧阳谦，译．北京：中国文联出版公司，1988：287．

而是造就符合社会需要的公民，因此，人们必须摆脱理论知识和实践知识之间的脱节，实现理论和实践的统一，使人能够依靠其自身的兴趣做事并在这一过程中充分发挥其自身的潜能。弗洛姆对现代社会存在的消费者文化提出了批评，因此人们必须创立一些符合现代人发展的仪式和集体艺术，从而使人真正融入社会，融入一个健全的社会。

第九章　结论　弗洛姆在本章中对人从脱离自然界的束缚到发展到现代工业社会的历程进行了归结和总述，他认为不同社会阶段的人们面临着截然不同的考验和问题，而在现代工业社会中，无论是西方民主制国家，还是苏联等社会主义国家，生活在其中的人们面临着相似的挑战，即人面临成为机器人的危险，面对这样的挑战，弗洛姆提出必须建立共有社会主义制度，从政治、经济、文化等各方面改造现代社会，从而建立一个健全的社会——人道主义的公有社会制。弗洛姆认为也只有在这样的社会中，人与人、自然、社会之间的关系达到了真正的和谐。

【意义与影响】

第一，《健全的社会》在我国拥有众多读者，该书在国内当前通行的英译版是由 Taylor and Francis 出版社 2001 年出版。该书中译本共计约 22.4 万字，于 1988 年由中国文联出版公司第一次印刷出版，2007 年国际文化出版社再次印刷出版，2011 年上海译文出版社第三次印刷出版。

第二，弗洛姆力图把弗洛伊德精神分析学和马克思主义结合起来考察资本主义社会的尝试，体现了他作为人本主义分析学派代表人的思想特色和理论特点，为人们认识和研究资本主义社会提供了独特的理论视角。一直以来，资本主义的弊端广为西方各个学派尤其是马克思主义者所批判，马克思、恩格斯作为西方资本主义批判的重要理论家，其观点和思想受到后世的继承和发展。弗洛姆看到了资本主义对人的忽略，认识到了资本主义制度的非人化，他一方面基于弗洛伊德精神分析学，另一方面充分吸收了马克思主义经典作家对资本主义制度批判的观点，并结合 20 世纪资本主义的新变化，从而对资本主义制度的局限性，对资本主义社会这一不健全的社会进行了病理性的分析和批判。弗洛姆进而对资本主义的前途和出路进行了分析和研究，提出建立共有的人道的社会主义制度的新构想值得我们关注。

第三，该书对现代工业社会弊端的揭露对于我们认识资本主义提供了新的素材，也为我们建设中国特色社会主义社会提供了经验和教训。现代社会是一个工业化、机械化的社会，西方社会几乎完整地经历了几次工业革命的洗礼，它们在享受到这一革命所带来的进步果实的同时，也遭受着工业革命所带来的各种弊端。我国作为一个后发的现代化国家，建设富强、民主、文明、和谐的社会主义现代化国家，一直是一段历史时期内我们的重要目标。改革开放以后，我国在坚持社会主义基本制度的基础上，吸收借鉴了西方资本主义的合理因素，实现了社会各方面的快速进步。但是，我们也应该清醒地认识到，现代化进程中的各种弊端和不足也逐渐显现，道德滑坡、信任危机、个人主义等日益成为人们关注的焦点，而这在一定意义上是现代工业社会的通病。因此，研究资本主义社会现代化的经历，把握其过程中的一些不足和弊端，能够为我们建设社会主义现代化国家提供理论参考和经验教训。

第四，弗洛姆在研究马克思的思想的时候，对马克思早期思想尤其是异化概念极为重视，这在一定程度上忽略了马克思对资本主义批判的其他重要观点。而且弗洛姆在写作过程中，对苏联等社会主义国家带有明显的认识偏见和不足。这启示我们要注意用辩证唯物主义和历史唯物主义的立场、方法进行分析、批判和研究。

【原著摘录】

第一章　我们的精神健全么？P1－10

P4　许多精神病学家和心理学家都否认，整个社会有可能患精神不健全的病。他们认为，一个社会中的精神健康问题只是一些人“不适应”的问题，而不是文化本身可能患病的问题。然而，本书正是要探讨文化本身的病态问题；这里不涉及个人的病症而是涉及社会常态下的病症，特别是现代西方社会的病症。

第二章　社会可能患病么？——社会正常状态的病症 P11－19

P15　我们今天看到的是这样的人：他的行动与感觉同机器不一样，他从未有过自己的体验，他感到自己完全是大众所欢迎的人；他虚伪的微笑取代了真实的笑声，无意义的闲聊取代了坦诚的谈话，麻木的绝望取代了真正的痛苦。对于这种人，我们可以指出两点。一是他的缺陷源于他的自发性和个性，这就无可救药了；二是他与同一生活状况中的许多人一模一样。

P19　健全的社会就是符合人类需要的社会——这里说的人类需要并不是人们想当然的那些需要，因为即使是最严重的病态追求也会被人们自以为是最重要的东西，这里讲的是通过对人的研究而确定下来的人类真正需要。所以我们的首要任务是弄清什么是人的本性，以及由这一本性所派生的各种需要。

第三章　人的境遇——人本主义精神分析学的首要问题 P20－64

人的境遇 P20－25

P21－22　人的自我认识、理智及想象力打破了动物生存特有的“和谐”。它们的出现使人变成一种畸形物，使人成为宇宙中的怪物。人作为自然界的一部分，他要服从自然界固有的规律而不能去改变这些规律，但他还是超出了自然界的其他方面。人既是自然的一部分，又是与自然脱离的；他无家可归，但又被拴在他与所有生物共有的自然家里。在偶然的地点和时间，他被抛入这个世界，而又被迫偶然地离开这个世界。

P25　我们永远都摆脱不了两种相互冲突的倾向：一种是脱离子宫，离开生存的动物状态而走向人的生存状态，离开束缚而走向自由；另一种是回到子宫，回到自然，回到确定性和可靠性。

人的需要——由人类生存状况所产生的需要 P26－64

P26　人必须去解决生存问题，他永远也不可能安居于顺应自然的消极状态。即使完全满足了人所有的本能需要，还是不能解决人的问题；人身上最强烈的情欲和需要并不是那些来源于肉体的东西，而是那些起源于人类生存特殊性的东西。

一、爱与自恋 P28－34

P34　人与世界的某些联系形式乃是建立任何健全生活的必要条件。在各种人与世界的联系形式中，只有生产性的联系，即爱的关系既能保持个人的自由和完整，又能使个人与他人连接起来。

二、超越性——创造与毁灭 P34－36

P35　实现超越还有另一条途径：即使我不能创造生命，但我能毁灭生命。毁灭生命同样也使我超越了生命。人能够毁灭生命，就像他能够创造生命一样，这的确是一种神奇的本领。

三、生存根基——友爱与乱伦 P36－59

P39　乱伦禁忌是人类发展的必要条件，这并不是因为它的性欲方面，而是因为它的感性方面。为了出世和成长，人就必须割断脐带。他必须克服再与母亲成为一体的强烈渴望。乱伦的欲望，其冲动并非来自孩子对母亲的性兴趣，而是源于要留在或回到无所不包的子宫的渴望、回到养育一切的乳房的渴望。

四、自我意识——个体与群体 P59－62

P60 西方文化的发展方向，就是为充分认识个体而创造条件。通过使个人得到政治上、经济上的自由，使个人学会思考自身和摆脱权威的控制，就可以使个人感到“我”是自己力量的中心和行动主体，并由此而认识自己。但只有少数人获得了“我”的新认识。在大多数人那里，个性不过是徒有其表的东西，实际上他们还没有达到自己的自我意识。

P61 我一旦缺乏“自我”的意识就无法保持精神的健全，所以我就尽一切努力来获取这种意识。这一需要推动着人们去追求地位和一致性，它有时比肉体生存需要还强烈一些。为了成为划一的群体中的一员，以求得到一种自我意识，即使得到的是一种虚假的自我意识，人也宁愿冒生命的危险，宁愿放弃爱、抛弃自由和牺牲自己的思想。

五、目标和献身的需要——理性与非理性 P62－64

P62 理性是人通过思想去认识世界的能力，理智则是人通过思想去操纵世界的能力。理性是人获得真理的手段，理智则是人有效地操纵世界的工具；理性本质上是属于人的，理智则属于人身上的动物部分。爱指向所有的对象而不是限于一个对象，同样，作为人的能力的理性必须揭示人所面对的整个世界。

第四章　精神健康与社会 P65－75

P67 总之，精神健康的概念是由人类生存的状况得出来的，它适用于所有时代和文化中的人。精神健康具有以下特征：能够去爱和创造，摆脱了对氏族和土地的乱伦依恋，通过把自我看作自身力量的主体和代理者而建立一种自我意识，认清内在和外在的现实，即促进客观性和理性。

第五章　资本主义社会中的人 P76－209

社会性格 P76－81

P76 社会性格指什么呢？我用这一概念表示，一个社会中绝大多数成员所具有的基本性格结构，它不同于一个社会中不同成员所具有的个体性格。

资本主义的结构和人的性格 P81－209

一、十七和十八世纪的资本主义 P81－83

P81 十七、十八世纪以来，资本主义一直是西方社会中占主导地位的经济制度。尽管这种制度的内部发生了重大变化，但是它的一些基本特征仍然没有改变；因为存在着这些共同的特征，我们完全可以使用资本主义这一概念来解释这一整个时期的经济制度。

P82 谈到十七、十八世纪的资本主义，早期资本主义的两个典型方面是必须提到的。第一，早期资本主义生产技术和工业都赶不上十九、二十世纪资本主义的发展；第二，早期资本主义的经济活动还受到中世纪文化传统的相当影响。

二、十九世纪的资本主义 P83－101

P84 每个人追求自身的利益从而有助于大多数人的幸福，这条资本主义的原则成了人们行动的指南。

P97 概而言之，十九世纪的社会性格本质上是竞争、囤积、剥削、权威、侵略和自私。

三、二十世纪的资本主义 P101－209

1. 社会经济的变化 P101－109

P107 二十世纪资本主义最重要的方面是：封建特征的消失；工业生产的突飞猛进；资本的日益集中以及商品和管理机构的不断扩大；对物价和大众拥有支配权的阔佬不断增加；生产中的所有权和经营权分离开来；工人阶级在经济上和政治上的地位的提高；工厂和行政部门中劳动方式的变化……

2. 社会性格的变化 P109－192

(1) 数量化、抽象化 P109－119

P112 毫无疑问，离开数量化和抽象化，现代的大生产将是不可思议的。但在一个经济已成为人的主要事务的社会中，这种数量化和抽象化的进程已经越出经济生产的领域，影响到人对事物、他人以及自身的态度。

P118 我们面对的世界是一些数字和抽象观念，这些东西使我们丧失了任何一种具体的经验。

(2) 异化 P120－153

P120 异化是一种体验方式，在这种体验中，个人感到自己是陌生人。……他虽有感觉和常识判断，但却感觉不到自己与自己以及外部世界的紧密联系。

P124－125 我们在现代社会看到的异化……他被自己的创造物所占有，失去了自身的所有权。

(3) 其他各种变化 P153－192

P154 到了二十世纪中叶，权威原有的特征消失了；它不是公开的，而是匿名的、隐蔽的和疏远的。没有人要求我做什么，权威既不是一个人也不是一种观念或道德原则。但是，我们全都步调一致，比较极权主义社会中的人们有过之而无不及。

P165　资本主义经济制度的另一方面——高消费的需要，已经成为塑造现代人社会性格的手段。

P181　劳动不再是十八、十九世纪中产阶级观念意义上的一种道德宗教义务。劳动具有了新的意义。劳动新观念的目标所在，就是不断扩大生产和制造更大更好的产品。劳动已经同劳动者相异化。

P185　如同劳动已成为异化的劳动，现代民主中的选举人的意愿表达方式也成了一种异化的表达方式。

异化与精神健康 P192－209

P205　异化的人不可能有精神健康。因为他感到自己是一种受自身或他人支使的东西和投资，他没有自我意识。

第六章　对资本主义社会的诊断 P210－234

十九世纪的诊断 P210－219

P213－214　我们将会有一种新的和不可违背的精神道德法则，并将成为这些法则的牺牲品；我们将被我们以为是生存依托的东西所毁灭。专家政治将使我们美国化，技术的进步将使我们的灵性枯竭，乌托邦主义者所梦见的那些惨无人道和不合人情的东西，远远不及这些事实的残忍程度。

二十世纪的诊断 P219－234

P219　托勒指出资本主义社会得以立足的原则就是物对于人的统治。他说道，在我们的社会中“就是有见识的人也都认为是资本雇佣劳动力，如同我们的祖先崇拜偶像，以为那些神化的木头和铁块给了他们食物，并帮助他们打胜仗……”。

第七章　医治资本主义的各种方案 P235－272

独裁主义的偶像崇拜 P239－242

P239　法西斯主义、纳粹主义和斯大林主义有一个共同之处，那就是给原子化的个人提供一种新的庇护和安全。这些制度是异化的极点。它们造成了个人的软弱和自卑感，并且让个人把自身的人性力量都投射到领袖、国家和“祖国”身上，个人还必须陈腐和崇拜他们。

超资本主义 P242－248

P247　实际上，这种鼓励性的经营方式完全是资本主义制度的合乎逻辑的结果。它力图使每个人，工人、雇员和经理成为小资本家；它旨在唤起每个人身上的竞争和自私精神，通过推广这种方式来改革资本主义。

社会主义 P248－272

P249－250 实际上，我们可以把所有不同流派的社会主义看作是我们时代的一种最重要的、理想主义的和道德教育的运动。

P270 总而言之，马克思主义的社会主义终极目标，在本质上同其他社会主义流派的终极目标一样：使人摆脱人对人的压迫和剥削，使人从经济王国的统治下解放出来，使人重新成为社会生活的最高目的，在人与人和人与自然之间创造一种新的统一。

第八章 社会健全之路 P273－362

总论 P273－279

P279 一个健全社会的结构将会是什么样呢？首先，在一个健全的社会中，人不是别人达到其目的的手段，而永远是他自己的目的……此外，健全的社会让人在可以驾驭和认识的范围内进行活动，使人成为社会生活的主动负责的参与者，使人成为他的生活的主人。这种社会可以促进人的团结，允许并且鼓励社会成员彼此相亲相爱；它可以推进每个人在其工作中的创造性，刺激理性的发展，使人能够在共同的艺术和仪式中表现自己的内心需要。

经济的变革 P280－347

一、社会主义的问题 P280－286

P285 社会主义包含有真正人性的和道德的希望，它今天仍然是世界上许多人执着的目标，而且实现人道主义的民主社会主义的客观条件，在今天比在十九世纪更充分一些……

二、公有社会主义的原则 P286－290

P289－290 实际处理事务的工作必须交给从事这项工作的工人，他们必须有权决定生产、分配和交换。他们必须争取达到工业生产的自治，有权选举他们自己的高级职员；他们必须弄清并掌握整个二业和贸易的复杂机制；他们必须成为经济共同体中可以信赖的力量。

三、社会心理的阻碍 P290－304

P296－297 但如果我们不注意到这一事实，即资方把金钱看作是工作的主要诱因因而不断地刺激人们多挣钱的愿望，那样我们对金钱刺激的论述就会出现片面。

四、兴趣和参与——工作的动力 P304－329

P304 如果我们区分开劳动境遇的技术性方面和社会性方面，我们就会发现，对于许多劳动而言，倘若其社会性方面尽如人意，其技术性方面也会吸引人；有一些劳动的技术性方面本来就不能使人满意，但他们的社会性方面能够使劳动变得有意义和吸引人。

五、付诸实践的方案 P329－347

P329－330　这就意味着劳动境遇再度成为具体的；工人由许多生产小组而组织起来，即使整个工厂有数千名工人，这些小组也能使每个工人作为一个真实而具体的人同小组联系起来。这就意味着找到了调和集权和分权的方法，使每个人积极参与管理和负起责任，同时又形成一种必需的统一领导。

政治的变革 P347－352

P350　首先，我们必须看到，真正的决策是不可能在大众投票的氛围中实现的，它只能在相当于过去的市民会议的小型团体中才得以产生，这种小团体的人数最多不超过五百人……最后，作为一个小型的和面对面的团体中的一员，他无论作出什么决策，他都必须对议会机构的决策施加影响。

文化的变革 P352－362

P355　一个健全的社会必须实行成人教育，就像我们今天实行的儿童教育那样广泛。在今天成人教育课程不断增加的情况下，这种原则已经体现出来，但所有这些民间的成人教育仅仅包括了很少一部分人，这种原则应该运用到所有人身上。

第九章　结论 P363－373

P367　现代人追求的目标就是创造一个健全的社会。更具体地说，就是建立这样一个社会，社会的每个成员将其理性发展到客观现实的程度，使得他们可以切实地认识自身、他人以及自然，而不是以幼稚的无所不知和偏执狂的仇恨去歪曲这些东西。这个社会的成员已经达到了独立性，他们可以分辨善恶，他们可以自己做出选择，他们持有的是信念而不是意见，是信仰而不是迷信或者模糊不清的希望。这个社会的成员已经发展到能够爱自己的孩子，爱他们的邻居，爱所有的人，爱他们自己以及自然界的一切；他们能够感到与万物的一体，同时又保持着他们的个性意识和完整，他们通过创造而不是毁灭来超越自然。

P371　面对机器人制度的危险，我们唯一的抉择就是建立人道主义的公有社会制。我们唯一的抉择就是建立人道主义的公有制社会制。根本的问题不在于财产所有权的法定权利或是利润的分享，而是在于劳动的共同承担和经验的共同分享。

【参考文献】

[1] 弗罗姆. 逃避自由 [M]. 北京：工人出版社，1987.

[2] 弗洛姆. 人的境遇 [M] //林方. 人的潜能和人的价值. 北京：华夏出版社，1987.

[3] 弗洛姆. 精神分析与禅宗 [M] //弗洛姆文集. 北京：改革出版社，1997.

[4] 弗洛姆. 爱的艺术 [M]. 北京：工人出版社，1986.

[5] 弗洛姆. 自为的人 [M] //弗洛姆文集. 北京：改革出版社，1997.

[6] 刘敏. 技术与人性：弗洛姆技术人道化思想研究 [J]. 自然辩证法通讯，2005 (5).

[7] 王雨辰. 略论弗洛姆对马克思主义哲学的人学解读 [J]. 武汉大学学报（人文科学版），2005 (3).

[8] 季乃礼. 弗洛姆的马克思主义观 [J]. 当代世界与社会主义，2004 (1).

十四、《文化与社会：1780—1950》

［英］雷蒙·威廉斯　著
高晓玲　译
吉林出版集团有限责任公司，2011 年

【作者简介】

雷蒙·威廉斯（1921—1988）是 20 世纪中叶英国著名的文化批评家和文艺理论家，英国左派知识阵营的主将，当代西方马克思主义的重要代表人物，被誉为“英国文化研究的先驱人物”“英国的萨特”“战后英国最重要的社会主义思想家、知识分子和文化行动主义者”。

1921 年，威廉斯出生在一个与英格兰交界的威尔士村庄，他的父亲是一名铁路信号员。在家乡读完小学和中学后，他作为极少数工人家庭出身的“奖学金少年”，于 1939 年进入著名的剑桥大学三一学院学习文学，并在同年加入英国共产党。他积极参与并组织左派社会主义学生的政治活动，主编过该校受社会主义俱乐部控制的《剑桥大学日报》，曾担任剑桥《观点》的编辑。

1941 年威廉斯应征入伍，在英军装甲师任坦克连上尉，参与诺曼底登陆战役。还于 1945 年 4 月至 10 月主编过所在军队的周报——《二十一》。1945 年战争结束后，他返回剑桥并于次年完成学业。在此后的十五年里，威廉斯作为战后工人教育协会的一名教员积极投身到工人阶级的成人教育之中。他早期和鼎盛时期的许多重要著作都是在这一阶段完成的，其中包括被誉为文化研究经典之作的《文化与社会：1780—1950》。1961 年，威廉斯当选剑桥大学耶稣学院研究员兼英语系讲师。这一时期威廉斯开始关注和研究传播媒体，为后来英国的传媒与文化研究开了先河[①]。1971 年威廉斯当选为剑桥耶稣学院院士，1974 年任剑桥大学戏剧讲座教授（剑桥建校设立的第一个戏剧教授席位）。其间曾任斯坦福大学政治学客座教授。70 年代中期，威廉斯开始在《新左派评论》上发表一系列关于马克思主义理论的文章，在《马克思主义和文学》一书中系统地提出了“文化唯物主义”的理论体系，并成为与卢卡奇、萨特并驾齐驱的西方马克思主义文化批评家。1983 年，威廉斯从剑桥大学退休，1988 年 1 月因病在家中与世长辞。

威廉斯治学精勤，著书宏富，研究范围几乎涉及社会科学的各个领域，在文化批评、新闻传播学、语言学、思想史、文化史与文化理论、社会学、戏剧等方面都有专著发表，创作过小说、剧本及电影纪录片的脚本。主要理论著作有：中译本《电视：科技与文化形式》（1994 年）、《关键词》（2005 年）、《现代悲剧》（2007 年）、《马克思主义与文学》（2008 年）、《政治与文学》（2010 年）、《文化与社会：1780—1950》（2011 年）、《漫长的革命》（2013 年）、《乡村与城市》（2013 年）；英文版 *Communications*（1962 年），*George Orwell*（1971 年），*English Drama*：*Forms and Development*（1977 年），*Problems in Materialism and Culture*：*Selected Essays*（1980 年），*The English Novel From Dickens to Lawrence*（1984 年），*The Sociology of Culture*（1995 年）。

【写作背景】

威廉斯出身于普通工人阶级家庭，入读英格兰世界著名的剑桥大学，担任过 15 年的工人成人教育教员、多年的剑桥大学教授。威廉斯的一生其生活环境、社会身份与地位经历了巨大的变化，同时还有文化认同和身份焦虑的心理冲击，也正是这样一种鲜明的对比使得威廉斯对英国的阶级社会以及维护阶级特权的精英文化始终保持一种距离感和清醒的认识[②]，并萌生了追求文化民主与平等的价值诉求。牛津大学著名的文学评论家伊格尔顿在一篇纪念威廉斯逝世 20 周年的文章中说：“直到生命的最后，威廉斯仍认为与他任特别研究员的剑桥大学这个曾被他讥讽为‘地球上最野蛮的地方之一’的学习中心相比，培育他成长的充满邻里友爱和互助合作精神的乡村社区，更有资格被称为纯粹的文化。工人阶级的英国或许造就不出米尔顿们和简·奥斯汀

① 赵斌. 雷蒙·威廉斯的“文化与社会”[J]. 外国文学，1999：66.

② 赵斌. 雷蒙·威廉斯的“文化与社会”[J]. 外国文学，1999：66.

们来，但威廉斯认为它至少造就了具有同样价值的自身文化：付出高昂代价所赢得的劳工机构、工会以及合作社运动。”① 终其一生，威廉斯都在坚持着一种平民主义立场和民主社会主义的政治追求。

威廉斯进入大学的时候，适逢以考德维尔、韦斯特为代表的马克思主义文化理论的高潮期。他参加了类似共产党组织的学生支部活动，同时也是剑桥大学“社会主义者俱乐部”的主要成员，开始接触到马克思主义理论著作，并经常为一些学院杂志撰写激进的时事政论。与社会主义者积极交往的活动无疑对威廉斯的思想产生了深刻的影响，“威廉斯与社会主义者的联系及他在这方面的兴趣……为他提供了一份支持以避免从一种背景到另一种完全不同的背景的转变而产生的分裂经验”②。在马克思主义理论的影响下，威廉斯开始反思西方马克思主义理论家葛兰西、阿尔都塞等人的思想，质疑英国庸俗马克思主义关于经济基础与上层建筑关系静止的、简单的二元对立模式，主张以动态的、变化的思维来研究文化与社会的问题。

20 世纪三四十年代，以利维斯为代表的剑桥文学批评传统即精英主义传统占据英语研究的统治地位，他们崇尚由贵族、知识阶层和上流人士等拥有的少数人的文化，认为大众文化对主流价值、高雅文化和社会结构构成了冲击和威胁，等同于通俗文化和低等文化。威廉斯不满于精英主义明显的阶级立场，认为大众文化是“一种生活方式”，是社会发展的必然趋势，贬低大众文化恰恰是精英阶层用来维护自身统治的合法性，实现对大众进行控制和驯服的一种手段。为驳斥这一观点，为工人阶级和工人阶级文化正名，威廉斯以马克思主义思想为基础，结合英国近代以来社会发展、社会阶层和文化观念之间的复杂关系，最终形成自己别具一格的文化理论，成就了《文化与社会：1780—1950》一书。

【中心思想】

本书以“工业”“民主”“阶级”“艺术”“文化”这五个关键词为主题，考察了英国从工业革命到当代社会，“文化”一词内涵的流变所折射出的社会动态发展的历史进程。“文化”是威廉斯学术思想的核心概念，他认为文化是一个不断发展的动态概念，与个体生活、社会结构之间有着不可分割的联系。

---

① 特里·伊格尔顿. 纪念雷蒙·威廉斯［J］. 薛君彦，等译. 国外理论动态，2009：75.

② 安东尼·吉登斯. 为社会学辩护［M］. 周红云，等译. 北京：社会科学文献出版社，2003：187.

文化内涵的历史演变“记录了我们对社会、经济、政治生活领域的这些变革所作出的一系列重要而持续的反应，因此，‘文化’本身就可以看作是一幅特殊的地图，借助它，我们可以对这种种历史变革的本质进行探索”[①]。

威廉斯认为，文化的价值和意义不仅表现在艺术和知识中，更是渗透在机构和日常生活中。他选取了1780—1950年活跃在英国思想界和文学界的40位代表人物，通过分析他们对工业、民主、阶级、艺术和文化观念的多层次阐释，梳理了文化观念随社会变迁而演变的历史，以及由此引发的社会经济与政治结构的变革，最终得出“文化是一整个生活方式”的论断。威廉斯注重研究文化与社会的相互影响，尤其是从社会多重视角和社会的动态发展来诠释文化的新方向，形成了时至今日仍然非常有影响力的一派学说，即文化唯物主义。

【分章导读】

《文化与社会：1780—1950》一书共分3编，约31万字。

导论 在这一部分，威廉斯概括了本书的主旨。18世纪末19世纪初，五个重要的词汇“工业”（industry）、“民主”（democracy）、“阶级”（class）、“艺术”（art）、“文化”（culture）首次进入英语常用语行列，或在这一时期有了新的含义。威廉斯概述了这五个词的词义变迁史，尤其是“文化”（culture）不仅是其他四个词的反映，更是作为“整个生活方式”揭示了社会变革所导致的生活领域和思想领域的广阔的变迁。

第一编 19世纪的传统 本编中作者主要关注如下几位思想家：伯克、科贝特、骚塞、欧文、穆勒、边沁、柯尔律治、布莱克、华兹华斯、拜伦、雪莱、济慈、卡莱尔、盖斯凯尔、迪斯雷利、狄更斯、金斯利、乔治·艾略特、纽曼、马修·阿诺德、普金、罗斯金、莫里斯。通过阐释他们关于民主和工业社会的思想，概括出19世纪的文化内涵。

第一章 对比 在这一章，威廉斯使用对比思维方式来研究伯克与科贝特、骚塞与欧文关于民主和工业的思想，他们对工业革命之后的新社会所持的批判态度使他们成为英国批判文化传统的开端。

威廉斯认为，伯克的民主观只是一种来源于经验的观察，并不能代表完

① 雷蒙·威廉斯. 文化与社会：1780—1950［M］. 高晓玲，译. 长春：吉林出版集团有限责任公司，2001：5.

全意义上的民主。而且他只关注社会这个共同体的重要性，忽略了个人的力量。伯克抨击法国大革命，反对民主的事业，认为民主的趋势是暴政，抵制改革，极力维护英国旧有的制度，是保守主义的代表。

而科贝特是激进派的代表和民权斗士，他认为英国兴起的新制度是“不自然（unnatural）”的，他同情工人与贫民，主张工人维护自己的财产与权利，鼓励新兴的劳工运动。威廉斯认为，科贝特对阶级的认识比同时代的人切合实际得多。

伯克与科贝特虽然视角不同，但是他们的思想都是对新工业社会的批判和反映。“我们要了解新工业社会的批评传统，就必须意识到这是一个存在巨大差异的混合体，有时甚至会包含相互矛盾的成分。即使是最优秀的思想家，有时也会对新社会的发展感到困惑不解，他们从各自传承来的范畴出发形成各自立场，然后以出人意料有时甚至自相矛盾的方式展现出来。即使是观点对立的科贝特和伯克之间，也有许多观点一致的地方。”①

罗伯特·骚塞与罗伯特·欧文对比。骚塞是新保守主义者，认为新制度的最大的弊病是穷人的处境，这种处境使我们不断面临奴隶战争的恐惧，如果不及早改善，迟早会爆发战争。骚塞极力谴责社会的生产制度，生产制度在创造财富的同时，也诞生着身体和道德上的邪恶，两者之间成正比。而政府应该发挥积极的功能，首要职责便是改善人们的道德，促进社会的全面健康发展。骚塞看到文学具有教化的功能，且已经在社会中发挥效用。

欧文看到工业革命促进了生产力的巨大增长，但是也由此产生诸多弊端，在这种制度下不可能有真正的文明，这是一种低级粗俗、无知劣等的社会组织形式。欧文认为，道德新世界要由积极主动的政府和全国教育制度来合力构建。为此，欧文身体力行，走向了社会主义与合作社。骚塞和欧文虽然都对工业持有批判的态度，但他们之间的关系是保守派和激进派对新的工业社会的不同立场所致的不同观点，而且两人都意识到解决问题的关键不在于人性，而在于社会制度的变革。

第二章　浪漫主义艺术家　本章中，威廉斯以布莱克、华兹华斯、拜伦、雪莱、济慈等浪漫主义诗人为例，阐述19世纪初期浪漫主义诗人对社会现实的关注和评判，揭示了社会变革对艺术观念的影响，以及其作品中不自觉流

---

① 雷蒙·威廉斯. 文化与社会：1780—1950［M］. 高晓玲，译. 长春：吉林出版集团有限责任公司，2001：29.

露出的对文化的重视和对普通人民的排斥。

19 世纪初期正处于社会剧烈变革的时代，生活于其中的诗人们不可避免地受到社会变革的影响，关注时事、政治、社会，这种倾向必然反映在其作品中。威廉斯总结出了这一变化的五个方面：第一，作家与读者的关系发生了本质改变；第二，在对待“公众”方面，正在形成一种不同的习惯态度；第三，艺术创作逐渐被视为众多专业化生产的一种，其生产条件与一般生产条件无甚区别；第四，艺术展现“高级真实”的理论以及由此而来的“想象真理”日益受到重视；第五，独立的具有独创才能的作家、自主的天才，日渐成为一种常规。

浪漫主义诗人坚持强调文化观念的重要性优越于市场影响下的特殊商业化艺术作品，威廉斯对浪漫主义诗人们对“普遍共同人性”以及“创造性的想象”的推崇是基本肯定的。但是诗人们越来越多地流露出对“公众”的不满和贬低。济慈说“我对公众没有丝毫的谦卑之感”，雪莱说“不要在意愚人妄论，时间会推翻愚众的判断。当代批评不过是天才与蠢材无奈角力的结果”。华兹华斯的言论最为著名，也流传最广：更为可悲的是，有人竟会相信那一小撮人喧声哗语，居然说有什么神明般颠扑不破的东西。他们假“公众”之名，为一种虚假的影响力所支配，那些没有头脑的人误以为这些人便是“人民”。对于公众，作家希望尽量给予他们应得的尊重；对于那些拥有独特生活哲学的“人民”以及他们的认识所体现的意志，作家本来就应该充满虔敬。

第三章　穆勒论边沁与柯尔律治　这一部分威廉斯主要论述了边沁与柯尔律治对穆勒思想的影响。边沁秉持符合时代潮流的功利主义思想，柯尔律治则更倾向于被现有学说和制度所忽视的部分——社会精神的堕落和文化的培育。穆勒试图通过甄别和取舍来融合两个相异的观点，但是威廉斯认为，穆勒因忽略了随不同生活方式而产生的不同经验层次中的价值观念冲突而导致其观点在一定程度上脱离了经验和社会现实层面。

工业革命后人民对个体权利的诉求日益凸显，边沁的功利主义价值观既符合了社会发展，也带来了新的危机，穆勒重新思考了功利主义的思想基础，认为边沁的思想无助于社会的精神利益（除了偶尔作为更高学说的工具时），其本身也无助于增进物质利益，而且他忽略了别人必须考虑的问题：使用这些手段是否会对国民性格产生损害。

威廉斯认为，文化的观念是从柯尔律治的那个时代起就确凿地进入到英国社会思想的。柯尔律治看到了工业革命带来的诸多弊端，尤其是对人的精神和心灵的摧残，并提出了自己的解决方案。他认为“教养”或者说“文化”能够体现真正的价值观，“教养”指心灵的一种“状态和习惯”，也称为“文化”。人要试图追求完美就要有一颗教养的心，而有教养要出自人的内在意识，并且要参与社会的个人教养或文化，这就说明有教养不只是表现在个人身上，还要体现在社会中。另外柯尔律治认为文化要有更好的发展就要扩大教育体系，倡议由国家资助一个专门致力于维护并发扬文化的阶层——知识阶层，其关注的重心是普及“教养”或“文化”。穆勒给予柯尔律治很高的评价，认为他是一个“种子式的人物”，其思想的多个方面在其他思想家的阐释下大放异彩。

穆勒的后期作品主要关注两个问题：一是其功利主义思想服务于新兴工人阶级的权益诉求；二是协调个体权利与民主之间的关系。穆勒的政治哲学对后世产生了重要的影响。

第四章　托马斯·卡莱尔　威廉斯在这一章中重点分析了卡莱尔的民主观，认为他将民主看成放任主义精神，这是消极的，同时，他又看到了统治阶级的玩忽职守，呼吁统治阶级应塑造主动、负责的形象，这是具有积极意义的。但是对于卡莱尔的精英主义思想——“文人英雄”观，威廉斯持一种质疑的态度。

卡莱尔对民主持一种消极的态度：“任何有点眼力的人都会看到民主并非最终解决方案；即使民主彻底赢得胜利，也赚不到什么，得到的不过是一场空以及自由争取获胜的机会。”① 威廉斯认为他这是将民主看成了不干涉主义：放任人们自由追逐自身利益，政府不应横加干涉。其合理之处在于，他这种批评对于那些改革中只把民主当作政治上的摆设最合适不过，因为卡莱尔看到社会统治阶级的玩忽职守，所以呼吁扩大政府权力以加强管理和控制，维护良好的社会秩序。掌握政权的阶级应拥有妥善运用权力的权利：使自己成为一个主动、负责的统治阶级。卡莱尔的这一思想受到了中层阶级的热烈响应。卡莱尔反对普遍的不干涉主义精神和瘫痪的激进主义，对此他提出两项建议：全民教育（卡莱尔认为这是加强政府管理的核心主题）和计划移民。这两项建议对后人产生了深刻的影响。

---

① 雷蒙·威廉斯. 文化与社会：1780—1950［M］. 高晓玲，译. 长春：吉林出版集团有限责任公司，2001：89.

卡莱尔看到生产方式的变化引起社会变迁，并认为这一时代的首要特征是机械性。他首创了“工业主义”这个名词，并且为之下了定义。他把文化看成是一个民族的整体生活方式，以此来抨击工业主义，认为构成一个真正社会的远不只是以“金钱交易为核心”的经济关系。为重组社会则需要“天才”或“文人英雄”来担当领袖，在这里卡莱尔的思想失去了初期相对平衡的立场，他从现有贵族或工业巨头中寻求重组社会的英雄人物，他强调“精神贵族”的社会影响，鄙视“群众”，将“群众”看作群蜂一样“具有压倒性多数的魔鬼子民”，都是“木头脑袋、易上当受骗、被人收买、酗酒乱言”[①]。

卡莱尔的“文人英雄”观在形成现代艺术家观念方面起重要作用，并发展为当时人们批评新工业社会的主要理论依据之一。

第五章　工业小说　威廉斯通过分析19世纪中期具有代表性的几部小说，认为这几部小说共有的情感框架是：批判资本主义、同情劳苦大众、远离劳苦大众。这种情感框架延伸至当代并对当代的文学和社会思想影响深远。作家们处于一种对工业时代社会状况的反感、无奈和解决现实问题的无能为力的困境中，威廉斯认为这一困境的根本原因在于作家们对工人阶级的不信任和排斥。也正是看到了工人阶级的力量并以此为起点，威廉斯才实现了文学批判研究的转折——精英立场转向平民立场。

《玛丽·巴顿》(1848年)，作者盖斯凯尔夫人。小说描写了19世纪40年代劳工阶层的真实生活，但是作者写作的情感结构前后不一致：原来所设定的主角约翰·巴顿后来改为玛丽·巴顿，而约翰·巴顿则被塑造成一个谋杀者，以此来揭示一个本性善良的人在经历了失落、痛苦和绝望后，如何被逼犯下了可怖罪行。威廉斯认为，这样的一种安排是当时中上阶层弥漫的“恐暴症”——对于工人阶级要自己当家做主的恐惧——的一种戏剧化的表现形式。而真实的情况是：即使在灾难深重时期，英国工人阶级最典型的反应也不是采取人身攻击的暴力行动。小说的结局是典型的人道主义——所有作者同情的对象都要移民到加拿大，一个全新的世界。威廉斯不认同这样一种敷衍了事的安排，作者实际上是回避问题，没有找到一个切实可行的解决方案。

《北方与南方》(1855年)，盖斯凯尔夫人的第二部工业小说。描写出身南方教士家庭的玛格丽特·赫尔和北方工厂主桑顿之间的爱情故事。冷酷的工

---

① 雷蒙·威廉斯. 文化与社会：1780—1950［M］. 高晓玲，译. 长春：吉林出版集团有限责任公司，2001：93.

厂主桑顿被玛格丽特感化并在其资助下得以实施“工业社会中的人道主义”。作者也是通过一种不现实的方法——继承遗产——解决了问题。

《艰难时世》(1854年)，作者狄更斯。狄更斯以其犀利的文笔尖锐地剖析了焦炭镇及其现象、其背后的政治经济学和极具侵略性的功利主义。在这样一种让人窒息的资本主义社会中，只有那些被动者、忍受者、温顺者才能生存下去。他以葛擂硬为标志性人物，启发读者批判那种极大地促进了社会和工业改革的思维方式以及调查和立法方式。作者倡导的是个人的仁爱、同情和忍耐，而非社会革新。《艰难时世》作为一种整体反映，更像是工业社会混乱的一个症状，而非诊断。

《西比尔》，(又名《两国记》)(1845年)，作者迪斯雷利。描写开明贵族艾格蒙特和人民的女儿西比尔之间的爱情故事。对于小说中出现的种种反映社会现实的矛盾和问题，作者给出的解决方案也是全书的高潮：人民的女儿西比尔实际出身没落贵族！这显然与移民加拿大、玛格丽特的遗产或倡导人的仁爱和忍耐如出一辙。

《奥尔登·洛克》(又名《裁缝兼诗人》)(1850年)，作者金斯利。描写了“廉价肮脏”的制衣行业中劳工的艰难生活。金斯利以同情的笔调写出了宪章主义的目标和工人阶级政治运动的目的，但是金斯利最后的回答却是：“我们理解也同情你们是由于遭遇悲惨才被逼无奈这么做，但是你们的做法是大错特错了！”[①] 作者给出的最终解决方案还是移民！

《费利克斯·霍尔特》(1866年)，作者乔治·艾略特。描写了一名主张社会改革的激进劳工费利克斯·霍尔特。书中同样出现了“恐暴症”的戏剧化表现形式，作者传达出的信息是：人民因其易陷入盲目的骚乱状态而带有危险性，任何同情他们的人都很容易被卷进去，为明哲保身则需与之脱离关系！

第六章　J. H. 纽曼与马修·阿诺德　在这一章中，威廉斯肯定并赞赏纽曼和阿诺德的“教育观”和“文化观”——全民教育的理想和实践、独立建立普及全民的教学制度；但他又猛烈抨击阿诺德的精英主义和权威式立场，认为阿德诺忽视了工人阶级的贡献。威廉斯认为，自工业革命以来，英国工人运动有意并审慎地回避普遍暴力行为，坚信可以通过其他方式取得进步，

---

① 雷蒙·威廉斯. 文化与社会：1780—1950 [M]. 高晓玲，译. 长春：吉林出版集团有限责任公司，2001：111.

这是一种积极的态度，阿诺德没有意识到这一点，只看到放大了的“粗人”形象。

纽曼认为，身体的标准是“健康”，心灵的标准是“完美”。教育的目的在于“我们人类特有品质和能力的和谐发展”。阿诺德认为文化是追求完美，教育是作为唤醒潜伏在所有人之中的那些被阶级意识形态和习惯的缺陷所蒙蔽的“最优秀自我”的方式之一，是通向完美的途径。国家是推动普遍完美的媒介，“最优秀自我”的代表。但是如何构建国家的权威，阿诺德觉得没有任何阶级有资格担此重任。贵族（野蛮人）是无用的阶级，他们的品德特征是在于维护现状；中产阶级则只追求外在的文明，信仰个人的成功；工人阶级（或群氓）粗暴又鲁莽。阿诺德最终的答案是：每个阶层在多数派之外还有一群“异己分子”，他们尚未受到本阶层一般观念和习惯的损害，他们的指导思想主要不是阶级精神，而是普泛的符合理想的人性精神，是对人类完美的热爱。阿诺德所谓的“异己分子”类似于柯尔律治的“知识阶层”和卡莱尔的“精神贵族”，他寄希望于“异己分子”以“文化”来拯救工业文明困境的国家。这些人组成了人文知识阶层，利用教育、诗歌以及批评等手段唤醒“最佳自我”，从而促使“文化”或理想“国家”的形成。

第七章　艺术与社会

普金、罗斯金、莫里斯　在本章中威廉斯阐释了普金、罗斯金、莫里斯的随社会变迁而不断创新的艺术思想，认为文化渗透在艺术中并通过艺术表现出来。就罗斯金的民主观，威廉斯认为其构想的民主社会因缺失必要的社会责任感而没有活力，而且他对于如何实施这个构想并无具体的建议。

为复兴哥特建筑风格，挽救“如今宗教建筑日趋堕落的状态”，普金强调首先应当复兴促生出这种风格的情感，即建筑复兴必然是宗教复兴或真正天主教复兴的一部分。这一做法产生了一个重要的社会思想：运用某一时期的艺术去判断产生该艺术的社会性质。

罗斯金的兴趣从艺术向社会的转变，是因为他看到艺术的发展变化和社会是紧密联系的。他给“美”下的定义：一是外在的形体美，即“典型美”；二是指生物机能的巧妙运行，即“活力美”。艺术的目的就在于揭示各种形式的“美”或者“真理”。艺术批评的落脚点在于“典型美”，而社会批判的落脚点在于“活力美”。即艺术批评和社会批判如影随形，都是同一种基本信念在不同的两个角度上的应用。

罗斯金认为，如果社会腐化，艺术家终究也会丧失美德：“任何国家的艺术都是这个国家社会和政治道德的样本。任何国家的艺术，或者普遍的生产能力和塑造能力，是这个国家道德生活的精确样本。你只能从高尚人士那里获得高尚的艺术，两者都与自己的时代规律和环境法则密切关联。”①

罗斯金对工业社会的批判直指实际的经济制度，但是由于批判观点十分尖锐和改革方案过于抽象，其思想并未得到同时代人的认同。他主张摈弃民主，建构一个家长式国家，现有贵族阶层担当统治阶级。

莫里斯对现代文明深恶痛绝，而且看到了造成这种低俗社会状况的罪魁祸首不是科学研究，而是经济生活的组织方式。中产阶级的重商主义摧毁了很多珍贵的价值，且不能也不愿改变现状。由此莫里斯特别重视革命，“因此，我对人生目的感到很悲观，幸好为忽然发现在文明的污秽中，伟大变革的种子开始萌芽，我们有人把这场变革称为社会革命。……因此我就变成了一个非常现实的社会主义者”②。

莫里斯认为，艺术可以为生活在困境中不得挣脱的劳工们展现一幅合理的生活理想画卷。艺术取决于其身处社会的性质，现在劳动的乐趣被机器生产所破坏，错不在机器，而在于制度本身。其希望在于一种信念：艺术的事业是人民的事业，有一天我们终将赢回艺术，让艺术重新回到日常劳动中来。社会主义革命能够帮助我们走向这个目标，社会主义政党不仅要变革政治经济，更要在工人阶级中培养和传播一种真正的社会主义思想，为社会变革做准备。

第二编　中间时期　在这一部分，威廉斯主要研究了马洛克、佩特、惠斯勒、王尔德、吉辛、萧伯纳、贝洛克、休姆这几位处于 19 世纪末 20 世纪初的思想家们关于民主、文化、艺术、文学、政治等的观点，梳理了这一时期思想家们的文化观对社会现实的反映，并将这一时期定位为过渡时期——他们主要是循着前人的方向前进并试图调整方向做出新的发展。

一、马洛克　威廉斯注意到马洛克的民主观和文化观带有强烈的精英色彩。马洛克强调民主理论的真理是维护寡头政治（或少数派）的统治，多数人只有接受这些具有超能力的少数人的权威和影响才能共享民主。满足社会每个成员的纯粹的民主理论是不切实际的，如果群众跟着纯粹的民主理论走，

① 雷蒙·威廉斯. 文化与社会：1780—1950［M］. 高晓玲，译. 长春：吉林出版集团有限责任公司，2001：148.

② 雷蒙·威廉斯. 文化与社会：1780—1950［M］. 高晓玲，译. 长春：吉林出版集团有限责任公司，2001：162.

只会受骗或者希望幻灭。他提倡寡头政治，认为寡头政治不是民主的对立面，而是必要的补充。他从工资和教育两个方面讨论机会平等观念，认为大众需强烈要求的机会平等和普及教育是企图利用平等的机会追求成为不平等的人。在文明的国家里，知识生活、审美鉴赏生活、宗教生活决定着社会交往的品质。只有少数派（寡头政治）人物的活动才能让文明的民主制度得到实现，否则不论大众多么富有，都只是迷信无知、粗鄙残忍的野蛮人。

二、“新美学” 威廉斯通过分析佩特、惠斯勒、王尔德艺术思想的特点指出，与第一阶段的艺术家既看重艺术的独立性又强调艺术对共同生活的价值不同，过渡时期的艺术家过于强调艺术的特性，忽视了共同生活的基础性。佩特提倡一种“为艺术而艺术”的观念，以艺术的方式来对待生活，将审美感觉视作人生的唯一重要经验，认为它是摆脱庸俗的功利追求的重要手段。惠斯勒是庸俗化了的佩特，他把艺术和“美”抽象化，把现实生活降低到谦卑旁观者的地位。王尔德的“新美学”有三个原则：一是艺术仅表现自身；二是一切低劣的艺术皆源于回归生活和自然，并且把生活和自然升华为理想；三是生活模仿艺术，而远非艺术模仿生活。威廉斯认为，“新美学”尽管在本质上否定生活，但王尔德对“美”的追求却有着一种真正值得尊敬的普遍人性光辉。

三、乔治·吉辛 作为一名无产阶级小说家，吉辛的作品深刻地揭露与批判了现实社会，但是他既不相信有产阶级的慈悲，也无视无产阶级的力量，对改良社会不抱任何幻想。他的绝大多数作品都流露出一种因社会、政治的幻灭而产生的绝望情绪，在情感结构上延续了第一时期的小说家的框架：同情劳苦大众又远离劳苦大众。最终，吉辛把艺术当成绝望之后的拯救者。

四、萧伯纳与费边主义 威廉斯认为萧伯纳的民主观具有一定的代表意义和参考价值。萧伯纳认为资本主义人类总体上是可憎的，富人和穷人都如此。这种状态是人类不完全进化的一个阶段，要推进人类的继续进化，则需要一个媒介。萧伯纳不认同社会主义推崇的工人阶级作为社会发展的推动力量，因为“可恨之人很难变成高贵之人”。他将“知识贵族”作为实现自己目标的方式。萧伯纳和费边主义把希望寄予进化即渐进的变革，把这种进化看作一种社会模式。

五、国家的批评者 威廉斯以贝洛克、彭蒂为例，阐述了过渡时期思想家对国家现有状况的批判及其提出的解决方案。贝洛克认为，资本主义正在通过两种方式进行解体：一是国家采取福利政策，二是垄断和限制贸易。最后，资本主义制度要么选择社会主义（集体主义），要么选择分产主义。贝洛克斥责社会主义国家是奴隶国家，“大众群体将在法律强制措施下为少数群体的利益进行劳作，而给予他们的回报便是，他们将享受到旧资本主义无法提供的安全保障”[①]。这样的社会主义国家在贝洛克看来只是一台平稳运行的“机器”。行会社会主义的代表彭蒂摒弃了费边主义道路，认为费边社的纲领过于理智，缺乏人性，无法抓住生活的本质。彭蒂主张实行“行会制度”，同时又认为在现实中很难找到一个社会力量来实现这一纲领。威廉斯给予行会主义很高的评价，认为这是工人阶级富有生命力和创造性的一种表现。

六、休姆 休姆是第一位反浪漫主义的重要批评家。他注意到艺术与社会之间是相联系的，并把新的艺术运动看成是改变传统社会的第一征兆。休姆认为，浪漫主义是正在崩溃的欧洲传统人文主义的极端发展，在当下社会中已然是“跌了价的宗教”，其本质在于：人是一切可能性的基础，如果摧毁压迫人的社会秩序，重建社会，则可能性就会转变为现实。而古典主义的观点恰好相反：人性有限，只有依靠秩序和纪律才能够达成任何有价值之事。他预期社会可以依照人类的古典原则进行变革。在政治方面，休姆认为如果不能推进社会的公平正义观念和平等观念，理论就没有实质意义。休姆在威廉斯眼中是一位真正的艺术先驱，但是他的社会观和作为社会变革依据的古典原则，因其早逝而未能展开深入探讨。也正是这些问题带我们走出“过渡时期”，进入现代社会。

第三编　20世纪的观念 在这一部分，作者就民主、工业、文化、阶级等话题分析了如下几个代表人物的思想：劳伦斯、托尼、托马斯·斯特恩斯·艾略特、瑞恰兹、利维斯、艾里克·韦斯特奥威尔、考德维尔。威廉斯认为这几位思想家都看到了工业时代的弊端，意识到文化对社会的改造作用，并提出自己的建设性方案，这是具有积极意义的，但是最终却走向拒斥普通人民的精英主义立场。

第一章　戴维·赫伯特·劳伦斯 威廉斯对劳伦斯的民主观给予赞赏的态度，同时又认为他没有看到工业革命的积极影响和社会的发展，对社会的批判缺乏力度。

和功利主义的民主不同，劳伦斯认为民主的首要目标是：“每个人都自然

---

① 雷蒙·威廉斯. 文化与社会：1780—1950 [M]. 高晓玲，译. 长春：吉林出版集团有限责任公司，2001：203.

而然地成为他自己——每个男人、每个女人都做自己，不存在平等或不平等的问题；谁都不应该试图决定任何其他一个男人或女人的自我存在。”[①] 现代社会运动——社会主义、保守主义、布尔什维克主义、自由主义、共和主义、共产主义等的缺陷在于，它们似乎都在为人类设想一种“固定的活动”，强行把“生命活动”纳入固定的理想中。而劳伦斯提倡的是“自我的活力”。

劳伦斯对工业文明同样持批判态度，“机械性的物质主义”思想导致工业社会的丑恶，几乎把人们的同情心的自然流动摧残尽了，而他则要去恢复这种人类同情心的自然流动。

第二章　理查德·托尼　威廉斯高度评价托尼坚决批判社会的立场和努力争取平等的勇气，但是认为他的有关阶级和平等的观点有局限性，不能切实解决问题。关于托尼的“文化观”，威廉斯认为其论述存在内在矛盾：一方面他认识到文化必须生长变化，另一方面又希望完好保存“目前关于优秀的标准”。

托尼在《贪婪的社会》中主要阐述了两个问题：第一，对社会理论的变化进行综合讨论；第二，对工业主义思想进行分析，把工业主义斥为一种拜物教。在《论平等》一书中，托尼认为人类行为的扭曲不仅仅是由于社会发展缺乏目标，也因为社会不平等的存在以及对不平等的赞许。托尼提出两个论点：第一，不应以人类各有不同需求为由摒弃平等，“供给平等并非供给相同”；第二（威廉斯认为这点更重要），要用个体品质差异来为环境或机会的不平等进行辩护，就有必要表明这种个体差异与不平等问题密切相关。资本主义社会要彻底解决经济危机就必须消除不平等，改变社会的价值观和体现这种价值观的制度。他认为文化是灵魂的能量，只能从人类共同生活中汲取养分而生长，主张营造和发展“共同文化”，改善现有社会人们的精神危机。

第三章　托马斯·斯特恩斯·艾略特　威廉斯认为艾略特的文化观和对精英社会的质疑态度是值得肯定的。艾略特强调文化是一种整体生活方式，改造文化就必须对整个体制进行整体思考和评判。但是艾略特在原则上坚持整体性，而实际效果则支离破碎。

艾略特的《文化定义笔记》提出两个重要的论点：第一，文化是“一种整体生活方式”，并探讨了文化的“层次”问题；第二，试图区分“精英”和

① 雷蒙·威廉斯. 文化与社会：1780—1950［M］. 高晓玲，译. 长春：吉林出版集团有限责任公司，2001：225.

“阶层”，对“精英”理论进行尖锐批判。艾略特对精英社会的质疑主要在于：精英社会的文化生活贫乏；精英原则要求每一代人都有精英人物的更换，而这种更换除了延续精英人物本身的特长外，无法延续其他任何东西。同时艾略特意识到我们需要有精英阶层，因为要保持普遍的连续性，就必须留存社会阶级，尤其是社会统治阶级，而精英阶层与之互相重叠，互相作用。由此可见，艾略特所推崇的是实质上便是现存社会所处的状态。

艾略特区分了文化的三重含义：个体的发展、群体或阶层的发展、整个社会的发展。认为如果我们能避免把个体的目标当作群体的目标，避免把群体的目标当作社会整体目标的话，就能避免很多含义上的混乱；进而认为个体文化不能脱离群体文化而存在，群体文化不能脱离整个社会而存在，我们思考“完美”概念时，必须同时考虑到文化的这三重含义。对此威廉斯进行了辩证的批判。

第四章　两位文学批评家　在这一章，威廉斯着重分析了瑞恰兹和利维斯两位文学批评家的文化观并批判了其精英主义立场。

一、瑞恰兹　威廉斯盛赞瑞恰兹关于语言和沟通的思想对后人产生的积极影响。但同时又认为瑞恰兹的立场存在两个问题：一是关于读者和作品之间关系中的消极论点可能最终会起破坏作用；二是艾略特强调单独个体和整体环境之间的特有关系，较难具有普遍性。

瑞恰兹以文化为武器剖析社会，认为随着人口的增加在多数人和少数权威人士之间产生了文化的鸿沟。他把心理学的一系列概念范畴诸如冲动、欲望、厌恶等引入文学批评中，以“冲动”为核心概念建构了自己的思想体系。在这一体系中，瑞恰兹将艺术家放置于重要位置，区分了优劣文学，阐述了艺术的社会职能问题。

二、利维斯　利维斯是精英主义思潮的代表人物，其文学批判思想对威廉斯产生了深刻的影响，也正是在反思和质疑利维斯的精英立场的过程中，威廉斯形成了“大众文化”思想。

利维斯认为随着社会的变革，文化的概念不断扩展，直到它几乎等同于我们的整个生活；然而在任何时代，具有洞察力的艺术欣赏与文学欣赏都只依赖于极少数人，正是这样一个少数派组成了一个特定时期的民族意识。工业主义的发展削弱了文化的健康发展，应通过文学培养人在智力和道德方面高度敏感的感受力，来抵制低劣的“大众文明”。利维斯特别重视教育，并提出了很多有益的见解。

但是，利维斯把文学经验作为唯一的中心准则有失偏颇。他一方面接受少数派文化，另一方面又摒弃民主观念，把有教养的少数派和“反创造”的大众对立起来，把完全有机的、让人满足的过去与四分五裂的、让人不满的现在对立起来，这极易产生极端的怀疑主义和复古主义的思想趋势。

本节最后威廉斯详细分析了“有机的”（organic）这个词汇。有五个方面的因素导致这个词汇的流行：（1）强调社会的“整体性”观念；（2）强调“民族”的成长；（3）强调“自然生长”；（4）为摒弃“机械主义的”和“物质主义的”社会观；（5）为了批判工业主义，支持“与自然过程密切接触的”（即农业）社会发展方式。对于这样内涵丰富的词汇，威廉斯认为我们应当谨慎使用。

第五章　马克思主义与文化　本章中，威廉斯批判继承了马克思主义关于经济基础和上层建筑之间的关系，并对马克思主义者恩格斯、普列汉诺夫、沃纳、艾里克·韦斯特、克里斯托弗·考德维尔、列宁的观点进行了梳理和评判。

马克思本人并未建构关于一种完整的文化理论，一方面是因为他自己实事求是的个人原则，另一方面则是因为他意识到问题的困难性和复杂性。马克思认为：经济基础决定上层建筑，上层建筑反作用于经济基础；社会存在决定社会意识，社会意识反作用于社会存在。经济基础发生变革，那么上层建筑也会或快或慢地发生变革。意识形态隶属于上层建筑。

恩格斯继承了马克思的这一观点，并强调经济、政治和文化的相互作用，但是依然秉持“经济首要地位”的原则。普列汉诺夫承认思想发展遵循着特殊的规律，但是整体社会发展的原动力依然是经济变革。

英国的马克思主义者沃纳、艾里克·韦斯特、克里斯托弗·考德维尔分别从不同的角度完善和发展马克思主义的文化观。最后威廉斯对列宁的意识形态观点进行了分析和批判。

第六章　奥威尔　威廉斯分析了奥威尔思想的内在矛盾及其对工人阶级的矛盾态度。威廉斯认为，奥威尔以敏锐的洞察力和犀利的文笔审视和记录着他所生活的那个时代，其作品中的思想充满矛盾：他信仰社会主义，却对社会主义者大肆批判；他倡导平等、反对阶级分化，却在晚期作品中假设了一种天生的不平等和不可逃避的结局差别；他一方面把希望寄托在工人阶级身上，另一方面又贬低工人阶级……威廉斯认为，奥威尔把自己观察到的工人阶级个别人的不良行为等同于工人阶级所有人的行为，由此逐渐丧失了对工人阶级的信心。《动物庄园》所讲述的故事就是一个很好的例子。但是，威廉斯不认同奥威尔的观点，认为他对劳动人民的看法并非是依据事实和观察，而是出于自己放逐而感受到的压力：将他人看成没有区别的粗壮怪异的群众。

结论 这是本书的核心部分，威廉斯通过分析以上40位思想家的观点，最终得出自己的文化观——“文化是一整个生活方式”这一标杆性论断，并就文化的发展方向提出自己的建议——发展“共同文化”。

文化观念的历史反映的是人们社会生活的变迁。威廉斯将工业、民主和艺术的发展都各分为了三个阶段：就工业来说，第一个阶段是拒斥，拒斥机器生产和工厂制度所体现的社会关系，第二个阶段是孤立，对机器产生与日俱增的对抗情绪，第三个阶段是批判的重点转向工业化生产体系中的社会关系问题。就民主来说，第一个阶段是关注大众至上对少数派价值的威胁，第二个阶段强调共同体和有机社会的观念，第三个阶段是大众民主的强势发展。就艺术来说，第一个阶段既强调艺术的独立价值又强调艺术对共同生活的意义；第二个阶段过于强调艺术的特性，甚至有人公开提倡把这种价值从共同生活中分离出来；第三个阶段是试图把艺术和共同生活重新融合。每一阶段的工业、民主和艺术的内涵都随社会的发展而变化，带有强烈的时代性和现实性。

大众与群众。威廉斯对“大众”的概念进行了解构：实际上没有大众(masses)，有的只是一种带有偏见的视角——大众是乌合之众，词义中保留了“群氓”的传统特征：容易上当、反复无常、群体偏见、品位低下等。威廉斯认为，这种大众观念的实质是英国精英分子用以维护上层阶级和传统体制，对普通民众实行统治和控制的一种手段。

大众传播。关于“大众传播”概念，威廉斯的使用同样是为了驳斥精英立场。“传播”是一种中性的技术，它并未取代任何形式的社会活动，至多改变了人们的特定活动方式而已。用“大众传播”命名新兴的传播媒介，旨在表明新兴的传播媒介与传统的传播方式是对立的：前者服务于大众，后者被精英所掌控。新兴传播媒介的迅猛发展冲击着传统传播方式中由精英向大众的单向“普及”趋势。威廉斯认为大众传播可以成为文化普及的工具，成为民主参与、民主分享的途径，精英文化将逐渐退出主导地位。

大众观察。威廉斯注意到“群众＝工人阶级或中低阶级”通常会与“群众＝群氓”这一说法混用，实际上大众文化（masses culture）并不等于工人阶级文化（working class culture），因为以传媒为载体的低级庸俗的文化形式并非工人自身创造，也不只是由工人消费。我们应当注意到两点：首先，人们评判文化时往往只关注劣质的东西，而忽略了优秀的东西同时存在并同时增多；其次，观察者本人的角度和习惯不同，则结论有很大的差异。威廉斯认为，文化的民主化、平民化是时代发展的必然趋势，上层社会不应该蔑视和压抑，而应该给予承认和支持。

传播与共同体。传播是一个双向过程：传输——接受和回应。主动的接受和鲜活的反应是最终的目标，这取决于是否有一个经验共同体，共同体缺失则会导致有效传播变得困难甚至无法达成。由此，威廉斯引出发展共同文化的重要性，并提出共同文化不等于平等文化，但是它需要生命存在的平等，否则共同经验将失去价值。

文化与何种生活方式？文化不仅仅是智性和想象性的作品，从根本上说文化是一种整体性的生活方式。资产阶级和工人阶级的区别首先“必须从整体生活方式中寻求，而且不能再拘泥于衣食住行、吃喝玩乐此类的外在依据”①。工人阶级文化是一种基本集体观念，以及由此产生的机构、行为发生、思维习惯和意图等，而不是无产阶级艺术，或者集会会场、语言的某种特定用法。同样，资产阶级文化亦是如此。威廉斯认为，这两种生活方式相互作用，构成了当下的文化。威廉斯认为无产阶级文化具有广阔的发展前途。

共同体观念。威廉斯分析了社会中对于共同体概念的两种解释方式：由中产阶级和工人阶级发展而成的服务观念和团结观念。服务理论有明显的欠缺——打着无私的旗号维护和巩固现有的社会不平等，“所谓现状实际上导致为身处其中的芸芸众生不再平等，把他们变成了下等奴仆，他们一生都受到现有分配方式（包括分配财产、酬劳、教育和尊重等）的控制”②。随着社会环境的变化，这种观念会逐渐消亡，而团结观念会随之兴起。

一种共同文化的发展。威廉斯认为，只有把文化作为一种生活方式，并着力营造一种所有民众共同参与和建设的富有活力的“共同文化”，才能消解现存的精英文化和大众文化之间的冲突和对立，促使社会向更加民主和更加人性化的方向发展。这种温和而又渐进的文化平等思想，正是威廉斯平民主义立场和民主社会主义的政治追求的表现。威廉斯将实现“共同文化”的过

① 雷蒙·威廉斯．文化与社会：1780—1950［M］．高晓玲，译．长春：吉林出版集团有限责任公司，2001：337.

② 雷蒙·威廉斯．文化与社会：1780—1950［M］．高晓玲，译．长春：吉林出版集团有限责任公司，2001：341.

程称为“漫长的革命”，即承接《文化与社会：1780—1950》的另一部文化巨著《漫长的革命》。

【意义与影响】

第一，《文化与社会：1780—1950》一书出版于 1958 年，后被译成多国文字数次重印发行，影响广泛。中译本于 1991 年出版，并在 2011 年被重新翻译出版。该书是当代英国文化研究的里程碑，被誉为英国新左翼的开山之作。作为文化研究的先行者，威廉斯突破了文学研究的传统框架，开创了从社会宏观层面和动态角度诠释文化的新视角①。他对文化概念的探究梳理了文化研究学派的基本理念和历史渊源，为文化研究奠定了一个综合性的理论基础。

第二，作为一名西方马克思主义者，威廉斯力图在马克思主义的基本原则下修正英国传统思想中关于经济基础和上层建筑关系的经济决定论和机械反映论。他强调社会变革是经济、政治、文化等多因素交互影响的复杂的过程，包括文化在内的上层建筑因其自身特质会在社会生活的建构中发挥强有力的建设性作用，而不是完全机械被动地受经济基础的支配。威廉斯关注传统理论中忽略的文化方式，如文学创作、语言沟通、休闲、娱乐、消费等，结合自己对英国社会、政治、文化的深入研究，提出“文化活动是物质生产形式”的观点，构建起一种新的马克思主义文化理论。

第三，威廉斯以历史唯物主义思想为原则重构了“大众”一词，认为“大众”并非精英分子潜意识中的乌合之众，也不是完全被动的受控对象和客体，而是具有主体的潜质和功能的能动者。他从宏观的社会视角阐释大众文化的民主性和丰富性，从历史发展的角度思考大众文化畅行的必然性，肯定并坚持大众文化所具有的自身独特的价值。当今世界大众文化迅猛发展，对大众文化的研究已经成为文化研究领域的重要组成部分，威廉斯的大众文化思想无疑具有很大的理论价值和现实意义。

第四，威廉斯研究问题的视角和思路很独特，他把自己置于一个中立的、冷静的旁观者角度，对所分析的对象持一种中肯、温和又不失犀利、尖锐的批评态度，注重“对比”的写作手法，重视“语言”的分析与研究，特别“开放、实事求是、面向未来”的理论研究态度更是为他赢得诸多赞誉。这种研究问题的方法和态度对我们的创作很有启发和借鉴意义。

---

① 王淑芹. 威廉斯的文化思想诠释［J］. 山东大学学报（社会科学版），2006（3）：152.

【原著摘录】

第一编　19世纪的传统 P11－175

第一章　对比 P11－40

一、埃德蒙·伯克与威廉·科贝特 P11－29

P12　埃德蒙·伯克被称为是“第一位现代保守主义者”，威廉·科贝特则被称为是“工业无产阶级第一位捍卫者”。

P12　伯克抨击的对象是民主，即我们现今一般所理解的民主。触发他展开攻击的是法国大革命，但他关心的不仅仅是法国，或许他更关心的是一股在英国泛起的类似浪潮。他并不认为自己能够阻挡这股浪潮，然而仍然持有坚如磐石的立场。

P27　作为对新工业制度批评的焦点，我们有两个科贝特：一个是眷恋别样生活方式的乡民科贝特，另一个是鼓励新兴劳工运动的民权斗士科贝特。

P27　由于政治上的原因，他认为劳工们必须掌控自己的教育运动：因为任何其他安排都是“安抚制度”的一部分，都是在不断劝导人们“少安毋躁”。……科贝特坚持认为，知与行是不可分割的；良好的教育源自整个生活方式，并为人参与其中做准备，而不是去学习孤立的“书本知识”这样的抽象物。尽管曾被人曲解滥用，这一观点还是很有道理的。

二、骚塞与欧文 P30－40

P32　欧文的努力旨在发展社会主义和合作社，骚塞则与伯克和柯尔律治一起走向了新保守主义。骚塞在新保守主义运动中扮演的角色绝非等闲，比如斯迈思把《访谈录》推为年轻英国的主要思想源泉，称骚塞为“这个运动的真正创始者”。

P32　1816年骚塞说过的话，那一代很多人都可能说得上来，甚至包括那些抨击他的人：“最大的弊病是穷人的处境……这种处境使我们不断面临奴隶战争的恐惧，如果不及早改善，迟早会爆发战争。”

P36　欧文著作的独到之处就在于他从承认工业革命所带来的巨大增长力量入手，并以此为建设道德新世界的契机。

第二章　浪漫主义艺术家 P41－58

P42　在政治、社会和经济变迁发生的同时，艺术、艺术家及其社会地位的观念也在经历着剧烈变化。我要讨论的正是这一重要变化。

P43　从18世纪三四十年代起，逐渐涌现出一个有个新兴的中产阶级读者群，与此相对应，该阶层在社会上的影响力和势力也在逐渐发展壮大。贵族资助制度改变为订购和出版制度，进而形成了现代意义上的商业化出版体制。这些变化对作家产生了诸多影响。

P52　在为了阻挡时代分崩离析的趋势所做的努力中，核心内容便是人类完善这一理想；而要达到这一理想，艺术家的作品——“一切知识的起源和终结……像人的心灵一样不朽”——是一种具有可行性的实现方式。

第三章　穆勒论边沁与柯尔律治 P59－79

P61　穆勒评论道：没有哪两位思想家会比我们所设想的这两位展示出更深刻的差异——一个崇尚文明，一个崇尚独立；一个重今，一个厚古。然而他们各自见解中所坚持的都是真理。我们可以看出如果把其中一方的真理当作全部，选择前行之路非常简单；然而如果要想形成一套兼容并蓄的践行原则，事情就会变得复杂困难。

第四章　托马斯·卡莱尔 P80－96

P86　就卡莱尔来说，他的目标在本质上是积极向上并能使人高尚的。与此相对，他要革新的平庸社会，在道德方面处处显出低劣卑微的一面。

P89　卡莱尔呼吁的是管理。管理应该加强，而非减弱；治安应该强化，而非削弱。他指出，这是英国劳工大众的需求；实质上他是正确的，而且一直如此——英国工人阶级的运动，尽管大致上属于民主运动，但同时其发展方向却是朝向更多的政府管理、更好的秩序，更强的社会控制。

第五章　工业小说 P97－120

P120　放在一起读的话，这些小说似乎很清楚地阐明了对工业主义的共同批判，并且也逐渐建立了这样一个传统；同时这些小说也阐明了当时人们共有的情感框架，而这个框架也同样具有决定性影响。一方面他们承认社会丑恶，另一方面又害怕卷入。同情未转化为行动，而是转为退缩。我们能够观察到这种情感框架是如何延伸到我们这个时代并影响当代文学和社会思想的。

第六章　J. H. 纽曼与马修·阿诺德 P121－141

P127　这样看来，文化既是学习又是追求。它不仅仅是指“文学文化”的发展，而且包括“人性所有方面”。它既非单纯的个体行为，也非社会某个部分或阶层的活动，本质上它是（也必须是）一种“普遍”活动。

P135　要创造一个“权威和光明的核心”，必须以国家为主要介体。然而，如阿诺德所言，现存的社会阶层存在缺陷，担负介体责任的现有国家都以陷入由他们制造的僵局之中。

第七章 艺术与社会 P142－175

P144 普金的创新之处在于，他坚持要复兴这种建筑风格，必须要先复兴促生出这种风格的情感，即建筑复兴必然是普遍宗教复兴或真正天主教复兴的一部分。

P149 罗斯金虽然坚持认为艺术家应具有积极正面的精神力量，但有时也禁不住以艺术取代生活。当然，他通常并不认为艺术家可以不恪守共同伦理规范。相反，他坚持认为，艺术家应该是一个普及完美的介体，而要普及完美就艺术家必须具有积极的个人美德。

P166 莫里斯认为，艺术取决于其自身所处社会的性质，与他所说的传统一致。"为艺术而艺术"，并不能拯救艺术。

P170 我（莫里斯）希望我们能够确信，如果想让文明的进步不至于像车轮转动那样徒劳无功的话，我们就必须齐心协力地促进艺术的发展，使之成为人们生活的必需品。

第二编 中间时期 P176－214

P179－180 在马洛克看来，民主情结的一大部分只是在要求成为寡头政治成员的权利。但是，一旦这个要求通过纯粹民主的理论，被赋予每位社会成员，这种幻想就只能幻灭了。民主理论在感情上让人确信这些要求可以如愿以偿，但是社会现实和生产的种种层面要求广泛的不平等：要以事实为基础、依据每个人的努力程度和能力高下进行评估，而非如民主理论那样鼓舞每个人，依据自我评估要求均等机会。沿循民主路线，只能误导"大众"，让他们的幻想化为泡影。最好的做法是，让他们意识到，只有依靠自己的特殊能力和努力，只有激发和维持这种能力和努力，才能获得普遍福祉；并且承认，寡头政治不是民主的对立面，而是民主的必要补充。

P184 针对惠斯勒的艺术家观点，他（指王尔德）马上做出了理性回应："艺术家不是孤立的存在，而是特定环境和背景的产物。"

P185 于是，王尔德发现：艺术是毫无道德可言的……因为艺术的目的在于为感受而感受；生活和生活的组织（我们称之为社会）的目的才是为行为而感受。……在社会看来，冥想是任何公民都可能犯下的最严重的罪过，而在最高层次的文化看来，冥想恰恰是人类的正当职业。

P200 他认为，资本主义，特别是劳动分工，导致了极度的无知，以至于"如果我们不看些带插图的报纸、小说、戏剧和电影，让这些虚构空想的废话填充我们的脑袋的话，我们恐怕会因为智力长期废弃不用而死于痴呆了”。

P204　彭蒂坚决摒弃了费边社的集体主义道路：它从未把自己设想为一种艺术理想。它甚至不敢自称人文理想。那些反社会主义分子告诉我们说社会主义不考虑人类本性，是有道理的。

P210　在某些情景中，休姆的做法与法西斯主义确乎有关联之处，但实际上存在本质区别，因为他坚持人人平等，而他的继承者们或放弃了这一观点，或从未持有过这一保留条款。

第三编 20 世纪的观念 P215－348

第一章　戴维·赫伯特·劳伦斯 P215－231

P224　“自我的活力”对于每一个生命体而言，都是个体存在的基础。

P228　劳伦斯：只有在生机蓬勃的家乡，而非在漂泊流离中，人们才是自由的。

第二章　理查德·托尼 P232－243

P235　正如一个拥有军事力量的国家并不一定要以军国主义为特征，一个经济发达的社会也不一定要以工业主义为特征。

P238　女人体格比男人弱，不能成为反对妇女参政的理由；同样，人与人之间的差异，也不能成为支持奴隶制的理由。“每位母亲都知道自己的子女不尽相同”，这种说法也不能成为支持经济不平等的理由，应该问一句：“是不是母亲习惯上更厚爱结实点的孩子而冷落羸弱的孩子?”同样，“经济规律”为不平等提供说法，也不应该成为支持不平等的理由。

P242　文化或许爱吹毛求疵，但吹毛求疵并不是文化。……文化不是供口味挑剔的人享用的漂亮糖果，而是灵魂的能量。

第三章　托马斯·斯特恩斯·艾略特 P244－259

P250　把“文化”看作“整体生活方式”，这是 20 世纪人类学和社会学最突出的特点，而艾略特也和我们所有人一样，至少也曾偶然受到这些学科的影响。

P257　艾略特对曼海姆理论的反对可以用他的一句话来归纳：“这是一种原子论的社会观。”

P257　精英理论本质上不过是对社会“不干涉主义”的一种巧妙发挥。

P257　把文化的传递局限于或试图局限于一个正式的教育体系，便是把整体生活方式限制为某个专门事务。如果这种局限性的计划遭到强制推行，除了最终分崩离析以外，很难看出有什么结果。

第四章　两位文学批评家 P260－279

P263　从根本上讲，艺术家的重要性在于，他比普通人能够体会到更为广阔的经验领域。或者换句话说，他更善于上述的那种组织方式，因此也就“能够包容更多而不至于混乱”。

P267　伟大的文学的确能够丰富、解放、提升我们，但是人类无论何时何地都不只是一个读者，而且他若要成为一个合格的读者，就必须要在其他方面具有很高的素养；除非他能说服自己：文学这个升华了的生活理想领域，在某些文化情景下可以成为替代品。

P269　瑞恰兹虽然是反对审美主义的杰出斗士，实际上也是审美主义的继承者。

P270　对于利维斯而言，这个少数派在根本上是个文学少数派，这些人维持着文学传统和最优秀的语言能力。

P271　文学之所以具有至关重要的价值，因为文学不仅是经验的正式记录，而且每部作品都是文学与以不同方式记录下来的共同语言的契合点。

P271　正规教育无论如何高尚，也无法帮助我们获取古往今来所有的社会经验。

P272　文化观念的问题在于，我们不得不一再扩展它的概念，最后文化几乎等同于我们整个的共同生活。

P279　或许所有的社会都是有机的（即形成的整体），但是有些社会比其他社会更为有机（更为农业化/更为工业化/更有计划）。

第五章　马克思主义与文化 P280－299

P281　人们在自己生活的社会生产中发生一定的、必然的、不以他们的意志为转移的关系，即同他们的物质生产力的一定发展阶段相适应的生产关系。这些生产关系的总和构成社会的经济结构，即有法律的和政治的上层建筑竖立其上并有一定的社会意识形式与之相适应的现实基础。物质生活的生产方式制约着整个社会、政治生活和精神社会的过程。不是人们的意识决定着人们的存在，相反，是人们的社会存在决定人们的意识。

P288　韦斯特在分析中指出，马克思通过赋予浪漫主义以物质的社会关系内容而改造了其唯心论。至少莫里斯做到了这一点，他从马克思那里得到了启发，发现工人阶级为社会主义所做的斗争是一股足以实现这些目标的社会力量。

P289　马克思和恩格斯都没有否认这种“反映”反过来会对整体状况产生影响，但是认为艺术能够改变“人类的整个社会”的说法并非他们所强调的重点。

第六章　奥威尔 P300－310

P309　《一九八四》也提出了同样的观点，而且措辞直截了当。那些可恨的政客仍然掌权，而那些哑不做声的“穷人”大众，在“迟钝”这顶保护伞下，坚持着自己的生活方式。奥威尔作出这样的描述是因为在他的眼中真实的社会就是如此。

P309　我不同意其他批评奥威尔的人所持的观点，我认为他是一个勇敢、宽厚、坦率、善良的人。

结论 P311－348

P311　文化观念的历史记录了我们在思想上和情感上对共同生活状况的变迁所作出的反应。

P315　事实上，没有所谓的群众：有的只是把人视为群众的观察方式。

P328　几乎每一种领导人似乎都对多数人讨论和下决定的过程不信任，而且感到深深的恐惧。

P330　共同文化在任何层次上都算不上是一种平等文化，但是共同文化永远都需要生命存在的平等，否则共同经验将失去价值。

P386　现在我们或许能了解“工人阶级文化”究竟是何含义了。它不是无产阶级艺术，或者集会会场，或者语言的某种特定用法；而是这种基本集体观念，以及由此产生的机构、行为方式、思维习惯和意图等。

P348　有些观念和思维方式包含着生命的种子，有些（或许就深藏在我们心中）则包含着致命的种子。能不能辨识这些种子、逐个点名，让人们能够获得共同认识，可能正是我们衡量未来的标准所在。

【参考文献】

[1] 雷蒙·威廉斯. 文化与社会：1780—1950 [M]. 高晓玲，译. 长春：吉林出版集团有限责任公司，2011.

[2] 安东尼·吉登斯. 为社会学辩护 [M]. 周红云，等译. 北京：社会科学文献出版社，2003.

[3] 特里·伊格尔顿. 纪念雷蒙·威廉斯 [J]. 薛君彦，等译. 国外理论动态，2009 (6).

[4] 王淑芹. 威廉斯的文化思想诠释 [J]. 山东大学学报（社会科学版），2006（3）.

[5] 赵斌. 雷蒙·威廉斯的“文化与社会”[J]. 外国文学，1999（5）.

[6] 乔瑞金，薛稷. 雷蒙·威廉斯唯物主义文化观解析 [J]. 马克思主义与现实，2007（3）.

十五、《文明的冲突与世界秩序的重建》

[美] 塞缪尔·亨廷顿　著
周琪，刘绯，张立平　等译
新华出版社，1998 年

【作者简介】

塞缪尔·亨廷顿（1927—2008），当代颇具争议的美国保守派政治学家，哈佛大学阿尔伯特·魏斯赫德三世学院教授，哈佛国际和地区问题研究所所长，约翰·奥林战略研究所主任，《外交政策》杂志发起人及主编之一，美国政治学会会长。

1927 年 4 月 18 日，亨廷顿生于纽约市一个中产阶级家庭，16 岁时他考入耶鲁大学，18 岁时便以优异的成绩提前毕业，随后加入美国军队。23 岁时亨廷顿在哈佛大学完成其博士论文并取得博士学位。此后在哈佛大学留校任教直至去世之前，亨廷顿一共在哈佛大学任教 58 年。1977 年至 1978 年亨廷顿任美国国家安全委员会安全计划小组的负责人，1987 年因为在比较政治学领域中的杰出贡献而当选为美国政治学会主席，2008 年 12 月 24 日亨廷顿在美国马萨诸塞州马撒葡萄园的别墅中病逝，终年 81 岁。

亨廷顿作为一名兼具美国保守主义和自由主义气质的政治学家，在政治上，他具有保守主义倾向，曾因支持越南战争以及卷入诸多中央情报局研究项目等原因而一度被人斥为“疯狗”及“学政复合体成员”。在学术上，亨廷顿以当代的马基雅维利自诩，他的研究领域主要集中于政治发展理论、美国政治和国际政治。其在 50 多年的学术生涯中著作颇多，个人专著以及与人合著、编著大概一共17本书，并且在不同时期发表了90多篇论文。他的很多著作一经发表便广受争议。其在处女作《士兵与国家：军民关系的理论与政治》一书中探讨了美国政府与军队的关系，这本著作被视为关于美国国内军事关系较有影响力的著作之一，至今依然是美国许多军校和政治学系学生的必读教材。而亨廷顿以《文明的冲突与世界秩序的重建》一书最为出名，在这本书中，亨廷顿认为21世纪国际政治的核心单位不是国家，而是文明，并认为未来世界冲突的根源来自不同文化的冲突。晚年的亨廷顿对美国移民问题的看法受到广泛的关注。亨廷顿的著作颇为丰富，其主要著作有：中译本《文明的冲突与世界秩序的重建》(1998年)、《变化社会中的政治秩序》(2008年)、《文化的重要作用：价值观如何影响人类进步》(与劳伦斯·哈里森合著)(2010年)、《第三波——20世纪后期民主化浪潮》(2013年)；英文版 *The Soldier and the State：The Theory and Politics of Civil-military Relations* (1957年)，*The Common Defense：Strategic Programs in National Politics* (1961年)，*Political Dimensions of Land Reform* (1970年)，*No Easy Choice：Political Participation in Developing Countries* (1976年)，*The Dilemma of American Ideals and Institutions in Foreign Policy* (1981年)，*Who are We?* (2004年)。

【写作背景】

20世纪80年代末90年代初，随着东欧剧变的发生，苏东社会主义各国纷纷改旗易帜并踏上资本主义之路，持续数十年的冷战宣告结束，标榜着民主、自由的资本主义制度貌似在全球范围内取得了重大胜利，以弗朗西斯·福山的“历史终结论”为代表的思想一时间在西方大行其道。但是，世界政治秩序没有朝着一些西方自由主义者所期待的那样发展。世界很多地区和国家并没有因为实行资本主义制度而走向繁荣、自由与民主。冷战时期被意识形态所掩盖的各种问题随着东欧剧变而爆发出来，民族地区冲突、全球性经济危机、生态危机等问题喧嚣尘上，一些地区和国家反而因为盲目照搬西方模式而引起社会动荡，苏东地区发展的持续萎靡，亚非拉美许多国家民主化道路的艰难前进，都在一定程度上打击着西方尤其是其自由主义卫道士们寄希望于资本主义拯救世界的愿望，欧盟的崛起及其自主意识的增强也阻碍着美国谋求统帅全球事务的野心。

与此同时，以社会主义中国为代表的国家在现代化道路上逐渐形成了与西方各国有所不同的发展模式。经济的迅速发展、政治文明的稳步推进、社会建设的逐渐完善，逐渐彰显东亚特色的现代化道路在一段时期内引起全世界的好奇与关注。而无论是西方各国，还是原苏东社会主义国家，抑或是如中国、巴西等发展中国家，它们内部很多有识之士都在反思历史发展的进程与规律。对于欧美各国的一些学者而言，他们对处于现代化与后现代化十字路口的西方各国的未来充满忧虑，对欧美资本主义式的现代化模式在一些地区和国家所遭受的挫折而彷徨失措，对冷战时代复杂的国际政治秩序而苦思冥想。西方世界的出路在何方？如何构建后冷战时代的国际政治秩序？如何继续保持数百年以来西方国家在国际舞台上的领导地位？这些问题成为许多西方学者研究和思考的重点。作为经历了冷战洗礼而仅存的一个超级大国——美国，在冷战结束之后如何为自己的霸权建立理论支撑，也是美国社会精英知识分子必须要解决的一个重大问题。

亨廷顿在1993年夏季号《外交》杂志发表《文明的冲突?》一文，提出以文明间的冲突作为世界政治的思维框架，以精深而富有洞见的论文引起了世界广泛关注。1996年亨廷顿出版了《文明的冲突与世界秩序的重建》的专著，该书正是在论文基础上，对文明与冲突、对文化整合进行了更深层次的探索与思考，由此形成颇具影响的“文明冲突论”。

【中心思想】

亨廷顿认为，处于后冷战时代的当今世界，人们正在寻求并迫切地需要一个关于世界政治的思维框架。冷战时期，人们很容易把全球政治理解为包含了美国及其盟国，苏联及其盟国，以及由不结盟国家组成的第三世界。这些集团之间的差别在很大程度上是根据政治意识形态和经济意识形态来界定的。随着冷战的结束，意识形态不再重要，人们开始寻求文化的认同，各国开始发展新的对抗和协调模式，基于意识形态分歧的冲突终将是短暂的，而文明的冲突将是最根本、最持久的。

亨廷顿认为西方所谓的普世文明将不可能取得胜利，他把世界分为八大文明，并认为随着历史的发展，各个文明自身的内部也在进行着分化重组，各个文明围绕着文明的核心国家进行彼此的合作、竞争与冲突，随着西方文明的衰落以及其他文明尤其是中华文明和伊斯兰文明的重新崛起，未来世界的矛盾与冲突将以文明之间的冲突为主，而且这种冲突突出地表现在各个文明之间的交界处，即“断层线冲突”。

为了缓和矛盾，共建人类的未来，亨廷顿认为西方文明内部要团结一致，并认为各个文明主体国家如美国和中国之间需要共同合作，才能消除对立乃至战争的发生。

【分章导读】

从内容上讲，该书主要包括五大部分，共计约 34 万字。

第一部分 一个多文明的世界 这一部分包括第一、第二、第三章，在这一部分，亨廷顿认为，随着冷战的结束，以往人们以意识形态来实现自我认同的局面将不复存在，面对“我们是谁”的现实问题，文化成为各个人类群体自我认同的新手段。在人类历史上，全球政治第一次出现多极化的现实趋向，这种多极化是以文化为内核的，世界将逐渐出现围绕着文明核心国家的多文明共存的局面，冷战后的世界由七个或八个主要文明组成，即西方文明、中国文明、印度文明、日本文明、伊斯兰文明、东正教文明、拉丁美洲文明以及非洲文明。文明之间的冲突也逐渐成为世界各地冲突乃至世界大战的爆发源。同时作为现代化先行者的西方文明并不是普遍的，西方式的普世文明终将走向消逝。

第一章 世界政治的新时代 作者在该章阐述了世界政治新时代的到来，从旗帜与文化认同出发，论证一个多极与多文化的世界的存在可能与现实，认为“在这个新的世界里，最普遍的、重要的和危险的冲突不是社会阶级之间、富人和穷人之间，或其他以经济来划分的集团之间的冲突，而是属于不同文化实体的人民之间的冲突”①。冷战结束后，文化作为一种分裂的力量，同时也是一种整合的力量，虽然西方文明在一段时间内还能够保持着最强大文明的地位，但是，随着其他文明如儒家文明、伊斯兰文明的发展，冷战以后的世界政治主要是西方与非西方之间的相互作用。亨廷顿最后对现实世界存在的不同文明进行了对比研究，并做出预测，认为以往用国家、意识形态等范式来研究全球政治关系充满着缺陷与不足，而通过文化，用文化来界定和研究全球各个地区与国家之间的关系，则具有一定的现实性。

第二章 历史上的文明和今天的文明 亨廷顿在该章论述了两个问题，即文明的性质和文明之间的关系。

---

① 塞缪尔·亨廷顿. 文明的冲突与世界秩序的重建 [M]. 周琪，刘绯，张立平，王圆，等译. 北京：新华出版社，1998：7.

关于文明的性质，亨廷顿考察了西方许多历史学家如汤因比、梅尔科、沃勒斯坦等人对文明的界定，提出了文明的五个特点：人们在单一文明和多元文明的看法之间存在着分歧；在德国之外，文明被看作是一个文化实体；文明是包容广泛的，即如果不涉及全面的文明，它们的任何构成单位都不能被充分理解；文明终有终结，但又有长期的历史延续性；文明是文化实体而不是政治实体，所以文明并不具有政府所做事情的义务。亨廷顿最后提出了世界大体分为中国文明、日本文明、印度文明、非洲文明、西方文明、伊斯兰文明、拉丁美洲文明、东正教文明等八大文明。

关于文明之间的关系，亨廷顿把其划分为三个阶段，即“遭遇”：1500 年前的文明—冲突，西方的兴起—相互作用，一个多文明的体系。在“遭遇”阶段，由于时间和空间的限制，各个文明之间的交往很有限甚至根本不存在。随着欧洲基督教文明的崛起，“文明之间断断续续的或有限的多方向的碰撞，让位于西方对所有其他文明继续的、不可抗拒的和单方向的冲击”①。从 15 世纪开始，在其后的二百多年的时间里，整个西半球和亚洲的重要部分都处于欧洲的控制或统治。直至 19 世纪，西方文明在世界舞台上都是领导者的角色。亨廷顿在这里分析了西方文明崛起的原因以及西方文明内部的分化整合。他认为随着历史的发展，从 20 世纪开始，人类开始进入多个文明共同作用的时代。虽然西方文明在第二个阶段中处于绝对的优势地位，而且在第三个阶段，很多文明依然受到西方文明的影响，但是西方国家主导的国际秩序必然走向终结。在多个文明共存的时代，亨廷顿认为虽然每个文明都把自己视为世界的中心，并把自己的历史当作人类历史主要的戏剧性场面来撰写，但是这种单一文明的观点在多文明的世界里开始日益不相关和无用了。亨廷顿在这里隐含了对自大的西方文明的批评与警告。

第三章　普世文明？现代化与西方化　亨廷顿在该章论述了普世文明的含义、来源，西方与现代，对西方和现代化的回应三个方面的问题。

亨廷顿认为人类在文化上正在趋同，全世界各民族正日益接受共同的价值、信仰、方向、实践和体制，并从四个方面对普世文明存在的非现实性进行了论述，亨廷顿认为由于语言、宗教的差异性，人类的发展走向多元化的趋向。关于普世文明的来源，亨廷顿认为“普世文明的概念是西方文明的独

---

① 塞缪尔·亨廷顿. 文明的冲突与世界秩序的重建 [M]. 周琪，刘绯，张立平，王圆，等译. 北京：新华出版社，1998：36.

特产物”①。

亨廷顿认为，以工业化、城市化等为特征的现代社会并不是同质的，现代社会并不等同于西方社会。由于传统社会以农业为基础，因此，地理环境在很大程度上影响了各个地区的发展，各个地区和文明因地理环境的不同而形成了独特的文明特征。对于西方社会来说，在现代化之前的几百年中，它逐渐形成了如天主教和新教、欧洲语言、精神权威和世俗权威的分离、法制、社会多元主义、个人主义等特征，这些特征的组合共同构建起了独特的西方文明。

亨廷顿认为西方的扩张促进了非西方社会的现代化和西方化，他把非西方社会对西方和现代化的回应分为三种情况：拒绝主义，如日本在近代最初对待西方的态度；基马尔主义（凯末尔主义），即拥护现代化和西方化，为了现代化放弃自身文化的一些东西；改良主义，即试图把现代化同社会本土文化的主要价值、实践和体制结合起来。亨廷顿通过对这三种情况的分析，认为随着非西方社会现代化进程的加速，“西方化的比率下降了，本土文化获得了复兴。于是进一步的现代化改变了西方社会和非西方社会之间的文化均势，加强了对本土文化的信奉”②。因此，这些社会最终将走向非西方的现代化道路，世界在从根本上变得更加现代化和更少西方化。

第二部分　变动中的各文明力量对比　该部分包括第四章和第五章，亨廷顿在这一部分指出西方文明正在衰落，亚洲文明正在增强其政治、军事和经济力量。他认为，在 21 世纪初期，人类将经历非西方权力与文化的复兴，经历非西方文明内部之间以及与西方文明之间的冲突。

第四章　西方的衰落：权力、文化和本土化　作者在该章主要从权力、文化和本土化的角度论证了西方无可避免的衰落。虽然西方曾经处于压倒一切的、成功的、几乎是完全的支配地位。虽然在 21 世纪的前几十年，西方文明仍然是最强大的文明，但是，随着时间的推移，相对于其他文明而言，西方在世界政治、经济和军事领域的权力和影响力正在下降，这个下降的过程是长期的、非直线式的，亨廷顿从人口、经济、军事等方面对西方和非西方社会力量的对比做了描述，最终得出西方文明的衰落是不可避免的。西方的

① 塞缪尔·亨廷顿. 文明的冲突与世界秩序的重建［M］. 周琪，刘绯，张立平，王圆，等译. 北京：新华出版社，1998：55.

② 塞缪尔·亨廷顿. 文明的冲突与世界秩序的重建［M］. 周琪，刘绯，张立平，王圆，等译. 北京：新华出版社，1998：67.

衰落也意味着非西方的崛起，本土化的进程正是这种崛起的标志。现代化所带来的非西方社会权力的日益增长，正导致非西方文化在全世界的复兴。这一本土化的全球进程通过世界众多地区出现的宗教复兴而广泛地表现出来，其中最引人注目的是亚洲和伊斯兰国家的文化复兴，后者在很大程度上是由其经济增长和人口增长所推动。

第五章　经济、人口和挑战者文明　亨廷顿在该章从经济、人口、宗教等方面更全面地论述了相对于西方的挑战者文明。亨廷顿本土化和宗教复兴的现象逐渐在全球范围内扩展开来，尤其是随着亚洲东亚文明和伊斯兰文明自我意识的重新崛起，这种现象表现得更为明显。这种自我意识主要是由于亚洲文明各国的经济的增长等原因造成的。

亨廷顿认为20世纪后半期开始，亚洲文明的主要特征是其高速的经济增长，他分析了以中国和日本为代表的东亚国家在近代以来的不同历史阶段面临西方资本主义文明的挑战时所采取的态度。亨廷顿认为，亚洲的挑战性在于其快速的经济增长所带来的自信，随着经济发展，亚洲与西方的均势正在逐渐的改变，亚洲自我认同的意识逐渐增强。亨廷顿对亚洲人尤其是东亚人的文化自我意识的发展进行了剖析，并把东亚人“亚洲的自我肯定”的东西归结为四点：经济的增长给予了其对抗西方的能力；东亚人在文化上的自我肯定，并认为亚洲文化优于西方文化；对亚洲文明共同性的认同；对东亚模式的自信。

亨廷顿认为，在21世纪最初几年可能会发生非西方力量和文化的持续复兴，这种文明自我意识的崛起和力量的壮大，必然打破西方文明主导的世界闻名平衡体系，从而造成非西方文明的各民族与西方之间的矛盾甚至冲突。

第三部分　正在形成的文明秩序　该部分包含第六章和第七章，亨廷顿主要论述了全球政治在冷战之后的变化以及由此形成的不同文明板块，这些文明以核心国家为主导，形成了新的文明体系。

第六章　全球政治的文化重构　作者在该章认为世界的政治经济在现代化的驱使下正经历重组，不同的民族和国家围绕着文化而积聚在一块儿，形成新的阵营，每个国家必须在回答“你是谁”的问题中，在围绕文化认同这一环节中确定该国在世界中的政治位置、朋友以及敌人。文化社会正取代冷战集团，文明之间的沟壑正变成全球政治冲突的中心地带。亨廷顿对文化的凝聚力和分割力进行了分析，回答了“为什么文化共性促进人们之间的合作和凝聚力，而文化的差异却加剧分裂和冲突”[①]。

亨廷顿认为20世纪90年代以来区域合作与冲突与其说是经济方面的因素，还不如说是文化因素的影响，如欧盟的发展、北美自由贸易区的建立、东盟各国合作的有限性等都是文化因素影响的体现。亨廷顿对世界各个地区、国家之间经济政治等方面的合作进行了比较分析，认为文化对国家的经济、政治等各方面都有巨大的影响，并认为“经济合作的根源在于文化的特性”[②]。

亨廷顿认为文明也有其政治结构，一般而言，各个文明都有一个或者几个地方被视为该文明文化的源泉，即文明的核心国家，这些文明核心国家的数目和作用各有不同。而且正是由于这种不同，各个文明之间的发展趋势也各有特色，如西方以美国和欧洲的法德为核心，伊斯兰、拉丁美洲和非洲因为缺乏核心国家而在其内部存在着纷杂的矛盾问题。亨廷顿对不同国家之间以及不同国家内部的文化差异进行分析，力图证明由于文化的异同而形成不同的文化范围，并由此构成了国际、地区冲突和矛盾的源泉。亨廷顿对认为当今社会存在着一些无所适从的国家，这些国家在一定意义上是文明转变的失败的代表。

第七章　核心国家、同心圆和文明秩序　亨廷顿在该章认为全球政治自冷战结束以后开始形成新的发展趋势——“主要文明的核心国家正取代冷战时期的两个超级大国，成为吸引和排斥其他国家的几个基本的板”[③]。包含着核心国家、成员国、毗邻国家中文化相似的少数民族人口等在内的文明集团正在形成。作为这一集团重要组成部分的核心国家，在国际关系、地缘关系中扮演着重要的角色。亨廷顿进而对不同文明及其核心国家进行了考察。

亨廷顿认为在欧洲，围绕着法国和德国，其正在形成一个涉及政治、经济、文化和社会等各方面的欧洲联盟。亨廷顿对确定这一历史界线的历史性根据和现实性根据进行了考察。

亨廷顿对俄罗斯与其近邻的关系进行了研究。他认为俄罗斯正在建立一个由其领导的东正教文明集团，而且俄罗斯力图支配这些国家，排除其他国家的影响。亨廷顿对亚美尼亚、摩尔多瓦、乌克兰等国家与俄罗斯的关系进行了阐述。

---

① 塞缪尔·亨廷顿. 文明的冲突与世界秩序的重建［M］. 周琪，刘绯，张立平，王圆，等译. 北京：新华出版社，1998：133.

② 塞缪尔·亨廷顿. 文明的冲突与世界秩序的重建［M］. 周琪，刘绯，张立平，王圆，等译. 北京：新华出版社，1998：141.

③ 塞缪尔·亨廷顿. 文明的冲突与世界秩序的重建［M］. 周琪，刘绯，张立平，王圆，等译. 北京：新华出版社，1998：167.

第四部分　文明的冲突　这是全书的核心，范围为第八章到第十一章。首先，亨廷顿指出，文明是人类的终极部落，文明的冲突就是全球规模的部落冲突。其次，他认为断层线战争具有持久、断续、暴力性强、难以协调解决等特点。最后，亨廷顿从历史学、人口学和政治学角度分析了断层线战争爆发的原因。

第八章　西方和非西方：文明间的问题　亨廷顿在该章对不同文明代表者之间的关系进行了考察。他认为，在当前和未来不断发展的全球化过程中，不同文明的国家、集团之间必然会有对抗性的关系①。西方与非西方之间在武器扩散、移民等方面存在着冲突的可能。西方为了减少损失，必须在和其他社会交流时候巧妙地运用其经济资源，对内加强西方社会内部的团结和联盟，对外则分化瓦解对手。

关于武器的扩散，亨廷顿主要对非西方国家武器的扩散进行了分析。亨廷顿认为，在后冷战时期，面对着美国的强大威慑力，许多国家在军事上寻求各种途径进行对抗。

关于移民，亨廷顿分析了来自非西方文明的移民所产生的影响以及西方国家对此做出的反应。亨廷顿认为，随着现代社会的发展，在移民问题上西方社会面临着与几个世纪之前迥异的处境。几个世纪以前是西方向其他大洲人口扩张的时期，随着 20 世纪的到来，西方社会面临着其他地区大量移民拥入的境况，而且西方国家对此的态度随着时间的推移也发生了重大的变化：20 世纪 70 年代以后，西方社会开始由赞同移民转向反对移民。亨廷顿对人们这一态度转变的原因进行进行了分析，并最终归为文明的差异以及西方国家日益感受到的文明的威胁等原因。

第九章　多文明的全球政治　亨廷顿在该章对多元化文明条件下的全球政治形势进行了分析。亨廷顿认为："文明是终极的人类部落，文明的冲突则是世界范围内的部落冲突。"② 不同文明之间的关系有时候是充满敌意的，而文明间的冲突有两种形式，一种为"断层线冲突"，另一种是核心国家的战争。亨廷顿对文明之间冲突的原因进行了概括，并提出文明之间的均势的变化可能引起文明间的冲突。

---

① 塞缪尔·亨廷顿. 文明的冲突与世界秩序的重建［M］. 周琪，刘绯，张立平，王圆，等译. 北京：新华出版社，1998：199.

② 塞缪尔·亨廷顿. 文明的冲突与世界秩序的重建［M］. 周琪，刘绯，张立平，王圆，等译. 北京：新华出版社，1998：228.

亨廷顿站在西方的立场，认为在亚洲存在着多文明共存的局面，这也埋下了冲突与对抗的隐患，尤其是随着亚洲经济的增长，其从至少三个方面扰乱了国际政治秩序。亨廷顿对亚洲多元文化的局面进行了分析，并提出由于这种多元性为冲突埋下了伏笔，经济的增长，军事能力的增强等都为冲突提供了可能。

最后，亨廷顿认为随着各个文明尤其是非西方文明围绕着核心国家团结起来，未来不同文明之间出现了联盟的可能性。亨廷顿对文明的核心国家，如俄罗斯、印度等国家的结盟政策的可能性进行了比较分析与研究。

第十章　从过渡战争到断层线战争　亨廷顿在该章对文明之间的战争形式进行了分析。他认为阿富汗战争和海湾战争虽然都是以一个国家直接入侵另一个国家为开端的，但是，事实上“它们是走向以不同文明集团间的民族冲突和断层线战争为主的时代的过渡战争”[①]。亨廷顿通过对阿拉伯国家在阿富汗战争尤其是在海湾战争中的态度和行为进行了分析和论述。关于断层线战争的特性，亨廷顿认为“断层线冲突是属于不同文明的国家或集团间的社会群体的冲突。断层线战争是发展成暴力的冲突”[②]。这种战争可能发生在一个国家内部，也可能发生在不同国家、集团之间，其目的是为了控制人们，而更多的时候则是为了征服领土，而且这种冲突充满血腥和暴力。最后，亨廷顿试图从历史、人口和政治等方面回答为什么 20 世纪末断层线战争达到了高潮。

第十一章　断层线战争的动力　亨廷顿在该章对断层线战争的动力进行了分析。他认为断层线战争由于种种因素可能被遏制甚至中断，但是很难得到解决，随着时间的推移，亨廷顿认为不同断层线战争参与者的文明认同逐渐加强。而且在冷战结束之后，由于苏联解体，世界政治出现多极相互冲突的局面。随着冲突的加剧，冲突各方都力图获得属于本文明的国家或集团的支持。随着冲突参与方的增多，各个国家或集团介入断层线战争冲突的程度也有所不同。

第五部分　文明的未来　该部分为单独一章，即第十二章，亨廷顿对以核心国家为代表的不同文明的未来发展趋向进行了展望和阐述。

---

① 塞缪尔·亨廷顿. 文明的冲突与世界秩序的重建［M］. 周琪，刘菲，张立平，王圆，等译. 北京：新华出版社，1998：275.

② 塞缪尔·亨廷顿. 文明的冲突与世界秩序的重建［M］. 周琪，刘菲，张立平，王圆，等译. 北京：新华出版社，1998：283.

第十二章　西方、各种文明和全球文明　亨廷顿在该章对西方文明进行了反思，并论述了如何处理与其他文明之间的关系。他认为，随着西方社会的发展，西方逐渐走向衰微，如何应对这种衰微，如何在未来实现西方的重新复兴，亨廷顿认为这有赖于西方社会的文化认同，有赖于西方国家尤其是西方文明核心国家——美国的发展。面对日趋上升的非西方文明的力量，西方社会尤其是美国要调整自己的前进步伐，摒弃一些过时的价值观，制订正确的战略计划和步骤，才能最终维护西方以及美国的利益。在多极化的世界中，由于存在利益和文明的差异，不同文明的国家之间可能存在冲突甚至战争，而为了避免文明之间的大战，各核心国家就应该避免干涉其他文明的冲突，建立有效的协调机制。

最后，亨廷顿对西方文明的一些价值观进行了反思，他认为，在一个多文明的世界里，必须摒弃那种试图把某个文明的特殊性上升到普遍性的错误做法，而是应该寻找各个文明的共同点，接受世界的多样性，建立多文明基础上的国际秩序，只有这样，才能防止世界大战，减小文明之间的冲突。

【意义与影响】

第一，该书出版之后，被翻译成 20 多种语言，在几十个国家发行和传阅，无论是西方发达国家，还是发展中国家的人们，都从不同角度对该书中的观点进行着思考和评析。该书中译本由新华出版社于 1998 年出版印刷，并于 2010 年出版了修订版。

第二，该书构建了国际政治领域独特的概念和范畴体系，在一定意义上开辟了人们研究国际政治的新领域和新视野。20 世纪中后期的冷战阶段，人们习惯于用意识形态来区分敌我，进行价值判定，随着冷战的结束，如何描述世界政治的特点以及如何为新的国际政治关系构建理论基础，成为各国政治理论界探讨的重要方面。亨廷顿运用比较深厚的政治学理论，有效地抓住文明这一独特的视角，从文明和文化角度对世界政治和地缘政治进行了全新的阐释。这种阐释在某种程度上有效地为人们描绘了一幅比较符合现实的政治关系结构图。文明与文明冲突概念的界定、文明的独特性、八大文明的划分、断层线冲突与断层线战争理论的提出，这些都为人们进行国际政治研究提供了全新的视角和启发。

第三，该书具有一定的理论基础性和前导性，为人们进一步探究和思考国际政治关系提供了理论基础。亨廷顿在该书中比较全面系统地对全球各个文明的特点进行了分析，对各个文明可能存在冲突的原因进行了阐述，在这一过程中作者运用了大量的数据、案例进行分析。而且作者所提出独特的概念和理论视角也为人们的进一步研究提供了较为翔实的材料分析和数据基础。

第四，该书为我国处理国际国内的事务提供了一些理论基础，为我们努力建设中国特色社会主义，建设和谐中国和推动和谐世界提供了必要的启示。文明是有差异性的，不同的文明具有其各自的特点与品质，我国是由56个民族组成的大家庭，历史的积淀为各民族的共存、团结和融合提供了条件，但是我们应该看到，当前我们国内许多民族依然保持着各自独特的民族特色。因此，在构建和谐社会的过程中，要充分考虑和尊重各民族的差异性和独特性，在发展的过程中要注重平等与公平，清楚地认识到不同民族、不同区域的差异性，实现各民族、各地区共同进步。当前的世界是一个多元化的世界，经济全球化的趋势加速了各个地区、国家之间的交流和合作，而且由于文明和文化的差异性，交流中也不可避免地发生碰撞与冲突。因此，我国在处理国际关系的时候，要努力做到彼此尊重、求同存异、共同发展，进而构建和谐世界。

第五，该书依然存在一定的不足，突出地表现为过于强调文明在国际政治关系中的地位与作用。亨廷顿认为随着冷战结束，以意识形态来划分国家种类的范式已经过时，取而代之的是以文明来进行“身份确定”和划分“你我”，并认为国家之间的经济、政治乃至战争的冲突根源是文明的差异。这种观点在某种程度上是本末倒置的，文明间的差异固然可以成为导致冲突的一个因素，但它绝不是冲突的根本原因。就国际政治的本质而言，本质上还是在于不同国家经济的发展水平。尤其是冷战结束以后，以美国为首的西方发达国家为了维护其自身的利益，依仗其发达的经济、先进的科技，强行干预其他国家和地区的事务，甚至不惜武力干涉他国内政，这才是构成冲突的重要根源。显然，文明冲突论是以“西方文明优势论”的心态来解释现代国际政治，具有一定的局限性。而且亨廷顿作为美国社会精英知识分子的代表者和美国政府的谋士，其理论和观点具有文化保守主义倾向。

总之，“由亨廷顿引发的这场文明的差异是否必然导致战争的世界性争论，涉及范围之广、影响之深堪与乔治·凯南的‘遏制轮’相提并论，称得上世纪之辩”①。争论仍然在继续，我们认为，理论的价值在于指导实践，文

① 倪世雄. 当代西方国际关系理论［M］. 上海：复旦大学出版社，2001：420.

明冲突论作为一种理论成果，即使其包含着各种缺陷与不足，但是，它毕竟引起了我们的思考，在当前和以后的社会发展中为我们的前进和发展提供了一些启示。

【原著摘录】

第一部分　一个多文明的世界 P1－71

第一章　世界政治的新时代 P1－22

引论：旗帜与文化认同 P3－5

P4　在冷战后的世界，旗帜有其考虑的价值，其他文化认同的标志也是如此，包括十字架、新月形甚至头盖，因为文化有其考虑的价值，文化认同对于大多数人来说是最有意义的东西。人们正在发现新的但常常是旧的认同，在新的但常常是旧的旗帜下行进，这导致了同新的但常常是旧的敌人的战争。

一个多极和多文化的世界 P5－9

P7　在这个新的世界里，最普遍的、重要的和危险的冲突不是社会阶级之间、富人和穷人之间，或其他以经济来划分的集团之间的冲突，而是属于不同文化实体的人民之间的冲突。

其他世界？P9－17

P12　两个世界：我们和他们。虽然在一些重大冲突结束时出现了对一个世界的期待，但整个人类历史上的两个世界思维模式的倾向再次出现。人们总是试图把人分成我们和他们，集团中的和集团外的，我们的文明和那些野蛮人。学者们曾根据东方和西方、南方和北方、中心和外围来分析世界。

不同世界的比较：现实主义、简化和预测 P17－22

P18　从七八个文明来看待世界，可避免许多困难。它不像一个世界和两个世界的范式那样，为了简化而牺牲现实；但它也不像国家主义和混乱范式那样为了现实而牺牲简化。它提供了一个易于把握和易于理解的框架，可以用来理解世界，在越来越多的冲突中区分不重要的和重要的，预测未来的发展，为政策制定者提供指导路线。

第二章　历史上的文明和今天的文明 P23－42

文明的性质 P23－33

P29　人们至少在下述看法上存在着合理的共识：至少有 12 个主要文明，其中 7 个文明已不复存在（美索不达米亚文明、埃及文明、克里特文明、古典文明、拜占庭文明、中美洲文明、安第斯文明），5 个仍然存在（中国文明、日本文明、印度文明、伊斯兰文明和西方文明）。一些学者还加上了东正教文明，作为区别于其母文明拜占庭文明和西方基督教文明的独立文明。鉴于我们认识当代世界的目的，除这 6 个文明之外，或许还应加上拉丁美洲文明，可能还有非洲文明。

文明之间的关系 P33－42

P39 相互作用：一个多文明的体系。因此，在 20 世纪，文明之间的关系从受一个文明对所有其他文明单方向影响支配的阶段，走向所有文明之间强烈的、持续的和多方向的相互作用的阶段。前一时期文明间关系的两个主要特征都开始消失。

第三章 普世文明？现代化与西方化 P43－71

普世文明：含义 P43－55

P44 “普世文明”一词可以指西方文明中的许多人和其他文明中的一些人目前所持有的假定、价值和主张。

普世文明：来源 P55－58

P55－56 普世文明的概念是西方文明的独特产物。

西方与现代化 P58－63

P58 现代化包括工业化、城市化，以及识字率、教育水平、富裕程度、社会动员程度的提高和更复杂的、更多样化的职业结构。它是始于 18 世纪的科学知识和工程知识惊人扩张的产物，这一扩张使得人类可能以前所未有的方式来控制和营造他们的环境。

P63 这些因素单独来说几乎没有一个是西方独有的。然而，所有这些因素的结合却是西方独有的，是它们赋予了西方独特性。这些概念、实践和体制在西方不过是比在其他文明中更普遍。它们至少形成为西方文明必不可少的持续不变的核心的一部分。它们是西方之为西方的东西，但不是西方之为现代的东西。

对西方和现代化的回应 P63－71

P70－71 简言之，现代化并不一定意味着西方化。非西方社会在没有放弃它们自己的文化和全盘采用西方价值、体制和实践的前提下，能够实现并已经实现了现代化。西方化确实几乎是不可能的，因为无论非西方文化对现代化造成了什么障碍，与它们对西方化造成的障碍相比都相形见绌。

第二部分　变动中的各文明力量对比 P72－126

第四章　西方的衰落：权力、文化和本土化 P75－101

西方的权力：支配和衰落 P75－87

P75　相对于其他文明而言，西方的权力呈现出两幅画面。

P76　那是一个衰落的文明，相对于其他文明而言，西方在世界政治、经济和军事领域的权力正在下降。西方在冷战中获胜带来的不是胜利，而是衰竭。

P87　西方主宰天下的时代正在终结。与此同时，西方的衰落和其他权力中心的兴起正在促进全球本土化和非西方文化的复兴进程。

本土化：非西方文化的复兴 P88－93

P88　随着本土的、根植于历史的习俗、语言、信仰及体制的自我伸张，西方文化也受到侵蚀。现代化所带来的非西方社会权力的日益增长，正导致非西方文化在全世界的复兴。

上帝的报复 P93－101

第五章　经济、人口和挑战者文明 P102－126

亚洲的自我肯定 P103－110

P103　东亚经济的发展一直是20世纪后半叶世界上最重要的发展之一。这一进程50年代始于日本，日本曾一度被看成是很大的例外，即一个非西方国家成功地进行了现代化，并成为经济发达的国家，然而经济发展的进程蔓延到了四小虎……然后到中国、马来西亚、泰国和印度尼西亚，并正对菲律宾、印度和越南产生影响。

伊斯兰教的复兴 P110－123

P111　伊斯兰复兴运动……是遍及伊斯兰世界的广泛的知识、文化、社会和政治运动。

挑战的变化 P123－126

P125　结果，在21世纪最初几年可能会发生非西方力量和文化的持续复兴，以及非西方文明的各民族与西方之间以及它们相互之间的冲突。

第三部分　正在形成的文明秩序 P127－196

第六章　全球政治的文化重构 P129－166

寻求结盟：认同的政治 P129－135

P129　由于现代化的激励，全球政治正沿着文化的界线重构。文化相似的民族和国家走到一起，文化不同的民族和国家则分道扬镳。以意识形态和超级大国关系确定的结盟让位于以文化和文明确定的结盟，重新划分的政治界线越来越与种族、宗教、文明等文化的界线趋于一致，文化共同体正在取代冷战阵营，文明间的断层线正在成为全球政治冲突的中心界线。

文化与经济合作 P136－141

P139　冷战的结束刺激了建立新的和复兴旧的区域性经济组织的努力，这些努力能否成功最主要依赖于有关国家是否具有文化同质性。

文明的结构 P141－146

P141　在冷战后的世界，各国作为成员国、核心国家、孤独国家、分裂国家或无所适从的国家，而与各文明相联系。

无所适从的国家：文明转变的失败 P146－166

P146－147　无所适从的国家要成功地重新确立文明认同，至少要具备三个前提条件：首先，该国的政界和经济界精英必须普遍支持这一行动，并对此抱有热情。其次，公众必须至少愿意默认这一认同的重新确立。第三，它们所认同的文明中占主导地位的国家，这在大多数情况下是西方，必须愿意接受这种转变。重新确立认同将是一个在政治、社会、体制和文化诸方面长期的、间断的和痛苦的转变过程。迄今还没有获得过成功。

第七章　核心国家、同心圆和文明秩序 P167－196

文明和秩序 P167－169

P167　在这些情况下，文明的集团正在形成，它包括核心国家、成员国、毗邻国家中文化上相似的少数民族人口，以及较有争议的核心国因安全考虑而希望控制的邻国中其他文化的民族。这些文明集团中的国家往往围绕着一个核心国家或几个核心国家分散在同心圆中，反映了与那种文明的认同程度以及融入那种文明集团的程度。

西方边界的形成 P169－176

P171　因此文明的范式为西欧国家面临的欧洲的范围在哪里结束的问题提供了一个清晰的、不容置疑的答案。

俄罗斯及其近邻 P176－181

P177　总体上，俄罗斯正在建立一个在它领导下的以东正教为核心的集团，以及一个环绕它的相对软弱的由伊斯兰国家组成的缓冲带，它将在不同程度上支配这些国家，并试图把其他国家的影响排除在外。

P181－196（略）

第四部分　文明的冲突 P197－344

第八章　西方和非西方：文明间的问题 P199－227

西方的普世主义 P199－202

P200　西方正在，并将继续试图通过将自己的利益确定为“世界共同体”的利益来保持其主导地位和维护自己的利益。

武器扩散 P202－210

P202　军事能力的扩散是全球经济和社会发展的结果。

P211－227（略）

第九章　多文明的全球政治 P228－274

核心国家与断层线冲突 P228－230

P229　文明间的冲突有两种形式。在地区或微观层面上，断层线冲突发生在属于不同文明的邻近国家之间、一个国家中属于不同文明的集团之间，或者想在残骸之上建立新国家的集团之间，如在苏联和南斯拉夫那样。

伊斯兰与西方 P230－241

P234　伊斯兰和西方之间冲突再起的原因，在于权力和文化的根本的问题。谁统治谁？谁是统治者？谁被统治？列宁所界定的政治中心问题，是造成伊斯兰和西方较量的根源。

亚洲：中国和美国 P242－266

P252　美国和亚洲的冲突源于文化差异，冲突的结果则反映了美国和亚洲权力关系的变化。

文明与核心国家：正在形成的联盟 P266－274

P266　然而，只要穆斯林人口增长和亚洲经济增长的浪潮持续下去，西方与挑战者文明之间的冲突就将超过其他任何分界线而成为全球政治的中心。

第十章　从过渡战争到断层线战争 P275－300

过渡战争：阿富汗战争和海湾战争 P275－282

P282　海湾战争是冷战后文明间发生的第一场资源战争。

断层线战争的特性 P282－286

P283　断层线冲突是属于不同文明的国家或集团间的社会群体的冲突。断层线战争是发展成暴力的冲突。

P283　断层线冲突有时是为控制人民而进行的斗争，在更多的情况下，是为了控制领土。

P286－300（略）

第十一章　断层线战争的动力 P301－344

认同：文明意识的增强 P301－308

P303　断层线战争就其定义而言，是具有广泛联系的地区集团间的区域战争，因此这种战争促进了参与者的文明认同。

文明的集结：亲缘国家和在外散居者 P309－333

P310　冲突的其他参与方的利害关系并不等同于第一层次参与者的利害关系。对第一层次参与者给予最忠诚和最全心全意支持的，通常是在外散居者。

终止断层线战争 P334－344

P343　能否结束这些战争和防止它们升级为全球战争，主要取决于世界各主要文明的核心国家的利益和行动。断层线战争自下而上地爆发，断层线上的和平却要自上而下地慢慢推动。

第五部分　文明的未来 P345－372

第十二章　西方、各种文明和全球文明 P345－372

西方的复兴？P347－356

P348　而西方始于 20 世纪初的逐渐且无规律的衰落，可能会持续几十年，甚至几百年。或者，西方可能经历一个复兴阶段，扭转它对世界事务影响力下降的局面，再次确立它作为其他文明追随和仿效的领袖的地位。

世界之中的西方 P356－361

P360　所有的文明都经历了形成、上升和衰落的类似过程。西方文明与其他文明的不同之处，不在于发展方式的不同，而在于它的价值观和体制的独特性。

文明间战争与秩序 P361－368

P366　简而言之，在即将到来的时代，要避免文明间大战，各核心国家就应避免干涉其他文明的冲突。

文明的共性 P368－372

P372　在正在来临的时代，文明的冲突是对世界和平的最大威胁，而建立在多文明基础上的国际秩序是防止世界大战的最可靠保障。

【参考文献】

［1］倪世雄. 当代西方国际关系理论［M］. 上海：复旦大学出版社，2001.

［2］王缉思．文明与国际政治：中国学者评亨廷顿的文明冲突论［M］．上海：上海人民出版社，1995．

［3］周弘，刘靖华．评亨廷顿的《文明的冲突和世界秩序的重建》［J］．欧洲，1997（5）．

［4］孙相东．亨廷顿的文明冲突论再解读：兼论“9·11”与文明冲突论［J］．世界经济与政治，2003（1）．

［5］苏浩．文明在国际关系中的冲突与合作：从亨廷顿的“文明冲突论”谈起［J］．世界历史，1998（3）．

［6］张文涛．文明冲突理论：一种身份认同危机下的意识形态［J］．山东社会科学，2012（3）．

［7］安然，齐波．塞缪尔·亨廷顿“文明冲突论”的文化保守主义倾向［J］．史学月刊，2010（4）．

［8］徐国琦．塞缪尔·P．亨廷顿及其“文明冲突”论［J］．美国研究，1994（1）．

后　记

本丛书在主编南开大学阎孟伟教授、杨谦教授的精心组织和策划下，在全体人员的共同努力下，精选书目和参考资料，斟酌框架和用词，经数次修改完善，最终定稿。对各位参编人员的大力支持，以及执笔人员付出的辛勤劳动，在此表示感谢。

社会哲学是哲学的一个重要的分支领域，从古希腊哲学家柏拉图、亚里士多德对社会哲学的思考，到近代康德、黑格尔对社会哲学的改造，使其发展成为专门的哲学领域，再到现代西方哲学实证主义以及马克思主义对社会哲学的发展，社会哲学在演变的过程中迸发出了惊人的生命力和影响力。但是，对于社会哲学的研究对象、内容以及与其他学科的关系始终是学界争论的问题，马克思和尼采等人主要是从社会批判的视域中展开对社会哲学问题的思考；霍耐特则倾向于区分社会哲学与政治哲学和道德哲学，把社会哲学定义为对成功生活的反思或者对社会病态的诊断；霍克海默将社会哲学定义为不仅针对个体的而且还针对社会共同体成员的全体人的命运所进行的哲学意义的阐释。当然，也正是这种争议，给社会哲学的发展带来更广阔的空间。

社会哲学于 20 世纪 80 年代在我国兴起，市场经济为社会哲学在中国的产生和发展提供了可能性和必要性，伴随着市场经济的发展，社会哲学在中国经历了三个发展阶段：从 80 年代中期到 90 年代初期为转型恢复阶段，主要是将哲学事业转向了现实中的社会问题，以及恢复了马克思社会历史理论中的社会哲学的维度；90 年代初期到 90 年代中期为发展阶段，着重于社会发展问题的研究，但理论并不深入，没有与实证社会科学相区分，某种程度上更多的是针对具体领域的对策性研究；90 年代中期以后为趋于成熟阶段，这一时期对理论问题进行了比较深入的探讨，并在科研机构和科研方向的设置上臻于完善。

20 世纪 90 年代以后，我国涌现出一大批学者对社会哲学予以关注，一大批学术文章和专著相继出现，很多国外著名学者的著作被引入中国，这些都为社会哲学在中国的发展形成了良好的学术氛围。随着经济和社会的发展，尤其在面对经济危机、全球化变化的情势，学者们对于社会哲学的研究方法、研究角度又有了更多的反思和变化。本书选取了 19 世纪末、20 世纪中后期以及 21 世纪初期的共 15 部作品，从历史理论、社会事实与经验的研究和批判、人与社会的本质、文化观念 4 个角度向大家介绍了社会哲学在这一个阶段发展的具体表现，进一步展示了社会哲学在研究领域、研究方法的多样性以及随着社会的发展它所经历的变化，说明不同时期的不同学者对社会哲学问题所做的各种思考和尝试。

本书通过对这些著作进行梳理和评论，为本科生、研究生进行社会哲学问题研究提供了重要且便利的参考，同时也可以作为其他专业研究者的资料书目。

本书的整体框架由杨谦教授设计，他组织了选择书目和资料及其初稿的筛选，刘娟教授也在前期参与了组织导读写作的工作。本书前期有牛秀娥、阚牧野、张雅娜、王晓玉、姜丽娟、代石军、范惟、雷杨华、蒋润婷、安佰花、任正杰、赵勇奇、欧阳福军、李昕、董澎等同学提供资料和初稿。本卷的重新写作工作由以下作者承担：王凡（五）、褚清清（七、八）、董秋鹏（六）、张妍（四）、杜翠梅（十四）、杨文娟（一）、李茗茗（十）、王超（二、三、九、十一、十二、十三、十五），其中王超、褚清清在全书的写作过程中承担了大量的协调作者、整理书稿等琐碎的工作。最后本卷由杨谦教授、阎孟伟教授通读并做了重要补充和修改。由于编者水平和能力有限，错讹在所难免，敬请专家学者批评指正。

由于广西人民出版社社长温六零先生、副总编白竹林女士、副总编罗敏超女士以及编校、装帧设计人员的大力支持和辛勤努力，本卷才得以和广大读者见面，在此我们表示诚挚的感谢。

2017 年 10 月